만주의 영토권

*일러두기

1. 본서에서 만주의 영토권자를 논하며 "대한민국"이라는 국호 대신 "우리 한민족"이라고 표현한 것은 만주에 관해서는 대한민국과 북한이 동반 주권자이기 때문이다. 따라서 "우리 한민족"이라는 의미는 남과 북을 합한 의미의 용어로, 현재 한반도에서 생활하고 있는 다문화 가정이나 귀화 외국인은 물론 타국에서 생활할지라도 대한민국이나 북한의 국적을 갖거나, 동포 2~3세로 대한민국이나 북한 국적을 취득하지는 못했어도 한민족 대열에 동참하기를 희망하는 모두를 지칭하는 용어다.

2. 본서에 서술된 이론 중 본 연구자가 논문 등으로 발표했던 이론은 새롭게 정립하면서 인용에 대한 각주가 누락된 것도 있을 수 있다는 것을 밝혀둔다.

우리 한민족의 영토는 만주와 대마도를 포함해야 한다

만주의 영토권

문화영토론과 영토문화론

신용우 지음

일제와 연합 4개국에 의해 난도질당한
우리 한민족의 영토.
왜곡된 역사를 바로 세우고,
축소된 영역을 바로 설정하는 시대의 진실.

글로벌콘텐츠

역사와 문화와 영토

만주가 우리 한민족의 영토가 맞으니 인수해 가라고 한다면 그 범위는 어디부터 어디까지이며, 남과 북이 어떻게 나누어야 하며 등등 갑자기 복잡해질 것이다. 솔직히 무엇보다 중요한 것이 만주의 범위다. 그 기준을 어떻게 잡느냐가 가장 큰 문제로 당장 중국이 우리 한민족에게 영토권을 인정해 주어도 학자마다 견해가 다를 것이라는 게 필자의 추측이다. 어떤 이는 고조선, 어떤 이는 고구려, 어떤 이는 고려시대나 조선시대의 국경 운운해가며 우왕좌왕할 것이 눈에 보이는 것 같아서 하는 말이다.

이 책은 그런 문제를 일거에 정리했다. 이제까지의 틀에 박힌 주장이 아니라 문화에 의해서 영토를 정의하는, 그것도 일정한 영토에 고대부터 내재하고 있어서 영토를 없애기 전에는 사라지지 않는 영토문화를 기반으로 한 문화에 의한 영토권을 주장했다. 역사와 문화와 영토의 상관관계에서 이루어지는 영토권에 근거해서 만주의 영역과 영토권을 정의했다. 그러자니 그동안 학계에서 주장해오던 여러 가지 친일 식민사관과 충돌할 수밖에 없는 새로운 주장도 많이 등장하고 있다.

예를 들자면 고구려 건국연대는 그동안 알던 기원전 37년이 아니라 기원전 217년이고, 한사군이 설치되던 기원전 108년의 고구려 영역은 요하 유역까지였다. 이러한 이론들은 막무가내로 하는 주장이 아니라, 필자가 이미 그 사료들을 밝혀 학술지에 논문으로 발표하고, 학회 세미나까지 거친 객관적으로 검증된 이론이다. 따라서 한사군은 난하와 요하 유역에 머물렀을 뿐이고 만주 안에는 정착하지 못했으므로, 만주의 문화는 고대부터 한족의 영향은 일절 받지 않은 우리 한민족의 문화다. 만주에 관한 문제는 한족 중심의 중국이 아니라 만주족인 청나라와의 문제일 뿐이다. 청나라가 압록강과 두만강을 국경으로 만들기 위해서 만주 철도 부설권까지 내주며 일본과 간도협약을 체결한 것만으로도 그때까지 만주의 남부에 해당하는 간도는 확실히 대한제국의 영토였다는 것을 직접 증명하는 것이다. 중국은 다만 제2차 세계대전의 종전과 함께 연합 4개국이 동북아 영토를 유린할 때 만주를 넘겨받아 강점했을 뿐이다. 게다가 더더욱 중요한 것은 청나라 역사는 중국 역사가 아니라 중국을 지배한 이민족의 역사다. 마치 우리가 일제 36년을 겪었듯이 중국이 270여 년 동안 이민족의 지배를 받은 역사다. 그런데 우리는 만주의 영토권에 대한 문제를 한족 중심의 중국과 실마리를 풀려고 하니 안 풀리는 것이다. 다만 문제는 만주의 영토권을 해결해야 하는 대상인 청나라가 만주국을 끝으로 자취를 감췄다는 것이다. 따라서 만주의 영토권은 만주의 영토문화에 의해서 영토권을 규명하는 절대적인 방법에 따르는 것이 정답이다. 필자가 박사학위를 취득한 논문이 대마도의 영토권을 영토문화에 의해서 정의하는 것이었으니, 문화에 의해서 영토권을 정의하는 이론이 확실하게 공인된 이론이라는 것은 의심할 여지가 없다. 이 책에서 주창하는 이론이 바로 그 이론으로 만주의 영토권이 우리 한민족에게 귀속되어야 하는 이유를 밝힌 것이다.

이 책을 읽다 보면 그동안 식민사관에 젖어온 독자들에게는 자칫 소설처럼 보이는 부분도 있을 것이다. 하지만 그것들이 올바른 역사적 사실이며, 그 사실을 바탕으로 만주의 영토권을 올바르게 정의한 책이 바로 이 책이다.

서기 2020년 6월.

담당 의사인 조형우 교수가 '암(림프종) 3기' 진단을 내릴 때 필자는 덤덤하게 되물었다.

"제가 거의 완성돼가는 학술서와 집필 중인 소설은 꼭 끝내서 출간하고 싶은데 그때까지는 살 수 있을까요?"

어차피 암에 걸린 것은 돌이킬 수 없으니 남은 시간의 계획을 세우고 싶었던 것이 순간적으로 들었던 진심이었다. 의외의 질문에 약간은 당황해하며 의사는 침착하게 대답해 주었다.

"무슨 말씀을 하세요? 요즈음은 약이 좋아서 완쾌도 가능합니다. 일단 입원하셔서 전이 여부를 판가름한 후 치료를 진행하시죠."

그 당시 10년이라는 긴 세월 동안 집필한 바로 이 학술서『만주의 영토권』의 초고를 마치고 퇴고를 하며, 731부대로 인해서 간도에 살던 우리 한민족이 당한 무참한 희생 부분을 더 보완하려고 준비 중이었다. 그리고 그동안의 연구를 바탕으로 소설『만주의 분노』를 집필 중이었다. 원래『만주의 영토권』을『대마도의 영토권』과 함께 다루려고 했었으나, 박사학위논문으로「문화영토론에 의한 대마도의 영토권」을 제출하게 되어 2016년에『대마도의 영토권』을 먼저 출간하고, 그에 따른 소설『

대마도의 눈물』을 2017년에 출간한 뒤 『만주의 영토권』은 별도로 마무리하고 그에 따라서 『만주의 분노』를 집필하게 된 것이다. 그런데 그 결실을 맺기 일보 직전에 암 3기 진단을 받는 순간, 다른 무엇보다 오로지 집필하고 있는 책들을 끝내지 못할까 봐 그 걱정만 앞섰다.

골수검사까지 한 결과 다행히 어깨와 배 두 군데를 제외하고는 전이되지 않았고, 긴 여정의 항암치료가 시작되었다. 항암치료를 하는 병원 침상 위에서도 『만주의 영토권』을 퇴고하거나 『만주의 분노』를 집필했다. 극소수의 사람을 제외하고는 암이라는 사실조차 알리지 않고, 누가 만나자고 하면 코로나19 핑계를 대며 시간을 아껴야 했다. 항암치료로 인해서 급격하게 저하되는 체력 때문에 작업할 수 있는 시간조차 줄어드는 판이라 어쩔 수 없었다. 죽어도 반드시 끝내고 죽겠다는 각오로 집필했다. 덕분에 1차 항암치료가 끝나갈 즈음에는 두 작품의 끝이 보여 오고 있었다. 그런데 1차 항암치료가 끝나고 검사한 결과 암세포도 사라졌다는 것이다. 아직 완치라고 할 수는 없고 정기 검사를 통해서 지켜봐야 하지만 분명히 암세포는 사라졌다고 했다. 그리고 지금까지 그 상태로 이어지고 있다.

직업이 소설가인 필자가 정말 소설 같은 사실을 책과 몸에서 동시에 직접 써 내려갔던 것이다. 식민사관으로 얼룩진 우리 역사에서는 소설 같은 주장으로 보일 수도 있지만 실제로는 역사적 사실인 『만주의 영토권』을 혼신의 힘을 바쳐 집필하는 동안, 몸을 침식하던 암이라는 사실은 소설 『만주의 분노』에서 일어나는 극적인 반전처럼 자취를 감췄다. 책과 몸에서 동시에 벌어진 소설 같은 사실 덕분에 두 편의 책은 완성하고 암세포는 사라진 것이다.

힘든 시절을 이겨내며 집필을 끝내고, 이렇게 서문에 암세포가 사라졌다는 이야기를 쓸 수 있도록 함께 해주신 하느님께 감사드린다.

환기(桓紀) 9218년 한가위
아차산 자락에서
신용우

———————

목 차

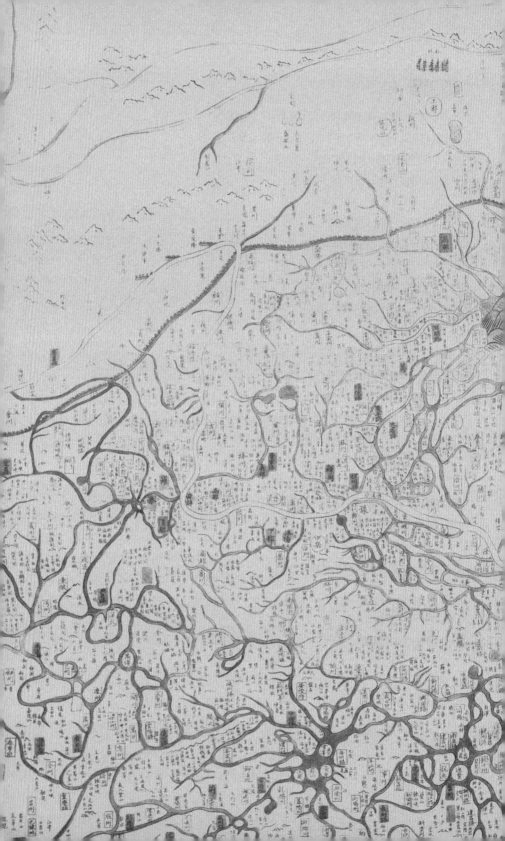

제1부

시작하며

제1장

이 책의 집필목적과 특징

독자들이 어떤 점에 주안점을 두고 읽어야 하는지를 밝히기 위하여 이 책의 집필 목적을 먼저 서술한다. 한가지 결론을 위해서 방대한 분량의 책을 집필할 때, 단순히 필자의 주장을 일방적으로 서술하는 것이 아니다. 독자들이 이해하고 공감하도록 설명이 필요한 부분에서는 설명해야 한다. 집필 목적을 서술하는 이유 역시, 독자들이 이 책의 집필 목적을 사전에 알고 읽음으로써 내용을 이해하는 데 도움을 드리고자 함이다.

이어지는 이 책의 특징에서는 각 장의 내용을 요약하여 서술했다. 사전에 이 책의 전체적인 흐름을 밝히는 것이, 독자들이 기존에 일반적으로 알고 있던 왜곡된 사실과 다른 역사적 사실을 접하더라도 쉽게 이해하도록 도움을 줄 수 있다고 판단했기 때문이다.

지금까지 우리가 접해온 우리 한민족의 역사는 많은 부분이 일제의 식민사관에 의해서 왜곡되어 전해졌으며, 아직도 식민사관을 추종하는 수많은 학자들에 의해서 혼란을 야기하며 왜곡된 채로 전해지는 것이 사실이다. 그들이 아직도 식민사관을 추종하는 이유 중 일부는 자신의 우매

함을 깨우치지 못해서일 수도 있다. 하지만 대부분은 그동안 자신과 자신이 속해 온 소위 학파라는 집단이 공들여 쌓았다고 생각하는 모래탑에 얽매여 있는 까닭이다. 그 모래탑이 무너지는 순간 자기네의 밥그릇이 날아간다는 묘한 논리에 갇혀 사는 것이다. 그러나 정녕 학문을 하는 사람이라면, 자신이나 자신의 학파라는 곳에서 이제까지 주장해온 사실이 잘못 습득된 지식에 의해서 왜곡되어 전파된 것을 알았다면, 잘못됨을 확신하는 그 순간 새롭게 터득한 옳은 지식을 만천하에 공표하는 용기가 필요하다. 자신이 새롭게 수립하고 발표하는 지식을 위해서, 필요하다면 학파로부터의 따돌림은 물론 강단에서 내려와 이제까지의 저서를 모조리 불살라 버리고, 새로운 사실을 알리기 위해서 외로운 학문의 길을 걸어갈 각오까지 해야 한다. 자부하건대 이 책에서는 그런 면들을 바로잡은 부분이 상당히 많다. 필자는 지난날 연구물과 저서에서 필자가 새롭게 주장했던 것은 물론 필자는 단순히 인용만 했던 학설일지라도, 그것이 잘못되었던 것을 깨닫는 순간 글을 통해서 공개적으로 인정하고 수정했지 굳이 감추거나 변명하지 않았다. 그런 필자의 태도에 공감해 주시는 분들도 있었고, 필자의 오류가 아니라 이제까지 모두가 잘못 알고 있다고 판단되어 새롭게 발표하고자 하는 학설에 대해서까지, 타당성을 함께 검토하며 용기를 북돋워 주는 분도 있었다. 하지만 한편에서는 굳이 잘 전해오던 사실을 왜 들쑤시려느냐고 하면서 만일 그렇게 되면 지금까지 그 이론에 의해서 먹고 살아온 모든 이들을 적으로 만들 텐데 왜 그런 짓을 하려고 하느냐는 분도 봤고, 심지어는 지금까지의 학설과 다른 아무 가치도 없는 설이라고 묵살하는 척하면서 자신을 보호하기 위한 보호막부터 치는 분도 뵈었다.

필자는 이 책을 통해서 명확하게 단언한다.

적어도 역사와 문화에 의해서 정의되는 학문만큼은 그 어느 것도 확실한 것이 없다고 하는 편이 옳을 것이다. 근·현대는 기록이 남아 있어서 확실할 것 같지만 미처 공개되지 않거나 찾아내지 못한 문서들이 존재할 수도 있다. 고대나 중세의 경우에도, 암벽에 조각된 동물의 형상처럼 더 이상의 연구를 할 필요도 없이 확신할 수 있을 것 같은 사실일지라도, 미처 발견되지 못한 유물군이나 숨겨져 있는 기록들이 존재함에도 불구하고 발견하지 못했다가 대량 발견됨으로 인해서 그동안의 이론이 뒤집힐 수 있다는 것을 잊어서는 안 된다.

이 책에서는 독자들이 기존에 접하지 못했던 새로운 사실들을 많이 접하게 될 것이다. 그렇다고 이 책이 국수주의에 편승해서 집필한 것은 절대 아니다. 그 누가 저술한 문화역사서 보다도 객관적인 입장에서 실증사학에 입각하여 저술했을 뿐이다. 그런데도 이 책이 마치 국수주의적인 저술처럼 보일 수 있다는 것은, 그동안 우리가 그만큼 식민사관에 찌들어 왜곡된 역사와 문화를 접하고 있었다는 것을 증명하는 것이다. 실로 안타까운 일이지만, 그런 사실을 인지하고 지금이라도 새롭게 시작할 수 있다는 것은 시작하지 않는 것과 전혀 다른 가치를 지니는 것이다.

지금 필자와 함께 그 새로운 시작을 해주는 독자들의 열의에 경의를 표하며, 건승을 기원하는 바이다.

1. 이 책의 집필 목적

이 책의 집필 목적을 한마디로 하면, 영토는 문화와 역사에 의해서 정리되어야 한다는 원칙에 따라서 만주는 우리 한민족의 영토가 되어야 한다는 것이다.

중국어족인 한족 중심의 중국은 만주에 대해 어떠한 권리도 주장할 근거가 없다. 우리 한민족을 제외하고 굳이 만주에서의 영토권에 관여할 자격이 있는 민족이라면, 만주에서 마지막 왕국을 건국했던 청나라의 만주족뿐이다. 여진족에서 족명을 개명한 만주족이 우리 한민족의 한 갈래라는 것은 여러 사서들이 전하고 있다. 아울러 근세에 만주가 청나라에 의해 점유되었다지만, 고대부터 청나라 이전까지는 우리 한민족이 때로는 전체를 차지하고 때로는 일부는 잃어버린 채 지배하고 생활 터전으로 삼아 오면서, 그 안에서 문화와 역사를 꽃피웠던 점을 감안한다면 만주족과의 문제 역시 복잡하지 않고 쉽게 해결점을 찾을 수 있을 것이다. 그런 사실은 만주의 문화와 역사가 증명해 주고 있으며, 특히 만주의 영토문화는 우리 한민족이 만주의 영토권자임을 적나라하게 드러내 주고 있다.

역사는 문화를 기록한 것이니 역사에 의해서 영토를 정의하든 문화에 의해서 영토를 정의하든 결국 마찬가지라고 생각을 할 수도 있다. 하지만 역사는 훗날 자신들의 필요에 의해서 얼마든지 왜곡할 수 있다. 그러나 문화, 특히 고대부터 그 영토에서 생활하며 시작되고 전수되는 과정을 거치면서 영토에 뿌리를 내린 영토문화는 그 영토를 송두리째 들어내기 전에는 왜곡할 수 없다. 결국 이 책의 집필 목적은 영토문화에 의해서 영토가 정의되어야 한다는 것이다. 영토문화에 의해서 영토가 정의될 때 인류의 영토가 어떻게 정립되어야 하는지를 커다란 명제로 하는 것이지만, 그렇게 광범위한 문제를 다루기에는 본 연구자 혼자서 다룰 문제는 아니기에 우선은 우리 한민족의 영토가 어떻게 정립되어야 하는가 하는 문제를 풀어보고자 한다. 다만 우리 한민족의 영토를 올바로 정립하기 위해서는 동북아시아의 영토에 대한 올바른 정립이 반드시 필요하므로 한중일 3국의 영토문제와 러시아가 불법으로 지배하고 있는 동북아시아의 영토에 대한 문제도 함께 언급하기로 한다.

영토문화에 의해서 우리 한민족의 영토를 정립한다면, 서쪽 난하에서 출발하여 북으로는 내몽골 일부를 포함하면서 흑룡강 기점까지 거슬러 올라가 우수리강을 향해 내려오다가 다시 아무르강까지의 연해주를 품으면서, 동으로는 독도와 남으로는 대마도와 마라도를 지나 이어도를 거쳐 다시 난하까지 가는 그 영역이라고 단언할 수 있다. 간단하게 정리하면, 우리가 만주라고 부르는 영역과 한반도와 그 부속도서에 대마도를 포함하는 영역이다. 본문에서 자세하게 그 근거를 제시하고 타당성을 증명하겠지만, 위에서 열거한 영역이 바로 고조선과 진국 이래 고구려·신라백제의 3국 시대를 거쳐 대진국 발해와 후기신라가 형성한 남북국이 차지했던 영역이고, 그 후손들이 바로 우리 한민족이다. 즉, 지금 우리 한민족이 향유하는 고유한 민족문화를 똑같이 향유하며, 그 영역을 생활 터전으로 삼아 온 민족이 우리 선조들이기 때문에 우리 한민족의 영토로 정립된다는 것이다.

우리 한민족의 영토를 올바로 정립하기 위해서는, 만주는 물론 대마도의 영토권 역시 함께 다뤄야 하는 것은 당연한 일이다. 그러나 대마도에 대해서는 이미 『대마도의 영토권』이라는 필자의 연구서가 2016년에 발간되었음으로 이 책에서는 꼭 필요한 만큼만 서술하기로 한다. 문화영토론과 영토문화론에 의해서 대마도의 영토권이 우리 한민족에게 귀속되어야 하는 이유에 대한 상세한 지식을 얻고자 하는 독자는 필자의『대마도의 영토권』을 참고하기 바란다. 또한 연해주가 지금은 러시아가 강점하고 있는 터에 자칫 만주에서 소외될 수 있지만, 연해주는 간도의 일부로 당연히 만주에 포함되어야 함으로, 간도가 만주에서 차지하는 중요성을 서술한 부분에서는 물론 기타 연해주에 대해 필요한 사항은 그때그때 상세하게 기술했다.

　우리 정부는 공식적으로 만주에 대한 영토분쟁지역 선포 등을 통해서 만주가 우리 한민족의 영토라는 것을 밝히지 못하는 것이 현실이다. 하지만 학계는 물론 민간단체 등을 통해서 많은 이들이 만주 전체 혹은 남만주 지역에 해당하는 간도가 우리 한민족의 영토임을 주장하고 있다. 학계에서 만주가 우리 한민족의 영토라고 주장하는 이유는 고조선 이래 고구려와 대진국 발해가 지배하며 생활터전으로 삼았던 영토라는 것에 근거를 두고 있다. 그런데 정부 역시 고조선 이래 고구려와 대진국 발해가 우리의 역사임을 주장하는 것에는 백성들과 동일하니, 엄밀히 말하자면 힘이 없어서 공식적으로 주장하지 못할 뿐 실질적으로는 만주가 우리 한민족의 영토임을 간접적으로나마 선언하고 있는 것이다. 역사가 우리 한민족의 역사이고 그 안에 살아 있는 영토문화가 우리선조들과 동일한 문화를 누리고 살았던 사람들의 문화이니 당연히 우리선조들이 생활하고 살았던 한민족의 영토라는 것은 거부할 수 없는 사실이다. 공식적으로 드러내놓고 영토권을 주장하는 학계와 시민단체나, 공식적으로는 영토권까지는 말을 못 하지만 역사를 인정함으로써 간접적으로 영토권을 주장하는 정부가 같은 입장임에는 틀림이 없는 것 같다. 그래서인지 학계와 시민단체에서는 만주 전체는 추후에 논하더라도 당장은 만주의 남부에 해당하는 남만주 지역을 차지하고 있는 간도를 되찾자는 운동 역시 많이 일어나고 있는 것은 사실이다. 당연히 해야 할 일을 하는 것이다. 하지만 이 기회에 그동안 만주가 우리 한민족의 영토임을 주장하며 수복을 염원하는 우리의 접근방식이 과연 옳았는지에 대해서는 통렬하게 반성해볼 필요가 있다. 왜냐하면 우리는 만주에 대한 문제 해결을 위한 대상을 현 중국 정부로 하고 있기 때문이다. 그리고 마치 우리가 현 중국 정부와 어떤 조약을 체결한 것으로 오해할 수 있는 소지의 발언을 하고 그것을 학설로 내세우는 사람도 있다. 필자는 이러한 접근방법에는 상당한 문제가 있다고 생각한다.

만주에 있어서의 영토권 문제, 즉 국경 문제는 우리 한민족과 청나라와의 문제일 뿐이다.

우리 선조들인 조선이 청나라와 맺은 국경에 관한 제반 협정은 지금의 중국과 맺은 것이 아니다. 그 협정에 어떤 문제점이 있을지언정, 그것은 그 시대에 힘으로 밀어붙이던 청나라와 맺은 협정일 뿐이다. 지금의 중국은 만주에 관해서 어떤 영토권도 주장할 수 없는, 단지 만주를 무력에 의해 강점하고 있는 나라일 뿐이다. 지금의 중국은 청나라에게 지배당했던 속국이었을 뿐이지 청나라의 맥을 이어받은 나라가 아니다. 청나라의 역사는 중국의 역사가 아니라 중국을 지배했던 역사일 뿐이다. 청나라는 우리 선조들과 뿌리를 같이하는 여진족이 세운 나라로 중국을 병탄하여 식민지로 통치한 나라였다. 그리고 청나라가 멸망하고 청나라의 맥을 이어받은 나라는 만주국이고, 만주국의 황제는 청나라의 마지막 황제였던 애신각라 부의(愛新覺羅溥儀 ; 아이신교로 푸이)다. 만주는 청나라가 멸망하고 난 후에는 만주국의 영토였지 중국 영토가 된 것이 아니다. 대한 제국이[1] 일제에 병탄 되었던 시기의 만주 문제 역시 중국과의 문제가 아니라 청나라의 대를 이은 만주국과의 문제다. 다만 제2차 세계대전이 끝나는 시점에서 소위 연합국이라고 하는 미국·영국·소련·중국 4개국이 자신들의 야욕에 따라서 아시아 영토를 나누면서, 만주국이 일본의 괴뢰국가라는 희한한 테두리에 갇혀 해체당한 후에 그 영토를 중국에 귀속시켰을 뿐이다.

문제는 바로 여기에 있는 것이다.

만주국이 전쟁을 일으켜 전범 국가가 된 일본의 괴뢰국가라는 이유에서 해체시켰다는 것은 말도 안 되는 연합국의 횡포일 뿐이다. 일본의 식민지로 괴뢰국가가 된 피해자 중의 하나인 만주국은 해체하고, 전쟁을 일으킨 전범 당사자인 일본은 해체하지 않았다는 것은 도저히 납득할 수 없는 짓이다. 누가 봐도 연합국이 승전국인 자신들이 차지할 이익을 위해서 저지른 동북아시아에 대한 침탈행위일 뿐이다. 필자가 본문에서 밝혀낼 문제지만, 만주국이 해체당한 이유는 딱 한 가지 소위 연합국이라고 하던 당시 미·영·소·중 네 강대국의 이해타산에 의한 희생물이었다. 만주국 영토가 중국에 귀속된 이유 역시 그 네 나라의 땅따먹기에 의한 결과물일 뿐이다. 중국에게는 고조선 이래 대대로 원한이 맺혀왔던 만주를 자신들의 영토로 강점할 수 있는 절호의 기회가 찾아왔던 것이다. 동북아시아 국가의 하나로 서구 열강들의 동북아시아에 대한 영토침탈을 눈으로 보면서도, 중국은 그 유혹을 피하지 못하고 나머지 세 나라

---

1) 일제는 대한제국이 황제국임을 인정하지 않기 위해 대한제국 선포 이후에도 줄곧 조선이라고 명명했으나, 필자는 대한제국 수립 선포 후에 관한 기술을 할 때는, 엄연한 황제국인 대한제국으로 바로잡아 표현한다.

와 야합을 했다. 그 덕분에 전쟁을 일으킨 당사자인 일본은 해체당하기는커녕 패전국이면서도 홋카이도와 오키나와를 비롯한 아마미제도, 즉 류큐제도를 독립시키지 않고 차지할 수 있는, 제2차 세계대전으로 인한 최고의 영토수혜국이 되고 말았다.

청나라가 공식적으로 건국되기 전에는, 만주는 우리 한민족 선조들이 지배하고 생활하던 실질적인 문화영토였다. 따라서 우리가 만주를 수복하기 위해서는, 중국이 아니라 만주국을 해체하던 당시 자신들의 이익을 위해서 만주를 중국에 귀속시킨 모든 나라와 대적해야 한다. 물론 중국 하나와 상대하는 것보다 더 어렵고 힘든 일이라고 생각할 수 있다. 그러나 그것은 그렇지 않다. 당시 중국만 만주를 강탈한 것이 아니라 연합국 모두가 다른 나라의 영토를 강탈 내지는 강점했기 때문에 그 모든 문제를 국제문제화 시킨다면 오히려 접근하기 쉬울 수도 있다. 중국과 역사 이야기를 하고 어쩌고 할 필요도 없다. 만주국의 전신인 청나라가 우리와 같은 뿌리를 가진 민족이며, 만주국의 영토가 한반도를 제외한 고조선의 영토 영역과 흡사하고, 그 안에 있는 영토문화가 한반도의 문화와 동일한 것으로, 만주국이 해체되어야 하는 나라였다면 당연히 그 영토는 영토문화론을 기반으로한 문화영토론에 의해서 우리 한민족에게 귀속되었어야 한다는 것만 밝히면 될 일이다. 아울러 당시 연합국 중 다른 나라들이 강탈한 영토에 대해서도 그런 문제점을 밝혀줌으로써, 전쟁의 승자가 평화를 가져다준다는 명분을 앞세워, 아무런 잘못도 없이 단지 군사력이 약하다는 이유로 아시아 국가들의 영토를 강탈한 실상을 만천하에 드러내야 한다. 그렇게 함으로써 세계의 이목을 집중시켜 동의를 구하는 한편, 피해를 본 당사국들과 세력을 규합하여 잘못된 것을 바로잡아나가면 될 일이다.

    이상에서 서술한 바와 같이 이 책을 서술한 궁극적인 목적은 만주가 우리 한민족의 영토임을 밝히기 위한 것으로, 지금까지의 주장과는 다른 방법을 구사했다. '영토문화론'과 '문화영토론'이라는 기본 이론에 의해서 만주가 우리 한민족의 영토라는 것을 확고하게 정립했다. 영토문화를 기반으로 하는 '문화영토론'에 의해서 영토권을 설정하는 것이 타당하다는 것은, 필자가 「문화영토론에 의한 대마도의 영토권 연구」라는 논문으로 박사학위를 취득할 당시 수립한 이론으로 박사학위 취득 심사를 통해서 공인된 이론이다. 따라서 이의를 제기할 수 없는 이론을 바탕으로, 고조선과 삼한이라고 부르는 진국의 문화와 역사와 영역을 설정했다. 그리고 부여와 고구려의 건국연대를 재정립하였다. 그 문화와 영역에 대한 정의를 통해서 중국어족인 한나라의 한사군은 만주에 어떠한 문화적인 영향을 끼치지 못했음을 증명한 것이다. 또한 고려와 청나라 건국 이전에 조선이 차지했던 만주에 대한 역사적인 사실에 대해서도 종래의 식민사관에서 완전히 벗어나 새로운 이론을 도입함으로써 만주가 절대적으로 우리 한민족의 영토라는 것을 명확하게 서술했다. 물론 그 이론들은 타당한 근거를 바탕으로 작성되어 학회지와 세미나를 거쳐 검증받은 논문들을 기반으로 기술하였다. 또한 만주국 해체라는 국제적인 폭거와 만주국 영토의 중국 귀속의 부당성을 밝힘으로써 '만주'라는 영토는 중국 영토가 될 수 없는 이유를 밝혔다. 만주국은 해체되어서도 안 되는 나라였지만 해체를 해야 했다면, 그 영토는 이미 주장한 바와 같이 '영토문화론'을 기반으로 '문화영토론'에 의해서 귀속될 나라를 정해야 했으며, 그 귀속 국가가 중국이 되어서는 절대 안 된다는 것이다. 한족을 중심으로 구성된 중국은 문화나 역사, 어느 측면에서 살펴보아도 만주와는 그 어떤 연관도 없는 나라이기 때문이다. 결국 만주의 영토문화는 온전히 우리 한민족의 산물임을 만천하에 드러냄으로써 만주가 우리 한민족의 영토임을 증명한 것이다.

다시 한번 강조하건대, 제2차 세계대전의 종전과 함께 만주는 당연히 우리 한민족에게 귀속되었어야 한다. 그 이유를 명확하게 밝힘으로써 만주 수복의 기틀을 마련하고자 하는 것이 이 책을 집필하는 목적이다.

2. 이 책의 특징

필자는 만주국 영토가 우리 한민족에게 귀속되어야 한다는 당위성을 밝히기 위한 방법으로 사건중심의 서술방법을 택했다. 역사상 일반적으로 일어날 수 있는 일들은 배제하고 우리 한민족과 중국어족인 한족, 혹은 타민족과의 사이에 일어날 수 있는 영토의 변화에 관계되는 중요한 사건을 중심으로 서술하는 방법을 택한 것이다. 또한 영토문제를 제기하면서 만주가 왜 우리 한민족의 영토인가에 대한 기본이론이 반드시 필요하다고 생각했다. 그냥 역사적으로 보니까 그렇다는 것은 막무가내로 우기는 것과 다름없다. 따라서 필자는 만주의 영토권이 우리 한민족에게 있다는 것을 이론상으로 증명하기 위해서, 전술한 바와 같이, 필자가 박사학위 논문에 도입함으로써 그 이론의 합당성을 공인 받은 '문화영토론'과 '영토문화론'을 기본이론으로 설정하여 합리적으로 만주의 영토권을 주장했다.

제1부 제2장에서는 문화와 역사에 대한 정의와 상관관계에 대해서 서술하였다. 문화는 우리 생활의 모든 것으로 횡(橫)적인 것이며, 보편성(普遍性)과 상속성(相續性)을 가져야 한다. 그리고 역사는 그 문화가 세월이 흐르며 축적된 종(縱)적인 것으로, 그 또한 보편성과 상속성을 가져야 한다. 여기에서의 보편성이란 대상지역에 일반적으로 분포하는 것을 뜻하며, 그것이 적어도 몇 세기 동안의 지속성을 가질 때 상속성과 보편성을 인정받는 것이다. 일시적으로 나타난 현상이나 사건은 문화라기보다는 충동적이거나 우연히 일어난 일로 보는 것이 옳을 수도 있다.

제2부에서는 만주가 우리 한민족의 영토가 되어야 하는 당위성을 증명하기 위한 이론으로 '문화영토론'과 '영토문화론'을 수립했다.

'문화영토론'은 일정한 영토에 대한 문화주권자가 영토권자가 되어야한다는 이론이다. 그러나 문화의 폭이 너무 넓기 때문에 어떤 문화를 기준으로 문화주권자를 판가름해야 하는가에 따른 문제에 봉착하게 되므로, 영토문제에 관해서는 영토에 뿌리박고 있는 영토문화가 그 주체가되어야 한다는 이론을 제기하여 '영토문화론'을 수립했다.

'영토문화론'은 일정한 영토에서 발굴되거나 혹은 그 영토에서 수 세기 이상을 거주해온 민족이나 집단을 통해서 전해 내려오는 문화를 기준으로 문화주권자를 판가름한다는 이론이다. 즉, '영토문화론'에 의해서 판가름 된 문화주권자가 '문화영토론'에 의해서 영토권자가 되어야 한다는 기본 이론을 수립한 것이다.

기본 이론을 수립한 이후 역사적인 사건 중에서 영토에 관한 사건을 중심으로 서술하며 '문화영토론'과 '영토문화론'에 입각하여 그에 대한 영토권을 짚어보았다. 서술방법으로는, 서술한 사건이 일정한 영토에 대한 영토문화에 어떠한 영향을 끼쳤는지, 또는 영토문화를 형성하는 사람들이 어떤 공통점을 가졌으며, 그 이웃하는 영토와는 어떤 관계였는지 등에 관해 서술하는 것을 우선적으로 했다.

제3부 제1장은 만주의 일반적인 사항을 다루었다. 먼저 '만주'라는 이름에 대해 살펴봄으로써 만주의 지명문화를 고찰해 보았다. 다음으로는 만주 역사의 개략을 살펴보았다. 만주의 역사는 고조선 이래 근세까지 살펴보면서, 고려시대는 물론 원나라로부터 국경을 물려받은 명나라 시절에도 우리 한민족이 생활하며 지배하던 남만주 지역에 해당하는 영토와 그런 기준으로 형성된 국경에 대해서도 자세하게 서술했다.

우리 한민족과 중국어족인 한족은 물론 한족을 지배했던 원나라 몽골족과의 국경이 지금 우리가 압록강이라고 부르는 압록강(鴨綠江)과 두만강(豆滿江)이 아니라는 것이다. 고려 시대에는 요하 역시 압록강(鴨淥江)이라고 불렀으며, 원나라의 동령부는 북한 평양이 아니라 요양으로 요양은 태조 왕건의 서경이었고, 원나라와 고려의 국경인 자비령은 한반도가 아니라 요양과 압록강 사이에 위치하는 것이다. 따라서 고려시대 국경의 서변은 현재의 요하유역이며, 북계는 흑룡강성 동남지역이나 길림성 서북부 지역에 이르는 것으로 추정되어, 요동반도에서 출발하여 요양시를 지나 선춘령 이북에 달하는 영역이다.[2] 이 국경은 그대로 명나라에 계승

---

2) 박시현, 복기대, 「『고려도경』,『허항종행정록』,『금사』에 기록된 고려의 서북계에 대한 시론」, 『압록과 고려의 북계』, 주류성, 2017, 222쪽.

되어 명으로 들어가는 책문이 압록강 북쪽 180리 지점인 연산관에 설치되었던 것[3] 등 근래 학자들이 새롭게 밝혀낸 역사상의 한·중 국경에 관한 새로운 이론을 밝혔다. 또한 만주에서 간도의 중요성과 그 영역 및 연해주에 대해 서술했으며, 만주의 영역에 대해 정의하고, 그 면적을 기술함으로써 이제까지 만주에 대한 여러 가지 설들을 정리하였다.

제3부 제2장의 고조선과 진국에서는 고조선과 진국을 형성한 민족과 그 문화의 공통성에 관해서 기술하는 것에 중점을 두었다.

우리가 흔히 삼한이라고 하는 마한·변한·진한 세 나라의 연합국인 한반도의 진국은, 고조선 멸망 이전에 고조선과 연계되어 한반도에 건국되고, 한반도에서 고조선의 문화를 전승 발전시킨 나라다. 만주에서 부여와 고구려가 고조선을 계승하여 우리 한민족의 문화를 발전시켰다면 한반도에서는 진국이 고조선을 계승하여 우리 한민족의 문화를 발전시킨 것이다. 이것은 고조선이 있던 만주의 문화와 진국이 있던 한반도 문화가 일치할 수밖에 없는 이유로서, 우리 한민족이 만주의 영토권을 주장할 수 있는 중요한 근거가 된다. 지금처럼 만주의 영토권에 대해서 새롭게 정의를 내려야 할 필요가 있을 때는 만주의 영토문화가 주변의 어느 나라, 혹은 어느 민족과 일치하느냐를 판가름해서 영토권을 규명해야 한다. 그런데 만주의 영토문화가 한반도의 것과 일치하도록 만든 것이 바로 진국이 해낸 역할이다. 진국이 한반도에서 고조선을 계승하고 그 문화를 전승하고 발전시킨 덕분에 만주의 영토문화와 한반도의 영토문화가 일치하는 것이다. 영토문화가 일치한다는 것은 만주와 한반도의 문화주권자가 동일하다는 것이다. 따라서 만주의 문화주권자는 우리 한민

---

3) 남의현, 「명대 한·중 국경선은 어디였는가」, 『압록과 고려의 북계』, 주류성, 2017, 289쪽.

족이며, 문화주권자가 영토권자라는 기본이론에 의해서 만주의 영토권은 우리 한민족이 소유해야 한다는 것을 규명했다.

제3부 제3장에서 제5장까지는 고구려와 한사군에 대해서 기술했다.

먼저 제3장에서는 부여와 고구려의 건국설화가 비슷하다는 이유로 같은 설화가 아니냐고 하는 의구심에 대해서 그 궁금증을 해소시키며 절대 같은 이야기가 아니라는 것을 밝혔다. 부여의 건국설화에 대한 진실을 밝히는 동안 북부여와 동부여의 건국설화에 똑같이 등장하는 해부루라는 이름 등으로 인해서, 북부여와 동부여의 건국에 대해 혼동하는 독자들을 위해서 북·동 부여의 해부루에 대해 정리하는 것은 물론 두 나라의 건국에 대해 확실하게 정리했다. 또한 고구려의 건국설화를 정리하며, 고구려 다물정신에 대한 정의 역시 의심할 바 없이 정리했다.

제4장에서는 고구려의 건국연대를 재정립했다.『삼국사기』의 기록을 통해서 이제까지 우리에게 기원전 37년이라고 알려져 온 고구려 건국연대는 잘못 기록된 것이다. 이미 많은 학자들이 그 의구심을 나타내면서도 바르게 재정립하지 못했으며, 북한의 손영종은 기원전 277년이라고 재정립했다. 1990년 손영종이 고구려 건국연대를 기원전 277년이라고 재정립한 이후 북한에서는 고구려 건국연대가 기원전 277년으로 통일되어 모두가 그렇게 알고 또 교육하고 있다. 그러나 필자가 손영종의 이론에서 1갑자, 즉 60년의 착오가 생긴 것을 찾아냈다. 필자는 역사적인 기록 등을 통해서 손영종의 이론에 대한 모순을 지적하고 상세하게 분석하여 새로운 이론을 정립함으로써, 고구려 건국연대는 기원전 217년이라고 재정립한 것이다. 고구려 건국연대가 기원전 217년이라는 것은 만주의 영토권에 상당히 커다란 영향을 미친다. 고구려 건국연대와 그 영역은 한사군의 영역과 긴밀한 관계를 갖기 때문이다. 한사군이 설치되던

기원전 108년 이전에 고구려가 건국되고 한사군 설치 당시 고구려의 영역이 요하 가까이에 접근해 있거나 더 서쪽이었다면, 당연히 한사군은 만주의 영토문화에 영향을 미치지 못했을 것이다. 그렇다면 만주는 순수한 우리 한민족의 영토문화를 토대로 번성했다는 것이다. 필자는 고구려 건국연대가 기원전 217년이라는 것을 재정립함으로써, 한사군 설치 당시의 고구려 영역을 중국의 역사서를 비롯한 문헌 등을 통해서 산출해낼 수 있었다. 한사군의 위치는 요하 유역을 벗어나지 못했던 것이다. 결국 만주는 고조선 시대부터 삼국시대의 고구려가 멸망할 때까지는 물론 고구려 멸망 이후에도 그 지배와 생활권이 대진국 발해로 계승되었으므로, 만주의 영토문화는 순수하게 우리 한민족의 것으로 문화주권자는 우리 한민족이라는 것을 도출해 낼 수 있었다.

제5장에서는 재정립한 고구려 건국연대를 바탕으로 부여의 건국연대를 기원전 294년으로 비정(比定)하여, 부여가 기원전 300년 전후로 건국되었다는 것을 기반으로 부여의 영역을 도출해 냈다. 또한 부여와 고구려의 건국연대와 영역이 새롭게 정의된 것을 근거로 한사군의 영역을 정리했으며, 한사군의 영역을 한반도 안으로 끌어들이려 했던 일제의 속셈을 파헤쳤다. 일제가 갈석산에 있던 점제현 신사비를 평양 근처로 옮기면서 한사군의 영역을 반도 안으로 끌어들이려던 목적과 그 내용을 기술하여 왜곡된 한사군의 역사를 바르게 정립하고, 그 영역 또한 난하와 요하 유역으로 바르게 정립한 것이다.

지금까지 대개의 역사서들이 한사군은 고조선과 함께 묶어서 이야기해왔다. 기원전 108년 한나라가 고조선을 멸망시키고 한사군을 설치했다는 이유였다. 그러나 그것은 커다란 오류를 범하고 있는 것이다. 그것은 고조선이 세 개의 조선 즉, 신조선·불조선·말조선으로 이루어진 연합국가라는 것을 몰랐거나, 아니면 고조선의 영역을 축소하기 위해서 왜곡하려는 의도가 담긴 행위였다. 또한 단군이라는 명칭이 한 사람을 가리키는 것이 아니라 훗날 황제나 왕처럼 수장을 일컫는 용어로서 여러 사람이었다는 것을 몰랐거나, 아니면 알면서도 고조선의 역사를 축소하기 위해서 왜곡하려는 발상이었다. 한나라가 멸망시킨 고조선은 세 개의 조선 중에서 불조선만 멸망시켰을 뿐이다. 신조선은 이미 그 이전에 부여와 고구려에 의해서 분리와 통합을 이루어 기원전 108년에는 존재하지 않았고, 말조선은 기원전 4세기경에 마한으로 국호를 바꾸고 한반도에 자리 잡았다. 따라서 한나라가 멸망시킨 고조선은 그 당시에는 위만이 다스리던 불조선 뿐이다. 또한 전기한 바와 같이 부여는 한나라의 침입보다 200여년, 고구려는 110여년 먼저 건국되어 한나라의 침입 당시 불조선을 멸망시킨 한나라와 직접 국경을 마주했으니, 한사군은 당연히 고조선이 아니라 부여나 고구려와 같이 논해야 하는 문제다.

제4부에서는 근세의 만주를 지배하고 생활하던 민족과 나라 및 집단의 변화와 제2차 세계대전 종전 당시 만주가 중국어족인 한족 중심의 중국으로 귀속된 것에 대한 부당성을 낱낱이 파헤쳤다.

제1장에서는 비록 건국하지는 못했지만, 대한제국의 고토수복을 통해서 만주에 건국하려고 했던 '대고려국'에 대해서 상세하게 기술했다. '대고려국'은 1917년에 대한제국의 양기탁, 정안립 등의 독립지사들과 일본의 스에나가 미사오는 물론 중국의 주사형이 함께 건국을 구상했던 나라다. 일제가 내건 건국의 명분은 대한제국의 고토를 수복하여 만주에 '대고려국'을 건국함으로써 대한제국 백성들의 자긍심을 높이고 만주로의 적극적인 진출을 도모한다는 것이었다. 그러나 이것은 일제의 허울

좋은 명분일 뿐이고, 실제 그 속셈은 대한제국의 백성들이 대거 만주에서 생활하고 있다는 점에 착안하여 일제가 만주를 지배하기 쉽게 만들자는 의도였다. 그런데도 대한제국의 지사들이 합류한 이유는 일본에게 속아주는 척 하면서라도 고종황제나 의친왕 혹은 영친왕을 군주로 모실 수 있는 독립국을 만주에 건국하여, 그곳을 발판으로 군사력을 양성해서 한반도로 진입하여 대일항쟁을 벌임으로써 일제를 몰아내고 광복을 쟁취하자는 것이었다. 또한 중국은 당시 만주를 장악하고 있던, 청나라 후손인 북방 군벌 장쭤린의 건국을 막아내려는 의도였다. 결국 처음부터 대한제국과 일제와 중국의 동상삼몽으로 출발한 '대고려국'은 건국되지 못했다. 그러나 '대고려국'이 갖는 의미는 크다. 일제가 '대고려국'의 건국 계획을 대정일일신문을 통해서 발표했는데, 그 기사를 통해서 만주를 대한제국의 고토로 공식 발표했고, 중국 역시 동의했기 때문이다. 또한 '대고려국'이 만주를 기반으로, 특히 간도를 중심으로 건국을 계획했다는 것은 당시에도 간도는 대한제국의 영토로 인식되고 있었을 뿐만 아니라 간도 거주민 중 80% 정도가 대한제국의 백성들이었기 때문이다. 이러한 사실들은 만주가 대한제국을 구성한 우리 한민족의 영토라는 것을 뒷받침해주는 귀중한 자료이기 때문에 상세하게 기술했다.

제2장에서는 만주국의 건국과 해체 및 그 영토의 중국 귀속에 대한 부당성에 대해서 상세하게 기술했다. 고조선의 영토에서 그 당시 러시아 영토로 편입되어 있던 연해주를 제외하고는 거의 같은 영역에 건국한 만주국의 영역이야말로 연해주를 제외한 만주 그 자체였다. 일본은 '대고려국'을 건국하여 만주 지배를 손쉽게 하려던 계획이 수포로 돌아가자, '대고려국'에 대한 건국 계획의 경험을 살려서 만주국을 건국한 것이다. 만주국을 기반으로 중국 대륙으로 손쉽게 진출하는 것이 목적이었다. 그

러나 일제는 제2차 세계대전에서 패망하고 전범국으로 몰리면서 일제의 식민·위성국가로 낙인찍힌 만주국은 미·영·소·중 4개국으로 이루어진 연합국에 의해서 해체되었다. 그리고 만주국의 영토는 연합국 중 한 나라였던 중국에 강제로 귀속되었다. 이것은 문화나 역사를 무시하고 저지른 연합국의 폭거다. 만주국의 해체도 엄청난 횡포지만 더욱 그 영토를 우리 한민족이 아닌 중국에 귀속시켰다는 것은 연합국이 자신들의 이익을 위해서 동북아시아의 영토를 유린했을 뿐이다. 승전국으로 평화를 전달한 것이 아니라 전쟁의 불씨를 던져 준 것이다. 필자는 만주국의 건국은 물론 그 해체와 영토의 중국 귀속에 대한 부당성을 상세하게 서술하면서 만주의 영토 문제는 우리 한민족과 만주에서 최후의 제국을 건설했던 청나라 후손들과의 문제임을 강조했다. 그러나 지금은 청나라 후손들이 협상할 수 있는 아무런 준비가 되어있지 않음으로 우선 영토문화를 기준으로 그 귀속될 국가를 판단해야 하며, 우리 한민족이 그 대상이 되어야 하는 이유를 명쾌하게 규명했다.

제3장에서는 동북인민정부에 대해서 상세하게 서술했다. 만주국 영토가 중국에 귀속되자 중국은 만주가 자신들의 영토가 아님을 알기에 막상 쉽사리 해체하지 못하고 그 영역 그대로 동북인민정부를 세운다. 그러나 동북인민정부의 초대 주석으로 추대된 가오강은, 일제가 만주국을 세워서 상당한 투자를 했던 덕분에, 만주가 그 당시 중국 산업에 있어서는 절대적인 지위에 있었다는 점에 우쭐했다. 마오쩌둥이 '공화국의 장자(共和國長子)'라고 일컬을 정도로 풍부한 지하자원 및 농업생산량, 다양한 경공업, 중공업 산업시설, 교통기반시설 등을 갖추고 있는 정치·경제적 최전선 지역일 뿐만 아니라 일제가 대륙침략을 목표로 삼고 있었기 때문에 군사시설 면에서도 단연코 앞선 지방이었다. 가오강은 그런 지방

의 주석이라는 점에서 자신이 황제라도 된 것으로 착각을 했던 것이다. 우리나라 6·25 동란 이후 중국은 개혁을 원했고, 만주에 대한 대대적인 개혁을 앞장세워 만주의 체제를 붕괴하고 새롭게 단장하려고 했다. 그때 가오강이 황제라도 된 것처럼 행동했고, 마오쩌둥은 그 기회를 잡아 동북인민정부를 해산함으로써 만주를 붕괴시켜서 일부는 내몽고 자치구에 편입시키고 나머지는 동북3성으로 고정시켜 동북3성이라는 지명으로 고착시키고자 한 것이다. 그리고 동북3성이라는 그 명칭은 지금까지 사용되고 있다.

이상과 같이 고조선에서 동북인민정부까지 서술한 진실에 반하여 중국은 지금 엄청난 왜곡을 획책하고 있다. 바로 동북공정을 필두로 하는 단대공정, 탐원공정과 요하문명론, 근대문화공정 등의 영토공정이 그것이다. 따라서 제5부 제1장에서는 중국 영토공정4)의 실상을 파헤치고 그 모순을 지적하면서 대응방안을 제시하고, 제2장에서 맺는 말과 함께 필자가 꼭 하고 싶은 제언을 했다.

중국의 영토공정이 만주를 중국 영토로 고착시키겠다는 허황된 망상에 사로잡혀 시작된 허구라는 것은 중국 자신들이 더 잘 알고 있는 사실이다. 자신들이 만주에 집착해서 문화와 역사를 왜곡해가며 사실을 조작

---

4) '중국 영토공정'이라는 용어는 필자가 게재한 논문 "「중국 영토공정에 관한 대응방안 연구」, 『지적』, 제44권 제1호, 대한지적공사, 2014, 37-59쪽."에서 처음 사용한 용어다. 필자는 중국이 동북공정을 비롯한 영토공정을 내세워 역사를 왜곡하는 이유 중 가장 큰 이유는 현 중국의 국경 안에 존재하는 모든 영토를 하나로 만듦으로써 소수민족의 문화와 역사는 무시한 채 모든 소수민족을 포함하는 거대한 중국을 만들어 한족이 염원하는 세계의 중심인 중화(中華)가 되겠다는 망상에 사로잡혀 있다는 것을 밝히고자 한 것이다. 이것은 일본의 헛된 망상이었던 대동아 평화정책 만큼이나 위험한 발상으로 문화와 역사를 무시하고 세계평화를 위협하겠다는 엄포와 동일한 것이다.

하다보니 허점투성이라는 것도 안다. 그리고 그 허점을 보완하기 위해서 새로운 이론들을 조작해 내세우면 내세울수록 허점이 보인다. 그럼에도 불구하고 우리 한민족은 그 대응에 소홀하다. 이 문제는 그렇게 소홀하게 다루어도 되는 문제가 절대 아니다. 중국의 영토공정에 올바르게 대응하지 못한다면 만주의 영토수복은 고사하고 우리 한민족 역사의 대부분을 잃어버리게 된다는 것을 명심해야 한다.

중국의 공세에 제대로 대응하기 위해서는 당장 대응하는 자세부터 고쳐야 한다. 중국은 군·관·민 연합으로 총성 없는 영토전쟁에 엄청난 군비를 들여서 장비를 갖추고, 비록 왜곡된 사실이나마 진실로 만들기 위해서 광분하며 참전하고 있는데 반해서, 우리 한민족은 뜻있는 몇몇 단체와 학자들이 각개전투로 그들에 대해 응전하고 있는 꼴이다. 게다가 그나마 북쪽은 중국의 발밑에 붙어서 아예 대응할 생각조차 하지 않고 있다. 그렇다고 남쪽이 제대로 한다는 것도 아니다. 남쪽 역시 아직은 중국에 비해서 국력이 약하다 보니 이렇다하게 공식적으로 나서지를 못하고 있다. 그나마 고구려 역사 왜곡에 대응하기 위해서 만들었던 기관마저 지금은 독도 문제에 매달려 있는 실정이라는 것이 맞는 표현일 것이다. 그래서는 안 된다. 이렇게 지속되다가는 정말 우리 한민족 역사의 대부분을 잃게 될 수도 있다는 것을 반드시 명심해야 한다.

본문의 뚜껑을 열기도 전에 성급하게 독촉하는 것 같지만 절대 그렇지 않다. 지금 바로 이 순간에 중국의 동북공정을 필두로 한 영토공정에 대응하는 자세를 바꾸지 않는다면, 아마도 중국에 맞서 대응할 기회는 우리에게 영원히 오지 못할 수도 있기 때문이다.

제2장
문화와 역사와 영토

 본 장에서는 문화와 역사와 영토에 대한 정의를 내린 후 그 상관관계를 정리함으로써 문화와 역사와 영토가 갖는 필연적인 관계를 서술한다. 영토문화를 기반으로 하는 문화주권자가 영토권자가 되어야 한다는 후속 이론의 이해를 쉽게 할 수 있는 기틀을 마련하고자 하는 것이다. 문화와 역사는 함께 형성되는 것이며, 문화는 영토를 기반으로 형성되는 것이기에 결코 분리될 수 없는 관계로 문화와 역사와 영토는 떼고 싶어도 뗄 수 없는 관계라는 것을 도출한다.

1. 문화와 역사

1) 문화

(1) 문화의 정의(定義)

문화는 사람의 총체적 지성의 특징을 말하는 것으로 사회적·종교적·윤리적·과학적·기술적인 특색이 종합적으로 나타남으로써 어떤 집단의 일반 사회질서에 나타나고 있는 생활습관 및 비형식적인 법규, 기구, 제도 등을 포함한 총괄적인 것이다. 이는 토인비가 말하는 문명의 개념과 큰 차이가 없다.[5] 즉, 인간이 속한 집단에 의해 공유되는 인간 생활의 모든 것을 지칭하는 것이 바로 문화이자 문명인 것이다. 그런 까닭에 19세기 말에 문화를 최초로 정의한 타일러(Sir Edward Burnett Tylor)는 문명과 문화를 동일시했다.

문화는 인류의 모든 행위와 사고 그 자체다. 인류가 생존을 위해서 먹고 마시는 것과 생활하기 위해서 사용하는 의복·문자 등 눈에 보이는 것들, 그리고 종교와 언어 등 눈에 보이지 않고 사용하는 것들과 정치제도나 법률과 같은 법규는 물론 머릿속에서 생각하는 사고와 그 사고방식에 의해서 몸에 배는 습성과 그것들이 후대에 전해지면서 형성되는 정서까지, 인류의 모든 것을 통틀어서 문화라고 한다. 지금 이 순간에 인류가 살아가며 벌이고 있는 모든 사고와 행위가 문화라는 것으로, 문화는 지구

---

5) 김일평, 「21세기의 세계와 한국문화」, 『21세기와 한국문화』, 나남출판, 1996, 170쪽.

라는 공간을 통틀어서 일어나는 수평적인 개념의 것을 말한다. 그러나 인간의 행위와 사고방식이라고 할지라도 모든 것을 문화라고 정의할 수는 없다. 어떤 개인이 취한 돌출적인 행동이나 우연히 일어난 현상, 혹은 여러 사람이 행동했다고 해도 단기간에 걸쳐서 벌인 행위를 무조건 문화라고 할 수는 없기 때문이다.

문화는 적어도 보편성(普遍性)과 상속성(相續性)을 갖춰야 한다. 문화의 보편성이란 일정한 지역에서 동시대를 사는 사람들이 일반적으로 취하는 사고와 행위여야 한다는 것이다. 특별한 사람이나 혹은 집단의 몇몇이 특별하게 취한 사고와 행위라면 그것은 문화라기보다는 돌출된 행동으로 볼 수 있다. 다만 그런 돌출된 행위를 대다수 사람들이 받아들여 함께 참여했다면 그것은 보편성을 확보한 것으로 보아야 한다. 또한 문화의 상속성이란 보편적으로 행해진 문화가 적어도 세기를 반복하여 지속적으로 행해지는 것을 의미한다. 일정한 지역에서 보편적으로 행해진 행위일지라도 단기간에 걸쳐 일어난 것이라면 그것은 어떤 상황으로 인해서 벌어지는 충동적인 행위이거나 일시적인 상황에 대한 대응을 위한 행위일 수 있기 때문이다. 결국 문화는 수평적인 보편성이 수직적인 상속성에 의해서 생성된 산물로, 보편성과 상속성은 문화의 특징이자 문화가 갖추어야 할 필요충분조건이다. 따라서 문화는 '인류가 생활하는 일정한 공간에서 수평적으로는 보편성을 갖고, 수직적으로는 상속성을 확보한 것으로, 인류에 의해서 생성되었거나 생성되고 있는 산물로 인류가 생존하며 벌이고 있는 모든 유·무형의 물자와 사고와 행위'로 정의할 수 있다.

(2) 문화의 분류

일반적인 관점에서 문화는 유형문화(有形文化)와 무형문화(無形文化)

로 구분하는 것이 보통이다. 유형문화란 형태를 가지고 있는 문화로 대표적인 것은 고대 건축물을 비롯한 유적이나 고분 등에서 함께 발견되는 유물 등이다. 무형문화는 형태가 눈에 보이지는 않지만, 일정한 집단이 공통적으로 이해하고 참여하는 것으로 풍습이나 언어, 종교 등에 해당한다. 그리고 문화인류학에서는 문화의 요소를 다음과 같이 분류한다.

첫째, 가장 원초적인 물질문명, 즉 형이하학적인 문명을 용기문화(用器文化)라고 한다. 사람이 생활해 나가는 데 필요한 의복, 그릇 등 일체의 용품과 무기 등을 말하는 것으로 용기문화의 특징은 문화와 문화 사이의 전수가 아주 빨리 된다는 점이다.

둘째, 용기문화보다 한 단계 높은 차원의 문화를 규범문화(規範文化)라고 한다. 이것은 주로 한 사회의 제도·관습·법률 등을 가리키는 것으로 용기문화처럼 빠르게 전수되지는 않지만 상당기간을 서로 교류하면 동화되는 것이 보통이다. 세계의 헌법·형법·민법 등이 비슷하다는 것에서 알 수 있다.

마지막으로 가장 고차원의 정신문화를 관념문화(觀念文化)라고 하는데 이것은 그 민족 고유의 언어·종교·사상·신앙 등을 포괄하는 것으로 문화와 문화가 교류를 해도 여간해서는 서로 동화가 잘 안 되는 것으로 그 문화의 주인인 민족과 운명을 같이 한다고 할 수도 있다.6)

이처럼 문화인류학에서 분류하는 기준에 의해서 문화의 요소를 분석해 보면 서로 다른 문화권에서 생활한 사람들이 하나의 공동체를 이룬다는 것은 외견상으로는 간단하게 보일지 모르지만 내면적으로는 상당히 어렵다는 것을 알 수 있다. 서로 다른 문화권에서 생활하던 사람들이

---

6) 홍일식, 「현대생활과 전통문화」, 『문화영토시대의 민족문화』, 육문사, 1987, 357-358쪽.

같은 문화권을 형성한다는 것은 상당한 시간이 소요될 뿐만 아니라, 심지어는 영원히 같은 문화권을 형성할 수 없을 수도 있다. 이러한 문제점은 문화를 공유하는 지역의 범위에 의한 문화의 분류에 의해서도 알 수 있다.

수평적인 개념의 보편성과 수직적인 개념의 상속성을 갖춘 문화가 전세계의 모든 인류에게 공통적으로 형성되어 서로 같은 문화가 존재하는 반면에, 각각의 집단이 처한 지역적인 특성과 자연에 의한 환경 조건 등에 적응하면서 서로 다른 생활방식을 선택하게 되고, 그것은 서로 다른 문화를 형성하기도 한다. 전 인류가 공유할 수 있는 문화도 있지만, 일정한 지역에 거주하는 집단끼리만 공유하는 문화를 형성할 수도 있다는 것이다. 일정한 집단에서 자신들끼리 공통적으로 누리는 문화가 형성되었다는 것이 그 지역문화의 보편성이다. 그리고 일정한 지역에서 형성된 문화가 후손에게 전수되어 왔다는 것이 문화의 상속성이다. 그 일정한 지역의 범위가 지구 전체에 해당한다면 그것은 인류의 공통문화이고 그렇지 못하다면 지역문화가 되는 것이다. 그리고 지역의 범위는 작게는 지방이나 나라로부터 크게는 아시아, 유럽, 아프리카, 아메리카 등의 대륙 단위나 동·서양 등으로 나눌 수 있다. 그러므로 인류는 일정한 영역을 벗어나면 서로 다른 문화에 의해서 이질감과 적대감을 갖는 환경에 처하게 되는 것이다. 그런데 문화가 형성되는 일정한 지역이 민족이라는 공동체가 형성된 곳에 국한되는 것이라면 민족문화가 형성되는 경우를 맞이하게 된다. 민족문화에 대해서는 이어지는 문화와 영토의 관계에서 다시 한번 고찰해 보기로 한다.

2) 역사

단재 신채호는 조선상고사 총론에서, 역사는 아(我)와 비아(非我)의 투쟁이 시간적으로 발전하고 공간적으로 확대되는 심적 활동의 상태에 대한 기록이라고[7] 정의했다. 그러나 단재의 글을 읽다 보면 그가 역사를 단순히 투쟁으로 본 것이 아니라는 것을 알 수 있다. 그는 역사는 반드시 상속성(相續性)과 보편성(普遍性)을 가져야 한다고 했다. 아울러 사회를 떠나서 개인적인 아와 비아의 투쟁도 없지 않으나, 아의 범위가 너무 약소하고 또 상속적·보편적이 되지 못하므로, 인류로서도 사회적 행동인 경우에만 역사가 된다고[8] 했다. 인류로서 사회적 행동이라는 것은 인류가 어우러져 벌이는 행위로 보편성을 갖췄다는 의미이고, 보편성을 갖춘 행위가 단편적으로 그치지 않고 반복되거나 지속적으로 일어나는 것은 상속성을 갖춘 것이므로 이것은 단순히 역사뿐만 아니라 문화의 필수요소이기도 하다. 따라서 역사와 문화의 특성이 상속성과 보편성을 가져야 한다는 공통점을 갖는다는 점을 감안한다면, 역사와 문화는 떼려야 뗄 수 없는 관계라는 것이 도출된다. 또한 행동은 사고를 뒤따른다는 점을 감안한다면, 지금 이 순간에 인류사회에 수평적으로 벌어지고 있는 사회적인 사고와 행동이라는 문화가, 시간에 의해 수직적으로 축적된 것이 역사라는 것이다.

결국 "역사는 '인류가 누리고 있는 수평적인 개념의 문화가 시간이라는 수직적인 개념에 의해서 축적된 산물'이다."

---

7) 단재는 '세계사는 세계의 인류가 그렇게 되어온 상태의 기록이며, 조선사란 조선민족이 그렇게 되어온 상태의 기록'이라고 했다.
8) 신채호, 박기봉 옮김,『조선 상고사』(서울 : 비봉출판사, 2006), pp.24-25.

3) 문화와 역사의 상관관계

문화와 역사를 각각 살펴본 바에 의하면, 역사와 문화의 공통적인 특징은 일정한 영역 내에서 보편적이고 상속적이라는 것이다. 다만 굳이 구분하여 말하자면, 지금 현재 일어나고 있는 수평적인 보편성을 갖는 행위가 상속적으로 이루어져 문화로 발전하며, 시간의 흐름 속에서도 보편성을 확보하여 수직적인 종적 산물의 역사로 기록되는 것이다. 결국 문화라는 수평적인 행위와 사고를 기록한 것이 수직적인 역사라는 것이고, 수평적인 횡(橫)과 수직적인 종(縱)이 만나는 그 시점이 바로 우리가 살고 있는 지금 이 순간이다. 지금 이 순간 벌어지고 있는 사고와 행위들이 보편성과 상속성을 갖는 것이라면 그것이 문화이고, 그 문화가 긴 세월 축적된 것이 바로 역사다.

4) 역사의 필요성

우리가 역사를 필요로 하는 이유는 역사는 문화를 기록한 것이기 때문이다. 그리고 역사는 보편성과 상속성을 갖는 것이기 때문에, 비록 형태를 달리할 수는 있지만 인류에게는 반복되어 일어난다고 볼 수 있다. 반복되어 일어나는 일이 인류에게 도움이 되는 일이라면 우리는 더 많은 이익을 얻기 위해서 그 사건을 확대 발전시켜야 하고, 해를 끼치는 일이라면 그러한 사건이 발생하려고 하는 사건의 시작부터 차단해야 하기 때문에 역사가 필요한 것이다. 즉, 역사는 과거를 교훈 삼아 미래를 설계하기 위해서 필요한 것이다. 세계의 역사를 기록한 것이라면 세계사요, 우리 한민족(韓民族)의 역사를 기록한 것이라면 우리 한민족의 역사가 되겠지만, 그것들은 각기 그 영역에서 보편성과 상속성을 지니는 것으로 각각의 영역에 대한 미래를 설계하는 도구로 필요한 것이다. 따라서 '역사는 과거가 아니라 미래다.'

2. 문화와 영토

1) 민족문화

지금처럼 교통이 발달하지 않았던 시대에 일정한 지역에 일정한 집단을 이루는 구성요소는 대개가 같은 씨족이거나 나아가서는 같은 민족이었다. 따라서 일정한 지역에 거주하는 민족의 문화가 보편성과 상속성을 가지면서 민족문화로 성장하였다. 그리고 그것은 시간이 지나면 지날수록 다른 민족과는 확실하게 서로 다른 문화로 발전하여 민족문화라는 고유한 특성을 갖게 되는 것이다. 만일 어떤 민족의 문화 중에서 잠시 특이하게 나타났지만 보편적으로 이루어진 것도 아니고 상속성도 없는 것이라면, 그것은 민족문화라기보다는 어떤 개인이나 단체에 의해서 형성된 일시적인 산물이라고 보아야 할 것이다. 또한 보편적이기는 하지만 상속성이 없다면 그것은 이민족에 의해서 전래되었거나 혹은 자생하였지만 일시적인 유행에 의해서 존재했던 문화로, 민족문화라고 지칭하는 것은 무리다. 보편성은 상실했지만 상속성은 존재한다면 그것은 이민족이 그 지역의 일부에 존재하며 남겨놓은 외래문화이거나, 같은 민족이지만 특별한 이유로 이질적인 문화를 소유해야만 했던 집단의 문화로, 민족문화라기보다는 민족문화와 함께 공존했던 문화일 뿐이라는 판단이 옳을 것이다. 따라서 민족문화는 일정한 민족에게 보편적으로 통용되면서 상속적으로 전해져 온 문화를 지칭하는 것이다.9)

2) 문화와 영토의 상관관계

민족문화는 같은 민족이 생활하는 영역 안에서 문화를 전수하고 발전시키며 후손들이 늘어남에 따라 그 영역을 확장하고 발전시켜 나가게 된다. 각각의 민족들이 자신들의 문화를 누리며 생활하는 곳을 자신들의 영역으로 만들고 보호하게 된 것은 이민족의 문화에 대한 이질감과 적대감으로부터 자신들을 지키려는 본능이었던 것이다.

인간의 본능은 전쟁을 비롯한 많은 투쟁을 통하여 희생을 감수하면서까지 자신들만의 문화영역을 지키기 위한 노력을 기울임으로써, 영토를 지키는 것이 자신들의 고유한 문화를 지키는 것임을 알게 되었다. 따라서 문화의 주인인 문화주권자가 영토권자로 자리매김하게 된 것이다. 결국 영토는 문화의 영역이고, 그 주인은 그 영역 안에 존재하는 문화의 문화주권자다. 다만 그 문화는 일시적으로 점유한 문화가 아니라 고대부터 일정한 영토에 정착했음을 의미하는 농경시대까지10), 특히 인류의 각

---

9) 여기에서 지칭하는 민족의 개념이 완전히 같은 문화를 누리는 두 개 이상의 민족으로 형성되었다면, 그들을 통틀어서 하나의 민족으로 지칭하는 것으로 보아야 한다. 그런데 그런 경우는 아직 발견된 사례가 없다.

10) 농사를 짓지 않고 유목에 의존했던 민족이라고 하지라도 그들이 유목을 위해서 무작정 떠돌던 것은 아니다. 계절과 상황에 따라 일정한 영토에 정착했다가 이주하기를 반복하는 것이다. 따라서 유목민은 그들이 유목을 위해서 생활하는 반경을 정착지로 보아야 할 것이다.

종족들이 자신들의 고유한 영역 안에서 자신들만의 문화를 개척하고 피워나가던 농경시대에 그 영토에 뿌리내린 영토문화를 기반으로 해야 한다, 즉, 영토문화의 주인이 문화주권자이고 문화주권자가 영토권자라는 것이다.

3. 문화와 역사와 영토의 상관관계

지금까지 살펴본 바와 같이, 보편성과 상속성을 통하여 형성되는 수평적인 개념의 문화를 수직적인 시간의 흐름에 따라 기록한 것이 역사이며, 그 역사를 동반한 문화라는 매개체에 의해서 형성된 것이 영토라는 것을 알 수 있다. 따라서 일정한 지역에 대한 문화와 역사와 영토권은 서로 상관관계에 의해서 정의되어야지 어느 하나만을 분리해서는 정의될 수 없는 것이다.

만주의 영토권

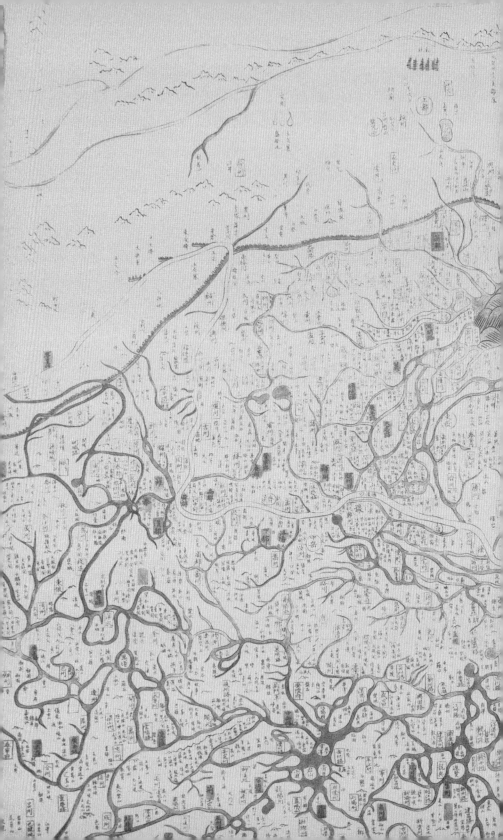

제2부

━━━━━━━

문화영토론과
영토문화론

제1장
문화영토론(文化領土論)[11]

　본 장에서는 인류의 평화를 지키기 위해서는 문화에 의해 영토를 정의 해야 한다는 문화영토론에 대한 이론적 고찰과 문화영토론의 효율적인 활용을 위해서 영토문화론이라는 새로운 이론의 필요성을 제기한다.

　먼저 문화영토론의 탄생 배경을 알아본다. 문화영토론의 탄생 배경 은, 지금 우리가 일반적으로 알고 있는 국경은 서세동점(西勢東漸)을 앞 세운 침략에 의한 지리적인 국경으로, 인류의 평화를 위해서는 문화를 통하여 국경을 설정하는 방법으로 개선해야 한다는 것이다. 문화를 통 해서 인류를 평화롭게 만들자는 문명충돌론과 문화통합론, 다중문화론 등의 이론들이 등장했음에도 불구하고, 그 이론들이 서세동점의 한계를 벗어나지 못하는 관계로 문화영토론을 탄생하게 만든 것이다. 문화영토 론은 힘을 앞세워 인류의 평화를 짓밟던 서구의 지리적인 국경이론에

---

11) 학계에서 처음으로 문화영토론을 고토수복을 위한 이론으로 정립하고 공인받은 것은, 2015년에 필자의 박사학위논문 「문화영토론에 의한 대마도의 영토권연구」를 통해서다. 영토분쟁지역의 영토권을 판가름하기 위해서는 반드시 필요한 이론이기 때문에 정립하고 공인받은 것이다.

대한 대응책으로, 국경은 힘이 아니라 문화에 의해서 정립되어야 한다는 것이다.

다음으로 기존의 문화영토론에 대해 '문화가 영토'라는 단순한 차원을 넘어서 체계적인 개념을 새롭게 설정하여 확대·재정립함으로써, 문화에 의해 영토를 정의하기 위해서는 침략에 의해 인위적으로 심어진 후발적인 문화가 아니라 영토에 뿌리박고 있는 영토문화가 중요하다는 실례를 들어서 영토문화론의 필요성을 제기한다. 영토문화를 기반으로 문화영토론에 의한 만주의 영토권에 대한 본질을 파악하는 이론적 토대를 마련하고자 하는 것이다.

영토권을 주장하기 위해서는, 왜 영토권을 주장하는지에 대한 합리적인 기본 이론이 필요하다. 왜라는 물음에 답할 수 있는 이론이 뒷받침되지 않은 채, 무조건 우리 영토라고 주장하는 것은 일본이 아무런 근거도 없이 독도를 자신들의 영토라고 주장하는 바람에 웃음거리가 되는 것과 같은 행위다. 필자는 문화영토론을 활용하기 위하여 영토문화를 기반으로 하는 새로운 이론인 '영토문화론'을 구축함으로써, '일정한 영토에 긴 세월의 역사를 포괄하며 보편적으로 형성된 영토문화의 문화주권자를 판가름하는 영토문화론을 기반으로, 개념에 의한 지리적인 국경이 아니라 문화주권자가 영토권자라는 문화영토론'을 기본이론으로 삼아서 만주의 영토권이 우리 한민족에게 귀속된다는 것을 밝혀내고자 하는 것이다.

1. 문화영토론의 탄생배경(誕生背景)

1) 문화충돌론과 대응책의 문제점

사무엘 헌팅턴은 냉전 이후의 갈등은 문명충돌이 원인이 된다고 강조하였고 그 원인을 다음의 다섯 가지로 보았다.

첫째, 문명의 차이는 인류 역사 수 세기 동안의 산물로 정치사상과 정치체제의 차이보다는 더욱더 기본적이고 현실적인 것이기 때문에, 그와 같은 차이는 반드시 갈등으로 이어지는 것은 아니지만 가장 오래되고 지속적인 갈등을 형성하여왔다.

둘째, 문명 사이의 접촉이 증가함에 따라 문명의식이 강화되며 문명 간의 차이점을 인식하게 되어 문명 내의 공통점도 강화시켜 주기 때문에 문명의식을 고양 시키는 동시에 역사 속에 깊이 뿌리박힌 차이점과 적대감을 확산시킨다.

셋째, 정치적 근대화와 전 세계의 사회적 변화 과정을 거치는 동안 인간이 오랫동안 자기 지역에 대한 일체감을 상실하고 그 자리를 종교가 메우고 있다는 것이다. 따라서 종교의 재부흥이 국경을 초월하여 문명을 단결시키는 일체감을 제공하게 된다.

넷째, 문명의식의 특성과 차이는 정치적, 경제적인 특성이나 차이점보다 변화하기 어렵기 때문에 쉽게 타협이나 해결이 되지 않는다. 계급갈등이나 관념에 의한 갈등에서는 사람이 그것을 선택하기 때문에 변화가 가능하지만 문명에서는 그와 같은 선택이 가능하지 않다.

마지막으로 경제적 지역주의가 증가하고 그것이 문명의식을 증가시키고 역으로 공통된 문명에 뿌리를 가졌을 때 경제적 지역주의는 성공할 수 있다.

또한, 헌팅턴은 문화의 충돌이 두 개의 수준에서 일어난다고 판단하였다. 하나는 미시적인 수준으로 영토문제로 인하여 문명 간의 접촉지점에서 발생할 것이며, 다른 하나는 거시적인 수준으로 문명이 다른 국가들의 군사력·경제력 경쟁, 국제도시의 통제를 놓고 벌이는 경쟁, 그들의 특정한 정치적 또는 종교적 가치를 증진시키기 위하여 벌이는 경쟁으로 일어난다는 것이다. 그는 자신이 예측한 문명충돌에 단·장기적인 것으로 나누어 대응책을 제안하였다. 단기적인 것으로는 서구문화와 가까운 문화를 형성하고 있는 동구와 라틴아메리카 제국들을 서구사회로 통합시켜 서구의 가치관과 이해가 확산되도록 해야 한다는 것이다. 다음으로 장기적으로 서구사회는 서구화와 현대화를 동시에 이룩했지만 비서구사회는 현대화는 이룩했으면서도 서구화가 되지 않고 자신들의 고유문화에 접목시키려 하고 있으므로 서구 사람들은 자신들의 문명과 이익을 지키기 위하여 필요한 군사력과 경제력을 키워야 한다는 것이다.[12] 사무엘 헌팅턴은 인류가 맞이할 커다란 충돌은 정치체제나 이념에 의해서가 아니라 인류의 각 집단을 수 세기 동안 지배해온 문화의 차이에 의한 것이고, 그 충돌을 막기 위해서는 서구사회가 자신들의 힘을 키우고 가치관을 확산시켜 그들의 문화가 세계적인 확산을 가져오는 것이 인류의 평화를 가져올 수 있다고 주장한 것이다.

헌팅턴의 논거에서 보았듯이 문화의 충돌은 다른 요소들의 충돌에 비하여 인류에게 아주 커다란 재앙을 가져다줄 것이다. 특히 헌팅턴이 문

---

12) 김일평, 「21세기의 세계와 한국문화」, 『21세기와 한국문화』, 나남출판, 1996, 164-165쪽.

화의 충돌이 발생할 지점으로 영토문제로 인한 문화의 접촉지점을 지적한 것은 주목해야 할 일이다. 그것은 군사나 경제 혹은 정치나 종교 등에 의한 거시적인 문명충돌이 아니라 당장 눈앞에서 보일 수 있는 미시적인 충돌이라고 했다. 그 무엇보다도 영토문제로 인한 문명 간의 접촉지점이 인류에게 충돌로 인한 전쟁의 불씨를 제공할 수 있는 가장 위협적인 요소가 될 수 있다는 것이다. 당연히 그런 일이 일어나서는 안 되며 사전에 예방되어야 한다. 그러나 헌팅턴은 날카롭게 문제점을 지적한 반면에 그 대응방안에서는 전 근대적인 논리의 틀을 벗어나지 못하고 있다.

헌팅턴은 단기적으로 서구의 가치관과 이해가 확산되도록 하고 장기적으로 서구사회는 자신들의 문명과 이익을 지키기 위하여 필요한 군사력과 경제력을 키워야 한다는 이론을 제시했다. 그 이유로는 서구사회는 서구화와 현대화를 동시에 이룩했지만 비서구사회는 현대화는 이룩했으면서도 서구화가 되지 않고 현대화된 문명을 자신들의 고유문화에 접목시키려 하고 있음을 지적했다. 이것은 산업혁명으로 경제력과 군사력을 팽창한 서구사회가 경제력과 군사력이 약한 약소국을 지배하여 국경을 넓히던 것과 형태는 다를지 모르지만 결국은 같은 맥락이다. 현대화를 이룩했으면서도 서구화가 되지 않았고 자신들의 고유문화에 접목시키려 한다는 이유로 서구사회가 비 서구사회를 서구화시키기 위하여 군사력과 경제력을 키워야 한다는 이론에 지나지 않는다. 서구사회의 문화는 올바르게 형성된 문명이고 비서구사회의 문화는 그렇지 않다고, 비서구사회의 문명을 비하시킴으로써 서구사회 문화의 우월주의에 빠지는 이론이다. 그런 이론은 이미 그 문제점과 병폐를 지적한 서세동점 이론과 형태와 방법만 다를 뿐 인류에게 전쟁과 분열을 싹트게 한다는 것에서는 아무런 차이점이 없는 것으로, 서구사회 스스로 저질러온 병폐의

틀을 벗어나기는커녕 반복하겠다는 것과 다름이 없다. 결국 문화의 충돌이 인류에게 가장 큰 재앙을 가져다줄 것이라는 점을 지적하면서도, 문화의 충돌 없이 인류가 평화롭게 나아갈 수 있는 해결방안을 제시하지 못하고 오히려 제국주의적인 서세동점에 의해 인류의 평화를 해칠 수밖에 없는 논리다.

2) 문화통합론과 문제점

헌팅턴보다 앞서 토인비가 문화 충돌과 그 해결책에 관한 주장을 내놓았었다. 논지를 편 시점은 앞서는데도 토인비의 주장은 헌팅턴의 주장에 비해 진일보했다. 그는 전 인류가 공존하기 위해서는, 서구중심이 아니라 서로의 문화를 이해하고 그에 따라 인류가 융합해야 한다고 주장했다.

토인비는 현존하는 문명은 서구문명, 힌두문명, 무슬림문명, 동양 즉 유교문명, 정통기독교문명 등 5개 문명이라고 하면서, 모든 문명의 흥망을 연구한 결과 세계의 모든 국가가 하나의 정부를 수립하지 않으면 인류는 멸망할 것이라고 했다. 그는 서구문명이 당면하고 있는 현대 위기는 물질적인 것보다는 정신적인 것이라고 생각했다. 현대에서 가장 악랄하게 나타나는 것은 서구 사람들이 종교를 버리고 민족주의라는 우상을 숭배하고 민족국가를 찬양하는 나치즘 같은 것이라고 했다. 사랑과 자비심을 강조하는 고차원적인 종교가 없어진다면 인종과 민족을 숭배하고 정당의 조직과 정치인을 숭배하는 저질의 종교를 숭상하게 된다고 하면서 그 해결방안으로 문명을 공부할 것을 제안했다. 문명은 역사 연구의 가장 작은 단위로서 문명을 연구하는 것으로 한 나라의 역사를 이해할 수 있다고 강조했다. 한 나라의 역사를 이해함으로써 민족주의 같은 이기주의 사고방식을 극복하고 인류의 공동운명을 발휘하기 위하여 형제애를 보편화함으로써 누구든지 형제와 같이 융합할 수 있다는 것이다. 비 서구세계는 서구문명을 이해하고 서구세계는 비 서구세계가 서구문명에 이바지한 역사의 사실을 잘 파악해야 한다고 하면서 인류의 멸망을 방지하기 위하여 다음과 같은 세 가지 기본방향을 제시하였다.

첫째, 정치에 있어서는 상호협조체제인 헌법을 만들어서 세계정부를 수립하는 것이다.

둘째, 경제는 자유기업과 사회주의 체제를 절충하여 혼합경제 체제를 수립하는 것이다.

셋째, 정신문화는 세부적인 상부구조를 변화시켜서 종교의 기본원리로 복귀시키는 것이다.

토인비는 서구문명과 비 서구문명을 융합함으로써 세계문명을 창조하여 인류의 멸망을 막을 수 있다는 낙관론을 제시한 것이다.[13]

토인비의 이론은 헌팅턴의 이론에 비하여 진보적인 것은 확실하지만 그 역시 인류가 문화의 충돌에 의해서 겪게 될 비극에 관한 해결방안이 되기에는 역부족이다. 토인비의 주장대로 세계가 하나의 정부를 구성한다는 것이 이론처럼 쉽게 이루어질 수 있는 일은 아니다. 전 세계가, 특히 약소국들이 의존하고 있는 UN을 보아도 알 수 있다. 제1차 서계대전이 끝나고 국제연맹을 결성했지만 아무런 역할도 없이 제2차 세계대전을 맞았다. 또 제2차 세계대전이 끝난 후에 국제연합을 결성했지만 영토문제로 인한 갈등 앞에서는 조정국으로서의 어떤 역할도 제대로 해내지 못

---

13) 김일평, 전게논문, 166-168쪽.

하고 있다. 게다가 UN 자체 내에서의 강대국들의 이권과 동서갈등으로 인한 알력 다툼에 의해 영토문제에 관한 사항들이 일부 조정될 뿐이지 그 이상의 효과는 거두지 못하고 있다. 필요할 때는 불가능하고 가능할 때는 불필요한 것이 세계정부다. UN의 무기력이 그것을 잘 말해주고 있다.14)

토인비가 두 번째로 주장한 경제문제 역시 하나의 정부가 아닌 다음에는 각각의 정부가 걷는 정책노선에 의해 결정되는 것이므로 큰 의미를 부여할 수 없다. 또한 그의 주장대로 정신문화를 종교의 기본원리로 복귀시킨다는 것은 불가능한 일이다. 완전히 폐쇄된 사회로 만들고 일인독재체제를 구성해서 속으로는 어떻든 일단 겉으로라도 추종하게 하려고, 추종하지 않으면 죽이겠다고 위협해도 움직이기 힘든 것이 사람의 정신문화다. 특히 종교와 사상처럼 사람을 맹신하게 하는 요소들은 목숨을 내놓고 지키는 것 중 하나다. 최근에 전 세계가 경악하고 있는 이슬람의 테러처럼, 과격단체 대원들이 사안의 옳고 그름을 판단하지도 않은 채 자신의 목숨을 내놓는 것이 성전(聖戰)을 위한 순교라고 고 믿으며 자살폭탄 테러 등의 갖가지 테러에 가담하는 것들을 보면 알 수 있다. 하물며 이미 자유민주주의를 표방하고 있는 세계에서 상부구조를 변화시켜서 종교의 기본원리로 복귀시킨다는 것은 이론조차 수립할 수 없는 허망한 망상일 뿐이다.

---

14) 최규장, 「문화의 정치화, 정치의 문화화 −21세기 문화영토 창조론 서설−」, 『21세기와 한국문화』, 나남출판, 1996, 245쪽.

3) 다중문화주의와 문제점

토인비의 문화 통합론에서 진일보한 이론이 바로 다중문화주의로, 미국의 전통적 이론인 용광로 이론(Melting Pot Theory)과 샐러드 접시 이론(Salad Bowl Theory)이 대표적이다.

용광로 이론은 미국의 이민사가 이미 증명한 바와 같이 이민자들은 그들이 어떤 종족이든 미국문화에 융화되고 흡수되어 미국문화에 동화되는 것이 바람직하다는 것이다. 그 반면에 1965년 이민법이 생긴 이후에는 유럽 이외의 지역에서도 이민자들이 이주할 수 있게끔 이민이 개방됨으로써 유색인종이 비 서구문화권에서 많이 이주할 수 있게 되었다. 따라서 미국에서는 다수종족의 서로 상이한 여러 문화가 복합문화를 형성하고 있는데, 그런 복합문화를 용광로에서 융합시키는 것보다는 샐러드 접시에 각종 채소가 나란히 놓여 있는 것과 같이 다수종족 상호간의 전통문화를 존중하고 이해할 수 있게 된다면, 복합문화의 사회를 형성하고 궁극적으로는 그로 인해 세계문화를 창조하고 세계화의 지도자가 될 수 있다고 미국 사회는 믿고 있는 것이다.15) 샐러드 접시에 놓인 채소들이 결국 하나의 샐러드를 만들어 내듯이 문화 역시 복합적인 문화를 만들 수 있다는 생각이다. 그러나 미국 내의 여러 가지 문화가 융합해서 복합문화를 만들고 그것이 세계문화를 창조하는 데 기여하여 미국이 세계화의 지도자가 되리라는 사고는 극히 위험한 발상이다. 당장 미국 내에서도 복합문화라는 것이 만들어지고 그것이 미국의 고유한 문화로 자리잡을 수 있을지 의문이다. 다중문화에 대한 우려의 목소리 또한 만만치 않

---

15) 김일평, 전게논문, 175-176쪽.

기 때문이다. '다중문화주의는 반문화(反文化)일 수도 있으며, 소수민족의 '민족바자회' 정도로 잘못 인식되고 있다. 다중문화주의가 갈등을 일으키게 되면 그 갈등은 민족주의로 돌아가게 할 것이다. 민족은 구성원 간에 감정으로 뭉친 도덕 공동체이기 때문이다.'16) 다중문화주의는 자칫 잘못하면 복합문화가 생성되기도 전에 각각의 민족주의로 돌아서서 민족 간의 갈등만 유발시킬 수 있다는 우려다. 하물며 다중문화주의에 의해 전 세계의 문화를 창조하고 세계화의 지도자가 될 수 있다는 것은 지극히 위험한 발상임에 틀림이 없다.

샐러드 접시에 채소를 놓는 것은 인간이 사물을 배열하는 행위지만, 여러 가지 문화를 함께 어우러지게 한다는 것은 단순한 행위가 아니라 인간의 정신세계에 자리잡은 여러 가지 사상과 종교까지 함께 어우러지도록 해야 하는 복합적인 것인데 그것이 생각처럼 쉽게 이루어질 일이 아니다. 또 미국 내에서 복합문화가 탄생했다고 가정할 경우 그것이 미국문화로 자리 잡을지는 모르지만, 인위적인 작용을 거치지 않는 한 세계문화가 된다는 것은 힘든 일이다. 그 좋은 증거로 미국이 아메리카 대륙을 지배할 때 원주민인 인디언들에게 어떻게 대했는가를 생각해 보면 알 수 있다. 그들은 원주민의 문화를 원시적인 것이라고 단정하여 말살하고, 원주민을 학살하려고만 했지 그들의 문화를 존중하여 동화되거나 흡수하여 복합문화를 형성하려고 노력하지 않았다. 그들이 아메리카 대륙에 상륙했을 때, 원주민들이 누리고 있는 문화에 대한 이질감이 먼저 작용하여 인디언을 배척하게 만들었던 것이다. 물론 그런 전철을 밟았었기 때문에 어떤 민족의 고유문화를 짓밟을 것이 아니라 각각의 고유문화

---

16) 최규장, 전게논문, 249쪽.

를 샐러드처럼 어우러지게 해야 한다고 자성하는 이론을 도출해 낼 수는 있다. 하지만 그것은 미국 내에서나 가능한 일이다. 미국 이외의 나라나 타 민족이 그 샐러드문화를 접할 때는 이질감이 들게 마련이고 그들이 인디언의 문화를 받아들이지 않았을 때와 똑같은 대접을 할 수 밖에 없을 것이다.

사람은 태어나고 성장한 환경과 그때그때의 상황에 따라 생각과 행동 등 모든 것이 좌우된다. 그런 행동과 사고에서 문화가 탄생하는 것이다. 복합문화로 탄생한 새로운 미국문화가 자신들이 보기에는 아무리 우수한 문화라고 할지라도 생활환경이나 경제수준이 다른 곳에서도 그 문화가 자연스럽게 자리 잡을 것이라는 기대는 환상일 뿐이다. 무리한 것을 추진하다 보면 새로 탄생한 문화를 세계문화로 만들기 위한 인위적인 요소가 개입될 것이고, 그로 인해 새로운 문화제국주의가 탄생할 수도 있다. 결국 다중문화주의라는 이론은 미국이라는 경제력과 군사력을 앞세워 전 세계의 문화를 이끌어 가겠다는 제국주의적인 발상에 지나지 않는 것이다.

문화는 역사라는 종축과 반드시 동반하는 것이라고 했다. 그 역사가 250여년[17] 밖에 되지 않는 미국은 자신들의 고유한 문화라는 것을 형성할 시간조차 없었다. 그곳에 모인 여러 종족들이 자신들의 문화를 누리며 살아가고 그 문화에 다른 민족들이 동조해 주며 살아가고 있을 뿐이다. 말 그대로 샐러드 문화를 즐기고 있는 것이지 그것을 바탕으로 어떤 복합문화가 형성된 것이 아니다. 다중문화주의는 자신들의 고유한 문화도 없이 여러 나라와 민족의 문화를 하나로 만들어서 전 세계의 문화를

---

17) 이 연대의 산출기준은 2020년에 1776년 7월 4일의 미국 독립선언 연대를 기준으로 한 것이다.

지배하겠다는 새로운 패권주의를 지향하는 문화패권주의적인 발상에 지나지 않는 이론일 뿐이다.

4) 문화영토론의 필요성

산업혁명을 이룬 서양의 강대국들은 경제력과 군사력이 팽창되자 마치 자신들이 인류의 삶의 모든 주도권을 쥐고 있는 것으로 오인하고 각각의 민족들이 소유하고 있는 문화주권을 무시한 채 인류를 합종연횡(合從連衡)하여 인위적으로 재편하려는 개념적인 영토구축을 위한 힘의 논리를 앞다퉈 펼쳤다. 그리고 그것은 인류에게 전쟁과 살상이라는 치명적인 분열과 인류문명의 파괴라는 엄청난 손실을 끼치는 두 차례의 세계대전과 동·서 냉전이라는 결과를 초래하고 말았다. 문화라는 것이 정신과 생활의 긴 흐름 속에서 축적되고 개선되어 얻어진 모든 것들임에도 불구하고 당장은 힘이 없어 보이는 문화를 무력과 경제력으로 지배할 수 있을 것이라고 생각했던 것이다. 그러나 문화라는 무기력해 보이는 것을 무력과 경제력으로 이길 수 없다는 것이 두 차례에 걸친 세계대전으로 증명된 것이다.

두 차례의 세계대전은 인류의 평화를 위협하는 것을 넘어서서 자칫 인류의 종말을 가져올 수도 있는 동·서 냉전이라는 뜨거운 불씨를 잉태하고 말았다. 인류가 무력이 아니라 문화에 의해서 정리되어야 한다는 것이 증명된 것이다. 인류를 파멸로 몰아넣을 수도 있는 이런 현상이 재발하지 않기 위해서는 인류가 문화에 대해 올바로 인식하여, 문화를 무시하거나 혹은 문화 자체로 인한 불상사가 일어나지 않게 하기 위한 대책을 수립해야 한다는 이론들이 등장한 것은 자연스러운 현상이었다. 그러나 전술한 바와 같이 문화로 인해서 발생하는 문제를 해결하기 위해서 여러 가지 이론이 제시되었지만, 그것들은 문제점을 지적하는 데에서 그쳤을 뿐이다. 서구적인 사고방식에 입각해서 문제를 해결하고자 하는 것이거나, 지금 이 시대적 현실이나 인간의 정신세계와는 동떨어져 실현가능성이 없는 이론이거나, 아니면 강대국의 힘의 논리에 의한 패권주의를 벗어나지 못한 것들이었다. 당연히 새로운 이론이 요구되었고 그 요구에 부응한 것이 바로 문화영토론이다.

2. 문화영토론의 개념(槪念)

국가의 기본 3요소는 국민·영토·주권이다. 어떤 나라가 형성되기 위해서는 국민들이 일정한 영토 안에서 생활하며 자신들의 주권을 행사하여야 한다.

국민 자체가 없다면 그것은 스스로 행사할 주권이 형성되지 못하는 것은 물론 영토를 차지할 사람이 없으니 애초에 국가가 형성되지 못할 것이므로 논할 가치조차 없다.

국민이 모여 살고 있는 영토는 있지만, 강대국들에 의해 무력으로 점령되는 등의 이유로 스스로 주권을 행사하지 못하여 영토권마저 행사할 수 없다면 그 역시 완전한 국가로 볼 수 없다. 현재 그러한 실정을 겪고 있는 동북아의 지역으로는 중국이 강점하고 있는 티베트 자치구와 조선족 자치구 등의 자치지구18), 일본이 병탄하고 있는 아이누족의 홋카이도와 류큐제국의 후손들이 생활하고 있는 오키나와를 비롯한 류큐제도, 러시아가 강점하고 있는 우리 한민족의 연해주 및 아이누족의 사할린과 쿠릴열도가 그런 경우에 해당하는 것이다. 물론 과거 일제강점기의 대한제국이나 원나라와 청나라에 의해 지배당했던 명나라를 비롯한 중국어족인 한족 중심의 나라들도 당연히 그 실례에 해당한다.

국민은 있는데 영토가 없다면 그것은 국민이 모여서 생활할 수 있는 공간이 없으므로 자주적인 주권은 물론 국가가 형성될 수 없다. 로마제국주의의 영토팽창 정책에 의해 주권을 잃었다가 급기야는 73년의 마사다 전투를 끝으로 로마에 의해 멸망된 이후 제2차 세계대전 종전으로 인해서 1948년 독립국가 이스라엘이 건국되기 전까지, 유태인은 있었지만 세계 도처에 퍼져 있을 뿐 스스로 국가를 형성하지 못했던 이스라엘이 그 좋은 예다. 그러나 이스라엘은 1,800여년 만에라도 자신들의 나라를 다시 세울 수 있었기 때문에 그나마 다행인 편이다. 정말 불행한 예로는 자신들의 영토에 살면서도 영토도 강점당하고 주권도 잃어 이제는 국가는 물론 민족의 존재조차 기약하기 힘든 나라와 민족들이다.

예를 들면 산업혁명으로 부를 축적한 서구의 팽창정책으로 유럽에 의해 침략당한 아메리카 대륙의 많은 나라와 종족들은 이미 국가는 물론이고 종족마저 소멸되어 가는 그 첫 번째 예다. 다음으로는 이미 잠깐 언급한 바와 같이 일본과 러시아에 의해서 강점당함으로써, 홋카이도를 비롯한 쿠릴 열도와 사할린 등을 근거지로 삼아 고유한 언어를 가지고 문화

---

18) 만주의 경우에 조선족 자치구를 제외하고 연해주와 내몽골 지역으로 편입된 영토와 자치구 내에 편입되지 않은 영토 등을 감안해야 한다.

를 누렸으나, 지금은 자신들의 것을 모두 잃어가며 일본에 거의 동화되어가는 아이누 족이 두 번째 예다. 세 번째 예는 일본에 의해 강점당함으로써 오키나와와 아마미 제도를 근거로 자신들의 고유한 언어와 문자를 토대로 융성한 문화를 꽃피우던 류큐국의 류큐족들은 자신들의 영토에 살고 있으면서도 주권을 잃어버리는 바람에 국가가 붕괴되고 종족마저 소멸되어 가고 있다. 그들은 자신들의 국가라는 개념을 잃은 상태에서 상대적으로 경제력이 풍부하고 군사력이 강한 나라에 종속되어 힘에 의한 지배를 받는 국민의 한 사람으로 살아가고 있을 뿐이다.

결국, 국가는 국민·영토·주권의 3요소가 갖춰질 때 비로소 국가로 인정받을 수 있는 것이다. 특이한 경우를 제외하고는 국민과 영토가 갖춰진다면 대부분이 주권을 형성하여 국가의 3요소를 충족시킬 수 있다. 그러나 아메리카 원주민처럼 서구 열강에 의해 영토가 침탈당함으로써 주권이 훼손되어, 국민이 본래 살고 있던 영토에서 살고 있으면서도, 정체성을 잃고 국가와 민족이 소멸되는 경우도 많다는 것을 간과해서는 안된다. 이것은 함께 공존해야 한다는 인류의 평화 논리에 위배되는 것임에도, 강대국들이 자국의 이익을 위해서 경제나 무력에 의한 힘의 논리로 다른 나라의 영토를 침탈하는 것에서 기인하는 것이다. 이렇게 강대국들이 힘의 논리에 의한 제3국의 영토에 대한 침탈로 그어진 지리적인 국경에 의해 인류의 평화가 파괴되는 것에 대항하여, 지리적인 국경을 넘어서 문화에 의해 영토를 정의함으로써 인류의 평화를 지키기 위한 영토논리가 바로 문화영토론이다.

우리나라에서 문화영토라는 용어의 개념이 처음 공식적으로 학계에 제시된 것은 1981년 4월 23일 고려대학교 민족문화연구소 내에 영토문제연구실을 발족하는 기념학술강연회에서 행한 홍일식의 개회사 "새로운 문화영토의 개념과 그 전망"으로 알려져 있다. 홍일식은 그의 발표논문 「문화영토의 개념과 해외동포의 역할」에서 본인이 문화영토라는 개념을 학계에 최초로 제시했다고 밝히고 있다.[19] 그는 영토라는 말은 주로 국가적·정치적·법적인 개념으로서 한 나라의 주권이 미치는 영역, 즉 영토와 영공과 영해를 지칭하는 것으로 이해되어 왔으나, 이제부터는 역사적·문화적 개념으로 확대 적용해야 한다고 주장하면서, 문화영토의 개념을 민족생활 공간의 일체로 보았다. 그리고 문화영토를 확대하는 가장 확실한 매체는 다름 아닌 해외 이주자들로 보았다.[20]

홍일식이 제시한 문화영토론은 한 나라의 주권이 미치는 공간으로서의 영토가 아니라 역사적 맥락으로 관류되는 종축(縱軸)과 문화적 시야로 포괄되는 횡축(橫軸)이 서로 교직되는 개념이다.[21] 서구사회의 근대화가 인류를 구원해 줄 수 있다는 그릇된 생각에서 출발한 서세동점에 의한 제국주의의 산물로, 전 인류의 파멸을 가져올지도 모르는 전쟁으로 인한 대립과 갈등의 표상인 현존하는 국경에 의해서 설정된 이제까지의 영토의식에서 벗어나야 한다는 것이 그가 주장하는 문화영토론이다. 그의 문화영토론은 현존하는 지리적 국경의 공허성과 그것에 대처할 새로운 개념으로서 현재의 지리적인 국경에 의해 정의된 영토가 아니라, 문화에 의해 정의된 영토가 되어야 한다고 보았다. 하지만 그의 이론을 살펴보면 우리나라 영토에 대한 객관적인 연구의 필요성을 제기하면서도

---

19) 홍일식, 「문화영토의 개념과 해외동포의 역할」, 『영토문제연구』, 제2호, 고려대학교 민족문화연구소, 1985, 1쪽.
20) 홍일식, 「새로운 문화영토의 개념과 그 전망」, 『영토문제연구』, 제1호, 고려대학교 민족문화연구소, 1983, 142쪽.
21) 홍일식, 「문화영토론의 회고와 전망」, 『21세기와 한국문화』, 나남출판사, 1996, 355쪽.

그에 대한 구체적인 언급은 없었다. 우리나라가 역사적으로 찬란한 선진문화를 보유해 온 나라라는 것에 대해 언급하면서도 과거 우리나라 문화영토의 수복에 관한 의지는 보이지 않고, 그 찬란한 문화를 보호·육성하여 전 세계로 뻗어나가게 함으로써 미래의 우리 문화영토를 넓혀야 한다는 미래지향적인 문화영토론에 치중하고 있다. 그러나 현재 존재하는 문화나 혹은 미래지향적인 문화영토에 치중하는 것은 현대처럼 문화의 전이 속도가 빠르고 문화의 융합이 순간적으로 이루어지는 세상에서는 그 문화의 뿌리를 찾기가 쉬운 일이 아니기 때문에 문화영토라는 추상적인 개념의 영토를 설정하는 것일 뿐, 실제로 영토권을 행사할 수 있는 영토의 기본개념과는 동떨어진 것이다. 뿐만 아니라 '문화가 영토'라고 하는 것이 자칫 추상적인 개념으로 작용한다면 현재와 미래의 문화적 위상을 높이는 것이 영토권을 확보하는 것으로 오인되어 또 다른 영토분쟁의 소지를 낳게 될 수도 있을 것이다. 따라서 필자가 말하고자 하는 문화영토론은 홍일식의 문화영토에 대한 개념과 차이를 두고 진일보하고자 한다.

일반적으로 지리적인 국경에 의해서 지배하고 있는 통치자를 개념적인 영토권자라고 한다면, 대대로 그 안에서 문화를 누리며 살아 온 문화주권자를 실질적인 영토권자로 보아 인류의 국경이 정리되어야 한다는 것이다. 현재 눈에 보이거나 혹은 미래의 문화영토만으로 그 영토의 문화주권자를 판단한다면 다분히 추상적인 영토개념에 의존할 수 있으므로, 고대부터 이어온 문화영토 역시 인정해 주어야 한다. 왜냐하면, 지리상의 국경은 전쟁이나 침략 혹은 합병 등에 의해서 인위적으로 쉽게 변할 수 있지만, 적어도 문화영토라고 지칭될 정도라면 그 영토 안에 뿌리내린 영토문화에 의해서 규명되기 때문에 쉽게 변하지 않는 까닭이다. 이것이야말로 역사적 맥락으로 관류되는 종축과 문화적 시야로 포괄되는 횡축이 서로 교직되는 개념으로 문화영토론의 개념과 부합되는 것이다. 즉, 어느 나라의 영토에 대한 범위를 이야기할 때, 지배자의 주권에 의해 설정된 지리적인 국경에 의한 영토를 개념적인 영토라고 한다면, 역사와 함께 하는 영토문화에 의해 구분되는 영토가 실질적인 영토이기 때문이다.22)

필자는 인간과 영토와의 관계에서, 각종 문화활동의 결과로 발생하는 현상이 어떠한 원리와 원칙에 의해 발생하여 변경 혹은 소멸하거나 지속되며, 그에 따라서 영토권자가 어떻게 바뀌는가에 대해 강한 의구심 가지고 연구를 거듭해 왔다. 문화적인 관점에서 접근하여, 영토에 대한 문화활동과 문화현상을 통해서 일정한 영토의 영토권자를 정의하는 것을 영토학의 한 분야로서 체계화하고자 한 것이다. 그 결과 문화영토론의 개념을 '지리적인 국경이 아니라 문화에 의해서 영토를 정의하는 것'이라는 기본적인 개념과 '인간과 일정한 영토 사이에서 발생하는 각종 문화 활동의 결과물로 역사성과 보편성을 동반하는 영토문화'를 접목하여 확대·재정립함으로써 영토권자를 규명하여야 한다는 필요성을 인식하였다. 따라서 인간과 일정한 영토 간에 발생하는 각종 문화 활동이 어떠한 원리와 원칙에 따라 문화영토로 발생하여 변경 혹은 소멸하거나 지속되었는가에 대한 체계화된 이론을 탐구함으로써 문화영토론에 대한 새로운 개념을 수립하였다. 문화영토론이란, '개념에 의한 지리적인 국경에 의해서가 아니라, 영토문화론을 기반으로 한 문화주권자가 영토권자임을 정의하는 것'이다.

---

22) 신용우, 「문화영토론에 의한 대마도의 영토권 연구」, 박사학위논문, 경일대학교대학원, 2015, 13쪽.

3. 문화영토론의 활용(活用)을 위한 재정립(再定立)과 확대(擴大)

1) 문화영토론의 재정립과 확대의 필요성

이미 전술한 바와 같이 홍일식이 제시한 문화영토론은 문화에 의해서 영토의 개념이 재정립되어야 한다고 하면서도 그에 대한 구체적인 언급 없이 미래의 문화영토를 넓히는 대안을 제시하는데 치중하고 있다. 그러나 문화에 의한 영토정립은 미래의 설계도 중요하지만, 뿌리가 없는 미래는 있을 수 없으며, 그 근원을 명확하게 가리지 못한 상태에서의 문화 전파는 오히려 왜곡된 사실을 양산하여 문화의 근원에 대한 혼란만 가중시킬 우려가 크다. 그리고 그 혼란은 문화에 의해 영토를 정의하는 데에도 똑같은 혼란을 가중시킬 뿐이다. 한 나라의 영토권에 관한 근원을 찾기 위해서는 고대부터 우리 한민족, 혹은 다른 민족이라도, 단순한 지리적 국경이 아니라 그들이 간직해 온 문화영토에 대해 문화주권에 의한 영토로 인정해 주는 것이 필요하다. 각 민족 고유의 문화가 존재하는 곳에서 서로의 문화생활을 유지하며 살아가는 것을 그들의 영토로 인정해 주고, 제국주의적인 사고방식인 힘의 논리에 의해 인위적으로 지리적인 국경을 설정하지 않아야 한다.

문화영토라는 이론이 존재하고 그것이 미래의 가치창조에 기여할 수 있다면, 비록 그런 이론이 탄생하기 이전인 과거에도 문화영토는 존재했을 것이고, 과거의 문화영토에 의한 가치 역시 등한시 할 수 없는 것이다. 특히, 문화영토론이 문화에 의해 영토를 정의함으로써 인류의 평화와 행복에 기여하기 위한 것이라면, 과거의 것을 단절시키고 현재와 미래에 관한 연구만으로는 불충분하다. 지금까지의 인류 역사를 돌아볼 때, 과거를 무시하고 현재와 미래만 바라보는 것은 평화를 위협하는 또 다른 불씨를 숨기기 위해 과거를 덮는 모습이 될 것이기 때문이다. 이와 관련하여, 일부 문헌에서는 과거 우리 영토의 우수한 문화주권을 바탕으로 영토문제의 해결에 관한 새로운 접근을 모색해 볼 필요성을 제기하고 있다. 먼저, 1990년대 초에 주장된 두 가지 영토론이 있다. 직접 문화영토론이라고 정의하지는 않았지만, 문화에 의해 고토를 수복해야 한다는 이론이다.

첫째, 안천은 '잠재적 영토관'이라는 개념을 도입하여 잠재적 영토관은 역사적 산물이며, 지난날 침략으로 잃은 영토를 수복하는 정당한 권리의 주장이라고 했다.[23]

둘째, 유정갑은 '민족사적 생활영토론'이라는 개념을 도입하여 영토가 민족의 역사무대이자 생활무대라는 점을 강조하며 대한민국의 영토가 만주를 포함하는 고토수복이 되어야 한다고 주장했다.[24]

또한, 상기 두 가지 영토론과 문화영토론을 융합한 이론을 근거로 우리의 문화영토를 수복하자는 주장을 제기한 논문도 찾아볼 수 있다. 그 주된 내용은 문화의 주인이 곧 영토의 주인이므로 문화영토론에 의해 우리민족의 문화영토를 수복해야 한다는 것으로, 영토문화의 문화주권자가 영토권자 이므로 과거의 우리 문화영토가 수복되어야 한다는 것이다.[25] 필자 또한 이와 같은 문화영토론의 재정립과 확대를 통하여 우리

---

23) 안천, 『만주는 우리 땅이다』, 인간사랑, 1990, 46-49쪽.
24) 유정갑, 『북방영토론』, 법경출판사, 1991, 34-39쪽.

한민족의 고유영토를 둘러싼 영토권 문제를 재조명해야 할 필요가 있음을 긍정하고, 이를 위한 구체적인 대안으로써 문화영토론의 재정립과 확대 방안을 모색해 보고자 하는 것이다.

2) 우리의 고대문화영토에 대한 재인식

'잠재적 영토관' 및 '민족사적 생활영토론'은 물론 '영토문화의 문화주권자가 영토권자'라는 신개념의 '문화영토론'이 제기되고 있는 것은 우리 한민족의 문화고토 수복에 대한 당위성을 주장하기 위한 이론들이다. 그러한 연구 활동을 바탕으로 '문화영토론'을 우리민족의 문화영토 수복을 위한 기초이론으로 확대시켜 볼 수 있다.

우리민족은 일찍부터 만주와 일본에 상륙했고, 그곳에서 우리의 선조들이 우리 문화를 가꿨던 것은 역사에 기록된 사실이다. 하지만 그것이 소수의 인원으로 일시적인 문화영토를 이룩했거나, 부당한 방법으로 점령해 놓고는 그것이 우리 영토라고 주장한다면 불합리한 논리다. 그러나 고조선과 진국이 자리하고 있던 영역, 우리가 '간도'라고 부르는 영역보다는 더 광범위한 땅으로, 서쪽 난하에서 출발하여 동쪽으로 향하며 북으로는 내몽골의 일부를 포함하면서 그 접경지역과 유사하게 따라서 흑룡강 까지 거슬러 올라가 우수리강을 향해 내려오다가 연해주의 약 절반을 가로질러, 남쪽으로 내려오면서 동으로는 독도와 남으로는 대마도와 마라도를 지나, 북쪽으로 향하면서 이어도를 거쳐 다시 난하까지 가는

---

25) 신용우, 「문화영토론에 의한 대마도의 영토권 연구」, 박사학위논문, 경일대학교 대학원, 2015, 16쪽.

영역에는 [그림 1]과 같이 고조선과 진국(辰國)의[26] 문화를 대표하는 고인돌과 비파형 동검 같은 징표들이 다량으로 분포하고 있다. 성급한 결론 같지만 그것은 일시적으로 문화영토를 이룩했거나 부당한 방법으로 점령했었던 것이 아니라 그 영토 안에서 오랜 세월동안 정착해서 생활했음을 증명해 주는 것이다.

[그림 1] 고조선과 진국의 유물분포도   [그림 2] 고조선과 진국의 영역도

이러한 사실을 증명하기 위해서는 그 영토 안에 존재하는 영토문화를 살펴봄으로써 우리 선조들에 의해서 정착된 문화임을 알 수 있을 것이며, 그로 인해서 우리 한민족의 문화영토가 미쳤던 범위를 명확히 재정

---

26) 진국은 마한·변한·진한의 삼한에 의한 연합국을 지칭하는 것으로 제3부에서 자세히 기술한다.

립하고, 그 안에서 고유문화가 전파되는 문화적·역사적 근거를 정립함으로써 영토문제 해결에 관한 기틀을 마련할 수 있을 것이다.

참고로 게재하는 [표 1]은 [그림 1]을 근거로 하여 작성한 영역도인 [그림 2]를 기준으로 그 면적을 산출한 기준이다. 경위도 좌표는 구글어스, 경위도 좌표변환은 상용 변환프로그램, 좌표면적은 토탈측량시스템을 사용하여 산출한 것으로, 그 면적은 한반도 면적의 6배에 해당하는 약 1,280,000㎢이다.[27]

[표 1] 고조선 지도의 극점좌표

구분	60진법		10진법	
	위도	경도	위도	경도
동단	44.462014	136.265997	44.77226111	136.4499917
서단	41.554001	116.345507	41.92778056	116.5819639
남단	38.433632	121.081109	38.72675556	121.1364139
북단	52.353525	122.311816	52.593125	122.521711

자료: 신용우·오원규, "중국 영토공정에 관한 대응방안 연구", 「지적」, 제44권 제1호, p.56.

다시 한번 주지할 것은 [표 1]과 [그림 2]는 [그림 1]을 근거로 한 고조선의 영역을 중심으로 한 것이라는 점이다. 뒤에서 자세히 다루어질 것이지만, 고조선의 뒤를 이어 만주를 지배하며 생활권으로 삼았던 부여와 고구려의 영역에 의하면, 우리 한민족 선조들의 만주지방에서의 영역은

---

27) 신용우·오원규, "중국 영토공정에 관한 대응방안 연구", 「지적」, 제44권 제1호, 대한지적공사, 2014, pp.56-57. 이 좌표와 면적은 조병현 박사가 제공해 준 것을 상게 논문에서 인용했던 것이다.

연해주의 절반이 아니라 북으로는 흑룡강, 즉 아무르강까지 이르러 연해주 전체가 된다. 따라서 그 영역은 더 넓어져 면적은 약 80,000㎢가 증가하게 되어 1,360,000여 ㎢에 달하게 된다.[28]

3) 비정치적·생활권적 문화영토 인식의 확장

비정치적·생활권적 영토관은 국제법적 또는 국제정치적 영토개념의 차원을 넘어 민족의 역사무대이자 생활무대를 영토적 의미로 적극 해석하는, 현실적인 영토관에 대립되는 새로운 영토 개념이다. '비정치적·생활권적'이라는 의미만 놓고 보자면 미국의 한인타운과 같이 다른 나라의 영토 내에서 정치·경제·문화 등 여러 방면에서 국제적 교류와 협력이 이루어져 생활과 문화가 유지되는 일정한 지역을 말하는 것으로 생활권을 준영토적 의미로 사고하는 것이다. 그러나 이 지역에 대해 자신들만의 집단적인 생활 영역을 확보했더라도 완전한 영토로 병합할 수는 없고, 우리 한민족의 영토라고 할 수도 없다.[29] 이것은 홍일식이 주장한 바와 같이, 해외동포들이 우리 민족문화에 대한 이해와 자부심을 회복하여 우리 문화가 다른 나라의 문화들을 받아들여 보다 새로워지는 문화로 거듭날 수 있도록 기여하자는 주장과 큰 차이가 없다. 그러나 이 영토관은 언어·역사·종교·전통과 관습 등을 총체로 일컫는 문화의 동질성을 기반

---

28) 이 면적으로 볼 때 연해주 전체를 포함하는 것을 전제로 하는 [그림 2]의 영역은 제3부 제1장에서 약 129만㎢로 정의되는 만주의 면적에 비하여 약 7만㎢가 더 책정된 것으로 보인다. 그러나 [그림 2]는 출토된 유물을 바탕으로 추정해서 제작한 지도라는 점을 참고해 주기 바란다.

29) 조병현, 「지적학의 접근방법에 의한 북방영토문제에 관한 연구」, 박사학위논문, 경일대학교 대학원, 2007, 140-141쪽.

으로 성립되며, 이를 통해 직접 영토로 편입할 수 없는 지역의 소유권을 회복하는 대안이 될 수 있다는 점이 중요한 것이다. 재중 동포들이 북방 영토에서 생활하고 있다는 것은 비록 정치적 차원은 아니지만, 생활권적인 차원에서 그 일부를 잠재적으로 회복하였다는 것과, 새롭게 민족의 생활 영역이 확대된 영토관으로의 정착이 필요한 것이다.30) 이것은 지금 당장 우리가 그 영토를 수복하지 못할지라도 그 영토 안에 우리 한민족 문화의 맥이 끊이지 않고 이어지게 할 수 있는 가장 좋은 방법으로 우리민족의 문화영토에 대한 수복의 기틀을 마련하는 방법이 되는 것이다. 따라서 현재로서는 국제법적이나 국제정치적인 이유로 지리적 국경이 우리 한민족의 영토에 속하지는 못하지만, 우리 한민족이 문화주권을 가지고 있는 우리의 문화영토에서 우리 문화를 누리며 살고 있는 우리 한민족에게 그 문화유산을 계승·보전할 수 있도록 해주어야 한다. 우리의 모든 유·무형 문화들이 더욱 발전할 수 있도록 해주는 것이야 말로 잃어버린 문화영토에 대한 깊은 인식을 유지함으로써 향후의 문화영토 수복을 위한 기반이 확보될 수 있을 것이다.

4) 국경 없는 사회라는 개념의 허상

최근 들어서 인터넷과 미디어의 발달로 인해서 전 세계가 하나의 정보시대를 열고 있다. 서로가 창작해내는 현대문화와 예술에 있어서도 함께 공감할 수 있는 요소가 크다면 국경에 얽매이지 않고 온 인류가 매력을 느끼고 찬사를 보낸다. 특히 대중문화에 있어서는 국경을 초월하여 인류

---

30) 상게논문. 141쪽.

문화가 곧 하나의 문화로 통일이라도 될 듯이 열광한다. 하지만 모든 것들은 일시적인 것으로 유행이 지나고 나면 그 바람 역시 잠잠해진다. 각각의 전통적인 문화에 다시 젖어 든다. 그런 문제는 경제적인 측면에서도 마찬가지로 나타난다. 특별히 북한처럼 폐쇄된 사회가 아니라면, 전 인류가 하나의 시장을 형성하고 그 안에서 직접 구매와 소비를 형성한다. 따라서 이제 인류는 국경 없이 하나의 글로벌한 나라를 형성한다고 말하기도 한다. 그러나 그것은 강대국들이 자신들 입장을 유리하게 만들기 위해서 내세우는 이론에 불과하다. 국경이 없다는 것은 경제나 예술을 포함한 문화적인 교류 등의 측면에서는 확실하게 그렇다고 인정할 수 있다. 하지만 영토문제에 있어서는 오히려 더 심각하게 서로를 견제하며 서로에게 양보하지 않고 오히려 충돌을 빚는다는 사실을 간과해서는 안 된다. 그 가장 좋은 예가 우리나라와 직접적으로 관계가 있는 일본의 독도에 대한 망언과 중국의 이어도에 관한 망언들이다. 일본과 중국은 전혀 근거도 없이 우리 영토를 넘보고 있다. 물론 이 문제에 관해서는 또 반복되어 언급될 일이지만, 일본은 대마도를 반환하지 않으려는 선제 포석으로 독도에 대한 망발을 일삼는 것이고 중국은 우리가 만주를 영토분쟁 지역으로 선포하고 수복하기 위해서 노력하려는 것을 사전에 차단하기 위해서 이어도를 가지고 시비를 거는 것에 불과하다. 하지만 두 나라 모두 문화의 교류나 경제적 교역에서는 대한민국과의 비중이 다른 나라들에 비해서 월등히 높다는 것을 감안한다면, 국경 없는 사회라는 것은 단지 경제나 문화적인 측면에 국한된 것일 뿐 실제로 영토 문제에 돌입하면 얼마나 허황된 말인지 알 수 있을 것이다.

　비단 우리나라와 직접 관계되는 문제뿐만 아니라 우리와 지척 간에 있는 중국과 일본이 충돌을 일으키는 다오위다오(센카쿠열도) 문제, 그와 유사한 베트남과 중국의 충돌이나 인도네시아와 중국의 충돌, 중국에 의한 남중국해의 무력 강점, 크림반도 문제 등 세계 도처에서 수많은 영토문제로 충돌을 일으키고 있는 것이 현실이다. 또한 일찍이 중국이 '자치구'라는 명목하에 무력으로 강점했던 티베트나 위구르 등이 독립에 대한 열망을 가지고 끊임없이 투쟁하고 있다는 사실도 간과해서는 안 될 일이다. 그들의 독립투쟁은 영토가 넓다고 강대국이 되는 것은 아니지만 강대국은 넓은 영토를 소유하고 있다는 현실에 얽매여, 인류의 평화를 해치는 한이 있더라도 자신들은 넓은 영토를 소유함으로써 강대국이 되어야 한다는 무력의 논리에 대항한 문화의 투쟁이다. 국경 없는 사회라는 것은 인류가 하나의 생활권으로 좁혀졌다는 의미일 뿐, 영토문제에 있어서는 오히려 더 많은 충돌을 일으키며 자신들의 문화영토에 대한 애착이 커지고 있다는 사실을 잊어서는 안 된다.

5) 문화영토론의 재정립과 확대를 위한 선행 이론의 필요성

필자는 전술한 문화영토론의 개념을 통해 인간과 영토와의 관계에서, 각종 문화활동의 결과로 발생하는 현상이 어떠한 원리와 원칙에 의해 발생·변경·소멸하며, 그에 따라서 영토권자가 어떻게 바뀌는가를 연구함으로써, 영토에 대한 문화활동과 문화현상을 통해서 일정한 영토의 영토권자를 정의하는 이론을 정립하고자 한다는 것을 밝힌 바 있다. 그리고 문화영토론의 탄생배경을 통해서 현재의 지리적인 국경이 서세동점이라는 제국주의적인 산물에 의한 것이며, 문화에 의해서 영토가 구분되어야 한다고 하면서도 강대국들은 문명충돌론이나 문화통합론, 다중문화주의 등의 이론으로 아직도 서세동점적인 이론을 문화에 접목하여 강대국에 의한 국경 정립을 합리화시키기에 급급하다는 것을 밝혔다. 그리고 그런 이론들에 의한 횡포가 지구상의 수없이 많은 찬란한 문명들을 변경·소멸시켰고, 그 문화를 누리던 종족들을 무참하게 학살하여 극한 경우에는 멸종까지 시켰다는 것을 우리는 잘 알고 있다.

강대국들에 의해 원주민들이 살상당함으로 인해서 사람들이 생명을 잃고 문화영토가 소멸된 곳으로는 무엇보다 먼저 아메리카 대륙을 손에 꼽을 수 있다. 산업혁명으로 인해 남아도는 잉여 노동력을 방출하기 위해서 유럽은 노동자들을 신대륙으로 내몰았다. 그리고 거기에서 생겨나는 원주민과의 대립과 갈등을 훗날 사무엘 헌팅턴이 주장한 이론처럼 문명의 충돌이라고 보았다. 인류가 맞이할 커다란 충돌이 정치체제나 경제력에 의해서가 아니라 인류의 각 집단을 수세기 동안 지배해 온, 역사 속에 깊이 뿌리박힌 문명의 차이점과 적대감이며, 그것은 가치관과 종교 등으로 나타난다고 판단했다. 그리고 그에 대한 대응 역시 그 충돌을 막기 위해서는 서구사회가 군사력과 경제력을 성장시킴으로써 힘을 키우고 가치관을 확산시켜 서구의 문화가 세계적인 확산을 가져오는 것이 인류의 평화를 가져올 수 있다는 논리로 대응했다. 원주민들에게 자신들의 종교를 강요하고 자신들의 가치관을 주입하기 위해서 무차별적인 폭정과 살상을 자행했다. 그 결과는 마야문명과 잉카문명처럼 찬란한 문명을 남긴 미 대륙의 원주민과 그들의 문화를 말살하는 결과로 나타나게 된다. 문화의 흔적만 남았을 뿐 그 문화를 계승할 인류의 소중한 자산들을 소멸시켜버린 것이다.

또한 이러한 문제는 아메리카 대륙보다는 덜할지 몰라도, 우리나라와 가까운 곳에서 생활하고 있는 아이누족에게도 벌어지고 있는 현상이다. 아이누족은 홋카이도를 비롯한 쿠릴열도와 사할린 등을 근거로 자신들의 고유한 문화를 누리며 살았던 민족이다. 하지만 1869년 일본의 판적봉환 당시 우리 한민족의 대마도처럼 강제 복속됨으로써 일본에 의해 자신들의 고유 언어를 쓰지 못하도록 탄압당한 것은 물론 창씨개명과 극심한 민족차별과 토지수탈 등을 통한 아이누족 말살정책으로 인해서 민족의 정체성을 잃었다. 그리고 자식들은 민족차별에서 벗어나게 하기 위해서 자신들이 아이누족이라는 것을 부모가 자식에게 속이고 살아갈 정도로 전락하여, 지금은 아이누족의 정확한 숫자조차 파악되지 않는 채로 점점 소멸되어가고 있다. 그리고 그들의 영토인 홋카이도와 사할린, 쿠릴열도는 처음에는 일본이 차지한 후 우여곡절을 겪다가, 제2차 세계대전 종전과 함께 연합4개국이 자신들의 욕심을 채우기 위한 방편에 의해 나누어진다. 나머지 3개국이 차지하는 영토에 대한 서로의 묵인을 조건으로, 홋카이도는 일본에게 잔존시키고 사할린과 쿠릴 열도는 러시아가 차지하는 기괴한 현상을 야기시킴으로써 패전국 일본은 승전국 지위를 누리게 되고 말았다.

그런가 하면 강대국들의 침략에 의해, 아직 소멸되지는 않았지만, 변질되어 가는 자신들의 문화권을 지키기 위해서 독립을 추구하는 나라들도 얼마든지 볼 수 있다. 우선은 중국에 의해서 자치구라는 명목으로 강제로 편입된 티베트나 위구르 자치구는 물론 흔히 조선족이라고 불리는 우리 동포들의 자치구와 일본의 오키나와에 있는 류큐국이 그 좋은 예이다.

티베트는 전통적인 불교 국가로서 달라이라마를 중심으로 자신들만의 정신 영역을 구축하고 있는 나라다. 그런데 중국은 자신들의 영토팽창을 위해, 자치구라는 명목으로 티베트를 중국의 한 부분으로 강제 편입시켰다. 그리고 끊임없이 독립을 추구하는 티베트를 무력으로 억누르고 있다. 결국 달라이라마는 외국으로 망명 중이며, 이로 인해서 중국과 티베트 간에는 독립문제로 인한 불협화음이 끊임없이 일어나고 있다. 이것은 비단 티베트뿐만이 아니다. 같은 자치구라고 불리는 위구르에서는 독립을 위한 무력항쟁도 마다하지 않고 있다. 또한 아직까지는 북한이라는 장벽에 가로막혀 대한민국과 직접 얼굴을 마주하지 못하고 있기에 조용하지만, 조선족이라고 불리는 우리 재중 동포들도 주목할 대상이다. 대한민국으로 입국하는 동포 노동자들이 증가함과 동시에 대한민국 백성들이 길림성과 흑룡강성 등을 관광과 사업 목적 등으로 방문하면서 접촉이 늘어나고 있다. 조선족 자치구에 살고 있는 우리 동포들 역시 중국이 만주를 강점했다는 사실을 알게 되어 좌시하지만은 않을 것이다. 또한 현재 지명으로는 오키나와를 중심으로 아마미 제도까지, 즉 류큐 제도에 뻗어 있던 고유한 언어와 문자까지 갖춘 찬란한 문화의 류큐국 역시 마찬가지다. 류큐국은 류큐민족의 독립국으로서 일본에 의해 1879년에 강제 병합되었다. 우리 한민족의 대마도와 아이누족의 홋카이도가 일본에 병탄 된 지 10년 만에 일어난 일이다. 제2차 세계대전에서 일본이 무조건 항복함으로써 당연히 독립되어야 하는 나라였음에도, 미군이 해병대 기지 건설이라는 욕심을 실현시키면서 그 대가로 일본으로부터의 독립을 허락하지 않는 바람에 아직까지 독립되지 못하고 있는 나라다. 그러나 그들은 '류큐 공화국'을 준비하는 '류큐 국가독립 연구회'를 결성하여 지금도 끊임없이 독립을 추구하고 있다.

문화에 의해 스스로 자신들만의 영토를 구축하고자 하는 의지를 드러낸 가장 좋은 예는 소련의 붕괴다. 소련의 붕괴야말로 문화에 의한 영토의 정의가 얼마나 절실한가를 보여주는 좋은 예다. 소비에트연방공화국이라는 거대한 국가를 형성함으로써 러시아의 문화를 그 중심축으로 삼고자 했지만, 그것은 결국 실패하고 소련이라는 이름하에 무력으로 융합시켰던 각 민족은 그들 스스로의 고유문화를 기반으로 독립 국가를 형성했다. 소련이라는 커다란 체제하에서 주도되는 러시아 문화를 기반으로 얻어질 수 있는 경제적인 이익보다는 자신들만의 문화를 꽃피우며 살 수 있는 길을 택한 것이다.

이상에서 살펴본 바와 같이 후발적인 침략에 의해 설정된 영역 안에서 침략자가 원주민을 동화시키기 위해서 인위적으로 심어지고 강요된 문화에 의한 문화영토는 인류의 평화와 발전에 아무런 도움을 줄 수 없다. 인류의 평화를 위해서는 오히려 해가 될 뿐이다. 후발적인 침략에 의해 인위적으로 심어진 문화가 아니라 그 영토 안에서 원래 그 영토를 개척하고 지배하던 이들에 의해 자발적으로 형성된 문화를 기초로 해서 문화영토를 정의할 때, 그 영토의 진정한 주인들이 영토를 차지함으로써 인류는 영토수복을 위한 갈등과 전쟁을 겪지 않고 평화를 누리며 살 수 있다. 따라서 문화영토를 논하기 위해서는 오늘 이곳에서 유행하기 시작한 문화가 내일이면 지구 반대편에서도 함께 향유할 수 있는 현대문화보다는, 문화 이전이 용이하지 못하던 고대부터 일정한 영토에 정착하였음을 의미하는 농경 자급자족시대까지 그 영토 안에서 어떤 민족에 의해 어떠한 문화행위가 이루어졌는가 하는 영토문화에 대한 고찰을 우선시해야 한다. 즉, 문화영토론을 확대·재정립하여 활용하기 위해서는 선행이론으로 영토문화에 대한 이론인 영토문화론을 정립하는 것이 필요하다.

제2장
영토문화론(領土文化論)[31]

　본 장에서는 문화영토론의 활용을 위한 확대·재정립을 위해 제기된 영토문화와 영토문화론에 대한 개념과 특성에 대해 정의한다. 그리고 그 활용방안의 일원으로, 영토권자를 규명하기 위해서 선행되어야 하는 문화주권자를 판단하기 위해 영토문화에 대한 분류의 기준을 제시한다. 제시된 기준에 의해 영토문화를 분류한 후 각각의 문화에 대한 특성을 살펴봄으로써, 문화주권자에 의한 영토권자를 규명하기 위한 초석을 마련하고자 하는 것이다.

　영토문화론에 의하여 문화주권자를 판명하고 문화주권자를 영토권자로 규명하는 것은 비단 만주에 국한되는 것은 아니다. 전술한 바와 같이 인류가 현재 보유하고 있는 국경은 힘의 논리에 의해서 제정된 것이다 보니 서로 문화의 뿌리를 찾기 위해서 분쟁이 끊일 날이 없다. 따라서 역

---

31) 학계에서 처음으로 영토문화론을 이론으로 정립한 것은 필자가 2016년에 출간한 『대마도의 영토권』을 통해서다. 문화영토론을 기본 이론으로 고토수복을 하기 위해서는 영토문화를 분석하여 문화주권자를 규명해야 한다는 것을 논문과 저서를 통해서 피력해 오는 동안, 영토문화론의 필요성을 절감하여 체계적으로 이론화 한 것이다.

사를 동반한 문화라는 매개체로 인하여 특정 지역에서 거주하는 보편적인 집단을 그 지역의 문화주권자로 인정하고 그에 따른 영토권을 부여한다면 인류의 분쟁은 그만큼 줄어들 수 있다. 또한, 영토문화론에 의해서 그 지역의 문화주권자를 판명하고 그로 인해서 영토권을 부여한다면 우리 한민족의 고토 수복도 훨씬 용이할 것이다. 그리고 그것은 비단 우리 한민족의 영토수복에 국한된 것이 아니라 지구 도처에서 벌어지고 있는 인류의 영토분쟁에 대한 해결방안에 중요한 역할을 함으로써, 인류의 평화로운 공존을 위한 수단으로 자리매김할 것이라고 확신한다.

1. 영토문화와 영토문화론의 개념(槪念)

앞서 정의한 문화의 개념에 의하면, 문화는 사람의 총체적 지성의 특징을 말하는 것이며, 사회적·종교적·윤리적·과학적·기술적인 특색이 종합적으로 나타나는 것으로 '어떤 집단의 일반 사회질서에 나타나고 있는 생활습관 및 비형식적인 법규, 기구, 제도 등을 포함한 총괄적인 것'으로 일반적으로 '문화'와 '문명'을 동일시한다고 했다. 아울러 문화가 서로 다르면, 특히 관념문화가 서로 다를 경우 서로 다른 문화권에서 생활한 민족들이 하나의 집단을 이룬다는 것은 상당히 어렵다는 것을 알 수 있었다. 즉, 일정한 영토에서 생활한 민족들은 각자의 고유한 문화권을 형성하게 되고, 그 문화는 그 영토에 뿌리를 내리게 된다는 것이다. 이와 같은 맥락에서 볼 때, 영토문화란 일정한 영토를 기반으로 생활하는 어떤 나라나 민족 같은 집단에 의해서 형성된 문명이나 축적된 생활양식 전반을 지칭한다고 볼 수 있다. 그러나 전반을 지칭한다고 해서, 일정한 영토를 기반으로 한 집단에 의해서 형성된 보편적인 문화 중에 섞여 있는 돌출된 특정 문화를 포함한다는 의미는 아니다. 예를 들자면 어떤 영토에서 비슷한 시기에 일반적으로 형성되어 있는 문화와는 별개의 특정 문화가 소량 돌출되었다고 해서 그것을 그곳의 영토문화라고 지칭할 수는 없다. 주변 지역의 모든 문화가 같은데 어쩌다가 이질적인 문화가 소량으로 보인다면 그것은 그 지역의 영토문화라기보다는, 그 지역에 머물다가 떠난 이민족의 문화이거나, 다른 영토에서 전래되어 잠시 존재하던 문화의 잔존으로 볼 수 있다. 영토문화는 일정한 영토의 보편적인 문화를 지칭한다. 보편성을 갖는 영토문화는 많은 시간이 흐른 후, 다른 문화권의 민족들이 그 영토를 지배함으로써 기존의 영토문화를 고착시킨 민족이 존재하지 않거나 소수가 남아 있을지라도, 그 영토 자체에 내재되어 있는 문화이기 때문에 영토가 없어지기 전까지는 영원히 멸실되지 않는 문화다. 따라서 영토문화는 오늘날처럼 왕래와 교역이 빈번하여 여러 문화가 복합적으로 얽힌 문화라기보다는 고대부터 시작하여 일정한 영토에 정착했음을 의미하는 농경사회에 이르는 자급자족시대에 일정한 영토에서 그곳에 정착했던 민족들이 누리던 생활양식이 축적된 고유한 문화라고 보는 편이 옳다. 또한, 영토문화는 오랜 역사를 수반하여 이루어지기 때문에, 일시적으로 그 영토를 지배하는 자에 의해 인위적으로 변모하거나 멸실되기 어려운 고유성을 가진다. 결국, 영토문화는 '시간적으로는 문화의 교류가 서로 자유롭지 못하던 고대부터, 일정한 영토에 정착한 사람들이 그 영토를 개척하면서 문화의 뿌리를 내리고 발전시켜 오랜 시간에 걸쳐 대를 이어 후손들에게 물려줌으로써 동일한 문화권의 생활을 지속하는 것이며, 내용적으로는 일정한 영토에 정착하고 개척하는 과정의 긴 시간에 걸쳐서 형성된 고유하고 항구적인 문화 산물로 그 영토에 보편적으로 분포된 문화'를 지칭한다.32) 따라서 문화에 의해서 영토를 정의하기 위해서는 오늘날과 같이 교통과 통신의 발달에 따라 서로의 왕래와 문화교류가 자유로운 시기에 형성된 일시적인 문화보다는, 역사성과 보편성을 확보할 수 있는, 영토문화에 의한 영토문화론이 필요하다.

---

32) 필자가 정착시대를 농경시대로 표현하기도 하고 그냥 정착시대라고 표현하기도 하는 것은 앞서 밝힌 바와 같이 유목인들에게 농경시대라는 단어가 어울리지 않지만 비슷한 시기에는 유목민 역시 정착의 의미를 내포하는 영역을 설정하고 생활했기에 표현에 따라 정착시대와 농경시대를 혼용해서 사용하는 것임을 양지해 주기 바란다.

영토문화론은 지금 통용되어 당장 눈앞에 보이는 문화가 아니라 그 영토가 오랜 역사에 걸쳐서 품고 있는 영토문화에 의해 문화영토를 정의하기 위한 기조를 이룬다. 문화영토론의 기본 개념이 '지리적인 국경이 아니라 문화에 의해 영토를 정의하는 것'이라면 영토문화론은 '인간과 일정한 영토 사이에서 발생하는 각종 문화 활동의 결과물로 역사성을 동반하는 영토문화'를 분석함으로써 '일정한 영토에 뿌리내린 문화의 근원을 좇아 그 영토의 진정한 문화적 주인인 문화주권자를 규명하기 위한 실질적인 기조를 이루는 것'이다.

지금까지의 이론을 종합해서 정리하면, 영토문화는 '역사라는 종축(縱軸)과 문화라는 횡축(橫軸)의 개념을 포괄하여 고유성을 가진 것으로 일정한 영토에 보편적으로 분포되어 있는 문화'라고 정의된다. 그리고 영토문화론은, '영토문화의 실체를 분석함으로써 그 영토의 문화주권자를 규명하는 것'이다.[33] 즉, 영토문화론은 '역사라는 종축과 문화라는 횡축의 개념을 포괄하여 고유성을 가진 것으로 일정한 영토에 보편적으로 분포되어 있는 영토문화의 실체를 분석함으로써 그 영토의 문화주권자를 규명하는 것'으로 정의된다. '개념에 의한 지리적인 국경에 의해서가 아니라, 영토문화론을 기반으로 한 문화주권자가 영토권자임을 정의하는 것'이라는 문화영토론을 현실에 적용하여 영토문제를 해결하기 위해서 영토문화론은 반드시 선행되어야 할 이론으로, '일정한 영토의 영토문화를 분석함으로써 역사적·문화적 본질을 재정립하여 그 영토의 문화주권자를 규명하는 과업'이다.

---

33) 신용우 외, 「滿洲國 領土의 中國歸屬 不當性에 관한 硏究」, 『지적과 국토정보』, 제47권 제1호, 한국국토정보공사, 2017, 84쪽.

2. 영토문화론의 특성(特性)

영토문화론은 그 영토에 대한 실질적인 문화주권자를 규명하는데 있어서 명백한 근거가 된다. 문헌으로 기록된 역사는 후대에서 그 해석을 달리하거나 해석자들의 유·불리에 따라서 왜곡될 우려가 있으나,[34] 영토문화는 그 영토의 전반에 걸쳐 존재하는 문화이기 때문에 쉽게 훼손하거나 왜곡할 수 없다.[35] 영토문화론은 앞서 언급한 '잠재적 영토관(潛在的 領土觀)'을 구체적으로 뒷받침하는 이론으로 '잠재적 영토관'에서 제시한 다음과 같은 세 가지 주요 특성을[36] 뒷받침하는 요소를 가진다.

첫째, 잠재적 영토관은 공간적이라기보다는 시간적인 관점에서 오늘이 아니라 과거에 있었던 세력균형이나 미래에 있어야 할 새로운 모습의 세력균형에 바탕을 둔다. 그렇기 때문에 이 영토관은 현재로는 존재하지 않는 것이라는 점에 특징이 있다. 그로 인해, 그 국가의 외교정책을 형성하거나 젊은 세대에게 교육함에 있어서 나아갈 방향을 제시해 주는 궁극적인 지향점의 기능을 한다.

둘째, 잠재적 영토관은 역사를 통해서 얻어진 산물인 경우가 많다. 먼 옛날부터 그 민족의 고유한 삶의 터전이지만, 오늘에는 현실적으로 그 민

---

34) 신채호는 『조선 상고사』에서 '역사는 역사를 위하여 역사를 쓰는 것'이라고 했지만 현대 사회에서는 그렇지 못한 경우가 많다. 대표적인 사례로서 예를 들자면, 중국은 자신들의 역사까지 왜곡하면서 동북공정을 실행하고 있다는 사실을 독자들도 잘 알고 있을 것이다.

35) 2000년 일본의 마이니치신문에 의해 폭로되었던 일본의 후지무라 신이치(藤村新一)의 구석기 시대 유물 조작 사건은 영토문화를 쉽게 왜곡할 수 없음을 보여주는 단적인 예라고 할 수 있다.

36) 안천, 『만주는 우리 땅이다』, 인간사랑, 1990, 48-49쪽.

족의 현실적 영토와 일치하지 않는 데에서 비롯된다, 그렇기 때문에 잠재적 영토관은 당위적(當爲的: Sollen)이고 규범적(規範的: Normative)인 특징이 있다.

셋째, 잠재적 영토관은 현실적 영토에 대한 변경을 요망하는 현상변경적인 입장에 선다. 즉, 주변국과는 관계없는 당사국의 국가의지(國家意志)이고, 민족의지(民族意志)라는 특징을 가지며, 이는 먼 옛날에 당한 침략에 대한 정당한 권리 주장임과 동시에 부당한 침략의 결과로 나타난 잘못된 현실을 바로잡고자 하는 자연스러운 의지의 표출이다.

또한 영토문화론은 영토수복의 기틀을 마련하기 위해서 주창된 '민족사적 생활영토론'의 다음과 같은 세 가지의 특성을[37] 보완하고 증명할 수 있는 이론으로서의 가치를 가진다.

첫째, 민족사적 생활영토론은 다른 나라에 속하여 국제법적인 점유를 인정받지 못할지라도 민족·문화적 공통성을 발휘할 수 있는 지역이라면 자국의 생활권으로서 적극적인 사고를 도출할 수 있는 토대가 된다.

둘째, 민족사적 생활영토론은 역사적으로 민족의 주요 활동무대라는 역사성을 지니고 있다.

셋째, 민족사적 생활영토론은 생활권과 역사적 맥락이 동시에 충족되는 지역이 그 민족의 잠재적 영토로서 국제법상의 실효적인 주권행사가 이루어지지 않고 있을지라도, 그 지역에 대한 추상적인 권원이 인정되기 때문에 그 지역을 회복할 수 있다는 당위론을 부여한다.

결국, '잠재적 영토관'과 '민족사적 생활영토론'의 특성을 보완하고 증명할 수 있는 이론으로서의 영토문화론은 일정한 영토에 대하여 실질적

---

37) 유정갑, 『북방영토론』, 법경출판사, 1991, 38-39쪽.

인 점유를 하고 있는 민족 혹은 국가로 대변되는 특정한 집단과, 그 영토를 실질적으로 지배하고 있지는 않지만 그 영토에 대한 영토권을 주장하는 특정 집단 간에 영토분쟁이 일어날 경우 그에 대한 해결 방안이 될 수 있다. 서로 영토권을 주장하는 일정한 영토에 대한 영토권이 누구에게 있는가를 규명하기 위해서는, 분쟁이 일어난 시점에서는 판가름 할 수 없으므로 역사성과 문화적인 측면을 고려해야 한다. 즉, 그 영토를 가장 먼저 선점하여 개척하고 그 안에 문화를 심은 집단이 누구인가를 규명하는 것이 중요하다. 그 영토를 먼저 차지하고 개척함으로써 그 땅의 주인으로 등록하고 문화를 꽃피움으로써 문화의 주권을 소유한 집단이 역사적으로나 문화적으로 실질적인 주인이라는 것은 더 말할 나위가 없다. 왜냐하면 그 집단은 그 영토를 개척하면서 그 영토 안에 영토문화라는, 지우거나 왜곡할 수 없는 증거를 남겨놓은 까닭이다. 따라서 일정한 영토의 영토문화를 분석하여 그 영토에 대한 영토권을 주장하는 각각의 민족 혹은 국가의 영토문화와 비교해 보면 문화주권자로서의 진위를 가릴 수 있다. 후세에 아무리 날조된 역사나 기타 자료에 의해 서로 영토권을 주장할지라도 영토문화는 절대 왜곡할 수 없는 진정한 문화주권자를 판단하게 해줄 귀중한 자료이다. 그러므로, 영토문화를 분석함으로써 문화주권자를 규명하여 문화영토론에 의해 영토권을 판가름하는 자료로 활용할 수 있게 하는 영토문화론이야말로, 일정한 영토의 진정한 영토권자를 규명할 수 있는 문화영토론의 기조를 이루는 이론으로, 인류의 영토분쟁을 효율적으로 해결하기 위해서 초석이 되는 이론이다.

3. 영토문화의 분류(分類)

영토문화는 지배자가 바뀜으로써 인위적으로 만들어진 문화가 아니다. 지배자가 바뀌기 전부터 이미 그 영토에 뿌리를 내리고 있는 문화로, 그 영토의 자연적인 조건과 함께 그 영토를 개척하고 지배하던 민족의 자생적인 문화다. 따라서 영토문화를 분류하기 위해서는 문화의 분류 요소를 토대로 하여 일정한 영토와 직결되는 특수 요인을 별도로 추출할 필요가 있다. 왜냐하면 영토마다 지형적이나 기후적인 특징, 혹은 각 민족적인 문화의 특징 때문에 지구상의 모든 영토에서 영토문화를 획일적인 관점으로 분류할 수 없기 때문이다. 그 영토의 자연적인 조건과 그곳을 개척하고 문화를 심은 민족이 다르면 서로 다를 수밖에 없는 것이므로 그 영토의 특징에 맞게 문화를 분류해야 한다. 그러나 주어진 자연환경 등이 아주 특이한 경우를 제외하고는, 비록 그 형태는 다를지라도 인류에게 보편적으로 형성된 문화가 있으므로 제1부 제2장의 문화의 분류에서 서술한 바와 같은 문화의 분류기준을 바탕으로, 영토문화를 유·무형 문화 및 용기·규범·관념문화로 세분하여 아래의 [표 2]와[38] 같이 정리할 수 있다. 그리고 인류의 삶과 직결되는 대표적인 요소로서 매장문화(埋葬文化), 지명문화(地名文化), 지적문화(地籍文化), 지도문화(地圖文化), 민속문화(民俗文化) 등을 특정한 후, [표 2]와 연계하여 아래의 [표 3]과 같이 정리한다. 다만 일정한 영토에 잔존하는 양이 많아서 두드러

---

38) 신용우, 『대마도의 영토권』, 글로벌콘텐츠, 2016, 87-88쪽.

지게 나타나는 문화가 있다면, 유형이든 무형이든 상관없이 추가로 분류해서 보충해 주는 것이 가장 효율적이라고 생각한다. 왜냐하면 인류 전체를 기준으로 볼 때, 필자가 정리하여 제시한 문화들이 일정한 지역이나 민족의 환경과 특성에 따라서 그 형태나 방법을 달리할지는 몰라도, 각각이 속해 있는 영토에 존재하는 문화를 대표할 수 있는 영토문화이기 때문이다.

[표 2] 문화의 분류

구분		내용 및 특징
일반적 분류	유형 문화	– 가시적인 문화 – 고대 건축물을 비롯한 유적·고분 및 그와 함께 발견되는 유물 등
	무형 문화	– 비가시적인 문화 – 집단이 공통으로 이해하고 참여하는 풍습이나 종교 등
문화 인류학적 분류	용기 문화	– 의식주와 관련된 일체의 용품과 무기 등 – 문화와 문화 사이의 전수가 매우 빠름
	규범 문화	– 용기문화보다 한 단계 높은 차원의 문화 – 제도·관습·법률 등 – 상당기간 서로 교류하면 동화되는 것이 보통
	관념 문화	– 가장 고차원의 정신문화 – 민족 고유의 언어·종교·사상·신앙 등 – 문화와 문화의 교류를 통해서도 서로 동화 곤란 – 민족과의 운명공동체

[표 3] 영토문화의 분류

구분	매장(埋葬)	지명(地名)	지적(地籍)	지도(地圖)	민속(民俗)
내용 및 특징	유형·용기문화, 무형·관념문화	무형·규범문화	유형·규범문화	유형·규범문화	유형·용기문화 무형·규범문화 무형·관념문화

첫째, 매장문화(埋葬文化)는 원래 장례문화라고 표현하는 것이 옳을 것이다. 하지만 고대 장례문화의 대표적인 것이 매장문화이며, 특히 동북아 한·중·일 3국은 매장문화였기 때문에 알기 쉽게 매장문화로 표현한 것이다. 매장문화는 장례풍습 같은 무형문화와 유적이나 유물 등에서 보이는 유형문화의 결합으로 종합적인 문화다. 또한, 문화인류학적인 분류로 보아도 풍습이라는 관념문화와 유물이라는 용기문화로 복합된 문화임을 알 수 있다.

둘째, 지명문화(地名文化)는 일정한 집단이 명명하여 공통되게 사용하고 있으므로 제도에 의한 규범문화지만 눈에 보이지 않는 무형문화다.

셋째, 지적문화(地籍文化)는 땅의 소유권을 인정하는 법으로 규범문화이자 서류로 근거를 남기는 유형문화다.

넷째, 지도문화(地圖文化)는 그 시대의 영토 범위를 잘 나타내는 규범문화인 동시에 지도라는 것을 남기는 유형문화다.

다섯째, 민속문화(民俗文化)는 유형·무형이 모두 존재하는 문화로, 무형문화 자체도 관념문화와 규범문화로 나뉠 수 있는 복합적인 문화다. 예를 들자면 민속놀이의 방법 등의 경우는 무형문화지만, 그 놀이를 위해서 조성되어 전해지는 도구들은 유형문화다. 우리 한민족의 윷놀이를 예로 들자면 윷놀이 방법은 무형문화이자 규범문화이지만 놀이에 이용되는 윷은 유형문화이면서 용기문화다. 아울러 특별한 형태는 없지만 일정한 영토에서 대를 이어 생활하는 사람들이 끊임없이 행하는 풍습이나 관습은 관념문화에 해당하는 것이다.

이상과 같이 선별한 문화적 요소에 대하여 이를 영토문화의 범주와 연계하여 그 세부 속성을 살펴보면 다음과 같다.

1) 매장문화(埋葬文化)

장례문화는 그들이 살아온 지역의 기후, 지형, 강수량 등의 자연적인 조건과 그 민족의 신앙과 사상, 생활습관 등이 반영된 문화의 복합체다.

예를 들면, 지금은 중국의 강점으로 인해 자치구로 편입되어 있는 쓰촨성 랑무쓰(四川省 郞木寺)에서는 티베트인들이 오랜 전부터 망자의 시신을 하늘나라로 올려 보내는 천장(天葬, Sky Burial)이 행해져 왔다. 기온이 건조하고 지질은 바위 등의 암석이 주를 이루는 곳에서는 매장을 할 수 없기 때문에 시신을 분해하여 독수리 먹이로 준다고 해서 조장(鳥葬)이라고도 한다. 지금까지 살아왔던 육신을 독수리의 먹이로 주는 것은 망자가 살아왔던 세상에 베푸는 마지막 자비보시이고 윤회의 고리를 이어주는 행위가 된다고 믿는 것이다.

그런가 하면, 남부 티베트에서는 시신을 물고기 먹이로 주는 수장(水葬)도 행해지는데, 이는 화장과 함께 불교적인 종교의식과 더불어 지형과 천연적인 기후의 영향을 받은 것이다. 장례문화야말로 그 지역의 자연과 민족의 종교 등이 어우러진 가장 복합적인 영토문화에 해당한다. 물론 천장이나 수장 같은 장례문화를 행하는 곳에서는 장례문화를 통해서 어떤 유물을 기대할 수는 없는 일이지만, 그 지역이 어느 문화권에 속하는지를 판단하기에는 더 없이 좋은 자료라고 할 수 있다. 따라서 특정한 나라와 민족의 문화를 살펴볼 때 가장 먼저 조사하게 되는 것이 장례문화다.

위에서 예를 들었던 천장이나 수장처럼 특정한 지역의 기후나 종교적인 이유같이 특별한 이유가 없는 한 고대에는 매장문화가 성행했다는 것이 인류문화의 공통적인 특징이다. 특히, 시신을 매장하면 부패하기 적당한 토질과 기후를 가지고 있는 한중일 3국에서의 대표적인 고대 장례 문화는 매장문화다. 그러나 같은 매장문화일지라도 매장 방식에 있어서는 뚜렷한 차이를 보일 수 있기 때문에, 일정한 영토에서 보편적으로 행해졌던 매장 방식을 규명할 수 있다면, 그에 따라 영토문화에 입각한 문화주권자를 확인할 수 있다. 특히 장례문화는 여간해서 바뀌지 않는 관념문화라는 점에서 매장문화를 통해서 영토문화의 문화주권자를 확인하는 것은 바람직한 일이다.

매장문화가 영토문화에 입각한 문화주권자를 규명하는데 좋은 역할을 해주는 또 하나의 이유가 있다. 고분에는 유물을 함께 껴묻었기 때문에 그 시대의 유물이 함께 존재하고 있다. 서로의 왕래가 자유롭지 못한 당시의 교통사정을 감안할 때, 고분과 함께 발굴되는 토기를 비롯한 생활용품들과 석검이나 청동검 등을 비롯한 무기를 통해서 당시의 생활상을 엿볼 수 있는 유물은 일정한 영토에서는 서로 공통적인 특색을 보임으로써 그 지역의 영토문화가 어느 민족의 것인지를 가늠할 수 있게 해준다.

전술한 바와 같이 매장하기 위한 장례문화가 관념문화라면 매장된 고분에서 발굴되는 유물은 용기문화다. 따라서 매장문화는 관념문화와 용기문화를 동시에 살펴볼 수 있는, 영토문화에 의한 문화주권자를 규명하는 가장 중요한 요소 중의 하나다.

2) 지명문화(地名文化)

지명은 토지를 인식하고 서로 다른 토지를 구별하기 위하여 사람들이 붙인 이름이다. 지명은 어형(語形)과 어의(語義)와 표기(表記)의 3요소로 이루어지는 것으로, 표기를 떠나서는 이루어질 수 없다. 우리는 지명표기를 통하여 그 지명의 어원을 탐색하고, 그 표기에 담긴 언어를 생각하고, 동계지명의 분포와 어형변화 및 이표기(異表記)를 생각하고, 또 그 지명이 명명된 연대와 시대적·사회적 배경을 고찰해야 할 것이니, 이것이 지명학이다. 지명이란 원래 일정한 장소와 구역을 표시하는 이름으로 지어진 것이기는 하나, 오늘에 전승된 지명은 본래의 기능보다 문화유산으로서의 가치가 있다.39) 또한, 지명은 협역(狹域)과 광역(廣域)으로 생각할 수 있는데, 원래는 어떤 특징에 의해 붙여진 보통명사였던 것이 주민들이 부르는 사이에 고유명사로 굳어진 것이다. 이것이 후대에 들어서면서 문자에 정착됨으로써 고유명사로서의 자리를 더욱 굳히게 된다.40) 따라서 지명을 연구함으로써 당시의 사고(思考), 의식 구조, 전통과 습관, 문화와 경제까지 알 수 있다. 근년에는 지명에 대한 관심이 높아져서, 외국에서는 지명학(地名學)이 지리학의 새 분야로 발전해 가고 있다.

우리나라는 오랜 사회적 불안과 전통 유지에 등한했던 관계로 지명을 붙이게 된 때나 계기가 전해지지 않는 것이 많고, 변한 것도 많다. 그에 대한 사료가 존재하지 않아서, 실증을 요구하는 사학에서 사료의 빈곤으로 그 실상을 밝혀내기 어려운 경우가 많다. 추적불능 또는 연결 불명의 사건들을 연결시키려면 역사주체의 관점에서 역사소설적인 상상력이 불가피해진다. 깨어진 몇 조각의 토기 조각으로 완형의 모습을 상상하는 고고학자처럼 문헌사학에서도 이런 상상의 기능은 필요한 것이다. 결국,

---

39) 이병선, 「고대지명 연구와 한일관계사의 재구」, 『어문연구』, 제29호 제2권, 한국어문교육 연구회, 2001. 378쪽.
40) 이병선, 『대마도는 한국의 속도였다』, 이회문화사, 2005, 37쪽.

고대사의 복원은 실증과 상상, 미시와 거시를 총괄하는 원근법적 접근이 필요하게 된다.41) 그러나 그 접근이 공상적인 것이어서는 안 된다. 실험적가설(實驗的假設)을 세워서 접근해 나가되 가설이 정당화 되려면 역사적 사건이나 혹은 문화적으로 파악되어 증명할 수 있어야 한다. 서구에 있어서도 사료가 부족한 고대사 연구에서는 언어학, 서체학, 고문서학, 고고학, 지명학, 연대학 등은 유력한 보조학으로서 발달하였다.42) 결국, 지명이 역사적인 어떤 시점에서 특별한 목적을 가지고 인위적으로 교체된 것이 아니라면, 이미 그 자체가 영토문화화 된 것으로써 어원 및 의미 등을 추적하여 유래와 잔존하는 현상을 규명하는 것은 영토문화의 문화주권자를 밝힐 수 있는 하나의 수단이 되기에 충분한 것이다.

3) 지적문화(地籍文化)

지적(地籍)이란, 협의적 의미로는 토지에 대한 물리적 현황에 대한 공적 기록 또는 정보를 의미하며, 광의적 개념으로는 일필지(一筆地)에 관련된 각종 현황으로서 일필지에 대한 종합 정보를 의미하고 있다. 그리고 제도적 측면에서의 지적은 각 국의 지적법과 지적행정조직의 특성에 따라 다양하게 표현되고 있으며, 지적제도가 설치된 초기의 세지적제도(稅地籍制度)에서는 대부분 일필지에 대한 물리적 현황을 공시하기 위한 기록을 의미하며, 법 지적제도에서는 물리적 현황뿐만 아니라, 권리적 현황까지를 포함하고 있으며, 정보제도 하에서는 가치적 현황과 토지이

---

41) 김성호, 『비류백제와 일본의 국가기원』, 지문사, 1982, 31쪽.
42) 이병선, 전게논문, 378쪽.

용규제적 현황까지를 포함하는 개념으로 보고 있다.43)

또한, 필지란 '일정기준에 의해 구획되는 토지의 단위'로서 보다 구체적으로는 '하나의 지번이 부여되는 토지의 등록단위로서 토지에 대한 물권(物權)의 효력이 미치는 범위를 정하고 거래단위로서 개별화시키기 위하여 인위적으로 구획한 법정등록단위'로 정의되기도 한다. 즉, 필지란 하나의 지번이나 지목이 갖는 범위내의 토지를 말하며, 이러한 필지는 지적도나 임야도에서는 선으로, 경계점좌표등록부에서는 좌표의 연결로써 표시된다.44)

결국, 지적이란 나라의 근간을 이루는 영토를 다루는 것을 의미하며, 그 나라 또는 지방의 지적이 어떻게 변천되었는가 하는 것은 곧 그 나라나 지방의 영토변천관계를 확인시켜주는 기본이 된다. 따라서 일정한 영토의 문화주권을 규명하는 과정에서는 지적의 관리상태 및 그 기록의 변천 등을 토대로 영토문화의 진정한 권리자를 가름할 수 있는 것이다.

4) 지도문화(地圖文化)

지형적 특징을 시각적으로 표시한 지도에는 개인이나 국가기관의 의도와 인식이 내재되어 있다. 개인이 지도를 작성할 경우에는 주변 지역이나 이문물(異文物)에 대한 인문지리적 관심이 작용할 수 있지만, 국가가 직접 지도를 제작하는 경우에는 지배층이나 권력자의 주변국에 대한 정치·경제적 욕구에서 비롯될 가능성이 크다고 볼 수 있다.

---

43) 이범관, 『지적학원론』, 삼지출판사, 2010, 1쪽.
44) 이현준, 『필지론』, 삼지출판사, 2010, 2-3쪽.

고지도에서는 도시나 촌락, 사찰이나 사원 등과 같이 소규모의 지역 범위나 소유권의 영역을 나타내기 위한 것들도 있지만, 자국의 지도와 함께 주변 국가를 그려둠으로써 자국과 주변국의 경계를 표시하려는 정치적 의미가 포함된 것들도 많이 있다.[45] 따라서 한 나라의 영토를 그려 주요 지형·지물을 표시해 둔 지도를 규명하는 것은 영토문화에 대한 객관적인 근거자료를 통해 진정한 영토권자를 밝히는 과정이 될 수 있다.

5) 민속(民俗) 및 잔존(殘存)하는 문화(文化)

(1) 민속문화

민속문화는 백성들 사이에서 행해지고 있는 풍습과 관습 등 모든 문화를 통틀어서 일컫는 것으로 그 범위가 광범위하여 정리하기가 용이하지 않다. 하지만 민속문화는 각 민족과 나라마다 특색이 있기 때문에, 정리한다면 그 영토의 정통성을 구별하는데 많은 도움이 되는 문화다. 물론 고대부터 전승되어오던 중에 그 형태가 일부 바뀔 수는 있지만 그런 것들은 원류를 찾는데 큰 장애가 되지는 않는다. 따라서 전승되는 민속문화의 문화주권자를 규명하는 것은 영토권자를 규명하는데 많은 도움이 된다.

(2) 기타 잔존하는 문화

기타 잔존하는 문화가 소량에 불과하다면 아무런 문제가 될 것이 없지

---

45) 정효운, 「고지도에 보이는 한국과 일본의 대마도 영토인식」, 『일어일문학』, 제57호, 대한일어일문학회, 2013, 475-476쪽.

만, 만일 그것이 다량으로 존재한다면 그것은 영토문화와 긴밀한 관련이 있는 것으로 볼 수 있다. 소량으로 발견되는 것은 그곳을 개척하고 오랜 기간 정착했던 민족에 의한 문화라기보다는 이주민이나 일시적으로 살았던 민족의 문화적 잔재에 불과하겠지만, 오랜 세월이 경과한 후에도 다량으로 잔존하고 있다면, 그것은 분명 역사성을 가지는 영토문화로서 그곳에 정착했던 민족과 밀접한 관계가 있는 것이라고 할 수 있다.

6) 영토문화 분류의 의의(意義)

이상과 같이 분류된 영토문화는 일정한 영토의 문화주권자를 규명하기 위해서 주변 국가나 민족의 영토문화와 비교·분석할 때, 가장 유용한 수단으로 사용될 수 있다. 일정한 영토가 분쟁에 휘말려 영토권자를 규명하고자 할 때, 영토문화의 문화주권자를 규명하기 위해서 무턱대고 영토문화를 분석한다고 할 것이 아니다. 필자가 분류한 항목에 의해서 한가지씩 분석해 나간다면, 문화주권자를 규명하는 작업이 훨씬 효율적이고 명확하게 규명될 것이다. 따라서 이러한 분류 방법이 우리 한민족의 고토에 대한 영토권 회복을 위해서도 반드시 유용하게 사용될 것임은 두말할 나위도 없다.

만주의 영토권

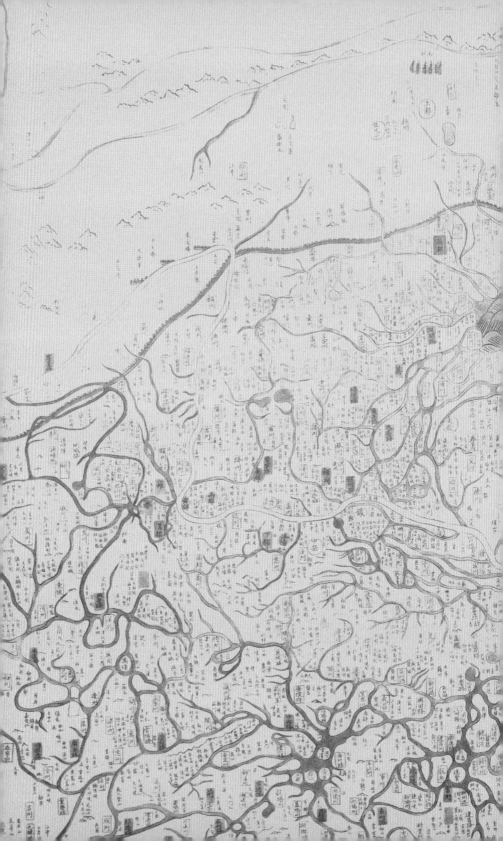

제3부

———————

만주의 일반론과
만주 영토문화의
토착시대

제1장
만주(滿洲)의 일반론(一般論)

　본 장에서는 만주에 대한 일반적인 현황과 역사상 만주에 대한 영토권을 소유했던 민족에 대해 살펴보기로 한다.

　현재 중국은 만주라는 지명을 사용하지 않고 대신 동북3성이라는 지명을 사용하고 있다. 하지만 동북3성과 만주는 엄연히 다르다. 무엇보다 그 영역에서 상당한 차이가 난다. 동북3성은 만주의 일부분일 뿐이다. 중국은 만주라는 영역자체가 자신들의 영토가 아니라는 것을 알기에 그 지명조차 쓰지 않으려고 하는 것이다. 그러나 이러한 중국의 바람과는 다르게, 다행스럽게도 일본이나 한국 등지에서는 지금도 '만주'라는 용어를 사용하고 있다. 또한, 영어권에서도 '만추리아(Manchuria)'라는 용어로 정착되어 전 세계가 만주라는 지명을 사용함으로써, 만주라는 영토가 존재한다는 사실을 드러내고 있다. 중국이 만주라는 존재를 숨기고 싶어도 숨길 수 없는 것이다. 중국이 만주라는 용어를 역사에서 지우고 싶어 하는 가장 큰 이유는 중국인을 구성하는 근본인, 중국어족인 한족(漢族)이 만주를 제대로 점유해 본 적이 없다는 것이다. 따라서 제2차 세계대전 종전과 함께 부당한 방법에 의해 만주를 강점한 중국의 행위 자체가 엄청나게 잘못된 것임을 스스로 알기 때문이다.

본 장에서는 이러한 중국의 태도에 대응하기 위해서 알아두어야 할 만주에 대한 일반적인 사항 중에서 먼저 만주라는 지명의 의미에 대해서 알아본다. 이것은 만주의 지명문화에 대한 고찰로 만주의 영토권과 긴밀한 관계가 있는 것이다.

  다음은 역사상 만주를 지배하며 생활 터전으로 삼았던 민족과 나라에 대해 고찰해 본다. 즉 만주 역사의 개관(槪觀)을 살펴보는 것이다. 그러나 만주 역사의 개관이라고 해서 만주의 역사를 개략적으로 훑고 지나가는 것이 아니라, 이제까지 우리가 잘 못 알고 있던 만주에 대한 역사와 만주에서의 국경 문제에 대해서 집중적으로 조명했다. 사실 본서를 집필하면서 필자는 만주 역사의 개관 부분에서 자칫 독자들이 이해하기 어려운 문제가 있을지도 모른다는 생각에 많은 고민을 했다. 지금까지 만주에 대한 일반적인 상식에 젖어있는 독자라면 생소한 이야기로 여겨질 수 있기 때문이다. 그러나 만주에 대한 일반적인 사항과 함께 우리가 잘못 알고 있던 만주 역사의 개관을 올바르게 알아두는 것이 만주의 영토문화에 중요한 영향을 끼친 민족과 나라를 알게 되는 것으로, 만주의 영토권을 규명하는데 도움이 된다고 판단했다. 따라서 독자들의 이해를 돕기 위해서 되도록이면 이제까지 우리가 알고 있던 설을 언급하면서, 생소할 수 있는 이론을 서술하는 방법을 택했다.

  마지막으로 만주의 영역과 그 면적에 대해 기술했다. 만주의 영역에서는 연해주와 간도에 대한 설명과 함께 만주의 영역을 정의했는데, 특히 간도의 중요성과 간도가 만주에서 차지하는 비중은 물론 간도에서 우리 한민족이 차지하는 비중에 대해 상세히 서술함으로써, 간도가 상당 부분을 차지하는 만주가 왜 우리 한민족의 영토인지에 대한 이해를 돕고자 했다.

1. 만주라는 지명의 정의

만주라는 지명의 유래와 의미가 어떤 민족과 연관이 있는지를 알아보는 것은 문화영토론에 의한 만주의 영토권을 규명하는 방법 중 하나가 되는 것이다. 왜냐하면 그것은 만주의 영토문화 중에서 지명문화를 살펴보는 것 중 하나가 되기 때문이다.

만주(滿洲)라는 지명은 본래 부족이름이다. 「국서(國書)」를 고찰해 보면 '만주(滿洲)는 본래 만주(滿珠)라고 했었다. 청나라 왕조가 빛나는 동쪽 땅에 새로 나라를 열자, 매년 서장(西藏 : 티베트의 한자이름)에서 단서(丹書 : 붉은 주사로 쓴 글)를 보냈는데, 그 문서에서 황제를 〈만주사리대황제(曼珠師利 大皇帝)〉라고 불렀다. 그 이름의 뜻을 번역하면 만주(曼珠)인데, 중국말로 '묘하고 길하고 상서롭다'는 뜻이며, 또는 만주실리대교왕(曼珠室利大教王)이라고도 적었다. 지금은 한자로 만주(滿洲)라고 적는데, 주(洲)자의 뜻이 지명에 가깝기 때문에 가차하여 사용함으로써 서로 연관성이 있게 된 것이다. 그러나 실제로는 부족이름으로서, 지명이 아니라는 것이 확실하다는 것을 가히 고찰할 수 있다.[46] 만주(滿洲)는 족명(族名)에서 유래한 지명이다. 그렇다면 그 족명이 어떤 민족을 지칭하는지 알아내는 것이 만주에 대한 영토문화 중 하나인 지명문화에 대해 정의할 수 있는 방법이다.

우리는 '만주'라는 단어를 접하면, 그것은 중국 영토의 일부분으로 당

---

46) 남주성 역주, 『흠정만주원류고 (상)』, 글모아출판, 2010, 47-50쪽.

연히 현존하는 한족 중심의 중국이 명명한 지명이라고 착각한다. 솔직히 고백하자면 필자 역시 그렇게 인식했던 적이 있다. 그러나 그런 해석은 청나라를 중국 역사로 오인한데서 비롯된 엄청난 잘못이다. 중국과 일본이 자신들 유리한 대로 정리해온 역사에 맹종한 탓에 범한 커다란 오류다. 분명하게 말할 수 있는 것은 청나라 역사는 중국 역사의 일부가 아니라 중국을 지배한 역사다.

청나라 역사는 중국어족인 한족(漢族)과는 전혀 다른 이민족(異民族)인 여진족(女眞族) 즉, 만주족(滿洲族)의 역사다. 마치 대한민국의 전신인 대한제국이 일제에게 병탄 당해 36년이라는 세월을 식민지로 살았던 것처럼, 중국어족인 한족은 1644년 명나라의 멸망과 함께 1912년 중화민국을 건국하기까지 무려 268년이라는 세월을 청나라의 식민지로 지배당했을 뿐이다. 굳이 중국 역사에 청나라를 기록하려면, 우리 한민족의 역사에 1910년부터 1945년까지 '일제강점기'라고 기록하듯이, 중국 역시 1644년부터 1912년까지 '청나라 강점기'라고 기록해야 한다. 그리고 1912년 중화민국의 건국과 함께 청나라는 멸망하고 중국어족인 한족의 나라가 건국되었다. 그러나 청나라의 역사는 거기에서 끝나는 것이 아니라 청나라 장수였던 장쭤린에 의해, 청나라를 세운 여진족이 살았던 만주지방에 만주국의 기반이 다져졌다. 그리고 일본의 지원 하에 청나라의 마지막 황제 푸이가 황제로 추대되면서 건국한 나라가 만주국이다.

청나라의 역사가 중국 역사가 아니니 만주국 역사 역시 중국 역사가 아니다. 명나라의 후손으로 중국어족인 한족들이 청나라를 멸망시키고 중화민국을 건국하자, 청나라의 후손들이 일본의 지원을 받아 자신들의 발상지라고 칭하는 만주에 건국한 나라가 만주국이다.47) 만일 만주가 중국어족인 중국의 영토라면, 만주국이 건국되던 당시는 이미 중화민국이 건국된 이후이므로 만주국을 만주에 건국하도록 그냥 방치하지는 않았을 것이다. 그럼에도 불구하고 중화민국이 만주국에 아무런 제재도 가하지 않은 것은 물론 별도의 국가로 인식한 것을 보면, 중국어족인 중국에게 청나라가 중국 역사가 아닌 것은 물론 만주가 중국 영토가 아니라는 인식이 확실했던 것으로 보인다. 이러한 사실은 중화민국 건국의 기조가 된 신해혁명을 분석해 보면 쉽게 알 수 있다.

신해혁명은 한족이 청나라의 지배를 벗어나 자신들의 나라를 건국하겠다고 일으킨 독립혁명이다. 중국은 지금도 자신들의 나라를 건국하는 데 기조가 된 신해혁명을 기념하기 위해서 우창에서 최초로 봉기한 10월 10일을 대대적인 국경일로 기념하고 있다. 중화인민공화국에서는 '신해혁명 기념일'로, 중화민국에서는 "쌍십절"로 기념한다. 양대 중국 모두 신해혁명이야말로 명실상부한 중국 건국의 기반이 되는 혁명임을 공인하고 있는 것이다. 그런데 신해혁명이 내걸었던 기치가 멸만흥한(滅滿興漢) 혹은 멸청흥한(滅淸興漢)이다. 청나라의 만주족을 멸하고 한족의 나라를 세운다는 뜻이다. 그리고 그 사상은 이미 1850년에서 1864년까지 홍수전(洪秀全)이 '배상제회'(拜上帝會)라는 종교단체를 조직하여 청나라로부터의 독립을 이끌어 내기 위해서 일으켰던 태평천국의 난(太平天國之亂)에서 구호로 채택했던 '봉천토호격(奉天討胡檄)'으로, 하늘의 뜻을 받들어 오랑캐 즉, 만주족을 토벌한다는 내용에서 기인

---

47) 이 부분에 대해서는 만주국이 일본의 지원을 받아 건국된 일본의 위성국가라는 점에서 거부감을 갖는 독자가 있을 수도 있다. 그러나 비록 일본의 지원을 받았을지라도 만주국은 청나라의 후손들에 의해서 세워진 중국과는 전혀 관계가 없는 독립국이라는 것은 지울 수 없는 사실이다.

했다. 태평천국의 난이나 신해혁명은 한족의 나라인 중국이 청나라로부터 독립하기 위한 독립운동이었다는 것을 명백하게 알 수 있다.[48]

결국 만주는 중국어족인 한족에게는 그들의 영토로 치부되지 않았고, 다만 청나라 후손인 만주족에게 그들의 영토로 인식되어 청나라가 멸망하고 난 후 만주국이 건국된 것이다. 따라서 추후 상세하게 실증될 문제지만 미리 언급하자면, 만주를 지배하고 생활 터전으로 삼았던 민족은 우리 한민족을 제외하고는 중국어족인 한족과는 전혀 상관없는 만주족뿐이다.

만주에 가장 최근에 건국되었던 만주국은 여진족이 금나라를 세운 후, 족명을 만주족으로 개명하면서 청나라로 국호를 변경한 만주족을 내세워 일본이 건국하게 만든 어용국가라고 했다. 그러나 아무리 일본의 어용국가라고 해도 엄연히 독립된 주권국가였다. 그리고 만주족은 스스로 고려의 후손임을 자부했던 민족이다. 그들이 고려의 후손임을 자부했다는 것은 『금사』를 비롯한 역사서에 자세히 나타나 있다. 여기에서 고려라고 지칭한 것은 신라가 패망한 이후 고려가 들어섰음으로 고려라고 표현한 것으로 볼 수 있다. 실제로 여진족은 신라의 후손들로 그들이 금나라 시조라는 기록들이 존재하고 있기 때문이다. 아울러 중국전역을 지배하던 만주족이 세운 나라인 청나라의 모체가 되는 금나라의 국호 역시 신라에서 따온 것임을 스스로 증언하고 있다.

『금사』「세기」에 의하면 금나라 시조의 휘(諱)는 합부(哈富)《 이전에

---

48) 신용우 외, 「만주국영토의 중국귀속 부당성에 관한 연구」, 『지적과 국토정보』, 제47권 제1호, 한국국토정보공사, 2017, 85쪽.

는 함보(函普)로 기록》는 처음에 고려에서 와서 《 살펴보건대, 『통고』와 『대금국지』에 모두 본래 신라에서 왔고 성은 완안씨(完顏氏)라고 하였다. 신라와 고려의 옛 땅은 서로 뒤섞여 있었다. 『요사』와 『금사』에서 이따금씩 두 나라를 구분하지 않고 부르고 있다. 사서에 전하는 것을 살펴보건대, 신라왕의 성은 김(金)씨로써 수십 대를 이었다. 곧 금(金)나라 시조가 신라에서 왔다는 것은 의심할 바가 아니다. 나라 이름도 마땅히 여기서 따왔다. 》 완안부 포이갈수(布爾噶水) 물가에 살았다고[49] 서술되어 있다.

또한 『금사』에 의하면, [여진사람들이 말하기를] 여진과 발해는 본래 한집안이라고[50] 하였다. 이것은 후기신라와[51] 남북국시대를 이루게 되는 대진국 발해가 고구려의 후손으로 신라와 같은 민족이라는 것을 알기 때문에 그렇게 말한 것이다.

그리고 후금의 시조인 누르하치가 신라를 사랑하고 신라를 생각한다는 의미의 애신각라(愛新覺羅)라는 성씨를 채택하여 스스로 자신의 이름을 애신각라노이합적(愛新覺羅努爾哈赤 : 아이신교로 누르하치)이라고 명명한 것을 보아도 『금사』에서 이야기한 고려는 신라임이 분명하다. 이를 뒷받침하는 것은 만주인들의 성씨에 대한 구조다. 만주의 성씨는 두 부분으로 되어 있는데 한 부분은 성(姓)이며, 또 한 부분은 혈연종친 관계를 나타내는 씨족명(氏族名)이다. 이것에 의하면 애신(愛新)은 족명(族名)으로서 만주어로 금(金)이란 뜻이다. 각라(覺羅)는 성씨(姓氏)로서

---

49) 남주성 역주, 전게서, 266쪽.

50) 상계서, 258쪽.

51) 나당연합군으로 백제와 고구려를 멸망시킨 신라는 고구려의 영토를 흡수하지 못하고 대진국발해가 건국되었으므로 통일신라가 아니라 후기신라가 합당한 용어다.

누르하치의 조상이 처음 거주한 각라(흑룡강성 伊蘭일대)를 성씨로 삼은 것이다.52) 이것은 금(金)나라를 건국할 당시, 누루하치가 국호는 물론 자신들이 신라 후손의 민족이라는 것을 확실하게 밝힌 것이다.

결국 청나라의 시조이자 근본을 이루고 있는 백성인 만주족은 우리 한민족의 선조들인 신라의 후손들로 만주국을 건국하고 만주국의 영토인 만주에서 우리 한민족과 더불어 생활하던 민족이다. 그리고 그들은 청나라 시절에 만주는 물론 중국의 심장부, 북경을 넘어 대륙을 지배하며 통치하던 지배자였다. 만주(滿洲)라는 지명은 바로 그 만주족을 가리키는 만주(滿珠)라는 부족 이름에서 유래한 것이다.

2. 만주 역사의 개관(槪觀)

일반적으로 고대부터 근세이전까지 만주를 지배했던 민족에 대한 역사는 고조선(한민족) → 부여(한민족) → 고구려(한민족) → 대진국 발해(한민족) → 요나라(거란족) → 금나라(여진족) → 원나라(몽골) → 명나라(한족) → 청나라(후금포함;여진족=만주족) → 만주국(만주족) → 동북인민정부(둥베이인민정부; 생활은 한민족과 만주족, 몽골, 한족 등, 지배는 한족)의 순으로 만주를 지배하였고 그곳을 생활터전으로 삼았던

---

52) 남주성 역주, 전게서, 48쪽.

것으로 알려져 있다. 이 상태를 그대로 보더라도 만주를 지배하고 생활터전으로 삼았던 민족 중에 가장 큰 비중을 차지한 것은 우리 한민족이며, 그 다음으로는 여진족 즉 만주족이라는 데에는 이견이 없을 것이다. 그러나 이러한 지배구도에 대해 자세히 살펴보면 만주에 대한 지배 및 생활터전으로 삼은 민족이 우리 한민족이라는 것은 좀 더 확실해진다.

고대 아시아 동부에서 생활하던 종족은 크게 둘로 나뉘어 우랄어족과 중국어족으로 나뉜다. 그 중 우랄 어족은 조선족·흉노족으로 나뉘고 조선족이 분화하여 조선·선비·여진·몽고·퉁구스 등의 종족이 되고, 흉노족이 흩어져서 돌궐·헝가리·터키·핀란드의 종족이 되었다고 한다.53) 아울러 거란족은 몽골계와 퉁구스계의 혼혈족이므로54) 그 역시 조선족의 한 분파이다. 또한 원나라와 명나라가 만주를 지배했다고 하지만, 실제로 그곳에서 생활하며 지배한 실질적인 지배라기보다는 자신들의 영토라는 개념을 우선적으로 하고 세금 징수 등을 목적으로 해서 형식을 갖추었을 뿐인 명목상의 지배라는 사실이 이어지는 논지에서 밝혀질 것이다. 결국 어느 방향에서 보아도 중국어족인 한족이 만주를 지배하고 생활터전으로 삼았던 근거가 역사에 존재하지 않는다. 그런 역사적인 진실이 존재하는 까닭에 중국은 만주를 차지하기 위한 방편 중 하나로, 동북공정을 통해서 고구려나 대진국의 역사가 중국의 일개 변방 제후국이었다고 주장하는가 하면 심지어는 고조선 역시 중국의 일개 제후국이었다는 억지 주장을 펴고 있는 것이다. 중국어족인 한족이 만주를 온전하게 지배한 적이 없으니, 만주가 중국 영토라는 주장이 합리화 될

---

53) 신채호, 『조선상고사』, 비봉출판사, 2006, 88쪽.
54) 한민족문화대백과사전, 2017.12.05. '거란' 검색

수 있도록 왜곡하기 위하여, 우랄어족으로 조선족의 적통인 고조선과 고구려는 물론 대진국 발해 역시 자신들의 역사로 만들자는 것이다. 중국의 이러한 억지 주장에 대응하기 위해서는 물론 만주의 실체적인 영역과 영토문화의 문화주권자를 규명하여 문화영토론에 의한 영토권자를 규명하기 위해서라도 만주를 실질적으로 소유했던 민족과 나라를 알아야 하고, 그래서 역사속의 만주를 안다는 것은 중요한 가치가 있는 것이다. 만주를 지배했던 민족의 흐름을 보더라도 중국어족인 한족은 역사상 만주에 큰 영향을 끼치지 못한 것이 사실이지만, 실제 그 내용을 살펴보면 중국어족인 한족은 정말 아무런 상관이 없다는 것을 알 수 있다.

지금까지 우리가 알고 있던 역사에서는 고려시대의 국경이 청천강이라든가 혹은 조금 더 확장된 영토가 함경남도까지라는 정도로 알려져 있었고 실제로 그렇게 교육을 했었다. 그러나 최근에 제기되는 이론들에 의하면 고려의 국경은 지금의 압록강에서 훨씬 북쪽으로 이동해야 한다. 조선 후기 유득공은 『발해고』를 쓰는 내내 뭔가 납득할 수 없는 것이 있었다. 자신이 생존해 있던 조선 후기의 압록강(鴨綠江)을 고려시대의 국경선으로 대입한 상태에서 발해사를 연구하자니 지리고증에서 아귀가 제대로 안 맞는 것이었다. 그러자 그는 혹시 봉황성 서쪽에 또 다른 압록강이 존재하고 있는 것은 아닌가 하는 의심을 했다. 그의 의심은 옳았다. 『삼국유사』에 '遼水一名鴨涤今云安民江' 즉 '요수는 일명 압록(鴨涤)으로 지금은 안민강(安民江)이라고 한다.'고[55] 기록되어 있으니, 안민강(安民江) 혹은 요하(遼河)로 불리던 압록강(鴨涤江)이 또 하나 존재하고

---

55) 국사편찬위원회, 한국사데이터베이스, 三國遺事 卷 第三〉興法第三〉順道肇麗, 2019. 10. 20. 검색.

있었던 것이다. 고려 사람들은 당시 요하로 불리던 압록강(鴨淥江)을 자국의 서북계로 생각하면서 살았고, 그것을 기록해 인식하고, 또 그 인식의 흔적을 『삼국유사』에 남겨 놓았던 것이다.56) 결국 고려의 서북 국경에는 두 개의 압록강이 있었으니, 국경선으로서의 압록강(鴨淥江)과 후방방어선으로서의 압록강(鴨綠江)으로 지금 우리가 압록강(鴨綠江)이라고 부르는 강이다. 『고려사』, 『요사』, 『금사』를 논증한 결론에 따르면, 기존에 후방방어선인 압록강(鴨綠江) 아래쪽으로 비정되어 왔던 강동 6주, 북경장성(천리장성), 서경 등이 모두 국경선 압록강(鴨淥江) 쪽으로 이동하게 된다.57) 만주의 영토문화를 이야기 하는데 있어서 고려의 동북 경계는 중요하지 않을 수도 있다. 왜냐하면 중국 한족의 경계가 어디인지를 논하기 위해서는 서쪽 경계가 중요하기 때문이다. 하지만 역사의 서술이 잘못된 측면을 바로잡는 의미에서라도 이야기 하자면, 동북9성이 고려 및 조선 초기에 두만강 이북 700리에 실재한 것으로, 현재의 흑룡강성 수분하 일대 및 연변 등 길림성 일대의 지역에 있었다는 인식을 전제로 연해주 일대까지 국가의 강역으로 경략하려 했다는 논의를 분명하게 정립할 필요가 있다.58) 결국 동북으로는 선춘령(先春嶺)으로 흑룡강성 동남지역이나 길림성 서북지역까지 이른 것으로 추측할 수 있고, 서변으로는 고대압록강(鴨淥江) 즉 현재의 요하유역이었다.59) 지금까

---

56) 윤한택 외, 『압록과 고려의 북계』, 주류성, 2017, 11쪽.

57) 윤한택, 「고려 서북 국경에 대하여」, 『압록(鴨淥)과 고려의 북계』, 주류성, 2017, 13-14쪽.

58) 이인철, 「고려 윤관이 개척한 동북9성의 위치 연구」, 『압록(鴨淥)과 고려의 북계』, 주류성, 2017, 85쪽.

59) 박시현, 복기대, 「『고려도경』, 『허항종행정록』, 『금사』에 기록된 고려의 서북계에 대한 시론」, 『압록(鴨淥)과 고려의 북계』, 주류성, 2017, 183-189쪽.

지 우리가 알고 있던 것처럼 고려시대에 우리 한민족의 영토는 지금의 압록강(鴨綠江)에도 못 미치는 영토를 가지고 있었던 것이 결코 아니다.

원나라 시대에 만주를 중심으로 일련의 사건들이 있었던 것은 사실이다. 원나라 세조 때인 1287년 만주에서 몽골 황족 일부가 세조에게 반기를 든 것이다. 나이얀(乃顔; 내안), 하단(哈丹; 합단), 시두르(失都兒; 실도아) 등은 서부지역의 하이두(海都; 해도)와 발맞춰 만주지방에서 반기를 들었기 때문에 세조는 한동안 어려움을 겪어야 했다. 그러나 이 소식을 들은 세조는 이들을 제압하기 위해 북방에 있는 왕 중에서 나야(內牙; 내아)왕을 설복하여 반란군에 가입하지 않도록 하는가 하면 명장 비안(伯顔; 백안)으로 하여금 카라허린(喀喇和林; 객라화림)으로 나아가 반란군의 연결을 끊도록 했다. 세조 또한 직접 대병을 이끌고 만주로 들어가 반군을 토벌하였다. 나이얀과 하단의 두 반란군은 대병을 이끌고 싸웠으나 서로 합류도 못한 채 모두 세조의 군사에게 패하고 말았다. 그러나 하단의 잔당들은 두만강을 넘어와 강원도를 지나 충청도까지 밀고 내려와 만행을 자행하였다. 이로 인해 고려의 민심이 극도로 흉흉해졌으나 고려군은 원군과 합력하여 공주하에서 하단군을 대파하여 하단을 패사(敗死)시켰다. 이로써 만주에서 일어난 원나라 종실의 반란사건은 완전히 진정되었다.[60]

원나라 종친들이 만주에서 반란을 일으켰다고 하지만 그것은 만주를 생활터전으로 삼기 위해서가 아니었다. 원나라 황실에 대한 반란을 일으킨 장소가 원나라 황실과 가까운 만주였을 뿐이다. 그리고 원나라는 자신들이 지배한 나라에서의 지배체제가 그러했듯이 만주 역시 행정기구

---

60) 김득황, 「만주의 역사와 간도문제」, ㈜남강기획출판부, 2016, 140-141쪽.

를 두어 지배하는 형식을 취했을 뿐이다. 즉 광활한 영토에서 세금을 거둬들이는 것이 원나라가 만주를 지배하던 근본적인 목적이었던 것이다. 원나라는 요양등처행중서성(遼陽等處行中書省)이라는 최고의 관청을 두어 만주 전역을 통괄케 하고 그 아래 요양(遼陽), 광녕부(廣寧府), 심양(瀋陽), 대녕(大寧), 개원(開元), 수다다(水達達; 수달달)의 6로(路)와 함평부(咸平府), 12주(州), 10현(縣)과 5만호부(五萬戶府)를 두어 통치했을 뿐이다.[61] 실제 몽골인이 만주에서 생활하는 것은 극소수에 불과함으로써 만주의 영토문화에 영향을 끼칠 정도에는 어림도 없었다.

원나라가 지나고 만주는 명나라를 만난다. 그러나 명나라와 조선의 국경 역시 이제까지 우리가 알고 있던 것과는 다르다는 것이 최근의 학설이다.

명대 동령위(東寧衛)의 문제는 원말 명초 국경선 문제를 이해하는데 중요하다. 현재 동령부의 위치와 관련해서 북한의 평양이라고 이해하고 있으나 그렇지 않다. 오히려 중국의 기록들은 분명하게 원래 원대의 동령부가 설치된 자리가 요양(遼陽)이며 요양의 다른 이름이 서경이라고 기록하고 있다. 『원사(元史)』 지리지 동령조를 살펴보면 장수왕이 기거한 평양성은 만주에 있는 평양성이라고 하였으며, 『대명일통지(大明一統志)』 권25, 요동도지휘사사 고적에도 장수왕이 천도한 평양성은 만주 곧 요동에 있으며 현재의 중국 요양이라고 기록하고 있다. 또한 1488년 육로를 통해 북경을 지나 산해관을 넘어 요양에 머물렀던 최부의 『표해록』에 의하면, '요양은 원래 고구려의 도읍으로 동령이 요양이며 곧 고구려의 평양임'을 명확히 기록하고 있다. 이러한 기록을 종합해 보면 1270

---

61) 상게서, 142-143쪽.

년 서경에 설치한 동령부는 요양이 중심이고 요양은 고구려의 평양성 자리였으며 고려초기의 서경이었음을 알 수 있다. 이것은 태조 왕건이 제2의 수도로 삼은 서경 역시 북한 평양이 아니라 만주의 요양이었음을 의미하며, 원나라와 고려의 국경선에 해당하는 자비령이 한반도가 아니라 압록강(鴨綠江)과 요양(遼陽) 사이에 위치해야 함을 의미한다 하겠다. 이것은 명나라에 그대로 계승되어 명초에 명으로 들어가는 책문이 압록강 북쪽 180리 지점인 연산관에 설치된 것과 깊은 관련이 있다.

1480년 이전 조선과 명의 국경은 압록강에서 요양사이 요동팔참(遼東八站)을 국경으로 하고 있었다. 이것은 원나라와의 국경을 이어받은 것이다. 원말·명초의 요동팔참은 원나라 시기의 요양로(遼陽路)를 그대로 이용하고 있는데, 두관(頭館), 첨수(甛水), 연산(連山), 용봉(龍鳳), 사열(斜列), 개주(開州), 탕참(湯站), 역창(驛昌) 등으로, 제1참 두관에서 시작하여 압록강에 이르기까지 5~6일 정도가 소요된다. 연산관~압록강 사이의 참은 명나라의 기록에 나타나지 않는 경우도 있다. 이것은 과차즉위조선계(過此即爲朝鮮界) 즉 연산관을 지나면 조선과의 경계가 된다는 기록이 나타나기도 하는데 1480년 이전 연산관에서 압록강 지역에는 명나라의 영향력이 미치지 않는 국경지대였기 때문이다. 그러나 명나라가 여진의 위협으로 1480년대 연산관에서 동진하여 봉황성을 점거하면서 국경 책문이 연산관에서 봉황산(개주참) 곧 현재의 요령성 봉성시로 옮겨왔고 그 사이에 진녕보(鎭寧堡), 진이보(鎭夷堡) 등의 성보와 돈대 등을 설치하여 요새화 시켰다. 요동팔참 지역은 산지가 많아 구태여 국경을 그을 필요가 없었다. 청 건국 이후 여진족은 모두 입관(入關)하여 중원으로 들어갔고 곧이어 요동은 봉금지대가 됨으로써 또 다시 만주의 많은 공간은 무주공산(無主空山) 지대가 되었다. 만주지역이 봉금지대가 되었지만 여전히 요동팔참 지역의 봉황성에 책문이 설치되었다. 명대 봉황성 책문이 청으로 그대로 계승되어 조선의 사신을 맞이하는 청나라의 첫 번째 관문의 역할을 하였다.[62) 즉 1480년대 이전의 조선과 명의 국경선은 지금의 압록강(鴨綠江)이 아니라 1480년대 이전은 연산관, 이후는 봉황성에 명나라로 가는 책문이 설치되어 있었던 것이다.

만주에 끼친 중국어족인 한족 문화의 영향을 논하기 위해서는 명나라와 조선의 국경만큼이나 중요한 것이 명나라와 여진의 국경내지는 그 종속관계다.

명대(明代; 1368-1644)는 명(明), 조선(朝鮮), 몽골, 여진(女眞) 등이 만주를 둘러싸고 치열하게 각축을 벌이던 시기이다. 명나라는 초기부터 북쪽으로는 몽골, 동쪽으로는 여진, 남쪽으로는 조선과 영토와 패권을 놓고 치열하게 각축을 벌였다. 그러나 영락제 이후에는 대외팽창을 시도하지 않고 방어선을 강화하는 전략으로 선회하여 요동변장(遼東邊墻)을 구축한다. 요동변장의 전체 형태는 대체로 서단변장(西段邊墻; 요서변장), 요하투변장(遼河套邊墻), 동단변장(東段邊墻)등의 3지역으로 구분된다. 이중 여진방어를 위해 설치된 동단변장은 개원에서 무순 방면으로 진행되어 봉황성으로 연결되었다. 1480년대 이전에는 명으로 들어가는 관문이 연산관에 있었으나 1480년 이후에는 봉황성으로 옮겨오게 된 것이다. 그리고 이 방어선을 넘으려 한 여진에 대하여 '외이(外夷)'로 기록하여 명에 종속되지 않은 것으로 기록하고 있다. 즉 요동변장이 국경선으로서의 성격이 분명하다고 할 수 있다.[63)

---

62) 남의현, 「명대 한·중 국경선은 어디였는가」, 『압록(鴨淥)과 고려의 북계』, 주류성, 2017, 286-295쪽.

또한 명나라가 노아간도사(奴兒干都司)를 통해서 지배했다고 중국이 주장하는, 명대 여진족이 분포하던 길림과 흑룡강 지역 역시 명의 강역이 될 수 없다. 『명실록』 등의 사료들을 분석해 보면 노아간도사는 '도사(都司)'의 이름과는 달리 초임기구로서의 성격을 가지고 있었기 때문에 구조와 기능면에서도 매우 단순하였다. 요동도사(遼東都司)는 그 아래에 경력사(經歷司), 단사사(斷事司), 사옥사(司獄史) 등과 각각 장인(掌印), 첨서(僉書), 경력(經歷), 도사(都事) 등의 관리를 두고 입법, 사법, 행정 등을 시행하는 권력기구였다. 이에 비해 노아간도사는 관직이 흠차(欽差), 지휘동지(指揮同知), 도지휘첨사(都指揮僉事), 지휘(指揮), 천호(千戶), 백호(百戶), 경력(經歷), 리(吏) 등으로 매우 소략하며 이중 군사업무를 담당하는 무관직을 빼면 경력과 리만이 남게 된다. '경력'과 '리' 같은 하급관리는 간단한 문서의 작성이나 이첩 정도는 할 수 있으나 행정권과 사법권을 행사할 수는 없었다.

명나라가 노아간도사를 흑룡강(黑龍江) 하류 지역에 설치하였다지만 노아간도사는 이름과는 달리 요동도사와 같은 도사의 구조를 전혀 구비하지 못하였고 임시 군사기구로써의 기능만을 10여 차례 수행했을 뿐이다. 결국에는 요동도사로 흡수되어 여진 지역에 대한 관할권을 확보하는데 실패하였다. 노아간도사는 15세기 초에 개설 이래 50여 년도 유지되지 못하고 요동도사에 통폐합됨으로써 그 역할을 다하지 못한 임시군사기구였을 뿐이다. 또한 명이 여진의 마을을 단위로 묶어서 설치한 여진위소들이 명에 종속되었다고 하지만 그렇지 않다. 그것은 명 영락제가 두만강 유역의 10처 여진을 귀속하겠다고 조선에 통보해 왔을 때 10처

---

63) 남의현, 「명의 만주지역 영토인식에 관한 연구」, 『간도학보』, 제2권 제1호, 2019, 73-79쪽.

의 여진은 오래전에 조선의 호적에 편입되어있었고 여진 역시 명에게 편입되는 것을 강하게 반대하였기 때문에 명은 10처 여진을 포기할 수밖에 없었다는 사실만 보아도 알 수 있다. 명나라는 여진지역, 지금의 길림성과 흑룡강 지역을 직접 지배한 적이 없다.[64] 비록 명나라가 만주의 일부를 지배했었다고는 하지만 만주에는 고조선과 고구려의 후예인 한민족과 금나라의 후손인 여진족들이 생활터전으로 살고 있었던 것이다. 그렇기에 훗날 족명을 만주족으로 개명한 여진족이 청나라를 세우는 근거지가 될 수 있었던 것이기도 하다.

결국 만주를 지배했다고 알려진 한족 중심의 나라인 명나라는 글자 그대로 형식적으로 만주를 지배했을 뿐이다. 생활터전으로 삼거나 그 외에 어떤 형태로도 만주의 영토문화를 비롯한 모든 것에 영향을 줄 수 없었던 것이다. 그런 상황에서 만주의 역사를 고찰하면, 고대의 열국시대는 그리 중요한 몫을 차지하지 않는다. 예를 들면 고조선의 국운이 쇠하여 갈 때, 만주는 부여·고구려 등의 열국으로 나뉘었던 시대가 있었다. 하지만 그 세력들은 모두 고조선의 뒤를 이은 정치세력이었지 별개의 민족이 이주해 온 것이 아니었다. 또한 고조선의 후예가 아닌 이민족이 만주를 침략했을지라도 이민족이 만주 전체를 점유한 적은 없을 뿐만 아니라 그들은 잠시 머물렀을 뿐이다. 그들은 고구려에 의해서 퇴치되고 결국에는 고구려가 통일국가를 건설했기 때문에 고구려가 고조선의 대통을 이어받은 것이다. 물론 고조선 멸망 이후에는 난하 근처 갈석산을 중심으로 한사군이 설치되었다고는 하지만 그 역시 고조선의 영토 일부인 난하와 요하유역의 일부를 지배하기 위한 수단이었지 그 영토를 생활기반으

---

64) 남의현, 상계논문, 84-88쪽.

로 삼았던 것도 아니고, 더 큰 영역에 부여와 고구려가 자리하고 있었던 것이 사실이므로 정치사를 다루는 것이 아니라 영토문제를 다루는 측면에서 큰 줄기를 잡는 데에는 문제가 될 수 없다는 것이다.

위와 같이 만주를 지배하거나 생활터전으로 삼았던 민족과 나라의 줄기를 잡아 커다란 지도를 그리는 데에서 중요한 것이 도출된다. 바로 중국을 이루고 있는 중국어족인 한족(漢族), 즉 지금 중국의 대부분을 차지하는 세력으로, 중국을 이루는 중심세력이 만주를 온전하게 지배하고 생활터전으로 삼았던 적이 없다는 것이다. 예를 들자면 고조선의 세력이 기울어가자 그 뒤를 이은 것은 고조선의 제후국들 중에서 지도자로 나섰거나 아니면 고조선 왕실의 후손들이 지도자로 나섰던 부여나 고구려로 이어지는 가운데에, 비록 만주의 아주 작은 부분에 해당하는 일부를 한사군이 지배했었다고 하더라도, 그곳에는 고조선의 유민들이 정착하고 있었기에 결국은 고구려가 만주를 통일하는 현상으로 귀결될 수 있었던 것이다.

또 한 가지 중요한 것은 앞서 기술한 바와 같이 여진족은 그들 자신이 중국어족인 한족이 아니라 우리 한민족과 같은 뿌리임을 자랑하고 있다는 것이다. 결국 한족은 만주에 어떠한 영향도 끼치지 못한 존재일 뿐이라는 것이다. 따라서 만주의 영토권을 주장할 수 있는 어떤 근거도 갖추지 못한 한족의 중국이 만주를 강점하고 있는 것은 불법이다. 만주의 영토권을 주장할 수 있는 민족은 우리 한민족과 그나마 한민족과 같은 뿌리의 민족임을 자부하고 있는 만주족뿐이다. 따라서 중국어족인 한족은 만주의 영토권을 반환해야 하며 우리 한민족과 만주족 사이에 대화와 타협을 통해서 만주의 영토권이 결정되어야 한다. 그러나 지금 만주족은 그 존재가 많이 희석되었으므로, 우리 한민족은 만주를 영토분쟁지역으로 선포하고 수복할 수 있는 근거를 마련해야 한다는 것을 잊어서는 안 된다.

3. 만주의 영역

만주의 영역을 정의하는데 있어서 반드시 가슴에 새길 두 가지 사실이 있다. 그것은 무슨 문제가 있어서가 아니다. 자칫 우리가 잊고 넘기거나 혹은 오해를 부를 소지가 있어서 숙고해야 한다는 것이다. 첫 번째는 만주에 대해 깊은 지식과 관심을 가지고 연구하는 정도라면 그럴 리가 없겠지만 자칫 잘못하다가는 지나치기 쉬운 문제가 바로 연해주 문제다. 지금 현재 연해주는 러시아가 강점하고 있고, 만주국의 영토였던 동북3성을 포함한 영토는 중국이 강점하고 있는 까닭에 연해주에 대한 문제를 잊고 넘어갈 수 있기 때문이다. 두 번째는 간도 문제다. 간도라고 하면 마치 만주와 분리된 것처럼 느낄 수 있기 때문이다. 따라서 이 두 가지 문제를 중심으로 만주의 영역을 살펴보기로 한다.

1) 연해주가 만주에 포함되는 이유

연해주(沿海州)를 만주의 영역에 포함하지 않고 지나치기 쉬운 이유는 두 가지다. 첫째는 1932년에 건국된 만주국의 영역에는 연해주가 포함되지 않는다는 것이다. 다음으로는 만주국의 영토는 중국이 강점하고 있는데 반해서 연해주는 유독 러시아가 강점하고 있다는 것이다. 얼핏 보기에는 지금 강점하고 있는 국가도 다르고 하니 같은 만주로 보지 않을 수도 있다. 그렇다면 만주국의 영역만을 만주로 볼 것이냐 하는 것도 문제다. 따라서 이 문제는 역사적인 상황과 함께 숙고할 필요가 있다.

신채호는 고조선 중 신한의 강역은 지금 봉천성(奉天省)의 서북과 동북(개원(開原) 이북 흥경(興京)이동, 즉 지금의 길림·흑룡 두 성과 지금의 연해주의 남단은 신조선(新朝鮮)의 소유였으며 요동반도(개원 이남 흥경 이서)는 불조선의 소유였으며, 압록강 이남은 말조선의 소유였다. 그러나 전쟁이 벌어지고 있는 세상에서 고정된 강역은 없으므로, 시세를 따라서 삼조선(三朝鮮)의 국토가 수축과 팽창을 거듭하였을 것[65]이라고 기록하면서 연해주 개소산(蓋蘇山)에는 연개소문의 기념비가 서 있어서 해삼위(海蔘威; 블라디보스토크를 우리 한민족이 부르던 명칭)에서 블나고베시첸스크에 가려면 바다에서 가끔 그 산을 바라볼 수 있다고 한다[66]고 전했다.

신채호의 『조선상고사』와 같이 고대사를 다룬 사서에는 물론 1820년의 청나라 강역도에 보면 연해주는 길림에 포함되어 있었다. 그것은 당연한 것이다. 역사상으로 보면 연해주는 698년부터 대진국 발해가 이 지역을 통치하였다. 그리고 그 후에는 여진족의 금나라가 지배하였다. 또한 이 지역과 만주를 기반으로 활동한 만주족이 청나라를 건설하면서 청나라의 영토가 되었다. 그러나 제2차 아편 전쟁(1856년 - 1860년)에서 패한 청나라가 1860년 10월 18일 영국, 프랑스, 러시아와 베이징조약(北京條約; 북경조약)을 체결하면서 연해주를 러시아에게 넘겨주게

---

65) 신채호, 박기봉 옮김, 『조선상고사』, 비봉출판사, 2016, 119쪽.
66) 신채호, 상게서, 478쪽.

된 것이다. 이 조약으로 인해서 청나라는 영국에게 홍콩의 중심부에 해당하는 주룽을 내주었고, 교전 당사자도 아니었던 러시아는 조약을 중재했다는 핑계로 연해주를 넘겨받음으로써 만주로 영향력을 확대하기 시작한 것이다. 이러한 연해주의 역사적인 사실 이외에도 만주의 면적을 보면 연해주가 만주에 속한다는 것을 잘 알 수 있다.

2) 간도

(1) 간도라는 명칭의 유래와 중국의 태도

간도(間島)는 고조선과 고구려는 물론 대진국 발해를 이어 우리 선조들이 꾸준히 생활터전으로 삼아오던 땅이다. 그러나 간도라는 명칭이 처음으로 사용된 것은 1869~70년 대기근 당시 회령부사 홍남주가 두만강북지역을 개간하기로 방침을 정한 후 백성들이 공식서류에 처음으로 제출한 인수개간원서에 간도란 지명을 썼다. 간도는 조선 중기에 들어서는 청나라에 의해 봉금지역으로 설정되어 약 230년간 무주의 황무지 땅으로 버려지기도 했다. 이러는 동안에 조선인들이 조·청 양국의 관리들의 감시를 피해 최초로 개척한 곳이 사이섬, 즉 간도(間島)라고 불리는 지역으로 함경북도 종성 건너편, 길림(吉林)성 도문(圖們)과 용정(龍井)시 사이의 두만강 선구촌이라는 곳이다. 그 이름에서 유래되어 만주의 간도지역 전체를 간도라고 부르게 된 것이다. 지금도 여름철에 물이 범람할 때면 마을 습지가 샛강으로 변한다고 한다. 이곳 조선인 주민들이 간도 진출에 시초가 된 이곳에 2002년에 사이섬이라는 기념비를 건립하였으나 중국 측에서 기념비를 산산 조각내어 철거함으로써 지금은 그 자취만 남아있을 뿐이다. 우리 한민족의 선조들이 개척한 간도 개척사를 대대손손 전해주려고 사이섬이라는 기념비를 건립하였지만 그것은 간도를 상징하는 명칭이라는 이유 때문에 일 년도 되지 않아 파괴되고 만 것이다. 간도라는 용어 자체를 쓰지 못하게 하는 중국이 왜 그 비석을 파괴했는지 깊이 생각해 볼 필요가 있는 문제다.[67] 만일 중국이 자신들이 주장하는 대로 청나라 역시 중국의 역사라고 한다면 굳이 간도라는 용어를 쓰지 못하게 할 필요가 없다. 왜냐하면 청나라는 자신들이 스스로 간도를 봉금지역으로 만들었기 때문에 간도를 개간한 것이 불법이라고 주장할 수 있는 근거가 될 수도 있기 때문이다. 그러나 중국어족인 한족 중심인 지금의 중국은 그런 주장을 할 수 있는 아무런 근거도 없는 것이다. 정말 자신들이 주장하는 것처럼 한족과 55개 민족으로 구성된 통일 중국이 지금의 중화인민공화국이라면 간도에 살고 있는 우리 한민족의 후손들 역시 중국인이 되니, 간도를 누가 개간했던 상관할 일이 아닌 것이다. 그럼에도 불구하고 간도를 개척한 선조들을 기억하기 위해서 사이섬이라는 비석을 세운 것 자체를 용납하지 못하는 중국의 행위는 자신들이 간도를 점유하고 있는 것 자체가 불법이라는 것을 인정하는 것과 다를 바가 없는 것이다.

(2)간도의 중요성과 영역

간도는 분명히 만주의 일부다. 또한 간도는 우리 한민족이 만주의 영토권을 주장하기 위해서는 아주 필요한 부분이기도 하다. 간도는 조선의 연장지(延長地)로서의 의미를 가지고 있었다. 특히 1910년 대한제국이 일본에 병탄되면서 국내에서의 배출 압력이 강해지면서 조선인의 간도

---

67) 육락현, 『간도는 왜 우리 땅 인가?』, 백산자료원, 2013, 12-13쪽.

이주는 더욱 박차를 가하게 되었다. 동시에 간도는 일제에 대한 광복을 위한 항쟁의 거점으로서의 성격도 더욱 강화되었다. 간도는 줄곧 전체 인구 가운데 조선인이 차지하는 비율이 항상 80% 정도로 유지되었으며, 이를 토대로 한 간도에서의 항일투쟁은 일본의 대한제국 강점을 직접 위협하게 되었다.[68]

1909년 간도협약이 체결되면서 중국은 자신들 딴에는 합법적으로 간도에서의 정치적 통합과 지역적 질서를 확립할 수 있다고 생각했다. 중국과 일본이 대한제국 백성들에 대해 별도로 통제를 강화함으로써 조선인 사회는 친 중국 혹은 친 일본 집단으로 분열될 것으로 생각했던 것이다. 그러나 양국의 조선인에 대한 정책은 그다지 큰 효과를 거두지 못한 것으로 판단된다. 1910년대 후반 '친 중국그룹'인 귀화 조선인은 약 10%, '친 일본그룹'인 민회조직률은 약 5%에 불과했다고 추정되면 나머지 80% 이상의 조선인은 중국이나 일본 어느 쪽에도 적극적 지지를 하지 않는 중립적 내지는 독자적 성격을 지닌 집단으로 남아 있었다.[69] 중국과 일본이 간도의 대한제국 백성들을 유혹해서 그 공동체를 분열시키고자 해도 80% 이상은 대한제국 백성이라는 독자적인 신분과 지위를 고수했던 것이다. 결국 80% 정도로 유지되던 대한제국의 백성들 중 약 15%는 빠져 나가고 나머지 80% 이상이 남아 있었다고 해도 간도주민의 65%이상이 대한제국 백성들로서 자신들의 정체성을 지키며 신분을 그대로 보존하고 있었던 것이다.

대한제국이 간도를 대한제국의 영토로 인식하고 있었던 것은 이범윤

---

68) 이성환, 「간도문제와 대고려국 구상」, 『백산학보』, 제74호, 백산학회, 2006, 344-345쪽.
69) 상게논문, 353-355쪽.

을 간도 관리사로 임명하여 간도의 백성들을 보호하게 한 것을 보아도 알 수 있다. 1881년에 청나라가 간도에 대한 적극적인 개간정책을 수립하고 이미 오래 전부터 간도를 개척해온 조선의 백성들을 추방하려고 하였다. 조선정부는 1883년 어윤중(魚允中)을 서북경략사(西北經略使)로 파견하여 이 지역에 대한 영토권을 주장하였다. 이것을 계기로 간도의 조선인들에 대해 청나라는 사사건건 문제를 제기하며 박해가 심해지자, 1897년 조선이라는 국명에서 대한제국으로 국명을 바꾸고 황제의 나라임을 자처한 대한제국정부는 자국 백성들을 보호하고자 1902년 이범윤을 간도시찰원(間島視察員)으로 파견하였다. 그리고 1903년 10월에는 간도관리사(管理使)로 임명하였다. 이범윤은 토문강(土門江)과 두만강 사이에 거주하는 조선 농민들을 순찰하고 그들을 보호하기 위하여 호구조사를 함으로써 13,000여 명을 대한제국 호적에 편적(編籍)시켰다. 그러는 한편 동포들을 보호하기 위해 정부에 병력을 보내줄 것을 요청했으나 청나라와의 마찰을 두려워하는 정부가 허락하지 않자 장정을 모집하여 사포대(私砲隊)를 조직하여 군사훈련을 시키고 모아산(帽兒山)·마안산(馬鞍山)과 두도구(頭道溝) 등에 병영을 설치했다. 10호를 1통(統), 10통을 1촌(村)으로 하는 행정체제를 만들어 도민에게 세금을 징수하여 군대유지비를 충당했다. 또한 청나라에 납세할 의무가 없음을 선언하였으니 엄연히 간도가 대한제국의 영토임을 선포한 것이다. 일정한 영토에 대하여 세금을 징수하는 나라가 그 영토의 주인이라는 것은 더 말할 나위도 없는 것이다.

아울러 비록 일제가 조선의 외교권을 강탈하여 청나라와 맺은 조약에 불과한 것이지만, 1909년에 맺은 청나라와의 간도협약이 간도가 조선의 영토로서 대한제국으로 그 영토권이 이어졌다는 것을 반증하는 것이기도 하다. 이러한 사실은 간도협약을 요약해 보면 쉽게 알 수 있다.

①두만강을 양국의 국경으로 하고, 상류는 정계비를 지점으로 하여 석을수(石乙水)로 국경을 삼는다. ②용정촌·국자가·두도구·면초구 등 네 곳에 영사관이나 영사관 분관을 설치한다. ③청나라는 간도 지방에 한민족의 거주를 그대로 이어받아 인정한다. ④간도지방에 거주하는 한민족은 청나라의 법권 관할 하에 두며, 납세와 행정상 처분도 청국인과 같이 취급한다. ⑤간도 거주 한국인의 재산은 청국인과 같이 보호되며, 선정된 장소를 통해 두만강을 출입할 수 있다. ⑥일본은 연길에서 회령간의 길회선(吉會線) 철도의 부설권을 가진다. ⑦가급적 속히 통감부 간도 파출소와 관계 관원을 철수하고 영사관을 설치한다.

이상과 같은 간도협약의 내용을 보면 우선 국경을 두만강으로 한 것에 주목할 필요가 있다. 만일 협약체결 당시 간도가 청나라 영토였다면 굳이 국경을 두만강이라고 명시할 필요가 없었다. 이것은 간도가 대한제국의 영토라는 인식이 있었기에, 청나라로서는 길회선 철도 부설권을 내주면서까지 국경을 두만강으로 설정하기 위한 조약이다.

다음은 간도에 거주하는 한민족의 문제다. 기존에 간도에서 생활하던 간도의 모든 한민족은 청국인과 같이 보호되고 그 재산도 보호를 받으며 세금도 청나라에 낸다. 다만 국적에 대한 명시는 하지 않고 통감부 파출소가 빠른 시일 내에 철수하는 대신에 일본이 영사관을 설치한다는 것이다. 이 부분에서 우선 통감부 파출소가 간도에 설치되어 있던 이유는 무엇보다 대한제국의 백성들에 대한 법질서의 문제였다고 보는 것이 옳다. 청나라의 법질서를 위해서라면 일본의 통감부 파출소가 들어설 까닭이 없었다. 그러한 사실 역시 간도가 대한제국 관할에 귀속된 대한제국의 영토였다는 것을 인정하는 것이다. 그리고 간도협약으로 인해서 국경을 정했으니 파출소가 철수하고 영사관이 들어서는 것이다. 일제는 조약체결 당시 간도 주민의 80%에 해당하는 대한제국의 백성들이 청나라에 귀속되어 청나라의 지배를 받게 되면, 그 백성들은 일제가 통제할 수 없다는 것을 알고 있었다. 뿐만 아니라 한반도와 간도를 오가며 생활하는 백성들에 대한 통제가 불가능하여 대한제국을 지배하는데 엄청난 장해요소가 될 것임을 계산했던 것이다. 그런 계산에 따라 일본은 1910년 한일병탄이 일어나자 간도의 대한제국 백성들에게 일본인과 동일하게 치외법권을 적용해야 한다는 논리를 폈다. 일본은 1915년 1월 18일 중국에 21개조의 특혜조건을 요구하였고 중국은 5월 9일 그 조건을 들어주었다. 그 중 "남만주(南滿州)·동부 내몽고(東部內蒙古)에 있어서의 일본국의 우선권"이라는 조항에 따라 일본인은 영사재판권이라는 치외법권을 얻어냈다. 그리고 간도에 살고 있는 대한제국의 백성들에게도 영사재판권을 적용하며 토지소유권에 대해서는 간도협약을 유지한다는 결론을 내리게 된 것이다.[70]

간도협약에 의해서 국경은 두만강이 됨으로써 형식적으로나마 간도가 청나라의 영토가 되었지만, 간도에 거주하고 있는 주민들의 80%에 해당하는 대한제국의 백성들은 청나라의 지배를 받는 것이 아니라 치외법권을 인정받으면서 자신들이 소유한 토지 역시 치외법권을 받게 됨으로써 간도는 80%에 해당하는 대한제국 백성들의 소유였으며, 한일병탄의 시기라고 해도, 실질적인 간도의 영토권은 대한제국이 소유하고 있었다고 볼 수 있다.

---

70) 이성환, 「간도의 정치적 특수성과 일본의 간도분리론」, 일본문화연구, 제32집, 동아시아 일본학회, 2009, 375-382쪽.

상기한 증거들이 간도협약을 통해서 드러낸, 간도협약 이전에는 간도가 대한제국의 영토로 인정되었다는 또 다른 직접적인 증거로 작용할 수 있다. 간도협약은 청나라 입장에서는 두만강을 국경으로 삼아야 한다는 강한 의지를 표명한 조약이지만, 역으로 보면 오히려 그때까지도 두만강은 국경이 아니었고 간도는 대한제국의 영토임을 긍정한 것이다. 아울러 여기에서 아주 중요한 것 하나는 간도협약의 주체가 일본과 청나라라는 것이다. 당시 일본은 을사늑약에 의해서 대한제국의 외교권을 박탈하여 자신들이 행사하고 있었지만 을사늑약 자체가 무효라는 것은 이미 판명이 난 사실이다. 따라서 일본과 청나라가 체결한 간도협약은 실제 영토의 소유자였던 대한제국과 맺은 조약이 아니라, 당사국인 대한제국을 제외하고 간도를 지배하고 싶은 청나라와 길회선 철도부설권을 필요로 했던 일본이 맺은 불법조약이기 때문에 간도협약 자체가 무효다.

고대의 국경은 선이 아니라 성이나 마을 중심으로 이루어졌다. 성이나 마을을 차지해야 그 주변 영역을 차지하고 점령하는 것이다. 당나라가 고구려를 수차 침공했을 때, 성을 피해서도 얼마든지 진격할 수 있음에도 불구하고, 반드시 성을 점령하려다가 당 태종이 안시성에서 양만춘 장군의 화살에 눈을 맞아 애꾸가 되면서 패하자 철수한 것만 보아도 알 수 있는 일이다. 만주같이 농작물을 재배하지 않는 공지가 많고 전통적으로 우리 한민족과 중국어족인 한족이 국경으로 부딪히는 곳에서는 더더욱 그랬다. 이러한 사실은 고조선과 진(秦)나라가 국경을 정하면서 요하와 난하 사이를 중립공지로 정했다는 것이, 『사기』에 고진공지(故秦空地)를 두었다고 기록되어 전함으로써 잘 알려진 사실이다. 그런데 국경을 강으로 정하자는 것은 국경에 선의 개념이 도입된 근대적인 것으로, 만주에서 계속 밀고 당기던 조선과 청나라의 국경이 압록강(鴨綠江)

과 두만강(豆滿江)으로 정해진 데는 일본이 불법적으로 깊숙이 개입해서 직접 처리했으므로 무효라는 것이다. 간도협약이 무효라는 조건이 성립하는 것은 그 당시 엄연한 주권국가로 존재하던 대한제국의 의사가 전혀 반영되지 않은 채, 무력으로 침략해서 대한제국의 외교권을 강탈한 일본과 청나라가 원했던 국경이 성립된 것이므로 간도는 대한제국을 계승한 우리 한민족의 영토로 계승되어야 한다는 결론을 도출하게 된다. 아울러 일본은 간도협약으로 인해서 대한제국의 한민족과 청나라 간의 국경이 압록강(鴨綠江)과 두만강(豆滿江)으로 정해지고, 그 국경이 지금까지 이어져 온다는 사실에 대해서 전적으로 책임을 져야 한다.

1905년 을사늑약으로 인해 대한제국으로부터 외교권을 강제로 빼앗은 일제는 1907년 간도에 간도파출소를 설치한다. 또한 간도는 대한제국의 영토이므로 간도 거주 대한인은 청나라에 납세할 의무가 없다고 했다. 그것은 간도가 대한제국의 영토라는 것을 일본 역시 천명한 것이다. 그러나 일제는 당장 간도를 청나라에게 넘겨주더라도 남만주에 해당하는 간도지방에서의 철도부설권을 얻는 것이 만주를 지배하기 위해서 훨씬 중요하다는 사실을 인지하고 간도통치권과 철도부설권을 맞바꾼 것이다. 당시 일제는 대한제국의 병탄을 서두르고 있었다. 그런 입장에서 볼 때 간도와 대한제국을 하나로 연결하면 병탄에 걸림돌이 될 수도 있다고 판단했다. 대한제국을 병탄하는 것이 한반도와 간도까지 병탄하는 것이라면, 대한제국을 병탄하기 위해서 조선과 청나라 두 나라의 조정을 상대해야 하는 부담을 안아야 한다. 나름대로는 간도에 대한 권리를 주장하던 청나라와 갈등이 생길 수도 있다는 것이다. 또한 압록강과 두만강이 가로 놓인 간도까지 병탄한 이후, 한반도 내부와 간도에서 각각을 기점으로 대한의 항일투사들이 양면으로 격렬하게 저항할 경우에는 막아내기가 용이하지 않다고 판단한 것이다. 일본은 간도를 청나라에 할애하는 대신 길장(吉長: 연길과 장춘)철도를 연길(延吉) 남쪽까지 연장하고, 다시 대한제국의 회령철도와 연결시키는 철도부설권과 무순탄광개발권을 받아내는 것이, 병약한 청나라를 상대로 훗날 만주를 통째로 지배하는 데 훨씬 유리하다는 판단으로 간도협약을 통해 간도를 청나라에 넘겨준 것이다. 따라서 한족 중심으로 이루어졌던 역사상의 중국은 물론 중국을 지배한 민족인 몽골족이나 만주족과의 국경 문제를 만주에서 매듭지었던 대한의 한민족으로서는, 국경이 압록강과 두만강으로 결정된 것에 대해서 전적으로 일본의 책임을 묻지 않을 수 없다.

결국 만주의 영토 중에서도 유독 간도는, 간도협약이 청나라 영토가 아니었다는 것을 반증하는 조약이므로, 간도는 우리 한민족이 조건 없이 승계하여야 한다. 만주에서 간도를 제외한 나머지 영역에 대한 영토권은 청나라의 후손인 만주족과의 협의를 거칠 필요가 있을지도 모르지만, 만주족의 국가가 이미 소멸하여 대화의 상대가 없는 것이 현실이다. 그리고 설령 만주족과 회담을 할지라도 영토문화에 의해서 문화주권을 판명하고 문화주권에 의해서 영토권을 판명할 경우 금나라와 후금, 청나라를 모두 합해도 420년이 채 못되는 만주족이 지배한 세월과 우리 한민족이 생활터전으로 삼았던 최소 5,000년에서 최대 10,000년의 역사를 감안한다면 만주의 영토권이 우리 한민족에게 귀속된다는 것은 의심할 필요가 없는 것이다.

결과적으로 청나라와 일본이 서로의 이익을 챙기기 위해서 실질적 영토권자인 대한제국을 배제시킨 채 체결한 간도협약은, 조약이 체결되는 당시까지는 대한제국과 청나라의 국경이 두만강이 아니라 간도의 북변이었으나 청나라는 두만강으로 국경을 삼기를 원했다는 사실만을 공표한 것에 그치지 않는 선언이다. 또한, 청나라가 두만강을 국경으로 삼으려고 했던 간도문제 역시 대한제국과 청나라와의 문제일 뿐이다. 청나라 이전에 존재하던 한족의 명나라나 청나라 이후 한족 중심의 현재 중국과는 아무런 상관도 없는 것으로, 만주의 남부에 해당하는 간도의 영토권을 규명하는데 있어서도 중국어족인 한족은 그 어떤 상관도 없다는 것을 다시 한 번 인식하게 되는 것이다. 이런 면에서도 간도는 만주의 영토권을 규명하기 위해서는 반드시 필요한 중요한 의미를 갖는 영토이다.

또한 한반도가 일제 병탄으로 일제에 의해 유린당하고 있을 때, 우리 한민족이 간도를 기반으로 항일투쟁을 벌인 것은 역사가 기록하고 있는 사실이다. 홍범도 장군의 봉오동 대첩과 김좌진 장군의 청산리 대첩 등 간도에서 벌어진 항일투쟁은 인류의 전쟁사에 길이 남을 대승을 거둔 전투들이었다. 무장한 항일투쟁 용사들이 일본군을 섬멸하고 승전가를 들려준 곳이 바로 간도였다. 이렇게 간도를 기반으로 우리 항일투쟁 군사들이 승전보를 전할 수 있던 것은 무엇보다 간도 인구의 65% 이상을[71] 항상 우리 한민족이 점유하고 있었다는 것이 중요하다. 일본과 청나라가 어떤 그릇된 조약으로 자신들의 이익을 채우려 했을지라도 간도 인구의 65% 이상을 점유하고 전통적으로 전해 내려오는 영토문화를 누리던 우리 선조들이 간도가 우리 한민족의 영토라는 뚜렷한 인식을 지니고 있었기에 가능한 무장투쟁이었다. 만일 간도가 우리 한민족의 영토라는 인식

---

71) 전술한 바와 같이 거주민의 80%는 한민족이지만, 친 중국 그룹으로 귀화한 10여%와 친 일본 그룹으로 민회를 조직한 이들을 제외해도 적어도 65%라는 것이다. 하지만 비록 중국이나 일본의 국적을 취득했다고 해도 그들의 생활문화는 한민족의 그것이었음으로 우리 한민족의 간도 점유율은 80%로 보아도 무방하다. 따라서 필자는 상황에 따라 65% 혹은 80%로 표기했다는 것을 알린다.

이 없었다면, 남의 나라 영토에서 무장투쟁을 할 엄두도 내지 못했을 것이다. 이러한 간도의 가치가 1921년 일본의 대정일일신문에 의해서 '대고려국'의 수도는 간도라고 확정 발표될 정도로, 간도는 대한제국에게 아주 중요한 역할을 하는 곳이었다. '대고려국'에 대해서는 제3부에서 자세하게 재론될 것이지만, 일본이 만주에 대한제국의 백성들과 중국 남방군벌과 함께 대한제국의 고토를 수복하여 건국할 나라로 계획하면서 수도는 간도로 한다는 '대고려국'의 임시 헌법을 발표하기도 했으며, 심지어 일부에서는 그 수도가 용정촌(龍井村)이라고 구체적으로 발표되기도 하였다. '대고려국'은 일명 봉황의나라로 구상되었으니 용정촌은 봉황의 심장으로 여겨진 것이다.[72] 이렇게 중요하게 여겨졌던 간도는 만주의 남부에 해당하는 지역이라고 볼 수 있다. 그런데 지금 우리가 간도로 설정하고 있는 지역에서 연해주를 제외한 영역과 다르다고는 하지만, 사전에 어떤 교감 없이 각각 영역을 설정했다는 점을 감안하면 유사하다고 할 수 있는 영역을 일제가 남만주라고 해왔던 전력이 있다. 이러한 사실은 소위 말하는 일본의 중국에 대한 21개조 요구에서 잘 나타나고 있다.

일본은 1915년 1월 18일 제1차 세계 대전 중에 중국에 대해 21가지 특혜조건을 요구한다. 그 중에 "제2호 남만주(南滿州)·동부 내몽고(東部內蒙古)에 있어서의 일본국의 우선권"이라는 조항이 있는데 이것은 결국 내몽고와 간도에서의 일본의 우선권을 요구한 것이다. 그 내용은 대략, ① 여순(旅順)·대련(大連) 및 남만주 및 안봉(安奉)철도의 조차 기

---

72) 이해준, 「함석태와 강우규, 그리고 대동단」, 『대한치과의사학회지』, 대한치과의사학회, 제34권 제1호 통권36호, 2015, 65쪽.

한을 99년 연장, ② 일본인의 남만주 및 동부 내몽고에서 토지의 임차권 또는 소유권 취득. ③ 일본의 남만주 및 동부 내몽고에서 자유로운 거주 왕래. ④ 남만주 및 동부 내몽고에서의 광산의 채굴권을 일본인에게 허가할 것 등이다. 결국 이 조약은 일제가 중국으로부터 내몽고와 간도에서 일본인들이 자신들의 이익을 취할 수 있는 사업을 얼마든지 벌여도 좋다는 사전 허락을 득한 조약인 동시에, 일제가 드러내놓고 중국을 침략한 조약으로 남만주라는 말을 거침없이 사용하고 있다. 그뿐만 아니라 일본은 1933년에는 남·북만주를 나눈 남만주정치구획도와 북만주정치구획도를 작성하기도 하였다. 이것은 일제가 간도를 만주와 분리하고자 하는 의도가 작용했던 것으로 볼 수도 있다. 하지만 그보다는 만주 전체를 점령하기 위한 전초전으로 우선 남만주에 해당하는 간도를 차지하기 위한 방편으로 보는 것이 옳을 것이다. 일제는 다른 나라 영토를 침탈할 때 항상 그랬듯이, 한쪽 구석부터 야금야금 파들어 가는 방법을 만주에도 적용시키려 한 것으로 볼 수 있다는 것이다. 물론 우리도 간도를 만주에서 분리해서는 안 되며, 만주를 간도와 간도 이외의 지역으로 나누듯이 남만주와 북만주로 분리하는 것도 결코 바람직하지 못하다. 필자가 간도의 위치를 지칭하기 위해서 '남만주 지역에 해당하는 간도' 혹은 '만주의 남부에 해당하는 간도'라고 장황하게 서술하는 이유가 바로 그런 것이다. 간도는 만주의 일부이며, 지리적인 위치가 만주에서는 남쪽인 남만주 지역에 위치했다는 것이지 만주가 남북으로 나뉘는 것이 아님을 표현한 것이다. 또한 연해주 역시 간도의 일부라는 것도 유념해 두어야 할 사항이다. 전술한 바와 같이 역사와 영토문화를 살펴보면 연해주는 고조선 이래로 간도에서 분리될 수 없는 만주의 일부이기 때문이다.

이와 같은 논지를 근거로 간도와 연해주를 포함하는 만주를 알기 쉽게 그린 지도가 [그림 3]이다. [그림 3]은 2004년 4월 '간도학회' 창립으로 부회장을 맡은 이일걸이 2004년 7월 '간도되찾기운동본부' 창립 후 정책위원장을 맡아 활동하던 중 3개월 동안 고지도와 문헌을 구하여 여러 방면의 고증을 통해서 제작한 '간도영역구분도'이다73)

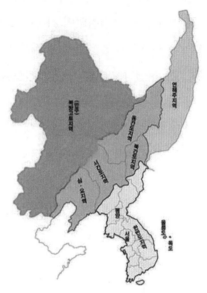

[그림 3] 간도영역구분도

[그림 3]에서 북방 고토라고 표기된 지역과 북간도, 동간도, 서간도, 심·요지역을 합한 것이 만주국의 영토로, 현재 중국이 강점하고 있는 지역이다. 여기에서 북방 고토라고 한 이유는 고구려와 부여 및 대진국 발

---

73) 이일걸, 「우리 영토의 축소과정과 왜곡된 국경선 문제」, 『간도학보』, 한국간도학회, 제2권 제1호 통권 제3호, 2019, 169-170쪽.

해의 우리 선조들이 삶을 향유하며 다스리던 지방을 의미하는 것으로 반드시 수복해야 할 땅임에는 틀림이 없지만, 최근세인 일제강점기 직전인 1909년에 청나라와 일제 사이에 간도협약이 체결되기 전까지는 대한제국이 이범윤을 간도관리사로 파견하여 직접 관리하던 간도와 구분하여 지칭한 것이다. 그리고 만주국의 영토와 러시아가 강점하고 있는 연해주를 합한 지도가 만주지도다. 즉 우리 한민족의 영토 전체를 표기한 [그림 4]에서 한반도를 제외한 영역으로 [그림 5]가 만주다.

[그림 4] 우리 한민족의 영토인 만주와 한반도(부속 도서인 대마도 포함)

[그림 5] 만주 지도(현 중국과 러시아 행정구역 병기)

　[그림 4]는 필자가 [그림 3]을 기본으로 재작성한 지도다.

　[그림 4]에서는 [그림 3]에서 북방고토지역 옆의 괄호 안에 '(만주)'라고 표기된 것을 만주 전체의 중심에 '만주'라고 표기하였다. 이것은 북방고토가 만주이고 간도는 별개인 것으로 오해할 수 있는 소지를 없애고자한 것이다. 또한 [그림 3]에서는 북방 고토, 심·요·동·북·서간도지역, 연해주 지역을 각기 다른 색으로 표기하여 간도지역과 연해주지역이 별개로 오해될 수 있는 소지를 방지하기 위해서 필자는 [그림4]에서 만주 전체를 같은 색으로 묶어서 연해주 역시 간도에 포함하는 지역임은 물론 만주의 일부라는 것을 명확히 하였다. 또한 각각의 명칭 역시 심·요지역과 북방고토지역처럼 지역을 표기하지 않을 수 없는 두 곳을 제외하고는 '지역'을 제거하고 동간도, 서간도, 북간도, 연해주로 하였다. 아울러 여기에서 한 가지 확실하게 언급할 것은 북간도와 동간도 문제다. 최근 인

터넷에는 [그림 3]에 표기된 북간도와 동간도가 바뀌어서 표기된 지도가 게재된 것도 있다. 얼핏 생각하기에 북간도니까 동간도보다 북쪽에 있어야 한다는 생각에 그리 한 것으로 보인다. 그러나 북간도는 한반도의 북쪽이라는 의미로 해석하고 동간도는 서간도와 비교하여 동쪽이라는 의미로 받아들이는 것이 옳을 것이다. 이러한 이론을 뒷받침해주는 것이 민족시인 윤동주의 시 "별 헤는 밤"이다. 윤동주는 그의 시 "별 헤는 밤"에서 '어머니 당신은 멀리 북간도에 계십니다.'라고 노래한다. 이 시가 창작된 1941년은 시인이 연희전문학교 재학시절로 멀리 북간도에 계시는 어머니를 그리워하며 읊은 대목이다. 물론 이 부분이 어머니를 그리워한 것이냐 아니면 시인이 추구하던 절대자유에 대한 목마름을 읊은 것이냐를 따져 물을 수도 있다. 그러나 그런 문제는 시인의 시를 평할 때 논할 일이고 여기에서는 시인이 북간도의 어머니를 그리워했는데, 시인의 집은 용정(龍井)에 있었으며 용정은 그 위치가 [그림 3]과 [그림 4]의 북간도에 속한다는 것이다. 또한 단재 신채호가 1921년 북경에서 발행한 한문체 잡지 『천고(天鼓)』 제1군 제1호에 실린 「군정서에서 포고한 전황-북간도에서 온 편지-」에 보면 '연변일대의 전투 상황을 널리 알린바에 의거한다'고 했고,[74] 「북간도 전란 휘보-북간도의 한당(韓黨)과 일본군의 대격전-」에서는 청산리와 화룡현의 전투에 관한 소식을 전한다.[75] 신채호가 확실한 사학자라는 것은 물론이고, 이 글들은 모두 그 시대를 살던 사람들이 직접 작성한 글이라는 점에서도 북간도는 [그림 3]과 [그

---

74) 단재신채호전집편찬위원회, 『단재 신채호 전집 제5권』, 독립기념관 한국독립운동사연구소, 2008, 363쪽.
75) 상계서, 375-378.

림 4]가 옳게 표시했다고 본다.

[그림 6] 북간도와 서간도가 표기된 현공렴 대한제국지도

뿐만 아니라 1908년 11월 현공렴 편찬으로 발행된 [그림 6] 대한제국
지도(大韓帝國地圖)에도 함경북도와 함께 [그림 3]과 [그림4]에서 북간
도로 지정한 위치에 북간도를 표기하고 있다. 특히 주목할 점은 [그림 6]
의 지도에서는 북간도의 일부 지역을 함경북도에 편입하고 있다는 점이
다. 따라서 북간도와 동간도의 위치는 [그림 3]과 [그림 4]에 표기된 것
이 옳은 것이며 이것을 바꾼 지도는 잘못된 것이다. [그림 4]에서 동간도
의 북변이 [그림 3]과 차이가 나는 이유는 [그림 7]을 [그림 3]과 융합해
보면 동간도의 북변이 [그림 4]처럼 도출되기 때문이다. 그리고 심·요지
역은 [그림 9]의 유조변책과 요동변장 등을 고려할 때, 가장 적합한 영역
으로 판단되었다. 아울러 서간도의 위치는 1908년 11월 현공렴 편찬으
로 발행된 [그림 6]의 대한제국지도(大韓帝國地圖)에도 북간도의 서쪽에
위치한 것으로 표기되어 있으므로 확실하다. 다만 이렇게 했을 때 [그림

4]에서 보듯이 [그림 3]에 비해 동간도 중간부터 서간도와 심요지역의 북변이 약간 남쪽으로 내려와서 간도의 영역이 일부 줄어든다. 그러나 간도의 영역이 작아지는 것은 어차피 간도는 만주에 속해 있는 지역으로 만주의 면적이나 기타 환경에 큰 영향을 미치지 않는다. 앞으로 새로운 자료가 발굴되거나 새롭게 해석할 수 있는 근거가 확보되면 더 정확하고 올바른 간도의 위치와 영역 설정이 필요하므로, 필자는 조선교구 재설정도와 유조변책 등을 적용해서 작은 기여를 하고자 했을 뿐이다.

간도의 정확한 범위나 위치에 대하여 공식적인 기록은 아직 찾아볼 수 없기 때문에 안타깝지만, 필자가 제작한 [그림 4]가 [그림 3]보다는 간도의 영역에 훨씬 더 가깝게 접근한 지도라고 생각한다. 왜냐하면 적어도 동간도와 북간도가 합해진 위치는 [그림 7]을 그대로 삽입해서 작성했고, 심요지역은 영조시대에 제작된 유조변책 지도인 [그림 9]를 그대로 본떠서 작성한 [그림 10]에 준한 것으로 신뢰할 만한 자료들을 가지고 융합한 지도이기 때문이다. 그리고 [그림 5]는 [그림 4]를 기본으로 민주국의 영토와 현 중국 행정구역과 간도를 융합하여 한 눈에 보기 쉽게 필자가 작성한 지도이다. [그림 4]와 [그림 5]에 연해주를 포함시킨 이유는, 지금은 러시아가 연해주를 강점하고 있는 관계로 중국이 강점하고 있는 지역과 국적을 달리하고 있지만, 원래 간도지역 즉 만주에 포함되는 영토였으므로 함께 넣어 작성한 것이다.

[그림 7] 조선교구 재조정 지도

　간도가 우리 한민족의 영토였다는 것은 그 사실을 명확하게 해 주는 지도인 [그림 7]을 보면 많은 도움이 된다. [그림 7]은 로마교황청이 조선교구를 세 개의 교구로 재조정하여 설정한 것을 나타낸 것이다. 물론 우리선조들이 작성한 것이 아니라 로마 교황청이 직접 작성한 아주 객관적인 지도다.

　가톨릭에서 교구라고 하는 것은 교황청 직속으로 독립된 구성체다.

각 교구는 교구장이 직접 이끌어 가는데 현대에서의 교구장은 대개 추기경을 포함한 주교이며 특별한 경우에는 신부가 교구장의 임무를 수행하기도 한다. 당시 조선교구는 베이징교구로부터 분리되어 독립한 교구였다. 선교초기에는 신자들이 부족하여 조선만을 교구로 설정할 수 없었기에 베이징을 대표로 하는 중국의 지방과 조선을 묶어서 교구를 설정한 것이다. 그러나 조선은 모진 박해에도 불구하고 교세가 날로 번성해 나간 관계로 1911년에는 조선교구를 경성과 대구로 분가하고, 1920년에는 경성교구에서 함경남북도와 간도지역, 특히 동간도와 북간도에 해당하는 지역을 분할해서 원산교구로 설정한 것이다.

[그림 7]은 그렇게 설정된 세 개의 교구를 표시한 바티칸 교황청의 자료다. 여기서 중요한 것은 만일 간도 지역이 중국의 영토였다면, 가톨릭에서 교구를 설정하는 여러 가지 관례로 볼 때, 베이징교구에 소속시키지 함경남북도와 묶어서 원산교구를 새롭게 설정하지 않는다. 그럼에도 불구하고 교황청에서 간도를 함경남북도와 묶은 것은 간도가 대한제국의 영토라는 사실에 이견을 두지 않았다는 의미. 전 세계의 평화를 위해서 앞장서고 있는 교황청이 전쟁의 불씨가 될 수 있는 영토문제를 소홀히 다루지는 않았을 것이다. 또한 이 지도에서는 간도 지역에 Manchuria(만주)라고 선명하게 기록하고 있을 뿐만 아니라, 1860년부터 청나라로부터 부당하게 넘겨받아 러시아가 강점하고 있는 연해주는 Russia(러시아)라고 표기함으로써 그 당시의 영토 변화에 대한 정보를 최대한 활용하고 나름대로의 객관성을 유지하려고 노력한 흔적을 엿볼 수 있다. 그런 와중에도 간도에 대해서만은 원산교구에 소속시킴으로써, 누가 뭐래도 간도는 우리 선조들인 한민족의 영토로 인정받고 있었다는 것을 알게 해주는 자료인 것이다.[76]

[그림 8] 1899년의 간도관리도

한편 [그림 8]은77) 1899년에 제작되었으며 지도 제작자는 알 수 없다. 다만 고조선과 고구려와 대진국 발해가 차지했던 영역인 만주와 거의 유사한 영역을 간도로 세분화한 것이다. 누가 제작한 것인지는 모르지만 제작자는 분명히 우리 한민족의 고토에 대한 역사는 물론 영토 영역에 대해서 잘 알고 있는 사람임에는 틀림이 없어 보인다. 왜냐하면 이지도는 1917년 건국을 추진하던 '대고려국'의 영역은 물론 1932년에 건국되는 만주국의 영역과도 거의 일치하는 것으로, 우리 한민족의 고토인 만주의 영역 중에서 연해주를 제외한 부분과 거의 일치하기 때문이다. 비록 일제가 대한제국의 인재들을 회유하기 위해서, 대한제국의 고토를 수복하여 '대고려국'을 건국하겠다고 내세워 대한제국 백성들에게

---

76) 다만 아쉬운 것은 서간도와 심요지역에 대한 언급이 없다는 것이지만, 이것은 당시 교황청이 서간도와 심요지역에 대한 가톨릭 교세를 판단한 결과 그 수가 미약하거나 전무한 관계로 교구 설정에 문제가 있던 것으로 판단했을 것이라는 추측 이외에는 필자 역시 더 이상 논할 수가 없다.

77) 고등학교 역사부도, 교학사, 2003. 3. 1. 발행.

자부심을 갖게 함으로써 만주로의 이주를 촉진하기 위한 것이라고 할지라도 '대고려국'의 영역을 만주로 설정했다는 것은 틀림없는 사실이다. 또한, 만주국의 건국 목적 역시 일제가 만주의 지배를 손쉽게 하는 것이 목적이었지만, 대한제국의 고토이자 그 당시에는 청나라의 영역이었던 만주에 청나라 마지막 황제 푸이를 내세워 나라를 건국함으로써 국제적으로 그 합법성을 인정받을 뿐만 아니라 자신들은 한반도와 만주를 이원화 시켜서 손쉽게 통치하는 방법을 택했던 것이다. 결국 이 두 나라의 건국은 만주가 우리 한민족의 영토라는 사실을 바탕으로 계획되고 건국된 것이었다. 그런데 [그림 8]의 지도는 그 영역과 거의 일치한다는 것이 누군가 역사와 영토에 대해서 잘 아는 사람이었기 때문에 제작이 가능했다는 것이다. 1899년에 다가올 1900년대에 건국을 계획하거나 건국된 나라에 대한 미래를 내다보고 지도를 제작한다는 것은 있을 수 없는 일이기에 지나온 우리 한민족의 역사와 영토에 대한 확실한 지식을 가진 사람이 제작했다는 것이다. 대한제국의 고토에 대한 확실한 개념이 있었기 때문에 제작한 지도이기 때문에 훗날 대한제국의 영토를 중심으로 설계한 '대고려국'이나 만주국과 그 영역이 들어맞은 것이다.

1899년이면 일본이 청일전쟁에서 승리하고 4년이 지난해이다. 일본의 한반도 침략을 위한 야욕이 그 정점을 향해 달려가고 있던 시절이라고 해도 과언이 아니다. 그리고 한반도에서 일본에 의해 배제된 청나라는 간도를 개간한다는 이유로 간도에 거주하는 대한제국 백성들을 쫓아내기 위해서 필요 이상의 괴롭힘을 주고 있을 때로 대한제국이 1902년 이범윤을 간도관리사로 파견하기 3년 전이다. 또한 조선이 외세를 물리치고 자주독립국으로 발돋움하기 위해 대한제국으로 국명을 바꾸고 2년이 지난 시점이다. 그런 시대에 이런 지도를 제작한 것은 우리 한민족의 영토에 대한 대단한 식견을 가지고 있는 사람이 우리 한민족의 영토를 수호해야 한다는 차원에서 제작한 것으로 보인다.

[그림 4]와 [그림 8]의 가장 큰 공통점은 만주의 영역이 거의 일치한다는 점이다. 다만 그 차이에 있어서 [그림 4]에서는 만주 전체를 북방 고토와 간도의 영역으로 구분하여 간도를 세분화하고 있다. 그에 반해 [그림 8]은 만주 전체를 세 개의 간도 영역과 연해주로 나눈 것이다. 이것은 간도에 살고 있는 대한제국의 백성들은 이미 연해주를 포함한 만주 전체가 대한제국의 영토라는 것을 인식하고 있었음을 나타내고 있다. 1899년에 간도에 살고 있던 대한제국 백성들이 그들이 살고 있는 간도라는 지명을 만주 전체에 확대 적용하였던 것으로 보인다. 따라서 만주 전체의 영토권을 논하는 데에는 동일한 관점에서 보았다고 할 수 있지만 간도를 설명함에 있어서는 [그림 4]와 [그림 8]의 차이는 커 보인다. 어떤 것이 옳고 그름을 가리자는 것이 아니라 어떤 차원에서 접근해야 간도에 대해서 바르게 설명할 수 있는지를 논해보기로 한다. 다만 [그림 8]에서는 간도에 속하는 지역인 연해주가 1899년 지도 제작 당시 러시아에 불법 귀속된 이후라 그랬는지 모르지만, 자칫 연해주가 간도에 포함되지 않는 것으로 오인될 수 있게 그려진 것은 사실이다. 하지만 두 지도 모두 연해주를 포함하여 그려진 까닭에 연해주에 대해서는 별도로 논하지 않기로 한다.

육락현은 그의 저서 『간도는 왜 우리땅 인가?』에서 [그림 8]을 근거로 중국은 동북지역, 일본은 만주라고 부르는 이 지역을 간도라고 부르는 것이 옳다고 판단해서 간도라고 부르기로 한다고[78] 했다. 필자 역시 공감할 수 있는 의견이지만 그렇다고 하기에는 뭔가 석연치 않은 부분이 있다. 두 지도에서 우선 눈여겨볼 부분이 바로 심·요 지역과 북간도 지역이기 때문이다.

심·요지역의 중요성은 역사상으로도 인정된 곳이다.

예로부터 요양과 심양은 중원세력이나 예맥계 혹은 퉁구스계 민족들이 각축을 벌인 전략적 거점인 동시에 교통의 요충지다. 고대로부터 청대에 이르기까지 끊임없는 전투가 벌어졌고 요양과 심양을 차지하는 세력이 동아시아의 중심세력이 되고 있음을 확인할 수 있다. "광개토대왕비"에도 395(영락5)년에 광개토왕이 패려(稗麗)를 정벌하고 양평도(襄平道)를 따라 귀환했음을 기록하고 있어서 요양이 군사이동의 거점으로 작용했음을 보여주고 있다. 고구려는 양평일대를 요동성(遼東城)으로 불렀고 이후 200여년간 요양과 심양일대는 고구려의 지배하에 안정적으로 번영할 수 있었다.

양평은 요양의 옛 명칭으로 이후 창평(昌平), 요동, 요주(遼州) 등의 다양한 명칭으로 불리다가 거란제국시기에 와서 동경요양부(東京遼陽府)가 설치된 이래 요양으로 불리게 되었다. 심양지역은 당나라 이래로 심주(瀋州)로 불리다가 심양이란 명칭은 1296(元貞2)년에 심양등로안무고려군민부(瀋陽等路安務高麗軍民府)를 설치하면서 처음 등장한다. 이때 심양로의 치소는 현재의 심양이 아니라 요양에 있었고, 심양은 심주의 심(瀋)과 요양의 양(陽)이 합해진 글자이다.

요양은 대진국(大震國) 발해(渤海) 성립 이후에 대진국의 영역 안에 포함되기도 하였으나 거란세력이 유입될 때까지 이 일대는 일종의 무정부 상태를 유지하며 고구려 유민을 비롯해 북방계와 한족들이 혼거하고 있

---

78) 육락현, 전게서, 16쪽.

었다. 그러나 거란의 이주정책의 결과 수많은 발해 유민들이 요·심 일대로 와서 거주하게 되었다. 1029년에 요양의 대연림(大延琳)이 흥요국(興遼國)을 건립하거나, 1116년에 고영창(高永昌)이 요양성을 점거하며 대발해 황제를 자청할 정도로 요양에서 대진국 발해인의 위상이 크게 신장하였다. 또한 『요사』, 『금사』, 『원사』의 「지리지」에서는 한결같이 요양이 고조선, 고구려와 발해의 영역이었음을 나타내고 있다. 『요사』에서는 '동경요양부(東京遼陽府)는 본래 조선의 땅이다. 당나라 고종이 고려를 평정하고 이곳에 안동도호부를 두었고, 후에 대진국 발해 대씨의 소유가 되었다'고 했다. 『금사』에서는 '태종 천회10년에 남경로평주군수사(南京路平州軍帥司)를 변경하여 동남로도통사(東南路都統使)로 삼았을 때 이곳에 사(司)를 설치하고 고려를 진압했다'고 기술하고 있다. 『원사』에서는 '요양로는 당 이전에 고구려와 대진국 발해 대씨의 땅이다'라고 명시하고 있다.[79] 또한 공민왕 시기에 요·심 지역 수복정책에 대한 기록이 나타난다.

공민왕은 1370년 이성계와 지용수를 시켜 동가강 유역의 우라산성과 동녕부를 점령하였으며, 고려정부는 '요양-심양지역은 원래 고려의 영토였다'고 동녕부에 통고하였다. 당시 지용수는 요양-심양 영토 사람들에게 '요양-심양지역은 우리나라 강역이며, 백성도 우리 백성이다. 원(元)도 공주를 고려에 시집보낼 때 요양-심양 땅을 탕목지로 하였다'하여 요양-심양 지역이 대대로 고려의 영토임을 선언하였다는[80] 것이다.

---

79) 윤은숙, 「13-14세기 고려의 요동인식」, 『압록과 고려의 북계』, 주류성출판사, 2017, 260-265쪽.
80) 노계현, 『고려외교사』, 갑인출판사, 1993, 249~252쪽.

그 외에도 요양에 대한 기록들을 종합해 보면, 요양은 1270년에 설치한 동령부의 중심이고 고구려 평양성 자리였으며 고려 초기의 서경임을 알 수 있다.[81]

다음으로 중요한 것은 바로 심왕(瀋王)의 존재다.

몽골통치 이후 심·요지역의 가장 큰 변화는 충선왕이 1307(대덕11)년에 무종 카이샨을 대칸으로 옹립한 공로로 심양왕(瀋陽王)에 책봉되었다는 점이다. 나아가 1310(지대3)년에는 충선왕을 황금씨족에게만 부여되던 일자 왕호인 심왕으로 개봉했다. 충선왕은 심양왕이 된 다음 해인 1308년에 고려왕에 복위되었기에 고려왕인 동시에 심왕의 지위를 가지게 되어 고려와 요동 일대의 지배자로 급부상하게 되었다. 충선왕이 심왕에 책봉되어 심양로 일대를 투하령으로 분봉 받았기 때문에 고려가 심양과 요양 일대를 고려의 통치력이 미치는 범위로 인식하고 있는 것은 당연하다. 또한 1298년에 충렬왕이 복위할 때 심주(瀋州)의 다루가치 두루다이가 와서 말과 양을 바쳤다는 점은 고려왕의 영향력이 미치고 있었음을 보여준다. 원이 심·요지역을 홍복원에게 통할하게 한 이래 충선왕을 심왕으로 책봉하여 그 지배권을 인정하고 있었기에 가능한 일이었다.[82] 지금까지의 모든 기록들은 고려 이전은 물론 고려시대에도 심·요지역이 우리 한민족의 영토였음을 명백히 말해주는 것이다.

---

81) 남의현, 「명대 한·중 국경선은 어디였는가」, 『압록과 고려의 북계』, 주류성출판사, 2017, 283-304쪽.
82) 윤은숙, 전게논문, 271-274쪽.

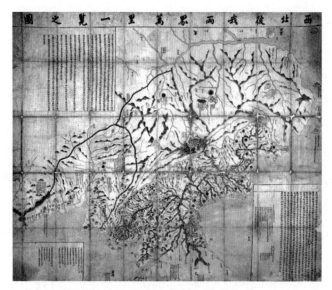

[그림 9] 영조시대에 작성된 유조변책 지도(국립중앙도서관소장)

또한 [그림 9]는 조선시대에 청나라가 들어서면서 만든 유조변책(柳條邊柵))이다. 유조변책은 1627년 정묘호란(丁卯胡亂)의 강화조약인 강도회맹(江都會盟)을 그 근거로 하여 설치되었다고 할 수 있는데, 이름 그대로 국경선에 버드나무를 심고, 변문(邊門)과 책성(柵城)을 설치한 것으로 청나라와 조선의 국경을 의미하기도 한다. 그리고 그 안에는 절대 출입을 금지하는 봉금지역으로 설정하였다.

청나라가 유조변책을 설치하며 봉금지역을 설정한 가장 큰 이유는 첫째, 양국 간에 완충지대를 설치하여 직접 무력 충동을 피하자는 의도였다. 둘째는 청조 발상지를 고이 보전하려고 하였다. 셋째는 청이 명과의 일전을 벌이려는 정복과정에서 조선이 청의 배후를 찌를 염려(後顧의患)를 없애기 위함이었다. 넷째는 채삼(人蔘私掘)의 금지와 백두산 일대의 보물(인삼, 초피, 동주)의 보전이었다.[83] 이 모든 것은 결국 청조 발상지를 고이 보존하여 만일의 경우 한족들로부터 패퇴하여 중원에서 물러나야 할 경우에 되돌아갈 곳을 비워놓으면서, 한편으로는 명나라의 사대에 젖어 청나라를 오랑캐 취급하는 조선이 후방에서 공격해오는 것으로부터 자신들을 보호하자는 것이 가장 큰 목적이었다.

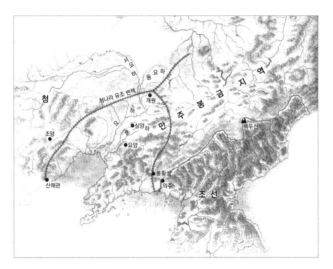

[그림 10] 만주의 봉금지역과 유조변책 지도

　결국 만주를 출입제한지역으로 삼자는 것이었는데, 영조시대에 그려진 [그림 9]에 의거하여 작성한 [그림 10]에서 보는 바와 같이 유난히 유조변책만은 산해관에서 출발해서 개원 조금 위에서 한 줄기는 북쪽을 향해 장춘 옆을 지나 올라가고 한줄기는 남쪽을 향해 봉황성을 지나 의주 옆쪽에 자리한다는 것이다. 그런데 산해관을 출발해서 개원에서 꺾여 봉

---

83) 이일걸, 「백두산정계비 설치의 숨겨진 실상」, 『백산학보』, 백산학회, 2016, 115쪽.

황성을 지나 의주 옆까지 내려온 변책 안에 심양과 요양이 자리함은 물론 그 모습이 삼각형처럼 생겨 [그림 3]과 [그림 4]의 심·요지역과 거의 비슷하다는 것을 알 수 있다. 이것은 지금까지 여러 가지 기록을 살펴본 바와 같이 심·요지역이 상당히 중요한 위치를 차지하는 지역이었음으로 청나라 역시 이 지역의 봉금은 특별히 강조하고 싶었다고 해도 과언이 아닐 것이다. 또한 북간도 지역에 관해서는 이미 전술한 바와 같이, 용정이 위치한, 함경도와 마주하고 있는 곳이므로 [그림 8]에서 지칭하는 위치는 아니라고 생각한다. 따라서 심·요지역을 구분했다는 점이나 북간도의 위치 등에서만 보아도 [그림 3]과 [그림 4]가 역사에 바탕을 둔 간도 지도라고 조심스럽게 추측해 볼 수 있을 것이다. 아울러 [그림 8]처럼 간도가 연해주를 제외한 만주 전역에 해당하는 것이라면, 이범윤을 간도관리사로 파견할 때 한반도의 약 6배에 해당하는 지역에[84] 한 사람의 관리사를 파견한다는 것 역시 납득이 가지 않는다. 간도관리사의 파견 목적이 청나라에게 시달리는 백성들을 보호하기 위한 것이었는데, 우리보다 더 강하다고 여기던 청나라에 맞서서 한반도의 6배에 해당하는 지역에 한 사람의 관리를 파견하여 백성들을 보호한다는 것은 차라리 파견하지 않는 것만도 못했을 수도 있기 때문이다. 또한 이미 전술한 바와 같이 일본이 남만주와 북만주를 나누어 남·북만주정치구획도까지 작성하면서 남만주 조약을 따로 체결하여 청나라와 간도에 관한 협상을 한 것을 보면 간도가 만주 전체라고 보는 것은 무리다. 일본은 남·북만주를 나눌 때, 자신들이 병탄하고 있는 대한제국의 백성들이 약 80% 거주하

---

84) 만주 전체의 면적은 약 129만㎢이고 연해주가 약 16만㎢이니 연해주를 제외해도 약 22만㎢인 한반도의 5배가 조금 더 되는 면적이다.

고 있는 간도는 지배하기 용이하다는 것을 알기에, 간도를 염두에 두고 나누었을 가능성이 크기 때문에 간도를 설명하기에는 [그림 4]가 더 타당한 것 같다. 또한 [그림 4]는 지금까지 잘못 알고 있던 고려와 청나라 이전의 조선 국경과 상당 부분 일치한다는 점이다. 요즈음 새로운 학설에 의해서 정의되고 있는 고려의 국경은 [그림 11]과 같다.

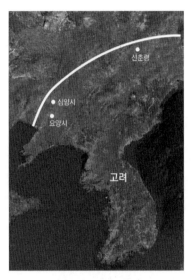

[그림 11] 고려의 국경

서변은 현재 중국의 요하유역으로 요양과 심양을 품으며, 북계는 현 흑룡강성 동남지역이나 혹은 길림성 서북부까지 이르고 동북으로는 선춘령을 웃도는[85] 영역이었으며 이것은 명나라 시절에도 조선의 국경으로 이어져 내려오던 것이다. 그러나 청나라가 들어서고 청나라의 일방적

85) 박시현, 복기대, 전게논문, 222-223쪽.

인 주장에 따라서 백두산정계비가 설치되며 조선의 영토는 오히려 줄어드는 꼴을 당했던 것이다. 필자는 이 점을 주지하며 우리 한민족의 영토를 논하는 데 백두산정계비나 토문강이 두만강이냐 아니냐 등의 소모적인 논쟁보다는 좀 더 근본적인 문제를 해결하기 위해서 노력을 집중해야 한다고 생각한다.

1712년(숙종 38) 2월에 청나라가 모호해진 양국 경계를 조사하자고 제안했던 것은 요동과 간도뿐만 아니라 백두산까지 영역을 확대하려는 강희제의 영토 확장 의도가 크게 작용했던 것일 뿐이다. 그 당시 조선은 청나라에 대항할 엄두도 내지 못할 처지라는 것을 잘 알기에 조선과의 국경을 백두산 근처에서, 즉 지금의 압록강과 두만강으로 확정 짓고 싶었던 것이 청나라의 속셈이었을 뿐이다. 따라서 무려 300여년이 지난 지금까지 그 한마디에 휘둘릴 필요가 없다. 전통적으로 우리 한민족은 만주와 한반도를 근거로 생활했던 민족이다. 그런데 청나라 역시 여진족에 의해 건국된 나라로, 그들 역시 만주를 근거지로 생활하며 세력을 키웠기 때문에, 그들이 중원으로 진출했음에도 불구하고 자신들의 발상지인 만주를 신성시하여 반드시 차지하고 보존하려는 욕심에서 벌어진 현상이었을 뿐이다. 청나라가 조선의 국력이 자신들보다 약한 틈을 이용해서 간도를 자신들의 영토로 취하기 위해 백두산을 국경으로 만들고자 하는 국경회담을 제안하고, 조선은 그에 응했던 것이 사실이지만 역대 조선과 중국의 국경은 만주에서 이루어져 왔었다. 그리고 만주에서도 간도지역 이북은 척박한 땅이라서 큰 욕심을 내지는 않았을 것이다. 우리가 지금 현재 입장에서 영토를 논하니까 그렇지 실제로 그 시대에는 인구도 얼마 되지 않고 활용하는 지하자원 역시 한계가 있던 시절이었기에, 기후조건 등에 의해서 농산물 경작이 어려운 비옥하지 않은 땅에 대해서는 별 관심을 두지 않았던 것이 사실이다. 그 좋은 예 중 하나가 바로 대마도다.

대마도는 90% 이상이 바위로 이루어진 땅으로 농사를 지을 수 있는 땅은 10%도 안 된다. 그래서 조선 조정은 대마도에 신경을 쓰지 않았고 그러는 사이에 일본은 1868년 메이지 유신 당시 대마도를 일본으로 판적봉환 시킴으로써 불법으로 강점하고 있는 것이다.

마찬가지로 만주에서도 농사를 짓기 좋은 땅만 선호했던 것은 사실이며, 이미 전술한 바와 같이 당대의 국경이라는 것이 지금처럼 선으로 그어지는 개념이 아니라 성 중심으로 이루어지다 보니 같은 만주라고 하지만 간도 북쪽의 만두에 대해서는 홀대를 했을 수도 있다는 것이다. 또한 [그림 3]은 우리나라와 중국의 국경을 표시한 서양 고지도의 대표격으로 우리가 흔히 접할 수 있는 '레지선', '당빌선', '본느선'과도 상당부분 공통점을 보인다는 점에서86) 충분한 가치와 사실에 입각했다는 점을 인정할 수 있다는 것이다. 따라서 필자는 간도가 만주 전역이라기보다는 [그림 3]과 [그림 4]에서처럼 북방고토와 한반도를 제외하고 농사짓기에 좋고 비옥한 땅으로 이루어진 것이 옳다는 견해다. 다만 [그림 3]과 [그림 8]의 두 지도가 모두 만주에 대한 올바른 영역을 표시하고 있다는 것은 매우 중요한 사실이다. 특히 '대고려국' 건국계획이나 만주국의 건국이 있기도 훨씬 전인 1899년에 만주에 대한 개념을 확실하게 지도로 표시한 [그림 8]은, 연해주를 제외한 만주 전체를 간도로 나눈 단점이 있다고 할지라도, 우리 한민족의 고토에 대한 확실한 개념을 바탕으로 만주 전체

---

86) 필자가 [그림 3]의 제작자인 이일걸에게 질문한 결과 이일걸은 지도제작 당시 고문서와 고지도 등은 참조했지만 서양 고지도를 보지는 못했다고 했다. 아울러 여기에서 열거한 서양 고지도들은 부록에 첨부되어 있으므로 참조 바란다.

가 대한제국의 영토라는 것을 자신 있게 표현한 귀중한 가치가 있는 자료라는 사실에 감탄해 마지않는다.

3) 만주의 면적

만주의 영역은 기록에 따라 약간의 차이가 있지만 약 129만여㎢로 기록하고 있다.[87] 그런데 만주국면적 113만여km²와 연해주 면적 16만여㎢를 합하면 129만여㎢가 되는 것이다. 좀 더 정확히 하자면 가톨릭대사전에서 기록한 만주의 면적은 129만 3,341㎢이고 만주국 면적은 1,133,437km²이며 연해주 면적은 165,900㎢ 이다. 이러한 수치로 보아도 결국 만주국과 연해주를 합한 면적을 만주로 보는 것이 옳다는 것이다.

결국 연해주 역시 만주의 한 부분이므로 우리가 만주를 이야기 할 때 지금 강점하고 있는 나라가 다르다고 해서 연해주는 만주가 아니라고 생각한다면 그것은 아주 큰 역사적 과오를 범하는 것이다. 만주에 대한 영토권을 논하기 위해서는 제2차 아편전쟁의 패배로 인해서 아사상태에 있는 청나라를 위협해서 러시아가 강제로 빼앗아 간 연해주도 반드시 함께 논해야 한다. 연해주가 러시아에 강점된 것은 그 당시 프랑스와 영국과 러시아가 한 편이 되어서, 마치 제2차 세계대전이 종전되고 난 후 미·영·소·중 연합4개국이 만주국의 영토를 중국에 귀속시킴으로써 동북아의 영토를 산산조각 낸 바로 그 짓을 미리 범했던 것과 마찬가지 행위에 지나지 않는 것일 뿐이다. 그리고 그 결과물로 나타난 것은 1945년

---

87) 한국교회사연구소, 『한국 가톨릭대사전 권4』, 2513쪽.

소련이 만주국 영토를 한족의 중국에게 내주면서 자신들은 연해주를 우리 한민족에게 반환하지 않고 자연스럽게 점령했다는 것이다. 이 문제는 아주 중요한 문제이므로 결코 잊어서는 안 된다.

제2장
고조선(古朝鮮)과 진국(辰國)

　　문화영토론과 영토문화론에 의한 만주의 영토권을 논하기 위해서 무엇보다 중요한 것은 더 말할 것 없이 고조선의 역사와 문화다. 또한 그에 못지않게 중요한 것이 바로 소위 남삼한(南三韓)이라 불리며 한반도를 생활 근거지로 삼았던 진국(辰國)의 존재다. 왜냐하면 진국의 존재야 말로 만주를 생활 근거지로 삼고 그 안에서 문화의 꽃을 피우며 살던 고조선이 어느 민족에 의해 문화가 형성되고 발전하였는가에 대한 대답을 해줄 수 있기 때문이다. 만일 지금 만주에 독립국이 존재하고, 그 독립국에게만 전래 되어 오는 독특한 문화가 창궐하고 있다면 만주의 문화주권자를 규명하는데 아무런 문제가 될 것이 없다. 당연히 그 독립국이 만주의 문화주권자로 영토권자가 되는 것이다. 그러나 지금 만주는 중국이 강점한 상태임에도 불구하고 만주의 영토문화는 난하 서쪽을 근거지로 하는 한족(漢族)의 중국과는 전혀 다르다. 따라서 만주의 영토문화가 어느 민족에 의해서 형성되고 발전하였는가는 만주 한 곳의 문화를 가지고 판단할 수가 없다. 역사상 만주와 이웃한 국가와 민족들의 문화와 비교해 보아야 만주의 문화주권자를 규명할 수 있다. 난하 서쪽의 민족인 한족과 영토문화가 상이하다면 그 다음으로 살펴볼 곳은 당연히 한반도의 우리 한민족(韓民族)이다. 진국을 이루고 있던 우리 한민족의 문화가 고조선을 이루고 있던 만주의 문화와 일치하고, 그들이 같은 민족이라는 역사적 근거가 있다면, 한반도를 생활근거지로 하는 우리 한민족이 만주의 문화주권자로서 만주의 영토권을 주장하고 만주에 대한 영토반환을 주장하는 것이 옳은 것이다. 결국 만주의 영토권을 가늠하기 위해서는 비록 역사적인 시기 면에서는 진국이 고조선에 비해서 훨씬 늦게 건국된 나라라고 할지라도 고조선과 진국의 영토문화와 역사를 함께 살펴보는 것이 옳은 것이다.

1. 고조선

1) 고조선의 건국과 국가형태

일반적으로 고조선은 기원전 2333년 단군왕검에 의해 건국된 것으로 인정된다. 그리고 그 국가 형태는 현재의 국가처럼 중앙집권적인 국가가 아니라 고대국가의 특성 그대로 힘 있는 나라가 주변의 소국들을 제후국으로 삼아서 통치하는 연합 국가였다. 그러나 고조선은 단순히 소국들을 제후국으로 둔 연합국가가 아니었다. 기원전 4세기경까지는 하나의 조선으로 삼경(三京)에 '신한', '불한', '말한'이라고 불리는 삼한(三韓) 즉, 단군이 각각 있었으며 그 중 '신한'이 대단군(大檀君)이고 '불한', '말한'은 소단군(小檀君)이다.

여기에서 주지할 사항은 단군(檀君)에 대한 개념이다.

단군이라는 단어의 뜻은 여러 가지 설이 있지만 신채호는 『조선상고사』에서 "단군의 의미는 밝음을 숭상하던 조선족이 광명신이 잠자고 쉬는 곳이라고 믿었던 태백산의 수림을 본떠서 수림을 기르고 '수두'라고 불렀다. 해마다 10월에 수두에 나아가 제사를 지냈는데, 뛰어난 한 사람을 뽑아서 '수두'의 중앙에 앉혀놓고 '천신'이라 부르며 제사를 올렸다. 강한 적이 침입하면 '수두' 소속의 부락들이 연합하여 이를 방어했는데, 가장 공이 많은 부락의 '수두'를 '신수두'라 불렀으니 이것은 '대단군(大檀君)'을 뜻한다. 수두는 신단(神壇)이란 뜻으로, '단(壇)'은 수두의 의역(意譯)이며 단군(檀君)은 '수두 하느님'의 의역이다. 보통 단군이라고 하면은 소단군(小檀君)을 의미하는 것"이라고 했다.[88]

단군은 어느 일개인을 지칭하는 이름이나 고유명사가 아니라, 황제나 왕 혹은 일정한 지역에서 절대 권력을 행사하는 당대의 통치권자를 가리키는 보통명사다. 고조선 시대에 일정한 지역의 최고 권력자를 지칭하던 보통명사라는 것이다. 따라서 단군왕검이 고조선을 세우고 고조선이 멸망할 때까지 한 사람의 단군이 나라를 다스렸던 것처럼 왜곡했던 일제의 식민사관은 매우 잘못된 것이다.

　　일제는 한 사람의 단군이 고조선의 건국부터 멸망까지 무려 2,225년을 생존하며 집권했던 신화 속의 인물로 만들었다. 고조선의 존재를 신화처럼 만들어 그 역사를 없애거나, 단군이 실존하는 인물이라고 하더라도 한 사람으로 만들면 2,225년을 생존할 수 없으므로, 고조선의 존재 기간이 짧아진다는 논리를 만들어 그 역사를 축소하기 위해서 노력했다. 그러나 역사는 그렇게 쉽게 왜곡되는 것이 아니다. 당장 눈에 보이는 것이 없을 때는 속아 넘어갈지 모르지만, 언젠가는 왜곡하고자 하는 자가 미처 발견하지 못한 자료나 유물들이 발굴됨으로써, 왜곡된 사실이 밝혀지게 되어 있는 것이 역사다.

　　단군은 한 사람이 아니라 여러 사람이 가졌던 직책으로, 소단군은 조선 전체를 통치하는 입장에서는 대단군을 보좌하며, 각각의 영역에서는 자신들에게 속한 소국들을 고유하게 통치하는 체제를 이루고 있었다. 즉 대단군을 조선왕(朝鮮王)으로 본다면 소단군은 일정지역을 불하받아 다스리는 조선후(朝鮮侯)로 볼 수 있는 것이다. 그러나 4세기경에 세 개의 조선이 연합을 깨고 분리하여[89] 신·불·말조선으로 나뉘었고 그것이 이

---

88) 신채호, 박기봉옮김,『조선상고사』, 비봉출판사, 2016, 93쪽.
89) 불한 조선후인 기씨가 스스로 신한 조선왕인 해씨에게 반기를 들고 일어나 스스로 신한 즉

두문자로 진·번·막조선(眞·番·莫朝鮮)으로 기록된 것이다. 그렇다고 그때 조선이 멸망한 것이 아니라 세 개의 조선으로 분리되어 각각의 한들이 조선왕이라 칭하며 존립했다.[90] 삼조선 한들의 성씨는 신조선은 대단군 왕검의 자손으로 해씨, 불조선은 기자의 후손으로 기씨, 말조선은 왕부의 잠부론에 의해 추정해 보면 한씨이다.[91]

이러한 국가 형태는 쉽게 이해할 수 없겠지만 고조선에 대한 기록이 부족한 반면에 그 기록이 전해지는 진국(辰國)의 경우에서 찾아보면 쉽게 이해할 수 있다.

우리가 진국이라고 부르는 나라는 소위 삼한(三韓)이라고 부르는 마한(馬韓), 진한(辰韓), 변한(弁韓)의 연합국을 지칭하는 것이다. 물론 고조선에서 왕을 지칭하던 삼한과는 다른 의미다. 진국은 고조선이 세 개의 조선으로 분리 되던 기원전 4세기경이나 혹은 그 이전에[92] 건국된

왕이라 칭함으로써 삼조선으로의 분립국면을 개시하였던 것으로 불한이 스스로 왕이라 칭한 것은 기원전 323년 연이 칭왕(稱王)한 뒤이므로 기원전 323년보다 늦은 기원전 4세기경이라는 것이다.
신채호, 상게서 124쪽.

90) 신채호는 신·말·불 삼한(三韓)이 이두문으로 진(辰)·마(馬)·변(卞)으로 기록된 것이며, 세 개의 조선이 연합국에서 분리되면서 삼한이 다스리던 영역을 표시하게 된 것이 삼한으로 알려진 것인데 이것을 반도 남부에 있던 남삼한과 혼동해서는 안 된다고 했다. 또한 고조선의 삼한은 각각 5가를 두고 평시에는 국무대신으로 전시에는 장군으로 삼았다고 했다. 고조선이 세 개의 조선이 연합이라는 근거를『사기』,『위략』,『삼국지』등의 기록에서 찾았으며, 특히『사기』「조선열전」에 기록되어 있는 '진번조선'과 '진막조선'이라고 기록된 것이 세 개의 조선을 표현한 것이라고 했다.
신채호, 상게서, 92-121쪽.

91) 신채호, 상게서, 122-123쪽.

92)『삼국지 위서 권30 한서』에 의하면 '진역을 피해 망명자들이 마한으로 와서 6개의 마을을 이루었다'고 하였는데 이것은『삼국사기』신라본기 혁거세거서간 1년조에 '조선유민들이 산골짜기에 나뉘어 살면서 6개의 마을을 이루어 진한 6부로 되었다'는 기록과 일치하는 것으로,『위략』에 연소왕(기원전311-279년)때 진개가 고조선을 침략하여 그 서쪽 영토를

나라이기에93) 건국과 국가형태에 대한 기록이 고조선에 비해 훨씬 더 소상한 것으로, 그 국가체제를 보면 고조선의 국가체제를 이해하는데 도움이 될 것이다.

진국의 종주국은 마한으로 마한 왕이 곧 진국의 왕을 겸하는 것이었고94) 변한과 진한은 연합국가의 하나로서 각각의 나라에 속한 소국들을 통치하며, 마한과 연합하여 더 큰 연합국인 진국을 형성하고 있던 것이다. 그렇게 국가를 형성하고 있던 이유는 여러 가지지만 그 중 가장 큰 이유는, 교통이 불편하고 군대의 기동력이 낮았던 당시의 조건에서 국가의 안전을 위한 합리적인 조치였다. 진왕인 마한왕은 소국들을 군사단위로 편성하고 병역의무를 지게 하였으며 특히 변방소국들인 경우에는 그들 자체의 군사력에 의거하여 나라의 국경을 지키게 하였다. 전쟁이 나면 나라의 중심까지 적을 끌어들이지 않고 변방에서 퇴치하고자 했던 것이다. 이러한 방식으로 진왕은 마한의 경우에는 자신이 직접 통치했으나 변·진한의 왕들을 통하여 지방행정단위인 소국들을 정치, 경제, 군사 등 여러 분야에서 통치했던 것이다.95) 마한은 54개의 소국이었으며 진한,

---

탈취하였다는 기록과도 일치하는 것이므로 고조선 난민들은 전쟁을 피해 한반도로 유입되었고, 삼한은 이미 존재했던 것이다.
북한 사회과학원역사연구소 편,『조선고대사』, 한마당, 1989, 178-179쪽.

93) 진국이라는 나라 이름을 처음으로 전한 역사책은『사기』다.『사기』의 판본들 가운데에서 가장 이른 시기의 것인 송(宋) 판본에는 〈진반곁의 진국〉으로 되어 있고,『사기』 조선열전을 그대로 옮겨 쓴『한서』 조선열전에는 〈진반 진국〉으로,『자치통감』(권21, 한기)에는 간단히 〈진국〉으로 명백하게 기록되어 있다.

94) 말조선이 국호를 마한으로 바꾼 후 왕을 칭할 때 '마한국 진왕'이라고 표기한 것에서도 증명된다.
신채호, 전게서, 137쪽

95) 북한 사회과학원역사연구소 편,『조선고대사』, 한마당, 1989, 201쪽.

변한은 각각 12국의 소국을 가지고 있었다. 백제 역시 진국말기 마한의 소국이었다. 마한의 소국은 총 100,000여 호에 달했고 진한, 변한의 24개 소국은 총 4~5만 호'라고 『삼국지』 「위서」 30 「동이전」(韓)편에 전하고 있다.96)

진국이 소국들로 이루어진 삼한이 연합한 국가이면서 그 중앙에는 마한 왕이 변한과 진한을 통합해서 다스리며 변한 왕과 진한 왕에게 각각의 영역에 속한 소국들을 다스리게 했듯이, 고조선 역시 소국들을 다스리는 삼한이 존재하는 가운데 신한이 대단군으로 전체를 다스리고 나머지 두 한은 소단군으로 대단군을 보좌했던 커다란 연합국이었다.

2) 고조선의 구성 민족과 소국들

(1) 고조선의 구성 민족

고조선에 대한 기록을 단편적으로 남기고 있는 중국 옛 역사책들에는 고조선과 그 뒤를 이은 부여와 고구려를 구성하는 민족에 대해 '예(濊)',

---

96) 마한의 54개국은 "원낭국, 모수국, 상외국, 소석색국, 대석색국, 우휴모탁국, 신분활국, 백제국, 소로불사국, 일화국, 고탄자국, 고리국, 노람국, 월지국, 자리모로국, 소위건국, 고원국, 막로국, 비리국, 점리비국, 신혼국, 지침국, 구로국, 비미국, 감해비리국, 고포국, 치리국, 염로국, 아람국, 사로국, 내리비국, 감해국, 만로국, 벽비리국, 구사오단국, 일리국, 불미국, 지반국, 구소국, 첩로국, 모로비리국, 신소도국, 고랍국, 임소반국, 신운국, 여래비리국, 초산도비리국, 일난국, 구해국, 불운국, 불사분야국, 원지국, 권마국, 초리국"이며, 진한과 변한의 24국은 "이저국, 불사국, 변진미리미동국, 변진접도국, 근기국, 난미리미동국, 변진고자미동국, 변진고순시국, 염해국, 변진반로국, 변락노국, 군미국, 변진미오야마국, 여담국, 변진감로국, 호로국, 주선국, 마연국, 변진구야국, 변진주조마국, 변진안야국, 변진독로국, 사로국, 우중국"이다. 국사편찬위원회 한국사데이터베이스(http://db.history.go.kr), 『三國志』, 「魏書」 30, 「東夷傳」, 韓, 2018. 12. 12. 검색.

'맥(貊)', '한(韓)' 등 여러 가지 이름으로 기록하고 있다.

중국에서 가장 오래된 지리서인 『산해경』에 따르면, 황해의 안쪽과 발해(渤海)의 북쪽에 나라가 있으니 이름을 조선이라고 했다. 그리고 조선은 열양(列陽)의 동쪽에 있고… 열양은 연(燕)에 속해 있다고 기록함으로써 고조선의 위치를 설명하고 있다.97) 또한 '기원전 3세기의 기록인 『여씨춘추』「치군람」에는, 발해만 동부의 바다가는 예족(濊族)이 살고 있던 곳'이라고 기록함으로써 고조선을 예족의 나라로 표현하고 있다.98) 그런가 하면 『사기(史記)』「소진열전(蘇秦列傳)」에서는, 연(燕)나라 동쪽에 조선과 요동(遼東)이 있다고 했고 같은 『사기』「흉노전(匈奴傳)」에서는, 연나라의 하북 상곡이 동쪽으로 예맥조선(濊貉朝鮮)에 접해있다고 기록해 놓았다. 『사기』에서 말하는 연나라는 하북성에 있었다.99) 그 뿐만이 아니라 『사기』「연소공 세가」에 의하면, 고대 중국인들이 '맥'이라고 불러온 족은 난하유역까지 차지하고 역대로 중국 동북방의 연나라 북부 변경을 위협하였다고100) 한 것을 보면 고조선을 '맥' 혹은 '예맥'족의 나라로 불렀다는 것에 대해 의심할 바가 없는 것이다. 『사기』에서 연나라 동쪽을 '예맥조선'이라 하고 또 '맥'이라 했으며 『여씨춘추』에서는 '예'족이라 했으니 결국 이들은 모두 고조선을 지칭하는 말로 고조선을 이루는 민족을 말한 것이다. 그리고 그것을 증명하는 것은, 『사기』권 110 「열전 제50 흉노전」에는, 조양자가 구주산을 넘어 대를 무찔러 병

---

97) 김득황, 『만주의 역사와 간도문제』, ㈜남강기획출판부, 2016, 19쪽.
98) 북한 사회과학원 역사연구소 편, 『조선고대사』, 한마당, 1989, 15쪽.
99) 김득황, 전게서, 19쪽.
100) 북한 강인숙, 「고대조선의 족명」, 『조선고대 및 중세 초기사 연구 -력사과학 논문집-』, 백산자료원, 1999, 310쪽.

합하고 호(胡), 맥(貊)에까지 공격해 들어갔다(『색은』을 살펴보니 맥(貊)은 곧 예(濊)이다)라고[101] 한 것을 보면 결국 예족이 맥족이라는 것을 의심할 바 없는 것이며 때로는 예맥족이라고 지칭했던 것도 사실이다. 그런데 옛 중국이나 북방의 족들과 이웃한 지역에서 살고 있었던 우리선조들은 자신을 '부루'족이라고 불렀다. '부루'는 시간이 지나면서 일정한 단계에서 받침을 쓰게 되면서 '불', '발', '밝', '밝'으로 쓰이게 되었다.[102] 고조선의 시조인 '단군(檀君)'은 박달나무 '단(檀)'자의 '박달'과 임금 '군(君)'자의 합성어 이다. '박달'의 '달'은 산의 고어이고 '박'은 단군신화의 '백산(태백산)'의 '백'과 음이 통하여 '밝음'의 뜻을 나타낸다. '밝'은 우리말에서 겹자음 받침글자 다음에 처음으로 시작되는 글자가 오는 경우 앞의 겹자음의 하나가 발음되지 않는데 따라 '박'으로도 발음된다. 이런 점을 고려하면 '박달'은 '밝달'을 가리키며 '달'은 지명 '산'이므로 '밝'을 족(族)명으로 해석할 수 있다. '박'의 시초 어원은 '부루'임으로 그것대로 표시하면 '단군'은 '부루족임금'이 되고, 단군신화 본새대로 하면 '밝족(박달족)임금'이 된다.[103]

그럼에도 불구하고 고대 중국인들은 저들과 밀접한 관계가 있었던 이 부루(불, 발, 박)족을 맥(貊)족이라 하였다. 그들이 부루족을 맥족이라고 지칭한 이유는 무엇일까?

『모시계고편(毛詩稽古編)』권6 제(齊)에서는, 유정의 시 의문에서 이르기를 '맥자(貉子)는 맥(貃)인데 맥(貃)의 형상은 맥(貉)과 다른데 생각

---

101) 윤용구 외,『예맥 사료집성 및 역주』, 백산자료원, 2012, 265쪽.
102) 이 점에 대해서는 신채호는 '부루(夫婁)'는 '불'의 음역이라고 했다.
　　신채호, 전게서, 91쪽.
103) 북한 강인숙, 전게논문, 308쪽.

해보니 맥(貉)과 맥(貊)은 본래 한글자다'라고 하였다. 본래 맥(貉)으로 쓰는데 지금은 맥(貊)으로 쓴다. 음은 맥(陌)이고 북방의 치(豸)의 종류이다. 그 뜻은 짐승의 이름이고 본래 맥(貊)으로 쓰나 지금은 맥(貉)을 차용한다고[104] 기록된 것으로 보아 조선족을 맥족이라고 부른 것은, 자신들이 최고이고 싶은데 조선족이 본래 모습인 밝고 새로운 모습으로 자신들에 비해서 문화가 앞서고 국력이 앞서감으로, 부루족의 나라들을 짓뭉개 버리려고 한 것임에 틀림이 없다.

'맥(貊)'자의 음부 '백(百)'은 족명 '박(부루)'에서 음을 취한 것이다. 여기에 다른 족을 천시하여 발 없는 벌레나 짐승을 가리키는 '치(豸)'자를 붙여서 만든 것이 오랑캐를 가리키는 '맥(貊)'자이며 심지어는 담비나 오소리를 가리키는 맥(貉)자를 사용하기도 한 것이다. 이 '맥'자의 '한(漢)' 음은 '박'이었고 오늘날 '맥'이라고 하는 것은 오나라 사람들의 말에서 온 것이다. 『일본 대사전』에서 '맥'의 한음이 '박'이었다고 한 것이 이를 말해준다.[105] 즉 밝음을 상징하는 민족을 오히려 벌레나 짐승을 상징하는 족명을 사용하여 격하시켰던 것이다.

한편 '한(韓)'에 대한 기록은 '예'보다 퍽 뒤늦은 시기의 기록에서부터 전한다. 당나라의 주석가 안사고가 『한서』권1의 '맥'에 대한 주석에서, 삼한(三韓)의 족들은 다 '맥' 종류라고[106] 하여 삼한과 '맥'을 같은 족으로 보았다. 또한 『고금운회거요(古今韻會擧要)』권28에서는, 맥(貊)(『설문(說文)』에는 북방의 나라이며 치(豸)의 종류라고 하였다. 본래 맥(貉)

---

104) 윤용구 외, 전게서, 124쪽.
105) 북한 강인숙, 전게논문, 309쪽.
106) 윤용구 외, 전게서, 270쪽.

이라고 쓰며 치를 따르고 각성(各聲)이다. 사고가 말하기를 '맥은 동북방에 있으며 삼한(三韓)의 무리이고 또는 축륜(縮綸)이라고 하니 즉 륜승(綸繩)이다. 견사(牽絲)라고 하였다.'는[107] 기록을 보면 여기에서의 삼한은 중국의 동북방에 있다고 했으니 고조선의 삼한을 말하는 것이다. 이 것은 앞 절에서 논한 바와 같이 고조선이 삼한, 즉 세 개의 조선으로 이루어진 연합국이라는 것을 뒷받침 해주는 기록이기도 하다.

한편, 『삼국지』「위서」「동이전」한(韓)편에, 한(韓)은 대방(帶方)의 남쪽에 있는데, 동쪽과 서쪽은 바다로 한계를 삼고, 남쪽은 왜(倭)와 접경하니, 면적이 사방 4천리 쯤 된다. 한에는 세 종족이 있으니, 하나는 마한(馬韓), 둘째는 진한(辰韓), 셋째는 변한(弁韓)인데, 진한은 옛 진국(辰國)이라는[108] 기록이 나온다. 이것이 바로 우리가 흔히 말하는 한반도 남단에 자리 잡았던 삼한에 대한 기록이다. 그런데 고조선을 이루던 맥족을 삼한의 무리라고 지칭한 것을 보면, 맥족을 한(韓)이라고도 지칭했던 것으로 결국 남쪽의 삼한과 고조선은 같은 민족이라는 것을 말한다는 것을 알 수 있다. 또한 이러한 기록들은 고조선의 삼한과 진국을 이루는 남쪽의 삼한 사이에 연관성이 있음을 밝혀주는 것으로 2절에서 논하게 될 고조선의 멸망과 진국의 건국을 통해서 자세하게 설명될 것이다.

'한(韓)'이라는 말은 고대 우리민족의 말 '하나'의 준말로써 '환하다'의 '환'과 같이 '밝음, 광명'의 뜻을 가진다. 설령 '한'이 '하늘'을 가리키는 말로 쓰인 것이라고 할지라도 그 역시 '밝음'의 의미를 가진다. 결국 '부루'의 의미와 동일한 것이다.

---

107) 상게서, 123-124쪽.
108) 국사편찬위원회, 전게사이트, 『三國志』, 「魏書」30, 「東夷傳」, 韓, 2018. 12. 12검색.

이상에서 살펴본 바와 같이 '예', '맥', '예맥'은 '한(韓)'족 즉, '조선(朝鮮)'족을 표현한 것으로 중국인들이 저들의 사서를 기록하면서 우리 민족의 선조들을 비하시키기 위한 표현이었지만 같은 민족을 지칭한 것임은 확실하다. 그것을 일제와 식민사학자들이 서로 다른 민족을 표현하는 것처럼 역사를 기록했다. 그것은 우리 민족의 단일성을 말살하고 한민족(韓民族)의109) 강역을 한반도 안으로 축소시키기 위한 목적으로 만들어낸 학설일 뿐이다. 따라서 만주 역사의 시작인 고조선은 한반도 안에서 생활하던 한민족(韓民族)과 동일한 한민족(韓民族) 즉, 조선족이 세운 나라임에 틀림이 없을 뿐만 아니라 그 위치 역시 대륙 만주에 자리 잡고 있었던 것은 바꿀 수 없는 진실이다.

(2) 고조선의 소국들

① 구려국

고조선 연맹이 여러 소국들에 의해서 이루어졌겠지만 그 중에 본서의 논지와 직접적인 연관이 있는 소국들, 특히 신조선(신한)의 소국들로서 문헌에 명시되어 있는 소국들을 중심으로 알아보고자 한다면 먼저 중요한 것은 구려국이다.

『상서』권11 주관 제22주서에 대한 주석에서는 주 무왕이 상나라를 멸망시킨 후 구려가 서주(기원전 1066경~기원전 771년)왕실과 길이 통하게 되었다고 하였다. 이로써 구려라는 명칭의 유래가 매우 오래다는 것을 알 수 있다. 또한 기원 3세기 중국의 주석가 응소는 한 대의 고구려

---

109) 중국민족을 지칭하는 한(漢)족과 구분하기 위하여 한민족(韓民族)이라 지칭하기로 한다.

현을 주석하여 '옛 구려호'라고 하였다. 이것을 통하여 전한(기원전 206~기원 24년) 때의 고구려를 그 이전에는 구려라고 불렀다는 것과 고구려 이전에 구려가 있었다는 것, 그리고 구려의 뒤를 이은 것이 고구려라는 것을 알 수 있다. 이것은 주몽이 국호를 고구려라 하고 고자로 성을 삼았다고 한 『삼국사기』의 기록과 일맥상통하는 것으로 주몽이 자신의 성씨를 고라고 한 것과 구려 앞에 고를 붙여 국호로 삼은 것이 우연은 아니라는 것이다. 구려국의 건국시기를 논하기 위해서 중요한 것은 구려 지역에서 발굴된 국내성 밑의 토성이다. 국내성의 성벽은 이 토성 벽 위에 쌓은 것이며 토성의 규모도 현재의 국내성의 규모와 거의 같다. 이 토성 벽 밑에서 나온 여러 가지 석기들이 기원전 5세기의 것들이므로 국내성 밑의 토성도 이 시기의 것으로 볼 수 있다. 국내성의 토성은 물론 구려국 수도의 성은 아니었고 지방의 한 개 성이었으므로 수도의 성은 이보다 먼저 쌓아졌을 것이다. 따라서 구려국의 건국 연대는 기원전 5세기 이전으로 볼 수 있다.110)

북한 학자들의 이러한 이론들은 고조선이 연맹을 이루는 고대국가이기에 여러 개의 소국이 연합했을 것이며, 그중 하나가 구려국이라는 것이다. 이것은 신조선 시대부터 존재하던 소국인 구려국이 신조선의 기반이 무너지면서 부여가 강국으로 등장했기에 부여와 연맹을 맺으며 졸본성을 근거로 한다는 의미에서 졸본부여라고 이름을 바꿨다는 추론을 가능하게 한다. 그리고 고주몽은 졸본부여로 이름을 바꾼 구려국을 기반으로 고구려를 건국했다는 것이다. 따라서 부여의 소국이었던 졸본부여라

---

110) 북한 사회과학원력사연구소, 『고조선사·부여사·구려사·진국사-조선전사 개정판』, 과학백과사전종합출판사, 1991, 165-169쪽.

는 이름의 구려국은 신조선의 소국 중 하나였다는 것을 알 수 있다.

② 부여

북한의 김병룡 등은 부여의 성립 연대가 적어도 기원전 7세기 이전이라고 주장한다. 『상서』에 의하면 주나라 무왕이 상(은)나라를 멸망시키자 부여를 비롯한 고대 조선 세력들이 중국과 같이 통하게 되었다는 기록이 있다. 여기에 실린 내용으로 보면 부여라는 나라 또는 정치세력이 서주 초(기원전 11세기 경)에 이미 존재했다고 볼 수 있다. 한편 부여가 자리했던 자리에는 초기 비파형 단검은 물론 후기 비파형 단검까지 발견되었으며, 유적과 함께 발굴된 숯에 대한 C-14년대 측정치는 기원전 7세기 이전으로 확증되었다.111) 이러한 문헌 및 고고학적 자료들을 종합해 보면 부여는 대체로 기원전 7세기 이전에 형성되었다고 볼 수 있다.112)

부여가 기원전 7세기 이전에 형성되었다고 볼 수 있다는 주장은 그 자체가 동명왕의 부여를 지칭하는 것이 아니라 신조선 내에 존재하던 부여라는 소국을 이야기한 것이라면 타당한 것이라는 견해다. 그 이유는, 북한 학자들 스스로 구려국의 존재를 설명하기 위해서 『상서』 권11 주관 제22주서에 대한 주석에서 주 무왕이 상나라를 멸망시킨 후 구려가 서

---

111) 비파형 단검이나 기타 유적들이 고조선에서 시작하여 그 양식이 점차 발전하면서 이어져 온 것이기 때문에 그 양식들은 고조선과 뒤이은 고구려의 양식과도 동일한 것은 사실이다. 따라서 반드시 부여의 것이라고 단언할 수는 없지만 부여가 위치했던 곳으로 알려진 곳에서 발굴되었으므로 부여의 것이라고 한 것이다.

112) 북한 김병룡, 「부여국의 성립에 대하여」, 『조선고대 및 중세 초기사 연구 −력사과학 논문집−』, 백산자료원, 1999, 14-15쪽.

주(기원전 1066경~기원전 771년) 왕실과 길이 통하게 되었다고 예를 들었던 것을 상기한다면 쉽게 알 수 있다. 『상서』에서는, 해동의 여러 오랑캐인 구려, 부여, 한맥의 무리들은 무왕이 상을 깨트리고 나서 모두 길이 통하였다고[113] 기록함으로써 구려와 부여를 동시에 등장시켰다. 따라서 여기에서 등장하는 부여는 동명왕의 부여라기보다는 구려국이 신조선의 소국으로 존재했던 것처럼 소국으로 존재했던 부여라는 것을 추론할 수 있기 때문이다. 『논형』「길험편」의 '동명왕이 부여에 도읍하고 부여왕이 되었으므로 북이에 부여가 생긴 것'이라는 기록은, 도시의 이름과 소국의 이름이 대개 일치하던 당시의 상황을 미루어 짐작하면, 동명왕이 새로운 부여를 건국했다기보다는 이미 신조선 내에 존재하고 있던 부여라는 소국을 점령하고 통치하여 강한 소국으로 성장시켜서 그 존재를 부각시켰다는 의미로 볼 수 있다. 즉, 여기에서 말하는 구려국이나 부여는 모두 신조선 내에 하나의 소국으로 존재하던 나라들이었으며, 특히 부여는 조선이 부루족의 나라 즉, 부여라는 점에서 더더욱 부각될 수 있던 것이라는 관점이 옳다는 것이다.

소국으로서의 구려국과 부여에 대한 문제는 제3장과 제5장에서 더욱 명확하게 밝혀질 것이다. 다만 고조선 소국으로서의 구려국과 부여의 존재로 인해서 확실해지는 것은 고조선이 소국들로 이루어진 삼조선, 즉 신·불·말조선의 연합국이었다는 것을 뒷받침할 수 있는 근거가 된다는 것이다. 그 외에도 동명왕이 탁리국에서 왔다고 했으니 탁리국 등의 소국이 존재했던 것을 알 수 있다.

---

113) 구려와 부여가 함께 등장하는 것을 북한 학자들도 인용한 것으로 이것은 『상서비전』 권말 상서비광부록, 『상서주소』 권 17 주서에 공통적으로 나온다.
윤용구 외, 『예맥 사료집성 및 역주』, 백산자료원, 2012, 130쪽, 195쪽.

3) 고조선의 영역

고조선의 경계로 가장 중요한 것은 서쪽 경계다. 그 이유는 서쪽 경계야말로 중국과 직접적인 관계가 있는 국경이기 때문이다.

신채호는 삼조선의 강역에 대해서 '신조선'은 'ᄋᆞ스라', 곧 지금의 하얼빈 완달산을 중심으로 봉천성의 서북과 동북, 길림·흑룡 두성과 연해주 남단이었으며, 요동반도는 '불조선', 압록강 이남은 '말조선'의 소유였다. 그 중 개평현 동북의 안시고허에 도읍하고 있던, 서쪽에 위치한 불조선과 진(秦)나라가 국경을 정하면서 헌우락(軒芋濼) 이남의 연안 수백리 땅을 양국의 중립공지로 정하여 양국 백성들이 들어가서 사는 것을 금하니, 『사기』에서 말한 바 고진공지(故秦空地)는 이것을 가리킨 것이다. 『사기』와 『위략』에서 말하는 패수(浿水)는 헌우락이라고[114] 함으로써 고조선의 서쪽 경계는 패수 즉 헌우락이며 고대국가 사이에 있던 완충지대의 존재를 밝히고 있다. 다만 안타까운 것은 신채호가 말하는 헌우락이[115] 지금의 어디를 가리키는 것인지에 대해서가 불분명하다는 것이다. 패수에 대해서는 북한학자들은 대릉하를 지칭하는 것이라는 학설을 내세웠고, 윤내현은 패수는 난하를 가리키는 것이라고 하였다.[116] 그러

---

114) 신채호, 전게서, 116-134쪽.

115) 『만주원류고』에서는 헌우락을 한우박(軒芋泊)이라고 하며 아래와 같이 기술하고 있다. 『원일통지』한우박은 정료위(定遼衛)에 있다. 『거란지지』에는 '패수(浿水)는 옛 니하(泥河)이다. 동쪽에서 역류하여 수백 리를 흘러 요양(遼陽)에 이르러 고여서 흐르지 않는다. 한우초(軒芋草)가 호수(泊)에 자라기에 이름이 지어졌다.'고 하였다. 『명통지』에서 니하는 일명 패수(浿水)로서 한우락(軒芋濼)이라고도 하는데, 호수 안에 한우초(軒芋草)가 많이 자라기에 이름이 지어졌다. 니하는 해성(海城)의 서남쪽 65리에 있다. 성수산(聖水山)에서 발원하여 미진산(米真山)에 이르러 흩어지며, 요나라 때에는 한우락이 되었으니 조선 경내에 있는 패강(浿江)이 아니다.
남주성 역주, 『흠정만주원류고, 하』, 글모아출판, 2010, 285쪽.

나 위만이 투항해 왔을 때 기준왕이 패수 서쪽 중립공지를 내주어 그곳에 이주해온 조선의 옛 유민들과 연·제·조 유민들은 다스리게 하였다고[117] 한 것을 보면 패수는 대릉하라는 설이 더 설득력이 있어 보인다. 그러나 다음과 같은 기록들을 보면 고조선의 서쪽 경계는 난하와도 밀접한 관계가 있다는 것을 알 수 있다.

고조선은 중국의 연, 진(秦), 한 나라들과 역대로 인접하였다.『전국책』에는 연나라의 동쪽에 '조선 요동이 있었다'고 하였으며『염철론』험고편에서는 연나라의 동쪽 경계는 '갈석에 의하여 막히고 험한 골짜기에 절연되었으며 요수로 둘리었다'고 하였다. 여기에서의 요수는 오늘날의 난하를 지칭하는 것이다.[118] 뿐만 아니라『사기』진시황 본기에서는, 진나라의 제 2대 임금의 명령에 따라서 대신이 갈석산에 세운 비석에 〈시황제〉라는 글을 새기고 돌아 온 것을 '요동에 갔다 왔다'고 썼는데 이것은 갈석산이 진나라 때 요동지방에 있었다는 것을 말해주는 것으로[119] 갈석산은 난하 동쪽에 위치한 산이므로 요동과 요서의 기준은 난하를 경계로 이루어졌다는 것을 알 수 있다. 또한 '온성에서 갈석에 이르는 만리장성의 폐허에다 장성을 다시 복구하였다'고 한『진서』「당빈열전」의 기록은 3세기에 온성에서 갈석에 이르는 3,000여리의 진나라 때의 옛 장성을 복구한 사실을 전한 것으로 진나라 만리장성의 동쪽 끝이 갈석에 이르렀다는 것을 명백히 밝힌 것이다.『진서』보다 먼저 편찬된『사기』「몽념열전」에서는 '임조에서 시작하여 요동에 이르는 만 여리의

116) 이덕일·김병기,『고조선은 대륙의 지배자였다』, 역사의 아침, 2006, 141쪽.
117) 신채호, 전게서, 135쪽.
118) 북한 사회과학원 역사연구소 편,『조선고대사』, 한마당, 1989, 103-104쪽.
119) 상계서, 107-108쪽.

장성을 쌓았다'고 쓰여 있으며 『한서』나 『위략』도 역시 진나라 장성이 '요동'에서 끝났다고 하였는데 그것은 장성의 동쪽 끝이 갈석산이었다고 한 『진서』의 기록과 일치한다.[120] 즉, 난하를 중심으로 요동과 요서를 구분했던 것이다. 따라서 고조선의 서쪽 경계는 난하를 기준으로 상류에서 시작하여 발해만에 이르는 하류에 와서는 갈석산으로 그 경계를 삼았으나, 난하와 대릉하 사이는 중립공지로 완충지대 역할을 했던 것으로 이해하면 좋을 것이다.

고대국가의 국경은 현대의 국경처럼 선으로 존재하던 것이 아니다. 어떤 성이나 혹은 마을을 누가 차지하느냐에 따라서 그 근방의 영토는 그 성이나 마을을 차지한 나라나 민족에 귀속되었으므로 마을이나 성 사이에 공지가 존재했고, 그로 인해서 소위 말하는 완충지대로서의 역할을 했던 지대가 있었던 것은 사실이다. 따라서 고조선의 서쪽 경계는 난하라는 강을 이용하여 선으로 긋기 보다는, 난하의 상류에서 시작하여 갈석산에 이르는 방식으로 정해졌고 경우에 따라서는 난하와 대릉하 사이가 완충지대 역할을 했던 것으로 보는 것이 옳다. 이것은 위만 조선이 난하와 대릉하 사이에 있었다는 것과도 일치하는 것이다. 또한 『후한서』의 「예전(濊傳)」에서 예(濊)와 옥저(沃沮)[121] 그리고 고구려의 땅이 모두 조선의 영토였다고 말하는 것으로 미루어 고조선의 영토가 만주 전역

---

120) 상게서, 107쪽.
121) '가시라'는 삼림국(森林國)이라는 뜻으로 지금의 함경도와 길림 동북부와 연해주 남단에 수목이 울창하게 우거져 '가시라' 즉 삼림국이라 하였으며 이를 이두자로 갈사국(曷思國)이라 하였는데 중국사서에는 이를 옥저라 적고 있다. 갈사국을 중국사서에서 옥저라고 적은 이유는, 옥저는 만주어로 와지의 음역이고 와지는 만주어로 삼림이라는 뜻이기 때문이다.
신채호, 전게서, 161-162쪽.

은 물론 한반도의 일부까지 포함하고 있었던 것이 사실이다.122)

이런 사실을 뒷받침해 주는 것이 앞에서 인용한 [그림 1]의 고조선과 진국의 유물분포도이다. 이 유물들은 실제 출토된 것들로 왜곡되거나 가감한 것이 없음으로 고조선의 영역을 가늠하기 위해서는 가장 좋은 자료라고 할 수 있다. 영토권이라는 것이 일시적인 지배가 아니라 그 안에서 생활하며 영토에 문화를 심고 그 영토문화를 가꾸어 나갔던 민족의 영역이라는 차원에서 본다면 고조선의 영역을 그 문화와 연계하여 살펴보는 것이 옳은 것이다. 유물분포도를 근거로 도출해낸 영역도는 앞에서 인용한 [그림 2]로 [그림 1]과 함께 비교해 보면 이해가 훨씬 쉬울 것이다.

그리고 이것은 이병도·최태영이 『한국상고사 입문』에서 주장한 고조선의 영역과도 대부분 일치하는 것이다. 두 사람은 그들의 공저인 『한국상고사 입문』에서는 고조선의 영역을 만주와 한반도 중 청천강 이남까지로 정립하였다. 그리고 위만조선의 강역을 앞서 신채호가 말한 그대로 난하에서 대릉하까지로 설정하였다.123)

결국 고조선의 북방은 흑룡강에 이르고 남방은 한반도에 깊숙이 들어와 있었을 뿐만 아니라 동으로는 연해주를 차지하고 동해에 이르는 것으로 비정할 수 있다.

---

122) 김득황, 전게서, 21쪽.
123) 이병도·최태영, 『한국상고사입문』, 고려원, 1989, 68-73쪽, 85-98쪽.; 지도는 부록에 게재.

2. 진국

1) 고조선의 멸망과 진국

(1) 고조선의 멸망원인과 추정 시기

고조선이 멸망한 직접적인 원인은 기원전 109년 한 무제의 침략에 의해 기원전 108년에 불조선 즉 번조선이 멸망한 것이라고 볼 수 있다. 그러나 그 이전에 삼조선이 분리되어 힘을 잃게 된 것을 멸망의 기본적인 원인이라고 보아야 할 것이다. 그리고 그 기본적인 원인은 단군 사상의 붕괴로 볼 수 있다.

단군사상의 붕괴는 먼저 지도층에서 일어나기 시작하였다. 기원전 4세기경에 불조선의 단군으로 조선후(朝鮮候)에 해당하는 기씨가 신조선의 대단군인 조선왕(朝鮮王) 해씨에게 반기를 들고 자신도 스스로 왕임을 자처하고 나선 것이124) 계기가 되었다. 즉, 연합국이라고 하면서 누구는 대단군이라는 왕이 되고 누구는 단군이라는 제후가 된 것에 불만을 품고 연합국에서 이탈한 것이다. 그 결과 각각의 삼조선은 연합국일 때보다 세력이 급격히 약해지기 시작하며 그 멸망의 길을 걷기 시작했다.

고조선을 이루고 있던 삼조선 중 가장 먼저 멸망한 것은 신조선으로 보는 것이 옳다. 신조선의 경우에는 기원전 200년경 흉노 모돈의 침략으로 급격히 위축된다. 게다가, 제4장과 제5장에서 자세하게 언급하겠

---

124) 신채호, 전게서, 124쪽.

지만, 동·북부여와 고구려가 기원전 4세기 말에서 3세기에 건국되고 그 세력이 급속도로 성장함으로써 신조선은 멸망한 것으로 볼 수 있기 때문에 기원전 200년경에 멸망했다고 보는 것도 무리는 아니다.

신조선 다음으로 멸망한 것은 불조선이다. 불조선은 우리가 알고 있는 바와 같이 기원전 109년 한 무제의 침입에 의해 기원전 108년에 멸망한 나라다. 그리고 우리는 그것으로 고조선 역사는 끝났다고 본다.

마지막으로 말조선은 전에는 왕을 칭하는 호칭으로 쓰던 '마한'으로 국호를 변경하고 이후로도 오랜 세월을 존속하게 된다.125) 그러나 조선이라는 국호를 버림으로써 고조선은 막을 내린 것이다.

고조선의 멸망원인이 단군사상의 붕괴라고 했다. 그것은 단군을 신의 아들이라고 여기던 절대적인 신앙이 무너진 것이다. 지도층에서 서로 왕으로 자처하고 나서자 이제까지 신성하게 여기던 단군도 일반 백성들과 조금도 다를 것이 없다는 사상이 백성들에게 퍼져나가기 시작한 것이다. 그것은 단순히 불조선의 기씨 왕이 대단군에게 반기를 든 것만을 의미하지는 않는다. 위만이 기씨 왕조인 기준에게 반기를 들어 몰아내자 단군도 별 볼일 없는 사람에 지나지 않는다는 사상이 백성들에게 퍼져나간 것이다. 그러한 단군신앙의 붕괴가 진국은 물론 부여와 고구려의 건국을 촉진하고, 신생국들이 백성들의 호응을 받아 융성할 수 있는 계기가 되었다는 것 역시 부인할 수 없는 역사적인 사실이다.

---

125) 신채호, 전계서, 136쪽.
　　삼국사기에서는 백제의 건국을 기원전 18년으로 전하지만 고구려 건국연대가 삭감된 만큼 백제의 건국연대도 삭감되었을 것이다. 또한 백제가 마한을 멸망시켰다고 보는 것 보다는, 백제 역시 마한의 소국 중 하나였으므로 마한의 모든 소국들을 통일하였다고 보는 것이 옳을 것이다.

(2) 진국의 건국

고조선의 구성 민족에서 서술한 바와 같이, 맥은 삼한으로 동북쪽에 있다는 중국의 기록들이, 한반도의 진국 역시 같은 삼한이라고 칭한 것은 진국이라 불리는 남삼한의 구성 민족이 고조선과 같은 민족이라는 것을 증명한다. 또한 그 기록들을 보면 고조선은 세 개의 조선으로 이루어졌다는 것 역시 의심할 바 없다. 그리고 이런 기록들은 고조선과 진국의 연관성을 보여주는 것이다.

전술한 바와 같이, 고조선의 삼조선이 분리되고 쇠퇴하기 시작하면서 삼조선 중 가장 남쪽 즉 한반도의 북부에 있던 말조선은 마한으로 국호를 바꿨다. 고조선이 만주에서 부여와 고구려를 통해서 우리 한민족의 문화와 역사가 이어졌다면 한반도에서는 마한을 통해서 그 맥을 이은 것으로 아주 중요한 사실이다. 만주와 한반도가 같은 민족에 의해서 문화와 역사가 이어졌음을 증명해 주는 사실이기 때문이다.

불조선이 기원전 323년경에 기씨가 왕이 되기 시작하면서[126] 기씨가 왕위를 이어가다가 기원전 194년에 기준왕이 한나라의 위만이 귀화를 요청해서 받아 주었다. 그런데 위만이 배신하여 기준왕을 몰아낸다. 기준왕이 기원전 2세기 초에 위만에게 왕위를 빼앗기고 망명한 곳이 마한이다.

---

126) 식민사관에서 기자조선이라고 한 것은 고조선의 역사를 왜곡하기 위한 수단이었을 뿐이다. 기자가 조선으로 도망쳐 온 것은 상나라가 주나라에게 멸망한 때이니 기원전 11세기에 해당한다. 그러나 기자가 곧바로 왕위에 오른 것이 아니라 불조선에 살던 그 후손이 기원전 323년경에 이르러서 비로소 왕위에 오른 것일 뿐이다. 따라서 기자조선은 존재하지 않았다. 신채호, 전게서, 101-112쪽.

『후한서』「동이열전」'한'편에, 과거에 조선왕(朝鮮王) 준(準)이 위만(衛滿)에게 패하여, 자신의 남은 무리 수천 명을 거느리고 바다로 도망, 마한을 공격하여 쳐부수고 스스로 한왕(韓王)이 되었다. 준(準)의 후손(後孫)이 절멸(絶滅)되자, 마한 사람이 다시 자립(自立)하여 진왕(辰王)이 되었다고[127] 한 것을 보면 이미 그곳에 마한은 존재했기에 기준왕이 망명할 수 있었던 것이다. 이러한 사실을 볼 때 신조선이나 번조선의 유민들은 상당 수 말조선이 이름을 바꾼 마한으로 이주하였다고 볼 수 있다. 신조선이 자리하고 있던 영토에 부여와 고구려가 희망의 기치를 걸고 새로 건국 되었지만, 모든 백성이 새로 등장하는 왕국에 무조건 복종하지 않았던 것은 물론 오히려 불안해하며 떠난 사람들도 상당수 있을 것이다. 특히 고조선에서 집권계층에 해당하던 사람들 중 상당수는 새로운 왕국을 거부하거나 혹은 새로운 왕국이 혹시 자신에게 화를 입힐까 두려워서 추종하는 무리들을 이끌고 같은 삼조선 중 하나였던 마한이 자리한 남쪽으로 이주하였다는 것은 당연한 추측이다. 이주하는 고조선 유민이 늘어나면서 점점 남쪽으로의 이동이 불가피 하였을 것이다.

남쪽으로 진출한 세력은 이미 반도 남쪽에 자리 잡고 있던 세력과 연합하여 진한과 변한이 자연스럽게 형성되면서 마한을 종주국으로 진국이라는 연합국을 형성하게 된 것이다. 그러나 이번에는 그 종주국이 신조선의 이름을 그대로 인용한 진한이 아니라는 것에 주목할 필요가 있다. 이미 단군신앙도 붕괴된 이후이므로, 고조선시대부터 평양을 수도로 해서 한반도에 터전을 잡고 있던, 말조선에서 국호를 바꾼 마한이 주도권을 잡은 진국의 최강자로서 마한국 진왕이라고[128] 함으로써, 마한 왕

---

127) 국사편찬위원회, 전게사이트, 『후한서』「동이열전」「한」, 2019.1.15. 검색.

이 진국의 왕을 겸했던 것이다. 연합국으로 삼한 체제를 유지한 점이나 삼한의 각 국명이 고조선의 삼한과 동일한 것은, 남삼한이라 일컫는 진국이 비록 그 영역은 만주와 한반도로 다르지만, 고조선의 유민들에 의해서 형성된 고조선의 맥을 잇는 국가라는 사실을 단적으로 말해주는 것이다.

다시 한 번 강조하자면, 진국의 진정한 의미는 고조선의 후손인 우리 한민족이 만주는 물론 한반도까지 그 역사와 문화의 단절 없이 동일한 문화를 누리며 공생했다는 것을 실증해주는 귀중한 역사상의 존재라는 것이다. 그리고 이것은 만주의 영토문화에 의해서 문화주권자를 규명할 때 우리 한민족이 만주의 문화주권자로 영토권자라고 주장할 수 있는 중요한 근거가 되는 것이다.

(3) 진국의 역사와 진국 문화의 대마도 진출

진국의 성립 시기, 즉 말조선이 마한으로 국호를 바꾸고 남삼한을 주도해나가기 시작한 시기는 대체로 기원전 4세기 이전으로 인정된다. 전술한 바와 같이 기원전 2세기 초, 고조선 준왕이 위만에게 왕위를 빼앗

---

128) 신채호는 『조선상고사』에서 '마한진왕'이라고 한 것에 대해서 동일한 한이라는 명사를 하나는 음을 취하여 국호로 쓰고 하나는 뜻을 취하여 왕호로 썼다고 했다. 그러나 이것은 마한국의 왕이 진왕을 겸한다고 한 것으로 보는 것이 타당하다. 후한서에 의하면 마한은 서쪽에 있는데, 54국이 있으며, 그 북쪽은 낙랑, 남쪽은 왜와 접하여 있다. 진한은 동쪽에 있는데, 12국이 있으며, 그 북쪽은 예맥과 접하여 있다. 변한은 진한의 남쪽에 있는데, 역시 12국이 있으며, 그 남쪽은 왜와 접해 있다. 모두 78개 나라로 백제는 그 중의 한 나라이다. 큰 나라는 만여호, 작은 나라는 수천가인데, 각기 산과 바다 사이에 있어서 전체 국토의 넓이가 사방 4천여리나 된다. 동쪽과 서쪽은 바다를 경계로 하니 모두 옛 진국이다. 마한이 한족 중에서 가장 강대하여 그 종족들이 함께 왕을 세워 진왕으로 삼아 목지국(目支國)에 (『삼국지』에는 '월지국(月支國)'으로 기록됨)도읍하여 전체 삼한 지역의 왕으로 군림한다.

기고 마한에 망명하였을 당시에 이미 삼한지역에는 진왕이 있었다는 것을 보면 알 수 있다. 또한, 『삼국사기』 신라본기 혁거세서간 1년조에 전하는 진한의 전설에 의하면 '조선유민들이 산골짜기에 나뉘어 살면서 6개 마을을 이루어 이것이 진한 6부로 되었다'고 한다. 이렇게 고조선 사람들이 진한 지역에까지 이주하지 않으면 안 되었던 이유는 〈진개(秦開)의 역〉을 들 수 있다. 『위략』에 의하면, 연(燕)나라 장수 진개가 거느린 침략군에 의해 고조선이 그 서쪽 2,000여리의 지역을 잃었다고 한다. 진개는 연소왕(기원전 311~279년) 때 벼슬한 자였으므로 고조선 사람들이 〈진개의 역〉에 의해서 진국에 온 시기는 기원전 4세기 말에서 3세기 초에 해당되며 진국은 이보다 앞선 기원전 4세기 이전에 성립되었다고 볼 수 있는 것이다.

진국의 지역적 무대는 삼한 전체를 포괄하였다. 훗날 진국이 망하고 삼한의 역사를 쓴 『후한서』 한전에서 '한에는 세 나라가 있으니 첫째는 마한이고, 둘째는 진한이며, 셋째는 변진인데 모두 옛날의 진국이었다.'라고 한 것은 삼한의 모든 지역이 진국이었다는 것을 말해준다. 이는 진국의 통치자인 진왕이 마한지역에 수도를 정하고 삼한지역의 모든 지역을 통치하였던 사실에 의해서도 잘 알 수 있다.129) 진국 초기의 수도인 월지국은 오늘날의 직산 일대로 인정되고, 말기의 수도인 '국읍'은 오늘날의 금강 이남 익산 부근으로 인정된다.130)

기원전 1세기 말에 이르러서 철기문화의 대대적인 보급은 지방 소국들의 생산력 발전에 커다란 변화를 가져오기 시작한다. 북쪽 변방 지역

---

129) 북한 사회과학원 역사연구소 편, 전게서, 179쪽.
130) 상게서, 186쪽.

을 담당하고 있던 백제의 성장과 진한과 변한이 마한으로부터 이탈함으로써 진국은 해체되어 삼한 각각으로 흩어지고, 마한도 백제에 의해 멸망하게 됨으로써 고대국가 진국은 기원 1세기 중엽에 멸망한다. 그러나 이 멸망 역시 외세의 침입에 의해서 역사와 문화가 단절되는 멸망이 아니었다. 고조선의 멸망이 부여와 고구려와 진국으로 이어지듯이 진국의 멸망은 백제와 신라 및 가야로 이어짐으로써, 멸망이라는 용어보다는 국명과 왕조가 바뀌었다는 표현이 옳을 것이다. 그 후 소국들의 정복과 통합이 끊임없이 이루어지는 가운데, 마한을 정복한 백제와 진한과 변한 지역에서 신라와 가야가 두각을 나타내게 된다.

진국은 고조선과 같은 민족으로서 고조선의 발전된 문물을 받아들여 그것을 무기로 기원전 4세기 말~기원전 3세기 초부터 왜를 개척해 나갔다. 그 교두보는 대마도로서 대마도는 진국이 개척하고 진국의 문화를 꽃피운 곳이다. 특히, 진국이 멸망하던 시기인 기원 1세기경에는 많은 사람이 진국을 이탈했고, 그들이 이미 자신의 동족들이 가서 생활 터전을 마련하고 있는 대마도로 이동했다. 더더욱 마한의 고위계층이었다면 새로 집권세력이 된 백제를 피해서 얼마든지 이동할 수 있는 가능성이 있다. 전혀 눈에 보이지 않는 미지를 찾아서라도 떠나야 하는데, 부산에서 멀리 한눈에 보이는 대마도를 향해서 떠난 것은 지극히 당연한 일이다. 대마도 고분에서 값비싼 보물들이 껴묻기가 되었던 사실은 그런 유추에 의해서도 충분히 해명될 수 있는 것이다.131)

---

131) 신용우, 「문화영토론에 의한 대마도의 영토권 연구」, 박사학위논문, 경일대학교대학원, 2015, 56-58쪽.

2) 고조선과 진국의 문화

필자는 제1부에서 영토문화 중에서 전통이 중요시 되고 그 부장품인 껴묻기에 의해서 영토문화의 특징을 가장 쉽게 알 수 있는 것이 매장문화라고 했다. 매장문화는 그 영토의 자연환경에 의해서 방식을 달리할 뿐만 아니라 그 영토를 생활기반으로 삼고 있는 민족의 종교에 따라서도 많은 영향을 받기 때문이다. 또한 매장문화는 예식을 진행하는 방법 등은 무형문화이고 예식을 진행하기 위해서 필요한 도구나 예식 후에 매장되어 남는 유물 등은 유형문화로서 복합문화라고 할 수 있는 것이기에, 어느 민족이나 나라의 매장문화는 영토문화의 문화주권자를 판가름하는 귀중한 자료가 되기 때문이다.

고조선과 진국의 대표적인 영토문화의 유물 역시 매장문화로 고인돌과 비파형동검이라는 공통점을 가지고 있다. 고조선과 진국은 같은 민족으로, 진국은 건국부터 고조선을 이어받았으니 당연한 일이라고 할 수 있다. 고조선의 종주국으로 대단군이 다스리며, 만주를 근거지로 했던 신조선은 자국 내의 소국이었던 부여와 고구려가 강성해지면서 그 영역을 넓혀나가자 만주를 내주게 되었다. 그리고 그때는 두만강 이남에 자리하고 있던 막조선(莫朝鮮; 말한이 통치)이 이미 국호를 마한(馬韓)으로 바꾸고 한반도 안에서 진국의 수장이 되어 진국을 이끌어 가고 있을 때이니, 고조선의 후예인 만주의 고구려와 부여는 당연히 진국과 같은 민족이자 같은 문화를 누리며 살아갔던 것이다.

고조선과 진국의 매장문화는 [그림 1]에서 보는 바와 같이 만주와 한반도에 분포된 고인돌과 청동검으로 대표된다. 고조선과 진국의 대표적인 유물인 고인돌과 청동검이 난하 서쪽을 근거지로 하는 중국어족인 한족에게는 존재하지 않고 난하 동쪽인 만주와 한반도에 동일하게 분포하는 것이다.

이른 시기의 고인돌은 돌무지무덤과 병존하였으나 대부분의 고인돌은 돌무지무덤보다 후에 만들어진 것으로[132] 지상에 판석을 4장 혹은 3장 세워서 돌곽을 만들고 그 위에 큰 뚜껑을 올려놓은 오덕형 고인돌과 지하에 돌상자 무덤을 만들고 그 위에 큰 무덤표식을 덮어 놓은 침촌형 고인돌이 있다. 이 고인돌의 분포를 보면 그 서쪽 경계선은 요하이고 남으로는 한반도 전역으로 남해안을 넘어 제주도와 대마도에까지 이르고 있다.[133] 특히 요녕성에 집중 분포하고 있는 탁자식 고인돌은 단순한 무덤의 기능 이외에도, 종교제사 기념물, 집회장소의 역할, 선조 제사 장소 등의 기능이 있는 것으로 여겨지고 있는데, 북한지역의 탁자식 고인돌 가운데에도 서해바다 가까운 산마루나 능선위에서 무덤 이외의 기능을 가진 것으로 해석되는 고인돌들이 발굴된다. 이와 같은 고인돌이 북한의 은율 관산리와 운산리·배천 용동리·용강 석천산 등에서 조사되어 주목을 받고 있다. 그리고 이 고인돌 가운데에는 무덤방에서 껴묻거리가 찾아지는 것도 있어, 무덤으로써의 기능도 함께 지니고 있었던 것 같다.[134]

고인돌에 껴묻기 되어 있는 관계로 직접적인 관련이 있는 유물이 비파형 단검이다. 비파형 단검은 형태가 옛날 악기인 비파처럼 생긴 것에서

---

132) 북한 박진욱, 「고조선의 성립에 대하여」, 『조선 고대 및 중세초기사 연구』, 백산자료원, 1999, 5쪽.

133) 북한 박진욱, 「비파형단검문화의 발원지와 창조자에 대하여」, 『비파형단검문화에 관한 연구』, 과학백과사전출판사. 1987, 50-51쪽.

134) 하문식, 『고조선 지역의 고인돌 연구』, 백산자료원, 1999, 274-278쪽.

유래한 이름이다. 하지만 날이 비파처럼 생긴 것이라고 모두 비파형 단검으로 분류하지는 않는다. 비파형 단검이란 날의 형태가 비파모양으로 생겼을 뿐만 아니라, 검몸, 검자루, 검자루맞추개(가중기)를 따로 만들어서 조립하게 되어있는 단검이 바로 비파형 단검이다. 비파형 단검의 분포지역은 한반도와 만주의 대부분 지방이다. 더 구체적으로 말하자면 북쪽은 송화강 유역으로부터 남쪽은 한반도의 남해안을 넘어 제주도와 대마도까지, 서쪽은 내몽골과의 경계선 부근으로부터 동쪽은 목단강 상류 유역까지이고 서남쪽은 소릉하 서쪽 즉 난하 유역까지다. 그 서쪽의 하북성에서 나온 것은 유적에서 나온 것이 아니고 수집품으로 과학적 자료로는 취급하기 어렵다. 또한 검 날의 형태가 비파처럼 생겼다고 할지라도 검자루와 검몸이 붙어있는 주머니자루식 단검이나 비수식 단검은 비파형 단검에 포함시킬 수 없다. 주머니자루식 단검이나 비수식 단검은 비파형 단검의 형태를 본 따서 만든 것이다. 주머니자루식 단검과 비수식 단검은 요서지방에서만 나왔으며 요동 및 한반도에서는 나온 예가 없다.135) 고인돌과 비파형 단검의 분포지역을 근거로 추정한 고조선 유물지도 [그림 1]의 영역은 고조선과 진국의 영역 [그림 2]와 매우 흡사한 것으로 만주에서 출발해서 한반도를 거쳐 대마도에까지 이른다는 것을 알 수 있다. 이것은 고조선과 진국이 같은 민족으로 같은 문화를 공유하며 살았던 것을 확실하게 증명해 주는 증거로 작용하는 것이다.

---

135) 북한 박진욱, 「비파형단검문화의 발원지와 창조자에 대하여」, 『비파형단검문화에 관한 연구』, 과학백과사전출판사. 1987, 33쪽.

제3장
부여(夫餘)와 고구려(高句麗)의 건국설화와 구성 민족

고조선이 만주 지방과 한반도의 일부를 생활 터전으로 삼고 힘 있는 고대국가로 존속하였지만, 고대국가의 어느 나라든 일정 기간이 지나고 나면 외적의 침입은 물론 내부에서 새로 성장하는 세력에 의해서 나라가 붕괴되고 새로운 나라가 들어서게 된다.

외적의 침입에 의해서 나라가 붕괴되는 것은 나라가 힘이 없어서 당하는 것으로 더 이상의 설명을 필요로 하지 않는다. 하지만 내부에서 새로 성장하는 세력에 의해서 새로운 나라가 들어서는 것은, 현대 국가에서는 백성들의 선거에 의해서 정권(政權)이 바뀌거나 혁명이나 쿠데타에 의해서 정권이나 정체(政體)가 바뀌지만, 왕위가 세습되던 고대국가에서는 새로운 왕조의 등극이 부패한 정권과 왕실을 바꾸기 위한 유일한 수단이었기 때문이다. 물론 어느 일개인의 욕심에 의해서 평온한 나라가 반정의 물결에 휩싸일 수도 있었던 것 역시 사실이다. 하지만 반정에는 명분이 필요했고, 그 명분은 대개 부패한 권력의 타도였으므로 명분을 충족할 수 있었다. 물론 반정을 해놓고도 자신들의 욕심을 채우기에 바빠서 부패한 정권보다 더 부패한 경우도 있지만, 그런 경우에는 백성들의 냉담한 반응으로 인해서 대부분 오래 지속되지 못했다. 대부분의 반정은 백성들이 먼저 개혁을 원하기에 반정이 일어나고 백성들의 호응을 받아 개혁을 추진했기에 한 걸음 더 성장했던 것이다.

고조선은 이민족의 침입에 의한 것이 아니라 단군 사상의 붕괴와 함께 내부 세력들이 성장하여 지배 세력을 붕괴시키고 국호를 새롭게 선포함으로써 멸망한 나라다. 백성들이 새로운 나라를 개국한 것으로, 멸망이라기보다는 국호를 변경하고 지배 세력이 바뀜으로써 새로운 정치를 폈다는 것이 옳을 것이다. 따라서 고조선과 부여와 고구려의 구성 민족은 같은 민족일 뿐만 아니라, 그 문화와 역사 역시 전승되고 이어질 수밖에 없던 것이다.

본 장에서는 고조선의 뒤를 이은 부여와 고구려의 건국 설화 등을 통해서 세 나라 모두 구성 민족이 같은 민족이라는 것을 밝히는 것은 물론 그동안 신화처럼 들리던 건국 설화의 현실성에 대해서 논하고자 한다.

1. 부여

그동안 우리는 고구려의 광활하고 웅장함은 자랑스럽게 생각하면서도 부여에 대해서는 잘 알지 못했던 것이 사실이다. 고구려에 비하여 부여의 역사와 문화가 상대적으로 지나치게 왜소하게 평가된 것이다. 그것은 부여에 대한 기록이 상대적으로 적은 까닭도 있겠지만 그보다는 고구려가 종국에는 부여를 흡수 통일했기 때문에 상대적으로 고구려가 높이 평가되다보니 일어난 문제일 수도 있다. 그러나 부여의 강역과 문화가 비록 고구려에는 미치지 못했을지 모르지만 그 역시 광활했다는 것을 인정해야 된다.

부여는 고조선이 멸망한 후 세워진 나라가 아니다. 부여는 고조선이 존립하던 시기에 흑룡강(黑龍江; 헤이룽강) 지류인 송화강(松花江; 쑹화강)의 주요 지류 눈강(嫩江; 넌장) 서쪽에 있었던 한 세력이 송화강 일대로 이동하여 그곳에 있던 소국을 정복한 것으로 보는 것이 옳다. 흔히 부여는 맥족의 나라라고 한다. 그러나 맥족, 예족, 예맥족 등의 족명을 굳이 구분하는 것은 의미가 없다. 이미 앞장에서 자세하게 설명한 바와 같이, 그 족명들이 모두 한민족 즉, 조선족을 지칭하는 것이다. 부여가 맥족의 나라였다는 것은 부여보다 뒤늦게 건국된 고구려와의 관계를 통해서도 알 수 있다. 광개토경평안호태왕(廣開土境平安好太王) 비문에 의하면 시조 추모왕이 부여에서 나와 고구려를 세웠다고 하였으며, 『후한서』「고구려전」에서는 고구려를 일명 맥이라고도 하였다. 고구려가 맥족의 나라요 부여에서 나왔으므로, 부여 역시 맥족의 나라임은 명백하다.

1) 부여의 건국설화

부여의 건국에 관해서 기록한 것 중 가장 이른 시기의 것은『논형』「길험편」이다.

북이 탁리국 임금의 시녀가 임신했다. 임금이 그녀를 죽이려 하니 그녀가 아뢰기를 "크기가 계란만한 기운이 하늘에서 내려오더니 제가 이렇게 임신을 했습니다." 훗날 아이를 낳았다. 돼지우리 안에 아이를 버리니 돼지들이 입김을 불어 아이가 죽지 않게 했다. 마구간으로 옮겨 아이를 죽이려고 했다. 그러나 말도 입김을 불어 아이가 죽지 않게 했다. 임금은 하늘의 아들이 아닐까 하는 생각에 그 어미에게 명하여 노비처럼 키우게 하였다. 동명이라고 이름 짓고 소와 말을 돌보게 했다. 동명은 활을 잘 쏘았다. 임금은 그에게 나라를 빼앗길까 두려워졌다. 죽이려고 하자 동명이 달아났다. 남쪽 엄호수에 이르러 활로 물을 치니 물고기와 자라가 떠올라 다리를 만들었다. 동명이 건너자 물고기와 자라가 흩어졌다. 추격하던 병사들은 건너지 못했다. 그리하여 부여에 도읍하고 왕이 되었다. 그래서 북이에 부여가 생긴 것이다.136)

이 설화에 대해서 북한 학자들은 다음과 같은 견해를 밝히고 있다.

이상과 같은 내용의 전설은 고구려의 건국 설화와 출생과 성장과정, 박해를 당하고 피하는 과정까지 너무나도 같은 점이 많다. 이 설화와 꼭

---

136)『論衡』卷第二 吉驗篇

"北夷橐離國王侍婢有娠, 王欲殺之. 婢對曰:「有氣大如鷄子, 從天而下, 我故有娠.」. 後産子, 捐於猪溷中, 猪以口氣噓之, 不死. 復徙置馬欄中, 欲使馬藉殺之, 馬復以口氣噓之, 不死. 王疑以爲天子, 令其母收取, 奴畜之, 名東明, 令牧牛馬. 東明善射, 王恐奪其國也, 欲殺之. 東明走, 南至掩淲水, 以弓擊水, 魚鼈浮爲橋, 東明得渡. 魚鼈解散, 追兵不得渡. 因都王夫餘, 故北夷有夫餘國焉."

같은 설화가 『위략』이나 『후한서』에도 실려 있다. 차이가 있다면 동명이 건너간 강 이름을 『위략』에서는 '시엄수'라고 했고, 동명이 태어난 나라 이름을 『위략』에서는 '고려국'으로 『후한서』에서는 '색리국'으로 적은 것인데, 그것은 기원 전 1세기 중엽의 책인 왕충의 『논형』에 의거하였거나 『논형』과 같은 사료에 근거하였기 때문이다. 또한 『삼국유사』「기이, 동부여조」에 동부여의 건국 설화가 나오고 그 왕대가 부루, 금와, 대소에 의해 이어지는데 그러한 나라를 『삼국사기』에서는 부여로 전하고 있다. 그러므로 부여 밖에 동부여가 있었던 것은 아니다. 『삼국유사』의 부여는 『논형』의 부여를 말하는 것이다.[137]

그러나 이 문제는 북한학자들의 견해처럼 단순하게 볼 일이 아니다. 부여의 건국 설화가 고구려 건국 설화와 유사한 점이 있고 특히 『삼국사기』에서 고구려의 시조를 동명성왕이라고 부르고, 부여의 시조 역시 동명이라고 부르는 것에서 두 나라의 건국 설화가 같은 것을 반복하고 있다는 의구심을 품을 수는 있지만 결코 그렇지 않다는 것이다. 또한 동부여가 없었고 『삼국유사』의 부여는 『논형』의 부여를 말하는 것이라는 것 자체가 잘못된 발상이다.

동명(東明)이라는 칭호가 신채호의 주장처럼 '동명'은 '한몽'으로 읽어야 하는 것으로 '한몽'은 '신수두' 대제(大祭)에서 높이 받들어 제사를 지내기 위해 올렸던 호(號)라고[138] 해석을 하거나, 북한 학자들의 주장처럼 동명이란 어떤 개별적인 사람의 이름을 나타내는 고유명사가 아니라 신성한 존재를 의미하는 보통명사였다. 그것은 부여의 건국 시조뿐만 아

---

137) 북한 사회과학원 역사연구소 편, 전게서, 130-132쪽.
138) 신채호, 전게서, 169쪽.

니라 고구려 건국시조 주몽도 동명이라고 부른 것을 보면 알 수 있다. 동명이란 칭호는 고대 사람들이 천신숭배사상의 관념으로부터 출발하여 건국 시조를 신성화하기 위한 목적에서 붙인 존호이며 동명의 의미는 '하늘이 낸 사람'이라는 뜻을 가진 것이라는[139] 해석을 보면 부여와 고구려 두 나라의 시조 모두 신성한 존재인 '동명'이라고 호칭한 것이지, 같은 건국 설화를 가지고 반복한 것이 절대 아니다.『논형』등에서 전하는 부여의 건국 설화가 고구려의 그것과 유사한 점도 있지만, 두 나라의 건국 설화를 비교해 볼 때 앞뒤가 안 맞는 것이 많다는 점에서 서로 다른 고유한 건국 설화임을 인정해야 한다. 중국에서 우리 한민족의 선조들에 대한 건국 설화를, 그것도 고대의 교통수단이나 기타 통신수단을 감안할 때, 자신이 목격하거나 조사한 것도 아니고 단순히 전해지는 이야기를 듣고 적는다는 것이 쉬운 일은 아니었을 것이며, 그로인해서 다소 변형되어 기록된 점이 있는 까닭에 서로 같은 설화라는 의문을 낳는 것일 뿐이다. 부여와 고구려의 건국 설화는 비록 닮은 요소가 있을지라도 각기 독립된 설화 그 자체로 보아야 한다. 이 문제는 이어지는 부여와 고구려의 건국 설화에서 명확하게 밝혀질 것이다.

2) 부여 건국 설화에 대한 정의(定義)

건국 설화는 반드시 신화적인 요소를 포함하고 있기 때문에 허구처럼 들릴 수도 있다. 그러나 건국 설화에서 신화적인 요소만 배제한다면 그

---

139) 북한 사회과학원력사연구소,『고조선사·부여사·구려사·진국사-조선전사 개정판』(평양: 과학백과사전종합출판사, 1991), p.132

나라의 건국에 대해 많은 것을 알아낼 수 있다. 부여의 건국 설화 역시 마찬가지이므로 신화적인 요소를 배제하고 살펴보기로 한다.

고대국가라는 것이 이미 고조선에서 살펴본 바와 같이 완전한 중앙집권제의 절대왕권에 의해 나라가 획일적인 체제를 갖추고 존재하는 것이 아니었다. 일정한 지역을 다스리는 제후들이 자신을 추종하거나 자신이 정복한 고장의 백성들을 연합하여 하나의 소국을 만들고, 그 소국들의 연합체로 중앙에 왕을 추대하여 만든 것이 고대국가들이다. 그런 의미에서 볼 때 부여는 탁리국이라는 소국의 힘이 강성해지면서, 그때까지는 맹주였으나 점점 힘이 약해지는 '신조선'을 이끌어갈 새로운 세력으로 등장하여 실질적인 권한을 갖게 됨으로써, 주변 소국들의 지지를 받아 새로운 왕조로 부상했다고 볼 수 있다. 그런데 '탁리국'이 신조선의 뒤를 이은 것이 아니라 '부여'라는 새로운 나라가 등장하는 것이다. 여기에서 야기되는 문제가 『삼국유사』와 『삼국사기』에 기록되어 있는 북부여와 동부여 및 고구려의 건국 설화에서 오는 충돌이다.

『삼국유사』「기이 북부여」에서는, '임술(壬戌) 4월 8일, 천제가 다섯 마리 용이 끄는 수레를 타고 흘승골성에 내려와서 도읍을 정하고 왕으로 일컬어 나라 이름을 북부여라 하고 자칭 이름을 해모수라 하였다. 아들을 낳아 이름을 부루라 하고 해(解)로써 씨를 삼았다. 그 후 왕은 상제의 명령에 따라 동부여로 도읍을 옮기게 되고 동명제가 북부여를 이어 일어나 졸본주에 도읍을 세우고 졸본부여가 되었으니 곧 고구려(高句麗)의 시조이다.'라고 하였다. 그리고 『삼국유사』「기이 동부여」에서는, '북부여왕 해부루의 신하 아란불(阿蘭弗)의 꿈에 천제가 내려와서 말하기를 "장차 나의 자손으로써 이곳에 나라를 세우려고 하니 너는 이곳을 피하라. 동해 해변에 가섭원(迦葉原)140)이라 하는 땅이 있어 토지가 기름져서 왕도를 세울 만하니라."라고 하였다. 아란불이 왕을 권하여 도읍을 그곳으로 옮기도록 하고 나라 이름을 동부여라 하였다'고 했다. 그런데 『삼국사기』「고구려 본기」에는 '부여왕 해부루(解夫婁)에게 재상 아란불이 다음과 같이 말하였다. "일전에 하늘[天]이 저에게 내려와 말하기를, '장차 내 자손에게 이곳에 나라를 세우게 할 것이다. 너희는 그곳을 피하라. 동해 물가에 땅이 있으니 이름을 가섭원이라 하는데, 토양이 기름지고 오곡(五穀)이 자라기 알맞으니 도읍할 만하다'라고 하였습니다." 아란불이 마침내 왕에게 권하여 그곳으로 도읍을 옮기고 나라 이름을 동부여라 하였다. 옛 도읍에는 어떤 사람이 있었으니, 어디서 왔는지 알 수 없으나 스스로 천제의 아들 해모수라 칭하며 와서 도읍하였다. 해부루가 죽자 금와가 왕위를 이었다.'

『삼국사기』에 의하면 천제가 자신의 아들이 북부여를 세울 것을 예고하고, 해부루의 부여를 동부여로 이동할 것을 권고했으며 스스로 천제의 아들이라는 해모수가 그곳에 북부여를 건국했다는 의미로 해석할 수 있는데, 『삼국유사』에서는 북부여를 세운 해모수의 아들이 해부루이고 해부루가 도읍을 동부여로 옮긴 것이라고 하니 갈피를 잡기가 어렵다.

또한 『삼국유사』「기이 고구려」에서는, 해모수가 하백의 딸 유화와 정을 통했으며, 동부여의 금와왕이 그 여자를 이상히 여겨 방에 가두었는데 알을 낳았고, 그 알에서 나온 것이 고주몽이라고 적으면서 '부루와 주몽은 배다른 형제'라고 주석을 달아 놓고 있다. 그런가 하면 『삼국유사』

---

140) 신채호는 '가섭원'이라고 한 것은 불교의 영향을 받아 그렇게 쓴 것이며 원래는 '가시라'의 고구려 이두문 대로 '갈사나(曷思那)'라고 쓰는 것이 옳다고 하였다.
　　　신채호, 전게서, p.159

「왕력 동명왕」에서는, 성은 고씨이고 이름은 주몽인데 추모라고도 한다. 단군의 아들이라고 기록되어 있다.

『삼국유사』「기이 북부여」의 기록대로 해모수의 아들이 해부루라면 주몽 역시 해모수의 아들이니 해부루와는 배다른 형제라는 것이 맞는다. 또한 당시에는 단군이라는 칭호 역시 왕을 뜻하는 호칭이었으니 해모수의 아들이라면 단군의 아들이라는 기록 또한 맞는 말이다. 다만, 『삼국사기』「고구려 본기」에 의하면 해부루는 해모수가 북부여를 세우기 이전에 이미 천제의 명에 의해 동부여로 이전한 뒤인데, 『삼국유사』「기이 북부여」에서는 북부여를 세운 해모수의 아들 해부루가 또 상제의 명에 의해서 동부여로 옮겼다니 그것이 이상하게 보인다는 것이다. 같은 역사를 불과 100여 년 차이의 비슷한 시기에 서술한 두 역사서가 큰 차이를 보이고 있다. 그나마 『삼국유사』에서는 북부여의 해부루가 천도해서 동부여를 세웠고, 해부루가 떠난 그 자리에 고주몽이 고구려를 세웠다고 했다. 그런데 『삼국사기』에서는 해부루가 어디에서 왔는지도 모르는 자칭 천제의 아들인 해모수에 의해서 이미 차지하고 있던 왕국을 빼앗기고 동부여로 밀려난 것으로 해석하고 있으니 갈피를 잡을 수가 없다. 또한 과연 꿈을 믿고 천도를 했을까 하는 의문이 든다. 그러나 이 문제는 해부루에 대해서 올바르게 이해한다면 저절로 풀리는 의문이다.

동·북 부여의 건국 설화 및 『논형』의 부여 건국 설화를 종합해 보면, 해부루가 떠난 그 자리에 해모수가 내려와서 왕국을 세웠고, 해모수는 고구려의 시조 주몽(鄒牟王; 추모왕)의 아버지로 전해지며, 북부여라는 곳에 있던 부여는 천도를 한 후 이름을 동부여라고 했다는 것이다. 그리고 해모수의 아들인 고주몽이 그 자리에 고구려를 세웠다는 것이다. 다만 『삼국사기』에서는 해모수가 천도한 동부여가 있던 자리에 도읍하고 나라를 건국했다는 것에서 일단락을 짓는다. 그리고『삼국사기』와『삼국유사』공히 유화부인이 해모수와 사통하고 동부여로 피신하여 해부루의 뒤를 이어 동부여의 왕위에 오른 금아왕을 만나 도움을 받으며, 햇빛에 의해서 잉태하여 알을 낳고 그 알에서 고주몽이 태어난다는 이야기를 적는다.141)『논형』에 기록된 부여의 건국 설화와 유사한 점도 많으니 같은 설화라고 치부할 수도 있다. 그러나 고대 건국 설화가 비슷비슷하다는 것을 염두에 둔다면 굳이 부여와 고구려 건국 설화에 대해서만 유사성을 따질 일은 아니다.142) 중요한 것은 이 이야기들은 설화라고 하지만 이것을 단순하게 설화라고 볼 것이 아니라 거기에서 무언가 도출해 낸다면 다음과 같이 정리해 볼 수 있다.

해모수를 천제의 아들이라 표현하고 해부루의 꿈에 천제가 나타나서 천도할 것을 명했다는 것은 건국 설화라는 점을 고려한다면, 건국 설화에 힘의 논리를 적용하는 것 보다는 천제의 명 운운하는 것이 더 합당하다는 생각에 그리 적은 것으로 볼 수 있다. 그러나 해모수와 해부루의 미묘한 관계를 풀어낼 해답은 구할 수가 없다. 하지만『삼국사기』를 근거로 할 때 동부여가 생긴 것은 해부루가 힘의 논리에 의해 해모수에게 밀려난 것으로 해석한다면 그 해답을 구할 수 있을 것이다. 마찬가지로『삼국유사』를 근거로 한다면 고주몽이 북부여를 접수했으니 해부루의 부여는 힘에 밀려 동부여로 이전한 것이다. 결국『삼국사기』와『삼국유사』에 기록된 두 가지 설을 융합해 보면, 동부여와 북부여 이전에 동명왕이

---

141) 이 부분에 대해서는 고구려의 건국 설화를 이야기하는 곳에서 자세하게 밝힐 것이다.
142) 박혁거세와 김알지는 물론 금아 왕의 설화도 비슷비슷하기는 마찬가지다.

탁리국에서 와서 천제의 아들임을 자처하고 부여를 건국하여 다스리다가 아들 해부루가 왕위를 넘겨 받아 다스리고 있었다. 그런데 또 천제의 아들임을 자처하는 해모수가 힘으로 동명왕의 아들인 해부루를 동부여로 축출하고 그 자리에 북부여를 세웠으며, 힘의 논리에서 밀려난 해부루와 그를 추종하는 일정한 세력이 가섭원, 즉 갈사나로 이동하여 새로운 나라를 세웠지만, 그 역시 국명은 부여를 따라서 동부여라 했으니 그들 역시 부여임을 자청했다는 사실을 보여줌으로써 부여의 존재가 확실했었다는 것을 기술한 것이다. 해부루를 동부여로 몰아내고 북부여를 세운 해모수는 비록 유화부인과 혼외 자녀로 고주몽을 생산했지만, 고주몽의 아버지였으니 고주몽이 북부여 자리에 있는 졸본주에 도읍하는 것이 합당하다는 토대를 마련해 준 것이다. 따라서 그 시대에는 적어도 천제의 아들에 의한 건국만이 부여는 물론 고주몽의 고구려 건국을 합당하게 부각할 수 있는 방법으로 여겼다고 해석하는 것이 옳다는 것이다. 아울러 부여와 같은 시대에 일어난 일을 기록한 책이 아니라 삼국의 이야기를 적은 『삼국유사』와 『삼국사기』라는 책이다 보니 고구려·백제·신라에 대한 이야기를 적기 위해서 그보다 먼저 건국했던 부여에 대한 이야기는 축약하면서 고구려 건국 설화를 만들어 내기 위한 방편이었다고 볼수도 있다. 『논형』에 기록된 원래 부여의 건국 설화를 차용해서 고구려 건국 설화를 각색했을 수는 있다는 것이다. 하지만 그보다는 전술한 바와 같이 고대 건국 설화가 비슷비슷했다는 편이 옳은 해석일 것이다. 그리고 이 설화는 건국 설화에 해당하는 것이라 표현을 신비스럽고 젊잖게 했을 뿐이다. 부여의 건국은 힘의 논리에 의해서 등장한 새로운 세력인 동명왕의 추종자들이 신조선의 신수두, 즉 대단군에게 대항하여 주도권을 잡기 위한 것으로 보는 것이 타당하다.

신조선 내의 어떤 문제로 인해 백성들의 민심이 이반하는 틈을 이용해서 신조선을 구성하고 있던 탁리국이라는 소국의 힘이 강성해져서, 그동안 조선 전체를 집권하던 신수두인 대단군을 몰아내고 새로운 세력으로 등장하는 과정 중에, 탁리국 내에서 어떤 권력다툼이 일어나자 그 타개책 중의 하나로, 그 중에서 힘이 있던 장수인 동명이 군사를 이끌고 남하하여 부여라는 성읍, 혹은 소국을 점령한다. 그리고 새로운 세계를 연다는 의미로 고대 사람들이 신성하게 여기던 광명의 상징인 '불'의 음역인 '부여'라는 이름을 계승한 새 왕조를 연 것으로 해석할 수 있다. 또한 그것은 스스로 상제의 아들임을 자청한 해모수의 북부여와 해모수에게 북부여를 내주고 동부여로 천도하게 된 해부루에게까지 이어져 부여가 존속한 것으로 볼 수 있다. 『논형』「길험편」에서 동명왕이 부여에 도읍하고 왕이 되었다고 한 것은 동명왕이 새로운 나라를 세웠다기보다는 이미 신조선 내에 존재하고 있던 부여라는 커다란 성읍 내지는 소국을 자신의 나라로 만들었다고 보는 것이 옳다는 것이다. 고대에서는 성 이름이 곧 소국의 이름인 경우가 많았던 까닭이다. 반복하자면 이미 부여라는 이름을 갖고 있는 소국을, 당시 한참 강성하게 뻗어나가던 탁리국에서, 어떤 사정으로 인하여 일련의 무리를 이끌고 남하한 동명이라는 장수가 힘으로 그 소국을 지배하고 왕이 된 것이다.

이것은 신채호가 『조선상고사』에서, 북부여와 동부여와 고구려가 신조선이 멸망하여 부여왕조가 되고, 부여가 다시 분열한 것인지, 아니면 부여라는 왕조가 없이 신조선으로부터 각각의 나라가 건국되었는지, 이에 대해서는 고찰할 근거가 없다고[143) 강한 의문을 제기했던 것에 대한

---

143) 신채호, 전게서, p. 157

해답이 될 수 있다. 즉, 북·동 부여의 모체가 되는 '부여'의 존재에 대한 해답이라는 것이다. 한 가지 더 덧붙이자면 부여 역시 중앙집권의 절대 왕권이라기보다는 힘에 의해서 나뉘고 연합하며 서로 부여라는 이름을 고집한 연합국이었을 것이라는 점이다.

북부여·동부여 혹은 신채호가 주장한 바와 같이 고구려 대무신왕이 동부여를 공격하여 파한 뒤에 동부여가 갈라진 동북부여와 남동부여 등의 부여국들은 부여라는 이름 아래 만들어진 연합국이거나, 혹은 백성들이 통치자들을 따르게 하기 위해서 갈라져 나가면서도 그 앞에 무언가 수식어를 붙이는 한이 있더라도 부여라는 나라 이름을 사용해야 하는 이유가 있었기에 여러 곳에서 부여라는 국호를 사용했던 것으로 볼 수 있다. 그것은 부여라는 국명이 부루족이라는 우리민족의 족명과 같은 말이므로 중요시되었다고 볼 수도 있지만, 그보다는 이미 부여가 존재했던 터인지라 동으로 가면 동부여라 하고, 해모수가 해부루를 몰아내고 그 자리를 차지하고도 북부여라고 한 것은 서로 부여의 적통임을 보여주기 위해서 부여를 고집했다는 것이다. 즉, 부여에서 파생된 국가들이 국명의 서두에 어떤 수식어를 붙여서라도 스스로 '부여'의 한 갈래임을 보여주기 위한 것으로 보아 부여라는 커다란 연합체의 힘이 작용하였던 것으로 볼 수 있다.

3) 동·북 부여의 해모수와 해부루에 대한 정리

지금까지 전개된 논리에 의해서 해모수와 해부루의 관계를 최종적으로 정리해보면, 동부여와 북부여의 해부루는 동명이인이다.

『삼국사기』에서는 북부여 왕을 하고 있던 해부루가 해모수에게 쫓겨

동부여로 왔다고 했으니 동부여의 해부루는 북부여를 건국한 해모수의 아들은 아니다. 그런데 『삼국유사』에서는 해모수의 아들 역시 해부루라고 했으니 해모수에게도 해부루라는 아들이 있었다. 따라서 해모수의 아들인 북부여의 해부루와 동부여의 해부루는 동명이인으로, 동부여의 해부루는 부여 동명왕의 아들로 보는 것이 옳다. 그 당시 신조선이 흩어질 위기에 처한 나라라고 하지만 백성들에게는 자신들이 신처럼 숭상하던 단군의 정통성이 그래도 중요했을 것이다. 따라서 동명왕 역시 자신을 신조선 대단군의 성씨인 해씨라고 했기에 아들에게 부루라는 이름을 지어 해부루로 만들었던 것이다. 그것은 고조선의 시조인 단군왕검의 아들인 2세 단군 역시 해부루라는 점에서 착안하여, 자신이야말로 단군왕검의 적통이라는 것을 만천하에 공개한 것이라고 볼 수도 있다. 물론 '부루'라는 것이 조선족의 족명이기도 했기에 아들을 해부루라고 했을 수도 있지만, 그것은 단군왕검이 자신의 아들을 해부루라고 한 것 역시 같은 이유일 수 있으므로, 동부여의 해부루는 부여 동명왕의 아들로 보는 것이 옳다. 그리고 동명왕 이후 해부루가 집권을 했을 때, 일련의 사태로 인해서 자칭 천제의 아들 해모수라고 하는 자가 동명왕을 계승한 해부루를 동부여로 내쫓고 왕위를 차지했다는 것이다.

　『삼국유사』에서도 해모수는 자신의 아들을 정통성을 계승하는 의미로 해부루라고 이름을 지었고 그 이복동생이 고주몽이라는 것이다. 그리고 해모수의 아들인 해부루를 동부여로 이전시켜 금아 왕으로 이어가는 것은 『삼국사기』와 동일하다. 다만, 『삼국사기』의 해모수는 출처가 불분명할 뿐이다. 그러나 이 모든 것은 이미 전술한 바와 같이 고주몽이 천제의 아들이라는 점을 강조하여 그가 북부여를 차지하고 건국한 것에 대한 합당성을 도출하기 위해서 두 개의 역사책이 인물 도입과 서술 방법을 달리한 것 이외에는 큰 차이가 없는 것이라고 본다. 그 증거 중 하나가 동북 부여를 이야기하는 것 같으면서도, 실제로는 유화부인이 해모수와 사통했으나 임신은 햇빛에 의해서 했다는 것을 강조하는 것을 보면 알 수 있다.

덧붙이자면 『삼국유사』에도 부여 시조 동명왕의 탄생 설화가 소개된다. 그런데 『삼국유사』의 저자 일연은 이 설화를 어떻게든 고구려 건국 설화와 같은 것으로 둔갑시키려고 주석을 달아가며 애쓴 흔적이 역력하지만, 누가 보아도 『논형』에 기록된 것과 유사한 부여 건국 설화다.

『주림전(珠琳傳)』 제21권에 쓰였으되, "옛날 영품리왕(寧稟離王)의 몸종이 태기가 있어 점쟁이가 점을 쳐 말하기를 '아이를 낳으면 귀히 되어 반드시 왕이 되리다.' 하니 왕이 말하기를 '내 자식이 아니니 마땅히 죽여야 한다.'고 하였다. 몸종이 말하기를 '하늘로부터 기운이 뻗쳐 내렸으므로 내가 아이를 밴 것이외다.'라고 하였다. 그가 아들을 낳게 되매 상서롭지 못하다 하여 돼지우리에 버리니 돼지가 입김을 불어 덥히고 마굿간에 버린즉 말이 젖을 먹여서 죽지를 않고 필경은 부여왕이 되었다."라고 하였다.

『논형』에 기록된 바와 같이 사람을 낳은 것이다. 유화부인처럼 알을 낳는 것이 아니다. 유화부인과 공통된 점은 하늘로부터의 빛에 의해서 임신을 했고 그렇게 태어난 아이를 동물들도 감히 해치지 못하는 것이었다. 이런 점에서 보아도 부여와 고구려의 건국 설화는 엄연히 다른 것이지만, 둘 다 힘의 논리에 의한 건국으로 만들기보다는 하늘의 명에 의해서 건국된 나라로 만들고 싶어하는 고대의 천신 사상이 깊게 반영되었다고 보는 것이 옳을 것이다.

2. 고구려

고구려가 부여와 같은 민족에 의해 건국되었다는 것은 두말할 것 없는 사실이다. 이미 앞서 밝힌 바와 같이 『고금운회거요(古今韻會擧要)』권 20에서는, "예(濊)(예맥(濊貊)은 동이(東夷)의 국명이다. 『광운(廣韻)』에 부여(夫餘)의 국명이라고 적고 있다고[144] 하였다. 또한 『삼국지』「위서」「예전」에 의하면 부여에서 갈라져 나온 고주몽이 졸본부여 지역에서 고구려를 세웠으므로 고구려와 부여 사람들은 같은 주민들이었다. 고조선이 멸망한 후 그 주민의 일부가 '예'지역에서 살았다. 그런데 그 후손들은 옛날부터 스스로 자신들은 고구려 사람들과 같은 족임을 말해왔다고[145] 기록되어 있는 것을 보더라도 고조선과 부여·고구려는 같은 민족이라는 것을 알 수 있다.

1) 구려국

구려국에 대해서는 이미 고조선의 소국으로 소개하였으나 고구려의 건국을 이야기하기 위해서 다소 중복이 되더라도 다시 한 번 그 존재를 논할 필요가 있다.

일반적으로 북한 학자들은 고구려 건국 이전에 고구려 건국의 기반이 되었던 구려(句麗)국이 있었다는 이론을 보편적으로 제시한다. 이에

---

144) 윤용구 외, 『예맥사료집성 및 역주』(백산자료원, 2012), 123쪽.
145) 북한 강인숙, 전게논문, p.305

대해서 필자는 구려국이란 한마디로 말하자면 '졸본부여'를 일컫는 또
다른 국명이라고 할 수도 있다는 견해다. 물론 학자들이 일반적으로
일컫는 '졸본부여'와 동일한 것은 아니지만 넓은 의미로 볼 때 그렇게
볼 수도 있다는 것이다. 다만 가장 중요하게 대두되는 문제는 그 건국
연대다.

북한 학자들이 구려국의 실체를 인정하는 이유는 '『삼국사기』에 의하
면 추모왕이 졸본부여에 이르렀을 때 그곳에 있던 왕에게 아들이 없었는
데 추모왕을 보고 보통 사람이 아니라는 것을 알고서 그의 딸로서 아내
를 삼게 하고 왕이 죽은 후 왕위를 잇게 했다는 것은 추모왕이 고구려를
건국하기 이전에 졸본부여 땅에 나라가 있었다는 것을 보여 준다. 또한 『
삼국유사』에 의하면 앞에서 부여의 건국신화에 인용한 것처럼 고주몽이
졸본주에 도읍을 정하여 졸본부여(卒本扶餘)가 되었으니, 곧 고구려의
시조였다고 한 것을 보면 졸본지역을 기반으로 나라를 세웠다는 것은 두
말할 나위가 없는 것이다. 그런데 본시 연노부, 순노부, 절노부, 판노부,
계루부의 5족이 있었는데 연노부가 미약해져서 지금은 계루부가 이를
대신한다는 『삼국지』『위서』「고구려전」의 기록을 보면 고구려가 들어
서기 전에는 연노부146)가 왕위를 이어간 것으로 5부를 통합한 나라는
연나왕실의 국가였다. 그리고 그 연나왕실의 국가 이름이 '구려'다. 『상
서』권11 주관 제22주서에 대한 주석에서는 주 무왕이 상나라를 멸망시
킨 후 구려가 서주(기원전 1066경~기원전 771년)왕실과 길이 통하게
되었다고 하였다. 이로써 구려라는 명칭의 유래가 매우 오래다는 것을
알 수 있다. 또한 기원 3세기 중국의 주석가 응소는 한 대의 고구려 현을

---

146) 연노부의 '노'는 『삼국사기』「고구려본기」에는 '나'로 표기되어 '나'표기를 따른다.

주석하여 '옛 구려호"라고 하였다. 이것을 통하여 전한(기원전 206~기원 24년) 때의 고구려를 그 이전에는 구려라고 불렀다는 것과 고구려 이전에 구려가 있었다는 것, 그리고 구려에 뒤 이은 것이 고구려라는 것을 알 수 있다. 이것은 주몽이 국호를 고구려라 하고 고자로 성을 삼았다고 한 『삼국사기』의 기록과 일맥상통하는 것으로 주몽이 자신의 성씨를 고라고 한 것과 구려 앞에 고를 붙여 국호로 삼은 것이 우연은 아니라는 것이다.

구려국의 영역은 고구려 초기 영역에 해당한다. 고구려 초기의 유적과 유물 분포를 보면 오늘날의 혼강을 중심으로 압록강 중상류, 태자하 상류, 혼하 상류, 이통하 유역을 포함하는 지금의 요녕성의 환인현, 신빈현, 청원현과 길림성의 유화현, 통하현, 집안현, 임강현, 북한의 자강도 지역에 해당하므로 구려국의 영역도 이 정도라고 할 수 있다. 그리고 구려국의 중심지였던 흘승골성(졸본)은 훗날 고구려의 발생지로 되었던 오늘날의 환인 일대이다.

구려국의 건국시기를 논하기 위해서 중요한 것은 구려지역에서 발굴된 국내성 밑의 토성이다. 국내성의 성벽은 이 토성 벽 위에 쌓은 것이며 토성의 규모도 현재의 국내성의 규모와 거의 같다. 이 토성 벽 밑에서 나온 여러 가지 석기들이 기원전 5세기의 것들이므로 국내성 밑의 토성도 이 시기의 것으로 볼 수 있다. 국내성의 토성은 물론 구려국 수도의 성은 아니었고 지방의 한 개 성이었으므로 수도의 성은 이보다 먼저 쌓아졌을 것이다. 따라서 구려국의 건국 연대는 기원전 5세기 이전으로 볼 수 있다.'147)

---

147) 북한 사회과학원력사연구소, 『고조선사·부여사·구려사·진국사―조선전사 개정판』(평양 : 과학백과사전종합출판사, 1991), pp.165-169.

이상과 같은 북한 학자들의 주장은 북한의 여러 논문에서 볼 수 있다. 그러나 그들은 이런 주장을 내세우면서도 구려국의 성립과정을 명백히 논할 자료가 없다는 것을 밝힌다. 그들의 주장은 고구려가 건국되기 이전에 5부가 통합되면서 연나부가 왕위를 이어갔으나, 고주몽의 등장으로 계루부가 왕위를 이어가면서 국호를 고구려로 바꾸고 고주몽 역시 자신의 성을 해씨에서 고씨로 바꾼 것이라는 주장이다. 물론 그들의 주장이 단순히 주장만 하는 것은 아니다. 고주몽이 도착한 곳에 이미 나라가 있었고, 일반적으로 그것을 졸본부여라고 했는데, 북한 학자들은 구려국이라고 주장하는 것이다. 이것은 부여가 연맹을 이루는 고대국가이기에 부여라는 국가의 이름 밑에 여러 가지 소국들이 존재했을 것이며, 그 중 하나가 구려국이라는 것이다. 이런 가정을 하고 나서 위에서 북한 학자들이 예로 들은 여러 가지 기록들을 살펴보면 충분히 타당한 주장이라고 할 수도 있다. 하지만 그들이 근거로 내세운 국내성의 토성은 구려국이라는 국호가 아니라 졸본부여라는 국호였어도 얼마든지 건설이 가능한 것이었다. 다만 한 가지 졸본지역을 중심으로 세운 나라라고 해서 졸본부여라는 국호를 꼭 사용해야 하는 것은 아니므로, 부여에 연합한 나라이지만, 여러 개의 소국이 연합한 것이 고대국가라는 점을 감안한다면, 국호는 구려국이라고 했을 수도 있다는 것이다. 더욱이 고구려라는 이름으로 주몽이 개국한 곳이 그곳을 기반으로 했으니 구려국이라는 이름을 갖고 있었다는 추론은 얼마든지 가능한 일이다. 그러나 이 문제에 대해서는 좀 더 연구가 필요한 과정이다. 왜냐하면 실제 고구려가 건국된 이후에도 고구려를 구려라고 표기한 기록들을 종종 볼 수 있기 때문이다. 그것이 고구려 이전에 구려국이 존재한 까닭인지 아니면 고구려를 줄여서 구려라고 한 것인지를 찾아낼 수 있다면 쉽게 해결할 수도 있는 문제로서 중요한 것은 고구려 이전에 졸본부여가 되었든 구려국이 되었든 고구려를 선행하는 국가가 있었기에 고구려가 초기부터 튼튼한 기반으로 성장할 수 있었다는 것이다. 그 점에 대해서는 구려국의 존재를 주장하는 북한 학자들 역시 구려국과 졸본부여가 같은 나라를 지칭하는 것으로 선행하는 국가가 있었기에 고구려가 쉽게 성장할 수 있었음을 인정하고 있다.

이 문제에 대한 필자의 견해로는 부여라는 나라가 신조선을 기반으로 건국된 나라라는 점을 간과하고는 이 문제를 해결할 수 없다는 것이다. 구려국 역시 신조선 시대에 이미 존재하던 하나의 소국일 수 있으며, 동명왕과 함께 송화강 유역으로 이동하여 부여를 건국한 세력이 탁리국에서 왔다는 것을 보더라도, 신조선 시대에도 각 소국들은 고유한 국명을 가지고 있었다고 보아야 한다. 그런 관점에서 본다면 구려국 역시 신조선 시대부터 구려국이라는 국명을 가지고 있었으며 부여의 세력이 확장됨으로써 신조선을 이탈하여 졸본성을 기반으로 부여의 연합국에 동참한 나라이기에 졸본부여라는 별도의 명칭으로도 불린 것이라고 볼 수 있다.

2) 고구려의 건국 설화

고구려의 건국 설화를 살펴보면 부여의 건국 설화와 유사한 점이 많다. 그러나 이미 밝힌 바와 같이 엄연히 다른 것이다. 다만, 고구려의 시조 추모왕 역시 동명성왕이라고 불렸고, 부여의 시조 역시 동명왕이라고 불렸기에, 부여의 건국 설화와 고구려의 건국 설화를 함께 서술하는 과정에서 혼란을 피하기 위해서, 이 책에서는 부여의 시조는 동명왕으로,

고구려의 시조인 주몽을 광개토경평안호태황비에 적혀있는 이름 그대로 추모왕이라고 호칭하기로 한다. 그리고 앞서 부여의 건국 설화에서도 60갑자만을 표기하고 서력기원전 연대를 표기하지 않았는데, 독자들도 이미 짐작했겠지만, 고구려와 부여의 건국연대를 올바로 비정하여 밝히기 위한 것이므로 여기에서도 그리할 것이다. 다만 건국연대가 비정되고 나면 그때부터 밝히기로 한다.

『삼국유사』「기이」 고구려조에는 『삼국사기』를 이용한 것을 전제로 하여 아래의 내용을 서술하고 있다.

'북부여왕 해부루가 이미 동부여로 땅을 피해 간 후 부루가 죽자 금와가 왕위를 계승하였다. 그 후 금와는 태백산 남쪽 우발수에서 어떤 여자를 만나 여기로 온 이유를 물어보자 자신은 하백(河伯)의 딸 유화(柳花)로 천제의 아들 해모수가 남몰래 정을 통해 놓고는 가서 돌아오지 않았기에 부모가 중매도 없이 혼인한 것에 노해 자신을 이곳으로 귀양 보냈다고 했다. 금와는 이상하게 여기고 그 여자를 방 속에 가두자 햇빛이 그 여자를 비추었고 여자가 몸을 피하면 햇빛도 쫓아와서 비추어 임신을 해서 알 하나를 낳았는데 그 알을 개와 돼지에게 주었지만 먹지 않고, 길에 내다 버려도 소와 말이 모두 알을 피해서 다녔고, 들에 버렸더니 새와 짐승들이 알을 품어주었다. 알의 내용물을 보고 싶어도 깨뜨릴 수가 없어서 유화에게 돌려주었다. 유화는 알을 천으로 싸서 따뜻한 곳에 두자 한 아이가 껍질을 깨고 나왔는데, 골격과 외모가 영특하고 기이하여 나이 일곱에 기골이 뛰어나서 일반 사람들과는 달랐다. 저 스스로 활과 화살을 만들어 쏘는데 백발백중으로, 활을 잘 쏘는 사람을 주몽이라 하는 풍속에 의해 주몽이라고 불렀다.

금와에게는 일곱 아들이 있어서 주몽과 함께 놀았는데 재주가 주몽에게 미치지 못하였다. 장남인 대소가 주몽은 사람이 낳은 자식이 아니므로 일찍 없애지 않으면 후환이 있을까 걱정된다고 왕에게 말하였지만 왕은 이 말을 듣지 않고 주몽에게 말을 기르게 하였다. 좋은 말을 알아본 주몽이 좋은 말은 먹이를 적게 주어 여위게 하고 둔한 말은 잘 먹여서 살찌게 하자 살찐 말은 왕이 타고 여윈 말은 주몽에게 주었다. 그러나 사람들이 주몽을 해치려는 것을 알게 된 유화가 주몽에게 도망갈 것을 권하였고 주몽은 오이 등 세 사람을 벗으로 삼아 도망가다 엄수에 이르자 자신이 천제의 아들이며 하백의 손자임을 밝히고 물고기와 자라가 만든 다리를 건너가게 한 다음 기병들이 다가올 때는 다시 흩어져서 쫓아오던 기병들은 건널 수 없게 하였다. 졸본주에 도읍을 정했다. 그리고 고(高)를 성으로 삼았다. 본래의 성은 해씨이지만 천제의 아들로 햇빛을 받고 태어났다고 하였기 때문에 고를 성으로 삼은 것이다. 갑신년에 즉위하여 18년 동안 다스렸고 성은 고씨(高氏)이고 이름은 주몽(朱蒙)인데 단군(壇君)의 아들이다.'

얼핏 보기에는 햇빛에 의해서 임신을 했다는 등, 부여 동명왕의 건국 설화와 유사하게 보일 수도 있다. 그러나 이미 수차 강조한 바와 같이, 두 나라의 건국 설화는 엄연히 다른 것으로 부여의 동명왕은 탁리국 출신 어머니에게서 사람으로 태어났으나 고구려 추모왕은 북부여의 해모수와 정을 통한 후 금와에게 발견된 유화부인으로부터 동부여에서 알로 태어나 사람이 된다.

광개토경평안호태왕 능비에 기록된 바와 같이, 추모왕이 엄리대수라고 하는 강가에 이르러 물을 건널 때 갈대와 거북이 다리를 놓아 주었다는 점도 부여 동명왕과 유사하지만 그 부분은 자신들의 시조의 명령에 물고기와 갈대까지 복종했다고 추켜세운 것에 지나지 않는다고 보아야 할 것이다. 다만 한 가지 문제라면 광개토경평안호태왕 능비에서는 추모왕이 북부여에서 태어났다고 되어있는데 반하여 동부여에서 태어났다는 것이다. 이에 대한 필자의 견해는 전술한 바와 같이 추모왕이 건국한 곳이 북부여가 있던 자리이며, 해모수의 아들이기에 천제의 아들이라고 했는데, 만일 동부여에서 태어났다고 한다면 그 정통성을 훼손할 수도 있기에 해모수가 집권했던 북부여 출신이라는 것을 강조하기 위해서, 해산은 동부여에서 했지만 임신한 곳과 아버지가 북부여의 해모수이므로 북부여에서 태어났다고 한 것이라고 본다. 유화가 금와에 의해서 격리된 후 하늘에서 내리 쪼이는 빛에 의해서 임신했다고 한 것은, 사실 이미 해모수의 아들을 임신하고 있었지만, 해모수에게 버림받은 여자가 해모수의 아이를 낳았다고 하면 추모왕은 일종의 사생아가 되는 셈이므로 굳이 빛에 의해서 임신 되어 알을 낳았다고 한 것이다. 다시 말하면 유화가 추모왕을 임신한 것은 해모수가 북부여의 왕으로 등극하기 직전의 일로, 해모수가 북부여를 건국하고 유화를 왕비나 혹은 후궁으로라도 거두어 준 것이 아니다. 당시 자신을 지지해주던 세력들의 딸이나 여동생 등을 왕후와 후궁으로 책봉하여야 하는 사정에 의해서 거두지 못했다. 그런데 유화가 임신한 사실을 왕후나 후궁으로 간택된 이들의 아비나 오빠가 알게 될 경우에는 또 다른 해모수의 적통이 태어난다는 것에 대한 후환을 없애기 위해서라도 제거하려 할 것이기에, 유화는 동부여로 피신을 했던 것이고, 거기에서 금아왕을 만난 것이다.

유화를 만난 금와왕은, 자신 역시 아버지 해부루가 해모수에게 나라를 빼앗기고 쫓겨난 신세다 보니 동병상련의 심정으로 유화를 거두어

주고 아이를 낳게 하였지만, 아이가 너무 비범하여 자신의 친자식들과 함께 놀 때면 자신의 친자식들이 너무 뒤처져 보이기 때문에 말에게 먹이를 먹이는 일을 하도록 하였다고 했다. 왕의 말을 먹인다는 것은, 비록 하는 일은 비천해 보일지라도 일국의 왕의 목숨이 달릴 수도 있는 일이기에, 말을 먹이는 일은 결코 비천하다고 할 수 없으므로 상당한 대우를 해준 것이라고 볼 수도 있다. 훗날 죽이려고 했을지언정 적어도 추모왕에게는 그럴듯한 대우를 해준 것이며, 죽이려고 마음을 먹자, 추모왕이 유화부인의 지혜를 빌려서 도망친 것이다. 그리고 추모왕이 성을 고씨로 바꾼 것은 고구려를 건국하면서이지 원래는 단군의 아들로 해씨라고 했다.

지금까지의 건국설화에 대한 이야기는 『삼국사기』와 『삼국유사』를 기본으로 역사가 전하는 이야기들을 전한 것이다. 그러나 고구려의 건국설화를 단순한 이야기로 받아들이기에는 너무나도 석연치 않은 부분이 있다. 이미 부여의 건국설화를 이야기하면서 밝힌 바와 같이 『삼국유사』 「기이 고구려」에서는 '부루와 주몽은 배다른 형제'라고 했고, 『삼국유사』 「왕력 동명왕」에서는 '성은 고씨이고 이름은 주몽인데 추모라고도 한다. 단군의 아들이다.'라고 하며 천제의 아들이라는 해모수의 적손임을 강조하려고 하면서도 햇빛에 의해 임신했다는 등의 신비감을 불어넣어 천손이라는 것을 강조하기 위해서 무언가 엉켜있는 기분이다. 그러나 그렇게 적은 이유가 반드시 있을 것이다. 『삼국유사』와 『삼국사기』에서 전하는 이 이야기들의 의미는 과연 무엇인지 알아볼 필요가 있다.

3) 고구려 건국설화와 다물정신에 대한 정의(定義)

추모왕이 고구려를 건국하면서 국시(國是)를 다물정신(多勿精神) 즉, 고조선의 옛 땅을 수복한다는 것으로 정했다는 것은 아주 중요한 사실이다. 『삼국사기』「고구려본기」에 의하면, 송양이 고주몽에게 나라를 바치며 항복해 오므로 그 땅을 다물도(多勿都)로 삼았다. 고구려 말에 옛 땅을 회복하는 것을 '다물'이라 하였기 때문에 그곳의 이름으로 삼은 것이라고 되어 있다. 잃어버린 옛 땅을 수복한다는 것이 바로 고구려의 정신이다. 단순하게 생각하자면 신생국 고구려가 잃어버린 옛 땅이 어디 있나 하는 의구심을 갖지 않을 수 없다. 그러나 이것은 추모왕이 건국한 고구려가 고조선의 뒤를 잇는 나라로서 고조선의 맥을 이어가겠다는 아주 중요한 선포였던 것이다.

앞에서 언급한 바와 같이 주몽(朱蒙)은 단군가문의 아들로 성은 해(解)씨라고 했다. 그런데 햇빛을 받고 태어난 사람이라는 의미에서 성을 고씨(高氏)라고 바꿨다는 것이다.

원래 '해'는 '밝음'을 뜻하는 것으로 '부루'라는 족명을 만들어 낸 '불'과 같은 의미이고, 이것은 광명(光明)의 상징인 태양을 의미하는 것으로 동서고금을 막론하고 가장 숭배 받던 존재다. 단군(檀君) 역시 박달나무 단자를 쓴 것은 '밝은 임금'을 한자로 표기했기 때문이다. 주몽이 단군의 아들이고, 원래는 성이 해씨라 했으니 역대 단군의 성씨 역시 해씨다. 그런데 고주몽은 왜 햇빛을 받고 태어난 사람이 '해'를 버리고 '고'라는 성을 택했는지도 솔직히 의문이다. 단순하게 생각한다면 건국설화에서 말하듯이 해를 받고 태어났으니 고귀하고 높은 사람이라는 뜻에서 그리 했다고 볼 수도 있다. 하지만 역으로 생각하자면 '해'라는 성을 버려야 할 이유가 있었다고 볼 수도 있다. 추모왕이 '해'라는 성에서 '고'라는 성으로 바꾼 시점이, 구려국을 기반으로 고구려를 건국하면서라는 데에 초점을 맞춘다면 분명히 어떤 이유가 있었을 것이다. 자신이 단군가문의 자손이 므로 조선의 고토를 수복한다는 '다물정신'을 국시로 내걸면서까지도, 단군의 자손이라는 정통성을 의미하는 '해'라는 성을 버리고 '고'라는 성을 택한 것은 반드시 그 원인을 고찰해 볼 필요가 있다.

그에 반해 해부루는 동명왕의 아들로 엄연히 해씨이니 단군과 어느 정도의 거리가 있는지는 모르지만, 단군가문(檀君家門)의 자손이거나 아니면 왕이 되기 위해서라도 스스로 단군가문과 연을 만든 사람이다. 다만 세력에 밀려서 동부여로 쫓겨났을 뿐이다.

해모수는 자신이 스스로 해모수라고 함으로써 해씨임을 자처한 사람이다. 동명왕의 아들 해부루를 내몰고 북부여를 통치하면서 스스로 천제의 아들임을 내세워 유화부인을 임신시키고도 버렸던 남자다. 하지만 그역시 해씨로 단군가문과 인연이 있는 자이거나 천제의 아들임을 내세워 스스로 단군을 자처해서라도 단군가문과 인연을 맺은 사람이다.

옛 땅을 수복하겠다고 한다면, 단군의 자손임을 자처하고 '해'씨 성을 가진 자들이야 말로 신조선 시대에 지배하다가 잃어버린 땅이 있으므로 수복할 땅의 근거가 있는 사람들이다. 그들이 다물정신을 국시로 내세웠다면 이상할 것도 없다. 그런데 추모왕 역시 엄연한 단군가문이면서 스스로 성을 바꾼 사람인데다가 고구려라는 국명도 부여와는 다르게 다물정신을 내세우기에는 전혀 어울리지 않는 국명이라고 할 수도 있다. 그런데 '다물'을 국시(國是)로 걸었다. 만일 다물정신을 국시로 내걸고 잃어버린 옛 땅의 경계를 확실하게 정의하지 못하면, 건국이념인 다물정신에 해당하는 잃어버린 옛 땅이 없는 관계로, 추종자들이 따르지 않을 것이다. 반면에 옛 조선의 모든 땅을 수복하자는 의미라면, 자신 스스로 '해'라는 성씨를 버린 것 자체도 모순이라고 지탄받을 수도 있으려니와, 그 당시 옛 조선의 땅을 차지하고 있는 주변의 모든 소국들을 적으로 만드는 결과를 초래할 것인데도 불구하고 다물을 국시로 내 걸었다. 이것은 당시의 시대 상황과 연결해서 추정해 볼 필요가 있다.

첫째는 동부여의 해부루도 단군의 자손이고, 북부여의 해모수 역시 단군의 자손으로 해모수가 유화부인을 임신시켜서 추모왕을 낳았다는 경우의 상황을 추정해 볼 수 있다. 추모왕 역시 단군의 자손인 해모수의 사생아가 되는 것이니 단군의 자손은 맞는 것이다.

그 당시 신조선 왕권이 쇠약해져 갔기에 동명왕이 차지한 부여가 강성한 나라로 성장하게 되었다. 그리고 부여가 신조선의 영역을 하나씩 점유해오기 시작하자 단군의 자손으로 신조선의 멸망을 두려워하던 해모수가 때를 기다리며 숨어서 힘을 키운 다음에, 동명왕이 죽고 해부루가 통치하던 부여의 왕권을 빼앗아 옛 신조선의 영광을 되찾기 위해서 도전해 왔고, 그 힘을 감당할 수 없음을 알게 된 해부루는 자신의 왕도를 떠나 갈사국 즉, 옥저가 자리 잡고 있는 갈사나로 천도를 할 수 밖에 없게 된 것이 아닐까 한다. 그리고 자신이 천도하는 이유를 합당화하기 위해서 그 당시에 만연하던 삼일신 사상의 천제(天帝)를 거론하며 그의 아들이 나라를 세우러 온다는 핑계를 댔고, 그에 따라서 해모수는 해부루가 자신이 도망가는 이유로 둘러댄 말의 덕을 입어서 상제(上帝)가 된 것이라는 가설이다. 이 경우에는 고구려 건국 설화에 등장하는 해모수와 유화부인 이야기를 연관지어 생각해 볼 수 있다.

해모수가 유화부인을 만나 추모왕을 임신시킨 것은 왕이 되기 이전에 저지른 일이고 왕이 되자 유화부인을 버렸는데, 유화부인은 뱃속에 아기가 있음을 알고 뱃속의 아기라도 구하기 위해서 해모수와는 철천지원수로 지내는 동부여의 금와왕을 찾아가서 복수를 위한 칼을 갈았다는 이야기로 비약시킬 수 있다. 그러한 추론은 추모왕 역시 자신의 어머니를 농락하고 자신을 버린 아버지에 대한 복수를 위해서, 나라를 세우고 잃어버린 영토를 찾는다는 다물정신을 국시로 했다고 생각해 볼 수 있다. 추모왕이 아버지의 성씨인 해씨를 버리고 고씨를 택했다는 것을 볼 때 아주 가능성이 없는 이야기라고 할 수만도 없는 일이다.

절대왕권 시절에, 왕이 되기 전에 인연을 맺은 여인을 왕이 된 후에 나몰라라 했던 것은 단순한 소설의 줄거리가 아니라 사실이라는 것은 우리에게 익숙한 이야기다. 그 때문에 추모왕은 자신과 어머니의 한을 풀기 위해서 자신의 뛰어난 재능을 바탕으로 건국이전까지는 스스로 단군의 후손임을 내세우고, 주변 지방의 통치자인 제후들의 호응을 받아내기 위한 수단으로 다물정신을 국시로 걸고, 고구려의 건국과 함께 자신의 성씨마저 고씨로 바꾸었을 수도 있다는 것이다. 당시의 상황으로는 동부여가 갈라진 이후이니 고토수복을 통해서 강한 신조선을 이어받은 정통 국가를 건설하자는 것이 제후들의 호응을 받아내는 데에는 좋은 수단이었을 것이다. 이미 앞서 말한 바와 같이 고토수복을 국시로 내세울 경우에 감수해야 할 주변국과의 문제도 만만하지 않았겠지만, 더 이상 선택의 여지가 없던 추모왕으로서는 그 방법 밖에는 없었기에 그리했을 것이라는 가설이다. 그러나 이러한 가정을 할 때, 해모수 역시 단군의 자손이라는 것을 전제로 한 이상 추모왕이 나타나서 주변 제후들의 지지를 받아내는 것이 만만한 일은 아니었을 것이다. 해모수 역시 단군의 자손인데 난데없이 나타난 추모왕이 자신은 해모수의 사생아로 단군의 후손임을 내세운다고 호응을 받는다는 것은 쉬운 일은 아니다. 만일 그랬다면 제후들의 호응을 얻을 수 없어서 고구려의 건국자체가 힘들었을 수도 있다.

둘째는 추모왕이 단군가문의 적통이거나 적통에 아주 근접한 인물이지만 해모수의 아들이 아니라는 상황에서 추정해 보는 것이다.

이러한 경우 동명왕과 해부루는 물론 해모수 역시 해씨가 아님에도 그들에게 뛰어난 무예나 실력이 있던 관계로 해씨를 자처하고 나섰거나, 해씨는 맞지만 단군가문의 적통에서는 아주 먼 관계로 왕위를 이을 자격이 안 되지만 왕이 되었던 사람이었다는 것이다. 그들이 민심을 추스르기 위해서는 부여야 말로 신조선의 뒤를 이을 나라라는 것을 강조하기 위해서 단군가문과의 인연을 가깝게 만들었다는 것이다. 그에 반해서 추모왕은 정말로 단군가문의 자손으로, 유화부인은 신조선이 국력을 잃지 않았다면 단군가문의 유력한 왕위 계승자의 부인이었고, 추모왕을 잉태했다는 가설이다.

유력한 왕위 계승자였던 추모왕의 아버지는 해부루를 내몰고 왕위를 되찾으려 했지만 그 때 북부여의 해모수가 나타나서 해모수에게 죽임을 당한 것이다. 유복자를 가진 유화부인은 더 이상 북부여에 머물 수 없는 관계로 동부여로 도망쳤고, 거기에서 금와왕을 만나는데, 자신의 뱃속 아기가 그 유력한 왕위 계승자의 아기임을 밝히면 아이의 목숨이 분명히 위태로울 것을 알기에, 금와왕과 그 선친인 해부루에게 철천지 원수인, 해모수가 자신을 탐해서 임신을 시키고 버렸다고 둘러댄 것이다. 그러자 금와왕은 동변상련의 심정으로 유화부인을 거두어 준 것은 물론 그 아들을 낳게 하고, 자신의 아이가 아닌 까닭에 말 키우는 일을 맡겼다. 그러나 추모왕의 재주가 뛰어난 까닭에 주변의 시기를 받아 죽을 위기를 맞게 되자, 그 뒷이야기는 건국설화에서처럼, 부여를 탈출하여 졸본주에 도읍하는 고구려를 세운다는 가설이다.

위 가설이 맞는다고 할 경우 추모왕은 되찾을 땅이 너무나도 많은 사람이다. 다물정신을 국시로 내세울 필요충분조건을 다 갖춘 사람이다. 신조선의 단군은 조선의 대단군이었으니 조선의 모든 옛 영토를 수복해야 했다. 그 정도의 국시를 걸고 건국한다면 자신의 주변에 있는 마을이나 성의 통치자들에게 얼마든지 호응을 얻을 수 있는 국시였다.

이미 수차 서술한 바와 같이 고대 국가라는 것은 각각의 마을이나 성을 통치하고 있는 통치자인 제후들에게 지지를 받거나 정복하여 영역을 넓혀나감으로써 이루어지는 국가이니 만큼 신생국 고구려가 생존하고 발전할 수 있는 가장 좋은 방법이었을지도 모른다. 또한 해모수가 아니라, 비록 죽었지만 단군가문의 적통이라고 볼 수 있는 아버지가 자신을 잉태시켰기에 자신의 성 역시 해씨였으나, 구려국을 고구려라고 국명을 개명하면서 고구려의 운명과 자신의 운명을 함께 하겠다는 표시로 성까지 높을 고(高)로 바꿈으로써, 지난날의 치욕을 끊어버림과 동시에 거짓 해씨들과 차별을 두기 위한 결연한 의지를 보여준 것이다. 그것은 이제까지 자신이 누리던 단군가문의 모든 기득권을 버리고 제후들은 물론 백성들과 같은 고구려 사람으로 새롭게 출발하겠다는 각오를 보임으로써, 각 마을과 성을 통치하는 제후들을 결속시키는데 도움을 받고자 했던 것이다. 하지만 그것이 거짓이거나 단순히 지지를 받기 위한 속임수가 아니라 진심에서 우러나와 모두를 감동시키는 수준이었을 것이다. 자신의 모든 기득권을 버려도 좋으니 제발 힘을 합쳐 잃어버린 고토를 수복함으로써 평화롭고 행복한 나라를 만들고 싶다는 진실함이 깊이 배인 행동이었으므로, 제후들과 백성들을 감동시켜 스스로 따르고자 하게 만들었던 것이다.

이상에서 열거한 두 가지 추론은, 고구려의 건국과 추모왕이 다물정신을 국시로 내세운 것이나 추모왕이 성을 해씨에서 고씨로 바꾼 것과 아무런 연관이 없는, 그저 상황을 열거하고 추론해 본 것이라고 할 수도 있다. 하지만 이러한 추론에서 당시의 시대 상황과 함께 추모왕이 왜 그런 선택을 했는지에 대해서 엿볼 수 있다.

동명왕이 부여를 차지하고, 그 아들 해부루가 뒤를 이어 잘 닦아 놓은 터전을 해모수에게 빼앗기고 동부여로 천도를 하는 상황이 벌어진다. 해모수가 천제의 아들임을 내세우고 스스로 해모수라고 함으로써 단군의 후손임을 밝히자 이렇다 할 전쟁도 없이 해부루는 물론 그를 인정하고 동조했던 제후들 중 그 누구도 저항하지 않고 순순히 내준 것처럼 역사는 기술하고 있다. 그러나 일개 나라가 국토를 이양하는데 전혀 문제없이 평화롭게 이양되어 동명왕의 부여를 차지하고 해모수가 북부여를 건국했다고 볼 수는 없다. 그런 기록은 단지 당시의 기록이 부족하고 개국설화에 대한 신비감을 주기 위해서 그런 요소들은 모두 제거한 채 신비롭게 만든 것으로 보는 것이 타당할 것이다.

고구려 건국의 첫 관문이라고 할 수 있는 송양왕과 추모왕의 만남에서 송양왕과 추모왕은 활쏘기 시합을 했다고 전해진다. 그러나 그것이 단순한 활쏘기 시합이라고 생각하는 사람은 아마도 없을 것이다. 그것은 비록 소규모일지라도 일련의 전투를 의미하는 것이다. 우리는 그런 유추를 통해서 역사를 바라보는 눈이 있다. 그런 관점에서 유추해본다면, 정권이 교체되어 나라가 바뀌는 동안 가장 고통을 당한 것은 백성들이다. 그리고 백성들의 눈에는 소위 위정자라는 권력자들이 백성을 위해서가 아니라 자신들의 욕심을 채우기 위해서 백성들을 희생물로 삼는 것으로 밖에 보이지 않는다. 더더욱 나서는 사람마다 자신이 단군의 후예임을 내세웠으니 더 이해하기 힘들었을 것이다. 그들은 신조선의 대단군 아래에서 단군이라면 신처럼 받들던 사람들이다. 단군은 백성들의 평화와 안전을 위해서 노력하고 백성들이 잘 살 수 있게 함께 해주었던 군주다. 그런데 단군의 후손이라는 사람들이 나서서 서로 싸우며 백성들을 어렵게 만들고 있다. 정말 단군이 신에 가까운 존재인지를 의심하지 않을 수 없었다. 단군왕검에 의해서 창작되었던 전설인 삼일신사상에 의한 신비주의를 단군의 후손이라고 자처하는 이들이 스스로 무너트리고 있었던 것이다.

민심은 이제 누가 왕이 되고 누가 집권하고 국명이 무엇이 되었든, 당장 안전하고 평화롭다면 그것이 가장 좋은 것이라고 여기게 되었다. 신조선 시대처럼 절대적인 사람이 나타나서 혼란하지 않기만을 간절히 바랐을 것이다. 이런 민심은 중앙의 왕보다는 백성들과 훨씬 많이 접촉하는 제후들에게 더 잘 전달되었을 것이고, 제후들 역시 그런 절대자가 나타나 주기를 바라면서 물 흐르는 대로 따라가고 있었다고 보아야 한다. 그때 누가 보아도 단군의 적통이라고 할 수 있는 추모왕이 나타났고, 그의 실력 역시 빼어났다고 하면, 제후들은 그가 백성들이 바라는 문제점을 해결해 줄 수 있는 사람이라고 기대를 걸었을 것이다.

추모왕은 그런 제후들과 백성들의 마음을 알기에 스스로 단군의 후손이면서도 해씨라는 성을 과감히 버리고 고씨로 성을 바꾸면서, 고토를 수복해서 백성들이 다시 평안하게 살도록 해주겠다는 다물정신을 국시로 내세워 제후들의 호응을 받아낸 것이라고 볼 수 있다. 자신이 가진 기득권을 스스로 먼저 내려놓고 백성들 곁에 다가섬으로써 제후들의 지지를 이끌어 낸 것이다. 만일 추모왕 역시 해부루나 해모수와 다를 것이 없었다면 만주최고의 강성대국인 고구려는 건국도 못했을 수도 있다.

결국 위에서 제시했던 두 가지 상황 중에서는 두 번째 가설에 의해서,

추모왕은 자신의 모든 기득권을 백성들을 위해서 내려놓고 그 처분에 따르며, 진심으로 자신의 영광이나 욕심을 위해서가 아니라 백성들의 행복을 위해서 고토수복을 통한 강한 고구려 건국 의지를 보임으로써, 제후들과 백성들의 민심을 수습하고 고구려를 건국한 것은 물론 고구려를 대제국으로 성장할 수 있는 기반을 닦아 놓았던 것이다.

추모왕이 단군의 후손으로 조선의 영토를 수복하겠다는 다물정신을 국시로 내세운 것을, 고구려가 고조선의 맥을 이어받은 나라가 확실하다는 것을 증명해주는 중요한 진실이라는 것에서 만족하지 못하고, 추모왕이 지지를 받을 수밖에 없던 이유를 추정해 본 것은 단순한 추론일 수도 있다. 또한 고구려가 만주의 최강대국으로 성장할 수 있는 배경과 그것을 올바로 밝혀보고자 하는 필자의 욕심일 수도 있다. 아울러 역사를 공부하는 이유가 과거에 일어났던 일을 아는 것에서 그친다면 아무런 의미가 없는 것이고, 과거에 일어났던 일들을 교훈삼아 더 나은 내일을 설계하기 위해서라는, 필자의 '역사는 과거가 아니라 미래다'라는 지론에서 기인한 사족일 수도 있다. 하지만 그런 교훈을 오늘날의 우리들은 반드시 되새길 필요가 있기에 덧붙인 것이다. 다시 한번 고구려의 다물정신이야말로 고구려가 고조선의 맥을 이은 나라라는 것을 밝히는 중요한 증거이며, 만주 최강대국인 고구려를 건설할 수 있었던 정신적인 지주였다는 것을 주지하는 바이다.

제4장
고구려 건국연대는 기원전 217년

본 장에서는 고구려와 동·북 부여의 영역에 대해 살펴보기 전에, 지금까지 알려져 온 고구려 건국연대를 재정립하여 바로잡고자 한다. 기원전 37년이라고 알려져 온 고구려 건국연대가 왜 잘못 정립된 것인지를 살펴봄과 동시에 고구려 건국연대를 올바르게 재정립하는 것이다. 고구려와 부여의 건국 설화에 나오는 이야기들을 기반으로 할 때 고구려 건국연대가 올바로 정립된다면 부여의 건국연대 역시 몇십 년의 오차 안에서 정립할 수 있다는 것이 필자의 지론이다.

고구려와 부여의 건국연대가 중요한 이유는 본문에서도 밝히겠지만 무엇보다 한사군과의 문제다. 만일 이제까지 우리가 알던 바와 같이 한나라가 기원전 108년에 고조선을 멸망시키고 기원전 37년에 고구려가 건국되었다면 만주에서의 우리 한민족의 역사는 부여가 겨우 이어온 것으로 한사군이 만주 깊숙이 일부라도 자리 잡을 수도 있었을 것이다. 하지만 고구려 건국연대가 한나라의 고조선 침입 이전이며, 한나라 침입 당시 고구려의 영역이 서쪽으로 많이 진출해 있었다면, 한사군은 만주에 깊이 들어오지 못했을 것이다. 즉, 고구려 건국연대와 한나라 침입 당시의 영역을 알아봄으로써 한사군이 한반도나 만주 중앙에 자리잡지 못하고, 난하와 요하 유역에 자리할 수밖에 없었다는 것을 증명하고자 하는 것이다. 이것은 고조선 이래 부여와 고구려가 그 적통을 이어 만주를 지배하고, 생활 터전으로 삼았으므로 만주의 영토문화가 곧 우리 한민족의 것임을 증명하여 만주의 문화주권자인 우리 한민족이 만주의 영토권자임을 밝히는데 중요한 역할을 하는 것이다.148)

---

148) 본 장은 필자가 『간도학보』 제3호에 게재한 논문 「고구려 건국연대의 재정립에 관한 연구」를 보완하여 수록하면서 부분적인 인용 각주는 생략했다는 것을 밝힌다.

1. 고구려 건국연대 재정립의 필요성

지금까지 우리는 고구려 건국연대에 대해서『삼국사기』에 전하는 그대로 기원전 37년이라고 정의해 왔다. 그러나 신채호는, 1931년에『삼국사기』에서 말하는 고구려 역사 705년은 그 연대가 백수십년은 삭감되었다. 기원전 190년경의 수십 년 동안을 동·북부여, 고구려가 분립한 시기이며, 고구려 건국연대가 늦춰진 이유는 신라의 건국이 고구려와 백제보다 뒤진 것을 부끄럽게 생각하여, 두 나라를 멸망시킨 뒤에 기록상의 세대와 연조를 삭감하여 신라 건국 이후에 세워진 나라로 만든 것이라고149) 주장해 왔다. 또한 필자를 비롯한 남·북의 몇몇 학자들도 신라 우선주의를 주장하던 김부식이『삼국사기』를 저술할 때 고구려가 신라보다 먼저 건국되었다는 사실을 숨기기 위해서 고구려의 건국연대를 뒤로 미루어 고구려 역사를 삭감한 것이라는 의견을 개진하였다.

예를 들면, 1989년 8월12일부터 14일까지 연길시 연변대학에서 열린 〈조선학 국제학술회의〉에서 일본의 정조묘가 발표한「김부식의 사관」에 대한 토론과정에서 고구려 건국을 기원전 37년으로 본 것에 대한 논의가 한국의 이일걸, 연변대학의 강맹산, 북한의 박진욱에 의해 전개되었다. 여기에서 고구려사 전공인 강맹산은 문헌학적으로 볼 때 고구려의 기원이 기원전 4세기 이전이라고 했고, 고고학을 전공한 박진욱은 자강도 토성리 유적의 가장 오래된 온돌 연대가 기원전 3세기 이전이며, 집

---

149) 신채호, 박기봉 옮김,『조선상고사』, 비봉출판사, 2016, 154쪽.

안 오도경구문 적석총의 초기 세형단검 관계 유물을 보면 고구려 건국연대는 기원전 4세기라고 주장하였다. 이외에도 몇몇 학자들이 그에 대한 주장을 제기하고 있지만, 고구려 건국연대에 대한 뚜렷한 실증을 들어서 학설을 제시했다기보다는, 고구려의 건국연대가 앞당겨져야 한다는 데 의견을 일치하는 정도의 상황이었다.[150]

이에 반해 북한 학자들은 1990년 북한의 손영종이 「고구려 건국년대에 대한 재검토」라는 논문을 발표한 이래로는 고구려 건국연대가 기원전 277년이라고 주장하면서 그 근거를 제시하고 있다. 아울러 손영종 역시 고구려 역사가 삭감된 이유는 백제와 신라가 통합된 후기신라의[151] 역사편찬 사관들이 신라를 내세우기 위해서 고구려 역사의 머리를 깎아버린 것이라고[152] 했다. 즉 『삼국사기』의 저자 김부식 역시 후기신라의 후손인 경주파의 거두이므로 고구려의 역사를 삭감하기 위한 것이었다고 주장한 것이다.

고구려 건국연대가 중요한 이유는 단순히 고구려가 신라보다 먼저 건국되었느냐 아니냐의 문제가 아니다. 정말 중요한 문제는 한사군과의 문제다.

만일 지금까지 우리가 알던 바와 같이 고조선이 완전히 멸망한 기원전

---

150) 이일걸, 「나의 간도연구 이야기」, 『황토』, 통권 제6호, 새로운사람들, 2012, 33-35쪽.

151) 흔히 '통일신라'라고 하지만 이것은 크게 잘못된 발상이다. 신라와 백제의 영역만을 신라가 겨우 차지했을 뿐 고구려의 영역은 대진국이 점유했으므로 통일신라가 아니라 북쪽의 대진국(발해)과 공존하던 '제1차 남북국시대'였다. 따라서 필자는 삼국시대의 신라는 전기신라, 남북국시대의 신라는 후기신라로 통칭한다.

152) 북한 손영종, 「고구려 건국년대에 대한 재검토」, 『력사과학』, 루계133호, 1990 사회과학출판사, 40쪽.

108년 이전에 고구려가 건국되지 않았거나, 비록 건국은 되었더라도 신생국으로 그 존재가치가 없던 것처럼 여겨지던 때라면 한사군 문제는 식민사학자들이 주장하는 것에서 크게 바뀔 것이 없을 수도 있다. 하지만 그때 고구려가 한나라가 범접하지 못할 정도의 힘을 갖추고 그 영역이 만주의 상당 부분을 차지하고 있었다면, 고구려보다 먼저 건국된 동·북부여 역시 만주의 상당 부분을 차지하고 있었으므로, 만주는 고구려와 동·북부여 삼국이 생활터전으로 삼고 지배했음을 의미한다. 따라서 한사군은 만주 깊숙이 발을 붙이기 힘들었을 뿐만 아니라 한반도 내에도 한사군을 설치했다는 식민사관은 그 존립의 의미를 잃는다. 한사군이 만주에 깊숙이 발을 붙이지 못했다는 것은 한사군이 난하와 요하 주변의 영역에 머물렀다는 것을 증명해 줄 수 있는 것으로, 만주에 대한 한나라의 영향력은 거의 전무한 상태라는 것을 알 수 있다. 그리고 그것은 고구려가 문화주권을 소유하다가 그 맥을 잇는 대진국(大震國) 발해로 문화주권이 이양되었음을 뜻하는 것이니, 만주의 영토문화에 대한 문화주권자는 우리 한민족(韓民族)이다.

만주의 문화주권자가 우리 한민족이라는 것은 중요한 의미를 가진다. 지금까지 영토분쟁지역으로 공식적인 선포를 하지는 않았지만, 제2차 세계대전 종전 당시 연합국에 의해 해체된 만주국 영토인 만주가 그 귀속국가에 대한 타당한 검토 없이 일방적으로 중국에 귀속됨으로[153) 인해서 잠재적 영토분쟁지역이라고 할 수 있는 만주에 대해 '영토문화를 기반으로 한 문화주권자가 영토권자가 되어야 한다'는 문화영토론

---

153) 신용우 외, 「滿洲國 領土의 中國歸屬 不當性에 관한 硏究」, 『지적과 국토정보』, 제47권 제1호, 2017, 한국국토정보공사, 90-91쪽.

을154) 기반으로 만주의 영토권이 우리 한민족에게 귀속된다는 것을 증명할 수 있는 근거가 되기 때문이다. 그러한 목적하에 대한민국과 북한 학자들이 제시한 근거와 중국 문헌에 의해서 고구려의 건국연대를 재정립(再定立)해 보고자 한다.

2. 고구려 건국연대 소급을 위한 대표적인 학설

1) 고구려 건국연대 소급을 위한 학설의 개략

고구려 건국연대 소급을 주장하는 가장 결정적인 근거는 광개토경평안호태왕 능비에 광개토태왕이 추모왕의 17세손으로 명시되어 있는데155) 『삼국사기』에는 13세손 혹은 12세손156)으로 기록되어 있는 것이다. 학자들은 이것이 세손 삭감에 의한 역대 왕의 삭감으로 고구려 역사를 축소시킨 직접적인 시도이므로 고구려의 건국연대가 앞당겨져야 한다는 것이다.

---

154) 신용우, 「文化領土論에 의한 對馬島의 領土權硏究」, 경일대학교박사학위논문, 2015, 13쪽.

155) 국사편찬위원회, 한국사데이터 베이스〈http://db.history.go.kr/〉, 高句麗 碑文 廣開土王陵碑 判讀文, "至十七世孫國罡上廣開土境平安好太王"을 노태돈은 "十七世孫國岡上廣開土境平安好太王"으로 해석함, 2018. 6. 10. 검색.

156) 이 문제는 시조인 추모왕을 세손에 포함시키느냐 아니냐에 따라서 1세손이 차이가 나는 것으로 논지를 펴는 과정에서 상세히 언급된다.

두 번째로 많이 등장하는 것은 소위 『고구려비기(高句麗祕記)』에 적혀있다고 하는 '유국(有國)900년'설이다. 이것은 『삼국사기』「고구려본기」보장왕 27년조에, 당나라 군사가 부여성을 점령하고 부여주 40여 개의 성이 모두 항복하겠다고 했을 때, 당 고종의 임무를 받고 요동에서 귀국한 시어사(侍御史) 가언충(賈言忠)에게 고종이 군 내부사정을 묻자 가언충이 승리를 다짐하는 발언 중에 '『고구려비기』에는 9백년이 되지 못하여 마땅히 80대장이 멸망시킨다'라는 말이 있는데, 고씨가 한나라 때 나라를 세운지 9백년이고 이적의 나이가 80입니다라고 했다는[157] 것이다. 이 말은 전쟁을 위해서 나름대로 많은 연구를 통해 준비했을 적군의 장수가, 고구려가 건국된 지 900년이 되었다는 것을 밝혀 준 것이다. 고구려가 멸망하던 668년에 나온 말이기에, 만일 고구려가 정말 기원전 37년에 건국되었다면 그 말이 나오던 당시의 고구려는 건국 후 705년 밖에 되지 않으므로 고구려 건국연대가 200여년은 앞당겨져야 함을 의미하는 것이기에 중요하게 다뤄지는 것이다.

세 번째는 한 무제가 한사군을 세울 때 '고구려현(縣)'을 만들었다는 기록이다. 물론 이 문제는 고구려를 고구려현으로 삼았다는 것인지, 아니면 단순히 고구려라는 이름을 차용한 것인지에 대해서는 진위여부를 가려야 할 문제다. 하지만 한 무제가 고구려현을 만들었다는 사실 자체가 이미 그때 고구려라는 나라가 존재했다는 것으로 고구려의 건국은 한사군이 만들어진 기원전 108년 이전이어야 한다는 것이다.

---

157) 국사편찬위원회, 한국사데이터 베이스〈http://db.history.go.kr/〉, 三國史記 卷第二十二 高句麗本紀 第十, "且高句麗祕記曰 不及九百年 當有八十大將 滅之 高氏自漢有國 今九百年 勣年八十矣", 2018. 6. 10. 검색.

2) 세손 삭감과 〈유국900년설〉 및 고구려현

(1) 신채호와 임승국 및 기타 학설

신채호는 이미 1931년에 『조선상고사』에서, 일반 사가들은 고구려가 기원전 37년에 건국하여 신라 문무왕 8년인 668년에 멸망하였음으로 그 역사가 705년이라고 적어왔다. 그러나 고구려가 멸망할 때에 불급구백년(不及九百年)이라고 한 비기가 유행하였는데, 비기가 비록 요서(妖書)라 할지라도 그 시대에 민심을 동여시킨 도화선이 되었으므로 문무왕 8년에 고구려 연조가 8백몇십 년 이상 되었다는 것은 명백하다. 광개토경평안호태왕 능 비문에 의하면 광개토태왕이 시조 추모왕의 13세손이 아니라 17세손이니 세대를 빠뜨리고 705년 운운하는 연조는 믿을 수 없다. 또한 『북사』 「고려전(고구려전)」에서 '막래'가 부여를 쳐서 대파하여 이를 통속(統屬)하였는데, 한 무제가 조선을 멸망시키고 사군을 세울 때 고구려를 현(縣)이라 하였다고[158] 함으로써 한나라의 조선 침략 이전에 고구려가 존재했다는 것을 밝혔다.

임승국 역시 신채호와 비슷한 예를 들어서 고구려 건국 연대의 오류를 지적하였다. 『한단고기(桓檀古記)』의[159] 주해를 통해서, 당나라의 시어사가 고구려와 당나라의 접전 상황을 시찰한 뒤 당 고종에게 보고하는 말 가운데 '『고려비기(高麗祕記)』라는[160] 책에 고구려가 900년이 채 못

---

158) 신채호, 전게서, 152-153쪽.

159) 우리가 흔히 『환단고기』라고 부르는 책으로 1911년 계연수에 의해서 편집된 것이다. 임승국은 '桓'을 '환'으로 읽을 것이 아니라 하늘이라는 뜻이 담긴 '한'으로 읽어야 한다는 의미에서 『한단고기』라 이름한 것이다. 아직 대한민국에서는 역사서로 인정하지 않는 까닭에 본 논문에서 그 본문은 인용하는 것을 피했으나, 주석은 임승국 본인의 사관을 적은 것이므로 인용하기로 한 것이다.

되어 80먹은 대장에게 멸망될 것이라고 했는데 고구려가 한나라 때부터 건국하여 지금(668년)이 900년 되는 해이고 이적 장군의 나이가 마침 80세입니다. 그러니 『고려비기』의 예언과도 일치하여 이번에는 꼭 고구려가 망합니다.'라고 했는데 '고씨자한유국금구백년(高氏自漢有國今九百年)'이라고 했으니 기원전 37년에 건국되어 668년에 망한 고구려를 고구려의 연조가 900년 되는 해라고 못 박을 수 있는가? 또한 『전한서』 「지리지」에 '고구려를 고구려 현으로 삼다(以高句麗爲縣)'라고 한 것은 기원전 108년 한사군 설치와 관계된 글인데 그 진위를 떠나 이미 기원전 108년 이전에 고구려라는 나라가 있었기에 그 말이 가능한 것이다. 또한 광개토경평안호태왕의 능비에 호태왕은 주몽으로부터 19세손이라고[161] 했는데 『삼국사기』에는 13세손 밖에 안 되니 적어도 5~6세의 고구려제왕의 기록이 삭제되었음을 암시한다. 따라서 김부식의 『삼국사기』보다 200여년은 고구려의 역사가 더 길어야 한다고[162] 했다.

그 외에 이기백은 현토군이 설치 될 당시 고구려현이 존재했다는 사실을 들어서 고구려 건국연대가 기원전 107년 이전으로 소급할 수도 있다고 했으며, 북한의 이지린과 강인숙은 〈유국 900년 설〉에 의거하여 고구려 건국연대를 기원전 232년까지 소급할 수 있다고 주장했다.[163]

---

160) 임승국은 『삼국사기』에서 『고구려비기』라고 표기한 것을 『고려비기』라고 했다. 이것은 『당회요(唐會要)』에서는 고려비기로 기록하고 있는 것을 참고로 그렇게 적은 것으로 보인다.
161) 이 부분은 임승국의 오기로 보인다.
162) 임승국 역, 『한단고기』, 정신세계사, 2009, 260쪽
163) 김영완, 「高句麗 建國에 대한 一研究」, 명지대학교 석사학위논문, 2002, 22-23쪽.

(2) 북한 손영종의 학설

북한의 손영종은 『삼국사기』 「고구려본기」 맨 끝 부분의 '사론'에 '고구려는 진(BC 221~BC 206)·한(B.C. 206~A.D. 220)시대 이후로 중국 동북방의 한 쪽에 끼어 있었다.'라고 지적되어 있다. 진나라는 기원전 9세기말~8세기 초에 세워진 나라였지만, 그것은 주나라의 한 개 제후국이었을 뿐, 진나라가 조선과 관계를 가지게 된 것은 진시황이 중국 대륙을 통일한 기원전 221년부터라고 말할 수 있다. 기원전 221년경에 진나라는 고조선과 경계하게 되었다. 『사기』 「조선열전」에 의하면 진나라는 조선과의 사이에 상장·하장이라는 방어시설을 두고 상장·하장 사이는 사람이 살지 않는 공지로 만들어 완충지대로 삼았다. 이 무렵에 진나라의 동쪽 경계는 바다와 조선에 이르렀다고 한다. 이 완충지대는 위만이 고조선에 망명하여 처음 발을 붙였으며, 고조선의 준왕으로부터 제후국 책봉을 받았던 지역으로 오늘의 요하 하류 서쪽에 해당한다.164) 고구려는 고조선의 동쪽, 동북쪽에 위치하고 있었으므로 진나라로서도 동북방에 해당하는 위치에 있었다고 볼 수 있다. 고구려가 진나라와 기원전 221년경에는 직접적인 관계를 가지지 못했을지라도 몇 년 후에는 직접적인 경계를 가진 것이 확실하다. 이렇게 되면 고구려는 기원전 221년 전·후로 큰 나라로 되어 있었다고 보아야 하며 그것은 고구려가 이미 오래전에 나라를 세우고 강화하였다는 것을 전제로 하지 않으면 안 된다. 그러므로 실제로는 기원전 3세기 이전부터 있었던 나라라고 보아야

---

164) 북한 학자들은 이것을 근거로 고조선과 중국의 서쪽 경계가 대릉하이며, 대릉하에서 요하는 고조선이 관리하고 대릉하에서 난하는 중국이 관리하던 완충지대라고 한다. 따라서 그들은 대릉하를 패수, 즉 헌우락이라고 한 것이다.

할 것이라고165) 하면서, 앞에서 다른 학자들이 인용했던 『삼국사기』의 '고씨는 한나라 때부터 나라를 세운지 이제 9백년이 된다.'는 기록을 인용하여 고구려는 한나라 때는 이미 건국되었다는 것을 강조하고 있다. 또한 '광개토경평안호태왕 능비에 광개토태왕이 추모왕의 17세손이라고 했는데 『삼국사기』「고구려본기」에서는 12세손이라고 했다.'는 점을 고구려 역사 축소의 증거로 들었다. 이것은 신채호의 13세손과 1세가 차이가 나지만, 그것은 시조 추모왕을 포함하느냐 아니냐의 문제. 흔히 세손을 따질 때 시조를 포함하는 경우도 있고 그렇지 않은 경우도 있기 때문에 세손을 계산하는 관점에 따라 다르다. 이 문제에 대해서 손영종은 『가락국기』에서 보는 것처럼 제2대부터 계산하는 것이 일반적인 관례라 5세가 누락이 되었다고 본다고166) 하면서 기록을 통해서 그것들을 찾아내었다고 했다.

---

165) 북한 손영종, 전계논문, 39-40쪽.
166) 상계논문, 41쪽.

3. 고구려 건국연대 소급 학설에 대한 이의(異議)

1) 삭감된 5세손 왕의 재위연수 산출에 대한 이의제기

손영종의 삭감된 5세대 왕에 대한 재위연수 계산 방식은 잘못 다루면 고구려 건국연대가 달라지기 때문에 중요한 것이다. 그는 광개토경평안호태왕 능비에 추모왕의 세자 유류왕은 나라를 잘 다스렸고 대주류왕은 왕업을 계승하여 발전시킨 것으로 기록되었으나, 『삼국사기』에는 유류왕과 대주류왕으로 직접 기록되지 않고 유류는 왕의 묘호가 아니라 유리왕의 다른 이름으로, 대주류왕은[167] 대무신왕의 다른 묘호로 불렸다고 기록되었다는 점에 착안하여 다음과 같은 논지를 펼쳤다.

『위서』와 『북사』에서는 주몽의 아들, 손자, 증손자로서 시려해(여달), 여률, 막래의 이름이 나오고 그들이 차례로 왕위를 이어받았다는 것이

---

167) 『삼국사기』에는 '대해주류왕이라고도 한다'고 기록되어 있으나 『삼국유사』 「왕력」편에 대무신왕의 '성은 해씨'라고 기록된 것을 보면 대주류왕과 대해주류왕에서의 '해'는 큰 의미를 가지지 않는 것으로 보인다. 그러나 『삼국유사』에서도 『삼국사기』와 마찬가지로 고주몽의 성씨는 '고'라고 했음에도 불구하고, 『삼국유사』에는 고주몽의 아들과 손자인 유리왕과 대무신왕, 민중왕의 성씨를 '해'라고 기록한 이유는 고찰해 볼 필요가 있다. 『삼국유사』에서는 주몽의 성이 '고'라고 하면서 단군의 아들이라고 했는데, 단군의 성씨가 '해'였고 주몽의 성씨 역시 '해'였으나 고구려를 건국하며 성씨를 '고'라고 했다는 것을 밝혀, 고구려는 단군의 후손에 의한 나라였다는 것을 강조하기 위한 것인지, 단순하게 고대에서는 신을 상징하는 의미의 '해'씨라고 칭한 것인지, 일부 학자들의 견해처럼 왕실 세계가 훗날 바뀐 것인지, 그것도 아니면 또 다른 연유가 있는 것인지에 대해서는, 본 연구와 직접적인 관련이 없기에 본 논문에서는 논하지 않지만 추후 고찰해 볼 필요가 있다는 것이다.

지적되어있다.

『삼국사기』「고구려본기」에는 유리명왕의 이름이 유리이나 다른 이름이 유류라고 하였고, 광개토태왕 능비에는 추모왕의 태자 이름은 유류라고 되어있다. 이 '유류'는 '시려'와 음이 통한다. 능비의 기사가 명백한 것이므로 『위서』나 『북사』의 기록은 결코 허황된 것이 아니고 『삼국사기』유리왕조에 유류왕 때의 사실이 뒤섞여 있다는 것을 추정해 볼 수 있다.

또한 대무신왕 즉위년조에는 대무신왕의 다른 칭호가 대해주류왕이라고 했으며, 그 이름은 무휼이라고 하였다. 그런데 『삼국유사』「왕력」에는 그의 딴 이름을 미류라고 하였다. 광개토태왕 능비에는 대주류왕이 나라의 기초를 이어 받았다는 기록이 있다. 또 '무휼', '미류'는 '막래'(ㅁㄹ)와도 음이 가까운 점이 있다. 그리고 『북사』에 의하면 막래왕은 부여를 정벌하여 복종시켰다고 했다. 대무신왕 역시 부여와의 전쟁을 치렀다. 대주류왕(막래)과 대무신왕(무휼, 미류)은 그들의 재위 연간에 있었던 부여정벌에서 공통성이 있고, 또 '유류-유리'처럼 '막래-무휼, 미류' 사이에도 약간의 유사성이 있는 것을 이용하여 두 왕대의 사실을 대무신왕조에 압축·중복하여 기록하였다고 보인다.

여률왕의 경우 『삼국사기』에 대응하는 왕이 보이지 않는데 이것은 유리왕과 대무신왕 사이에는 들어갈 자리가 없으며 또 그의 통치 연간이 상대적으로 짧았으므로 한두 개 사건을 유리왕조 기사에 포함시켜 처리해 버린 것으로 이해할 수 있다.

그리고 대주류왕의 아들도 같은 방법으로 즉 『삼국사기』모본왕(대무신왕의 아들)의 딴 이름 '해애루'에서 찾아 '애루왕'이었다고 말할 수 있을 것이다.

결국 삭감된 다섯의 왕 중에서 유류, 여률, 막래, 애루 등 네 명은 찾아낸 것이다. 다만 유류, 여률, 막래왕의 3세대=3왕대로 되었다고 볼 수 있으나 막래왕, 애루왕과 그 아들 3세대 간은 형제간이 국왕이 되었던 일이 있었을 수 있다.

찾아내지 못한 한 명의 왕을 포함한 5세대의 왕들의 재위 기간은『삼국사기』연표에서 고구려왕 세계를 따져보면 알 수 있다. 유리왕 때부터 5세대가 되는 동천왕 때까지는 기원전 19년에서 기원 248년으로 267년간이며 1세대당 평균 53.4년이 된다. 물론 태조대왕, 차대왕, 신대왕처럼 형제간에 126년이나 왕위에 있었던 특수한 경우도 있었으나, 유리왕에서 동천왕 사이의 실례를 적용하면 5세대 왕의 통치는 267년까지 될 수 있다.

구체적으로 어느 해에 추모왕이 건국하였는가를 규정하는데 중요한 근거가 되는 것은『구삼국사』,『삼국사기』,『삼국유사』,『제왕운기』등에 추모왕의 출생, 즉위, 사망연대의 간지를 한결같이 계해년, 갑신년, 임인년으로 기록하고 있다. 따라서 갑신년을 기준으로 하여 어느 해에 건국하였는가를 따져보면 될 것이다. 이미 앞에서 고구려가 기원전 221년경에는 진나라와 직접적인 경계를 가지지 못하였다고 하더라도 몇 해 후에는 직접적인 경계를 접하게 된 것이 확실하므로 고구려는 기원전 221년 전·후로 큰 나라가 되었을 것이라고 하였으니, 고구려가 건국한 것은 기원전 221년 이전의 갑신년으로 기원전 277년과 기원전 337년을 상정해 볼 수 있다. 그런데 기원전 337년은 이제까지 전해진 고구려의 건국연대인 기원전 37년에 비해 300년이나 앞서게 되므로 위에서 말한 5세대의 재위 기간인 267년보다 현저하게 길다. 그런데 기원전 277년으로 본다면 고구려의 존립기간은 945년으로 〈유국 900년 설〉에 가까울 뿐만 아니라 위에서 제시한 재위 기간인 267년보다 27년이 짧다.

따라서 능히 있을 수 있는 일이므로 고구려의 건국연대는 기원전 277년
으로 보아야 한다.168)

손영종은 삭감된 고구려 5세손 왕들의 잃어버린 세월을 240년으로
보고 기원전 277년을 고구려 건국원년으로 정의하면서, 『삼국사기』에
기록되어 있는 '고구려가 나라를 세운지 900년 만에 망한다.'는 〈유국
900년 설〉을 거론한 것이다. 충분히 공감이 가는 이론이다. 그러나 그의
삭감된 고구려 역사에 대한 계산 방식은 문제가 있다.

그는 유리왕부터 5세손이 되는 동천왕까지 10명의 왕 재위연수인
267년을 모두 삭감된 고구려의 역사로 잡으면서 5로 나누어 세손 당 평
균 재위연수가 53.4년이라고 했다. 그 자신이 태조대왕, 차대왕, 신대왕
처럼 형제간에 126년이나 왕위에 있던 특이한 경우가 포함되었다는 것
을 인정하면서도 그들 역시 한 세손으로 보고 재위연수를 계산한 것이
다. 그러나 5세손 왕들의 재위연수를 도출해내기 위해서 각 세손 별 모
든 왕들의 재위연수를 합산하는 것은 옳지 않다. 그 역시 자신의 논문에
서 밝힌 바와 같이 합산된 왕들은 대개 부자지간이라는 점을 상기한다
면, 부자지간이 확실한 세손에 대해서는 그 수만큼의 왕 재위연수만 더
해야 한다. 그 자신이 유류, 여률, 막래왕의 3세대는 3왕대라고 해놓고 5
세손의 재위연수를 도출하기 위해서 10명의 왕을 설정한 것 자체가 잘
못된 것이다. 따라서 굳이 5세손이라는 고정관념에 얽매여 10명의 왕
재위연수를 가지고 운운하는 것보다는, 찾아내지 못한 마지막 다섯 번째
왕을 찾아낸 뒤에 세손을 계산하고, 감안할 것이 있으면 감안한 후에, 설

168) 북한 손영종, 전게논문, 40-41쪽.

정된 왕의 숫자만큼 재위연수를 합산하는 것이 옳다는 생각이다.

2) 태조대왕 재위에 대한 문제 제기

(1) 태조대왕 재위 문제 제기의 근거

손영종의 방식대로 결론을 내기 위해서는, 손영종이 축소 문제 제기가 끝났다고 본 모본왕의 뒤를 이은 태조대왕에서 문제점을 찾아야 한다. 사라진 5세대의 왕들을 찾는 방식이 『삼국사기』의 기록에서 다른 이름으로 불렸다는 것을 기반으로 삼았으니, 『삼국사기』에 태조대왕이 국조왕이라고도 불렸으며, 이름 역시 궁과 함께 어렸을 때는 어수라고 불렸다는 기록을 눈여겨 볼 일이다. 태조(太祖)라는 것이 나라의 기반을 잡은 이들에게 흔히 붙여지는 묘호이므로, 국조왕(國祖王)이라고도 불렸다는 것을 당연하게 받아들일 수도 있다. 하지만 이 문제는 그리 간단하게 볼 것이 아니다. 고구려 건국연대를 늦추기 위해서 써온 방식대로, 전대에 있던 국조왕을 태조대왕과 혼합하여 기록했다고 볼 수 있기 때문이다.

이러한 문제제기의 근거가 되는 것은 『삼국사기』「고구려본기」 태조대왕조 마지막에 사관의 기록임을 전제하며, 『후한서』에 안제 건광 원년(121)에 고구려왕 궁이 죽고 아들 수성이 즉위하였다. 현도 태수 요광이 임금이 죽은 것을 계기로 병사를 출동하여 공격하자고 하여 모두가 찬성하였지만 상서 진충이 임금이 죽었다고 공격하는 것은 의롭지 못하고 마땅히 사람을 보내어 조문하고 후일 잘되는 쪽을 택하는 것이 좋다고 하니 안제가 그 말을 따랐다는[169] 기록이 있다는 점이다. 사관은 이 기록과 함께 『해동고기(海東古記)』의 기록을 제시하면서 '고구려 국조왕 고궁은 후한 건무 29년에 즉위하였다. 나이가 일곱 살로 국모가 섭정하였다. 효환제 본초 원년(146)에 이르러 왕위를 사양하여 친동생 수성에게 물려주었다. 이때 궁의 나이가 100살이었고[170] 왕위에 있은 지 94년째였다'라고 하면서, 『한서』와 고기의 기록이 서로 다른데『한서』의 기록이 틀린 것이 아닐까하는[171] 의문을 남겼다. 『후한서』와『해동고기』의 기록 중 어떤 것이 맞는다고 할 수 있는 근거가 없이 사관이 일방적으로 제시해 놓은 것임으로 임의적으로 판단할 수밖에 없다.

위의 기록을 살펴보면 차대왕이 태조대왕의 동생인데, 태조대왕에게 두 아들이 있었음에도 불구하고, 왕위에 올랐다가도 은퇴할 나이인 76세가 된 동생에게 왕위를 물려주었다는 것은 납득하기가 쉽지 않다. 또한『삼국사기』의 기록에 의하면 태조대왕 94년 7월에 수성이 가까운 신하들과 사냥을 끝내고 잔치를 하면서 '재사가[172] 자신이 늙었다고 하여 아들에게 양보한 것은, 형이 늙으면 동생이 잇게 하기 위한 것입니다. 왕이 이미 늙었는데도 양보할 뜻이 없으니 그대는 계획을 세우소서.' 미유가 말하기를 '동생이 현명하면 형의 뒤를 잇는 것은 옛날에도 있었으니 그대는 의심하지 마십시오.' 하였다. 이에 좌보 패자 목도루는 수성이 다른 마음이 있는 것을 알고, 병을 핑계대고 벼슬에 나아가지 않았다라고[173] 했다. 수성이 태조대왕의 아들도 아니면서 당연히 왕이 될 것이라

169) 국사편찬위원회, 한국사데이터 베이스〈http://db.history.go.kr/〉, 三國史記 卷第十五 高句麗本紀 第三, 2018. 7. 1. 검색.

170) 이 때 차대왕의 나이는 76세라고『삼국사기』「고구려본기」차대왕조에 기록되어 있다.

171) 국사편찬위원회, 한국사데이터 베이스〈http://db.history.go.kr/〉, 三國史記 卷第十五 高句麗本紀 第三, 2018. 7. 1. 검색.

172) 태조대왕과 차대왕 및 신대왕의 아버지를 지칭하는 것이다.

173) 상계사이트, 2018. 7. 1. 검색

고 생각하고, 재사가 아들에게 왕위를 양보한 것을 빗대어 동생인 자신에게 양보를 하지 않는다고 반란을 준비하라고 한 것이다.

추모왕이 아들에게 왕위를 승계하도록 했다는 것 자체가 왕위의 부자세습을 의미하는 것이며, 그 이후로도 변란이 없는 한 아들에게 왕위가 세습되었다. 그럼에도 불구하고 동생인 차대왕 자신이 당연히 왕이 되어야 하는 것처럼 형이 양위를 하지 않으니 반란을 하겠다는 것은 자기 나름대로의 욕심을 표출한 것이거나, 자신이 당연히 왕위에 올라야 할 이유가 있음을 피력한 것이라고 밖에 볼 수 없다. 그런데 목도루 같은 신하는 수성이 다른 마음이 있는 것 같아 병을 핑계로 벼슬에 나가지 않았음에도 불구하고, 태조대왕이 순순히 차대왕에게 왕위를 물려준 것을 보면 차대왕이 왕위에 올라야 하는 이유가 있었던 것으로 보인다.

(2) 국조왕의 죽음과 태조대왕의 즉위

『후한서』에서는 궁이 죽고 수성이 아들이라 왕위를 물려주었다고 했는데, 그 때는 『삼국사기』에서 태조대왕이 양위를 했다고 기록한 서기 146년에 비해서 25년이나 빠른 서기 121년이다. 그리고 전쟁을 일으킬까를 고민했다고 할 정도로 중차대한 국가 문제로 다루었으니, 그것은 김부식의 판단처럼 잘못 기록할 문제가 아니라고 본다. 또한 수성은 차대왕의 이름이거늘 『후한서』는 왜 고구려왕 궁의 아들 수성이라고 적었는지도 문제로 떠오르는 것이다. 『삼국사기』에 기록된 고구려사를 믿을 수 있다면 당연히 그런 고민을 할 필요도 없겠지만 지금까지 삭감된 고구려의 역사연도를 찾기 위해서 이런 논리를 펴는 것임으로 이 문제는 상당히 중요한 것이라고 본다.

이 문제에 대한 필자의 견해는, 『후한서』의 기록이 비록 수성을 아들이라고 틀리게 적었지만, 그 해에 고구려왕 궁이 죽은 것은 사실이라고 본다. 그리고 김부식은 삭감시키고자 하는 왕 중 한 사람인 국조왕을 태조대왕의 묘호와 어울리는 틈을 이용하여 혼합 기록함으로써 고구려의 존립연대를 삭감한 것으로 보인다. 즉, 고구려 국조왕의 이름은 궁이었으며 국조왕이 죽고 그 왕위를 이어받은 사람이 태조대왕 어수라는 것이다. 이것은 김부식 자신이 사료로 참고했던『해동고기』에도 국조왕이라 쓰고 이름을 궁이라고 했다.『해동고기』는 김부식이『삼국사기』의 사료로서 사용했을 뿐 현재는 전해지지 않는 책이지만 책 자체를 꾸며내지는 않았을 것이니, 121년에 죽은 것은 국조왕 궁이라는 것이다. 그런데 국조왕의 죽음은 정상이 아니었고, 태조대왕을 추대하기 위한 모종의 사건이 있었을 것이다. 그러나 그 사건은 크게 요란하지 않고 적당한 선에서 치러진 것으로, 국조왕을 몰아내고 형인 태조대왕을 즉위시킨 중심에 섰던 것이 바로 차대왕(次大王)으로, 차기(次期) 왕의 자리를 약속받아 이미 세자로 책봉되어 있었던 것이라고 볼 수 있다. 잘 사용하지 않는 차대왕이라는 묘호를 썼다는 점에서도 그런 의문이 들게 한다. 그런데 자신이 나이를 먹어도 왕이 죽지 않자, 왕이 되어야 한다는 욕망을 참지 못하고 반란을 일으켜 태조대왕으로부터 양위를 받은 것이다. 그것을 뒷받침할 기록으로『삼국사기』「고구려본기」차대왕조에 보면 차대왕 2년 우보 고복장을 죽이는데, 복장이 죽음에 이르러 탄식하며, "내가 그 때 임금의 가까운 신하로서 반란을 일으키려는 역적을 보고도 묵묵히 말을 하지 않을 수 있었으랴? 선왕이 내 말을 듣지 않아 이리된 것이 원통하다."라고[174] 하였다. 이것은 차대왕이 반란에 의해 왕위를 찬탈한 것임을 증

---

174) 국사편찬위원회, 한국사데이터 베이스〈http://db.history.go.kr/〉, 三國史記 卷第十五

언한 것이다. 또한 차대왕이 반란을 준비하라고 했을 때, 앞장서서 그 명이 당연한 일이라고 했던 미유를 즉위 2년 2월에 좌보로 삼은 것이나, 즉위 3년차에 태조대왕의 큰 아들인 막근을 죽이자 동생 막덕은 스스로 자살한 것만 보아도 짐작이 가는 일이다. 왕위찬탈에 대한 후환을 없애기 위해서 막근을 죽이자 막덕은 자신도 무사하지 못할 것을 알기에 추한 꼴을 당하느니 차라리 자살을 선택한 것이다.175)

지금처럼 신속하고 정확한 정보가 불가능했던 당시로서는, 국조왕이 죽을 당시 수성이 가장 전면에 대두되는 세력이었음으로 당연히 수성이 왕위를 차지할 것으로 생각했고, 왕위가 부자 세습되는 중국의 관념에 의해 수성을 국조왕의 아들로 기록한 것이 『후한서』에 그대로 기록되었을 것이라고 추정된다. 이러한 추정은 궁의 죽음을 기록한 그 기사의 끝 부분에 태조대왕의 막내 동생이자 차대왕의 동생인 백고(伯固), 즉 신대왕 역시 차대왕이 죽고 왕위에 오르자, '수성(遂成)이 죽고 아들 백고(伯固)가 왕이 되었다.'고176) 아들로 기록한 것을 볼 때 충분히 가능한 것이다.

태조대왕이 일곱 살에 즉위하여 94년을 집권하였다는 것을 보면, 국조왕이 누구이며 언제 즉위를 했는지는 불분명하지만 태조대왕이 아주 어렸을 때 국조왕은 즉위했고, 태조왕과 국조왕의 치적과 재위연수까지 혼합하기 위해서 일곱 살에 즉위했고 94년을 집권했다고 적은 것으로

高句麗本紀 第三, 2018. 7. 1. 검색.

175) 삼국사기 차대왕 3년조에 "여름 4월에 왕이 다른 사람을 시켜서 태조대왕의 맏아들 막근(莫勤)을 죽였다. 그 동생 막덕(莫德)은 화가 연이어 미칠 것을 두려워하여 스스로 목을 맸다."고 기록되어 있다.; 상계사이트, 2018. 7. 1. 검색

176) 국사편찬위원회, 한국사데이터 베이스〈http://db.history.go.kr/〉, 後漢書 東夷列傳 高句驪, "遂成死, 子伯固立", 2018. 7. 1. 검색.

보인다. 다만 국조왕이 죽은 해는 중국에서 일어난 역사적인 사실들과 비교해서 적은 것이므로, 『후한서』에 기록된 안제 건광 원년(서기121년)이라고 보는 것이 옳다. 그리고 그 해에 태조대왕이 즉위를 해서 25년 동안 왕위에 있다가 차대왕에게 양위를 했다고 보아야 한다. 손영종은 삭감된 다섯 명의 왕 중에서 유류, 여률, 막래, 애루 등 네 명은 찾아냈다고 했는데, 나머지 하나가 태조대왕과 얽힌 국조왕이라는 것이다.

(3) 국조왕과 태조대왕

고대국가는 힘의 세력이 나타나면 그 주변 소국들이, 침략이나 병합 등의 방법으로, 제후국이 됨으로써 형성되는 연합국이었다. 따라서 초기의 왕권은 제후들의 입김에 의해 크게 흔들릴 수밖에 없었고, 적어도 태조대왕 때까지는 힘 있는 제후국들에 의해서 왕권의 승계가 좌우됐다는 것을 얼마든지 엿볼 수 있다.

『삼국사기』에 있는 민중왕과 모본왕, 태조대왕의 즉위에 관한 기사를 요약해 보면, 모본왕은 그의 아버지 대무신왕이 죽었을 때 나이가 어려서 왕위에 오를 수 없었음으로 삼촌인 민중왕이 왕위에 올랐다가, 민중왕이 죽자 왕위에 올랐다. 그리고 모본왕은 사람됨이 어질지 못하고 포악하여 살해당했는데 그 재위연수가 불과 6년에 불과하다. 또한 그 아들인 태자는 못나고 어리석어 왕위를 이어받을 인물이 못 됨으로 태조대왕이 왕위를 계승하였는데, 그것은 백성들의 환영에 의해서 이루어진 일이다. 태조대왕은 태어나면서부터 눈을 떠서 볼 수 있었고 나이가 7세이면서도 남들보다 재능이 뛰어나 왕으로 삼았으며, 태후가 수렴청정을 했다고[177] 한다. 이것은 모본왕의 나이가 어려서 즉위하지 못했다는 것과 너무나도 이율배반적인 요소를 내포하고 있다. 그런데 태조대왕의 아버지는 유리왕의 아들인 재사로 당시 계루부족의 대가들이 누릴 수 있던 고추가였으며 그 어머니는 해씨였다. 모본왕은 수렴청정 할 수 있는 어머니가 없었다는 것, 즉 자신의 지지기반을 확보하지 못하고 있었다는 것을 단적으로 보여주는 것이다. 그리고 그런 현상은 비단 모본왕뿐만 아니라 민중왕 역시 마찬가지였던 것 같다. 민중왕은 조카인 모본왕을 제치고 왕위에 올랐으나 불과 4년 만에 죽고 왕위가 다시 모본왕에게 돌아간 점을 본다면 추정해 볼 수 있는 일이다. 아울러 살해당한 모본왕의 뒤를 이어 즉위했던 국조왕 역시, 기록이 없는 까닭에 어떤 절차로 즉위를 했고 왜 축출되었는지 밝힐 수는 없지만, 세력기반은 미약했던 것으로 보인다. 그럼에도 불구하고 그는 나라의 기틀을 올바로 잡기 위해서 노력했던 것으로 추정된다. 왜냐하면 태조대왕은 제후들의 세력다툼에서 승리한 고추가인 재사의 아들로, 아버지의 세력을 등에 업고 고구려의 기틀을 제대로 만들 수 있었기에, 태조대왕이라는 묘호가 붙을 수 있었던 것이라고 볼 수 있다. 반면에 태조대왕에게 축출된 국조왕은 제후들의 지지기반 없이, 나라의 기틀을 올바로 세우기 위해서 여러 가지 개혁을 추진했을 것이고, 그것이 왕위에서 축출당하는 덫으로 작용했을 것이다. 이것이 바로 국조왕을 죽게 하고 태조대왕을 즉위시킨 모종의 사건이라는 것이다. 이렇게 추론할 수 있는 근거가 되는 것은, 궁의 죽음이 한나라가 고구려와 전쟁을 논할 정도로 중요한 시국 문제로 받아 들여졌다는 점이다. 이웃나라의 왕이 죽을 때마다 전쟁을 논하는 것은 아니므로, 궁의 죽음은 나라가 혼란한 상태에서 죽었기에 한나라가 전쟁을 논했다

---

177) 국사편찬위원회, 한국사데이터 베이스〈http://db.history.go.kr/〉, 三國史記 卷第十四 高句麗本紀 第二, 三國史記 卷第十五 高句麗本紀 第三, 2018. 7. 1. 검색.

고 볼 수 있기 때문이다.

군이『삼국사기』의 기록에 추론을 덧붙여 설명하는 이유는, 태조대왕 자체의 재위연수나 기타 여러 가지 측면에서 볼 때 단순히 혼자 94년이라는 긴 세월을 왕위에 앉아 있었다고 보는 것은 무리이고,『삼국사기』에서 고구려 건국연대를 왜곡하는 방법이 왕의 수를 줄이고 줄여진 왕대의 사실들을 합하여 기록하는 것이었음을 감안하여 추론하자면, 삭감된 5명의 왕 중 하나가 태조대왕과 합산된 국조왕이라는 것이다.

3) 5세손 왕들의 합당한 재위 계산법

이상의 논지로 볼 때 고구려 초기 왕들의 삭감된 연도를 계산하기 위해서 무조건 5세손에 맹종하여, 대무신왕과 민중왕, 모본왕과 태조대왕과 차대왕 및 신대왕, 고국천왕과 산상왕을 각각 1세손으로 보고 거기에 유리왕, 동천왕을 합하여 10명의 왕이 5세손을 이루었으니 그 왕들의 재위연수인 267년 정도를 삭감된 것으로 보는 것 자체가 무리한 주장이다.

모본왕과 민중왕의 경우에서 보듯이 아들이 왕위를 차지하지 못하고 삼촌에게 갔다가 다시 돌아올 수도 있고, 모본왕과 태조대왕의 경우처럼 친척에게로 뛰어넘을 수도 있다. 더 심한 경우에는 아들을 건너뛴 채 아들의 삼촌에게 갔다가 아들의 아들인 손자에게 돌아와 2세손이 1세손으로 기록되었을 수도 있었다는 가정도 해 볼 수 있다. 사라진 5세손이 단순히 사라진 것이 아니라 고구려의 건국연대를 늦추기 위한 방편이었다면, 초기 고구려의 왕들에 대한 기사 중에서 누구의 아들이라고 기록된 것이 실제로는 아들이 아니라 손자일 수도 있다는 것이다. 그 아버지가 할아버지와 같은 왕으로 치부되었으니 할아버지의 아들로 기록하면서 세대를 잘라내서 삭감시키는 방법을 썼을 수도 있다는 것이다. 그렇게 되면 우리가 1세손으로 계산하는 것이 2세손이 될 수도 있다. 손영종 자신도 유류, 여률, 막래왕이 3세대=3왕대로 되었다고 볼 수 있으나 막래왕, 애루왕과 그 아들 3세대 간은 형제간이 국왕이 되었을 수도 있다고 인정했다. 그렇다면 적어도 10명에서 3명은 삭제하고 7명의 재위연수만 더해야 한다. 손영종 자신이 3세대는 3왕대라 했으니 당연한 것이다.

따라서 필자는 고구려 초기에 삭감된 5세손의 재위연수는 추모왕을 제외한 초기 다섯 왕의 재위연수를 합산한 것으로 보는 것이 옳다는 견해다. 즉 유리왕부터 태조대왕까지 5명의 재위연수를 삭감된 5세손 왕들의 재위연수로 보아야 한다는 것이다. 그러나 태조대왕과 차대왕은 물론 차대왕의 뒤를 이은 신대왕 역시 형제이므로 같은 세손임을 감안할 때, 태조대왕의 뒤를 이은 차대왕과 신대왕을 포함시켜서 삭감된 5세손의 왕에 대한 재위 연수를 계산하는 것은 타당할 수 있다. 우연한 일치인지는 모르겠지만, 손영종이 인정한 3세손을 제외하면 7명의 재위연수를 더해야 한다고 했는데, 신대왕까지 포함시킬 경우 7명의 재위연수가 되는 것이다.

4. 고구려 건국연대의 비정(批正)과 한나라 침입당시의 고구려 영역

1) 삭감된 5세 왕에 대한 재위연수와 고구려 건국연대

필자의 논리에 의해서 계산하면 유리왕에서 태조대왕까지의 재위연수는 165년이고, 차대왕까지는 184년, 신대왕까지는 198년이다. 기원전 37년에, 삭감되었다고 추정할 수 있는 165년을 더하면 기원전 202년이고, 184년을 더하면 기원전 221년이며 198년을 더하면 기원전 235년이다. 고구려 건국연대에 대해서 기록한 고기들이 일률적으로 고구려 건국연대가 갑신년이라고 하였으므로, 지금까지 추정된 연도에서 가장 가까운 갑신년을 찾자면, 기원전 202년과 기원전 235년 사이에 기원전 217년(갑신년)이 있다. 추정한 연대와 가장 가까운 갑신년이 불과 15년과 18년밖에 차이가 나지 않는다. 상당히 근접한 것으로, 다섯 왕의 재위연수가 추정하여 산출한 것이라는 점을 감안한다면 일치한다고 해도 과언이 아니다.178)

그리고 기원전 217년은 진나라가 중국을 통일하고 조선과 국경을 마주한지 5년이 되는 해이다. 또한 진나라는 기원전 206년에 패망하고 한나라가 들어섰으므로, 제2절에서 손영종이 고구려 건국연대를 소급해

---

178) 본 연구자의 이러한 추론은 차대왕이나 신대왕을 포함하지 않고 태조대왕까지 5명의 왕에 대한 재위연수를 합산해도 결과는 마찬가지다. 왜냐하면 기원전 202년에서 가장 가까운 갑신년을 찾아도 기원전 217년이기 때문이다. 태조대왕까지와 차대왕까지 혹은 신대왕까지로 연대를 계산한 것은, 추정에 의해 연대를 도출해 내는 것임으로, 좀 더 근접한 연대를 찾기 위한 방법 중 하나였을 뿐이다.

야 하는 이유 중 하나로 제시했던, 『삼국사기』에서 고구려가 진·한의 동북방에 있었다는 기록을 뒷받침할 수 있는 근거가 되는 것이다. 손영종 스스로 '고구려가 기원전 221년경에는 진나라와 직접적인 경계를 가지지 못하였다고 하더라도 몇 해 후에는 직접적인 경계를 접하게 된 것은 확실하다'고 서술했으면서도 무조건 기원전 221년 이전의 갑신년을 설정해야 한다고 주장하는 것 자체가 무리였던 것이다. 만일 손영종의 주장대로 기원전 277년에 고구려가 건국되었다면 기원전 221년에 건국된 진나라를 뛰어넘어, 고구려가 연·진·한나라의 동북쪽 모퉁이에 자리 잡고 있었다고 했어야 옳은 것이다. 따라서 고구려의 건국연대는 기원전 217년으로 보는 것이 합당하다.

이것은 신채호가 주장한 바와 같이 기원전 190여년을 전후로 수십 년 동안을 고구려와 동·북부여가 분립한 시기로 보아야 한다는 이론에도 부합하는 것이다. 신채호의 기준점인 기원전 190년을 전후로 수십 년에서 가장 가까운 갑신년이 바로 기원전 217년이기 때문이다.

2) 〈유국 900년 설〉과 비교한 고구려 건국연대

고구려 건국연대를 비정하는데 빠질 수 없는 또 한 가지 중요한 것은, 앞장에서 서술한, 가언충이 당 고종에게 말했다는 〈유국 900년 설〉이다. 비록 비기라고는 하지만 당시에는 민심을 흔들었고, 지금도 고구려의 삭감된 연대를 추정하는데 근거자료로 쓰이는 중요한 자료다. 『삼국사기』에 나오는 이 기록은 중국의 북송 대에 성립된, 오대 왕부(王溥)가 저술하여 송나라 태조 2년(961년)에 완성한 책 『당회요(唐會要)』권95 「고구려」에 '고려비기에 전하기를 고려는 1,000년을 넘기지 못하고 80

노장에게 멸망한다고 했는데 지금 900년이 되었고 이적의 나이가 80이다'라고[179] 기록되기도 하였다. 물론 당회요가 완성된 것은 고구려가 멸망하고 난 후의 일이다. 하지만 고구려 역사가 900년이라는 사실을 명백하게 밝히고 있다는 것이 중요한 것이다.

필자가 비정한 기원전 217년을 고구려의 건국연대로 하여 그 존립연대를 계산하면, 보장왕이 당나라에 항복한 668년까지는 885년이 되고, 보장왕이 당나라에 항복하여 고구려를 잃고 요동주 도독으로 지내며 조선왕으로 불리다가 죽음으로써 고구려 왕조의 막을 내리게 한 682년까지는 899년이 된다. 기원전 217년이 고구려가 건국된 해라고 밝힌 필자의 주장을 뒷받침 해 주는 것이다. 『고구려비기』가 전하는 900년 멸망설이 맞았다는 의미가 아니라, 『당회요』의 기록과 가언충이 말한 바와 같이 '고구려가 건국한지 900년'이라는 말 자체가 기원전 217년에 고구려가 건국되었을 때 맞는 말이라는 것이다. 반면에 손영종의 주장대로 고구려가 기원전 277년에 건국되었다면 보장왕이 항복한 해인 668년까지는 945년이 되고 보장왕이 죽음으로써 고구려 왕조가 막을 내리게 되는 682년까지는 959년이 된다. 945년이나 959년을 900년이라고 하지는 않는다. 그 정도의 연수라면 900년을 훨씬 넘겼다고 하거나, 1,000년에 못 미쳤다고 일컫는 것이 일반적인 상례다. 따라서 필자가 비정(批正)한 바와 같이 보장왕이 항복한 해를 기준으로 하면 885년, 보장왕이 죽음으로써 고구려 왕조가 막을 내린 해를 기준으로 하면 899년이 되는 기원전 217년의 고구려 건국설이야말로, 고구려가 건국 된지 900

---

179) 국사편찬위원회, 한국사데이터 베이스〈http://db.history.go.kr/〉, 唐會要 卷九十五 高句麗 乾元[封]三年, "且臣聞高麗祕記云 不及千年 當有八十老將來滅之 自前漢之高麗氏 卽有國土 及今九百年矣 李勣年登八十", 2018. 7. 10. 검색.

년이 되었다는 기록과 일치한다고 볼 수 있다. 고구려 건국연대가 기원전 217년(갑신년)이라는 것이 여러 가지 사료에 의해서 증명되어지는 것이다.

3) 고구려현의 실체

제2절에서 거론한 학자 모두가 고구려가 한나라의 침입 이전에 존재했다는 것에 대한 증거로 제시했던 고구려현은 그들의 주장처럼 고구려라는 나라가 그 시기에 존재했으니까 고구려현이라는 지명을 붙였다는 것은 당연한 일이다. 그러나 단순히 고구려현이라는 행정구역이 존재했느냐의 문제가 아니라, 그 위치가 가장 중요한 것이다. 한사군의 위치가 고구려를 정복하고 만주의 넓은 영역을 침범하여 만주의 영토문화에 영향을 끼쳤는지 아닌지를 판가름 할 수 있는 문제이기 때문이다.

이에 대해 북한 학자들은, 『한서』 권28 「고구려전」에 의하면 고구려현의 위치는 요수(소요수)가 발원하는 지방, 즉 혼하 상류인 오늘의 청원현 지방에 있었다. 따라서 『후한서』 「고구려전」에서 고구려 전체를 한나라의 고구려현으로 삼아 현도군에 소속시켰다는 것은 있을 수 없는 일이다. 한나라는 고구려의 서쪽 변방에 '고구려현', '서개마현', '상은태현' 등 세 개의 현을 가진 현도군을 설치했을 뿐이라고[180] 했다.

또한 신채호는, 고구려현은 한무제가 고구려를 고구려현으로 만들려고 하다가 고구려와의 전쟁에 패하여 물러가서, 지금의 태자하 부근에

---

180) 북한 사회과학원력사연구소, 『조선전사3 중세편(고구려사)』, 과학백과사전종합출판사, 1991, 38쪽.

현을 하나 만들어 놓고 조선 열국의 망명자와 포로 등을 그곳에 살게 하여 '고구려현'이라 칭하면서 현토군에 소속시킨 것이라고181) 하였다. 앞서 기술한 북한학자들의 이론과 상당부분 상통하는 것으로 결국 고구려현의 위치는 요하지류 중 하나인 태자하 유역이므로 요하 가까이에 있었던 것이다.

한편 북한의 손영종은,『후한서』「고구려전」에서 한 무제가 조선을 멸망시킨 다음 고구려를 고구려현으로 삼고 현도군에 소속시켰다고 하였으나, 그것은 저자 범엽이 제멋대로 써넣은 내용이다. 왜냐하면 바로 그 뒷부분 저술에서 고구려가 옥저, 예를 복종시키고 신나라, 후한과 전쟁을 한데 대해서 쓴 것과는 모순이 되기 때문이다.『삼국지』「고구려전」에서는 고구려를 현으로 삼았다는 말은 없고 고구려의 역사를 간단히 기록한 다음에 전한이 고취, 기인(고취악기를 다루는 악공)을 고구려에 보낸 사실을 썼으며 또 현도군으로부터 조회 때 입는 조복과 의책을 받아갔는데, 고구려령(현도군 고구려 현령)이 그 명세를 주관하였다. 그런데 그 후 고구려가 교만해져서 오지 않기 때문에 현도군 동쪽 경계에 작은 성을 하나 쌓고 거기에다가 조복, 의책을 가져다 두면 1년에 한 번 연초에 와서 가져간다고 기록했을 뿐이다. 이것은 고구려가 한나라의 조선 침공 이전에 존재했을 뿐만 아니라 한나라의 현도군 밖에 따로 존재했었다는 것을 보여주는 것이다.『북사』「고구려전」에는 한나라 소제 때(기원전 86~74) 한나라가 고구려에 대해 조복, 의책, 고취를 보내준 것으로 되어있다. 또한『위서』에서는 한 무제의 고조선 침공 이전에 추모, 시려해, 여률, 막래의 네 왕이 있었고 막래왕 때에는 부여를 정벌하여 크게 대

---

181) 신채호, 전게서, 218쪽

파했다고 하였다. 『북사』는 그 다음에 기원전 108년에 있었던 한나라 무제의 조선 침공에 대해 쓰고 있는 것이다. 결국 고구려는 한나라의 조선 침공 오래 전부터 있었으며 한나라의 침략 후에도 당당한 독립국가로 한나라의 침공에 대비하고 있었던 것이다. 조복 등을 보냈다는 것은 고구려가 두려워서 회유책을 쓰기 위한 것에 지나지 않으며 그나마도 고구려가 접수하지 않자 어떻게든 가져가게 하려고 했던 것이라고[182] 했다. 충분히 공감이 가는 이론이다. 상식적으로 판단해도 한나라가 고구려를 지배했거나 두려워하지 않았다면 자신들이 주는 조복과 의책 등을 보내기 위해서 성을 따로 쌓아서 그곳에 가져다 놓고, 고구려가 가져가고 싶을 때 가져가게 한다는 것이 이해가 되지 않는 일이다. 이것은 가져가 달라고 사정을 하는 것이며, 고구려는 한나라가 주는 물건도 받으러 오지 않았다는 것으로 그만큼 한나라를 무시했다는 것으로 해석해야 할 것이다.

이러한 기록들을 볼 때, 고구려현은 고구려 내에 설치 된 것이 아니라 이름만 고구려에서 빌려왔을 뿐이다. 이미 조선이 망하고 그 유민들로 채워진 곳이지만 당시 조선은 존재하지 않고 고구려가 존재할 때이므로 '고구려현'이라고 한 것이다. 따라서 한 무제가 고구려현으로 삼았다는 그곳은 고구려와는 무관한 조선의 유민들, 특히 위만조선의 유민들이 대부분이었다. 고구려는 한나라 이전인 진나라 때 건국 된 것이 확실할 뿐만 아니라, 중국에 한 번도 굴복하지 않은 독자적인 국가였다는 것을 다시 한번 인식할 수 있다.

---

182) 북한 손영종, 전게논문, 42-43쪽.

4) 한나라 침입당시의 고구려 영역

한 무제가 조선을 침입하여 조선을 멸망하고 한사군을 설치한 시기는 고구려가 건국한지 109년이 되는 기원전 108년이니 이 시기는 고구려 초기에 해당하는 것이고, 한사군의 위치를 알기 위해서는 그 영역을 살펴볼 필요가 있다.

초기 고구려의 영역은 '『삼국지』「위서」30「동이전」고구려'에 보면 고구려는 요동 동쪽 천리 떨어진 지점에 남은 조선·예맥, 동은 옥저, 북은 부여와 접하여 있다고[183] 되어있다. 예맥은 조선의 족명을 말하는 것이며 옥저는 동부여를 뜻하는 것임으로 결국 고구려 초기 영역은 북으로는 북부여를 접하고 남으로는 기원전 194년에 기준왕을 몰아내고 그곳을 접수하여 위만조선이라 부르게 되는 불조선 즉 번조선과 접하면서 동으로는 동부여와 국경을 마주한 것이다. 이런 고구려의 초기 영역과 반드시 일치한다고는 볼 수 없지만 고구려의 초기 영역을 현대 지명에 의거하여 정리하자면, 5부에 대한 역사기록과 고구려 초기 유적·유물 등의 분포정황을 놓고 볼 때, 그 영역은 대체로 오늘의 요녕성 환인현, 길림성 집안현, 통화현을 중심지역으로 하고 자강도의 대부분 지역과 요녕성 신빈현, 청원현, 길림성 유하현, 입강현 서남지역을 포괄하고 있었던 것이다.[184]

졸본부여를 기반으로 기본적인 군사력을 가지고 건국한 고구려는 건

---

183) 국사편찬위원회, 한국사데이터베이스〈http://db.history.go.kr/〉, 魏書 30 東夷傳 高句麗, "高句麗在遼東之東千里, 南與朝鮮·濊貊, 東與沃沮, 北與夫餘接", 2018. 7. 15. 검색.
184) 북한 손영종, 「고구려의 영토 확장과정에 대하여」, 『조선고대 및 중세초기사 연구』, 백산자료원, 1999, 65쪽.

국 이후 급속하게 영토 확장에 들어갔다. 고구려의 초기 영토 확장과정
은, 갈사국과 옥저와 동부여를 별개로 보는 등185), 훗날 신채호에 의해
서 정리된 것이 미처 정리되지 못하고 중국사서에 의존해서 서술한 것을
감안한다면, 『삼국사기』에도 잘 기록되어 있다. 『삼국사기』에 의하면,
추모왕 6년 오이와 부분노에게 명하여 태백산 동남쪽의 행인국(荇人國)
을 정벌하게 하고, 10년 부위염에게 명하여 북옥저를 정벌하게 하였다.
유리왕11년에는 부분노의 계략으로 선비를 복속하고, 33년 오이와 마
리에게 명하여 서쪽으로 양맥을 정벌하여 그 나라를 멸망시킨 후 한나라
의 고구려현을 빼앗았다. 대무신왕5년 부여왕 대소를 죽이는 바람에 대
소의 아우가 갈사수에 나라를 세우게 하였으며 부여왕의 사촌동생이 만
여 명을 데리고 투항해 왔다. 9년 개마국을 정벌하고 구다국의 항복을
받아 내었다. 15년 최리의 낙랑국을 정벌하였다. 태조대왕 4년 동옥저
정벌하고 16년 갈사왕이 행복해 왔으며, 22년 주나를 정벌하였다고186)
한다.

그런데 앞에서 고구려의 건국연대가 기원전 37년이 아니라 기원전
217년으로 비정한 이유가 고구려 역사를 축소하기 위한 것이었고, 그
방법으로는 전·후나 혹은 왕명이 비슷한 왕들을 하나로 묶어 그 역사적
사실을 혼합하여 적었다고 하였다. 따라서 『삼국사기』가 전하는 기록들
중 태조대왕 때까지의 기록에 대한 연대는 주의해야 한다. 추모왕과 같

---

185) 신채호는 『조선상고사』에서 '가시라'는 '삼림국(森林國)'을 뜻하는 것으로 이두문자로
'갈사국'이라고 쓰며 이것은 만주어로 '와지'이고 '옥저'는 와지의 음역이므로 옥저와 갈사
국은 같은 나라를 지칭하는 것이며, 해부루가 북가시라로 옮겨와서 동부여가 되었으므로
옥저와 갈사국과 동부여는 같은 나라라고 했다.
186) 국사편찬위원회, 한국사데이터베이스〈http://db.history.go.kr/〉, 三國史記 卷第十三
高句麗本紀 第一 ~ 三國史記 卷第十五 高句麗本紀 第三, 2018. 7. 15. 검색.

은 시대의 사람들로 언급된 부여의 대소왕이나 그 아우, 오이, 마리, 협보, 부분노, 괴유 등과 관련된 기사들은 180년을 앞당겨 보아야 한다. 이것은 『삼국유사』에 대해서도 마찬가지다.

『삼국유사』「기이」 동부여에 의하면 임오년에 대소가 죽자 나라가 없어졌다고 했다. 『삼국사기』「고구려본기」 대무신왕조에서 추모왕이 즉위한 후 59년이 되던 해에 대소가 죽었다고 되어있는데 『삼국유사』「기이」에서는 그 해를 임오년이라 한 것이다. 따라서 고구려 건국연대를 기원전 217년으로 비정하면, 여기서 가리키는 임오년은 기원전 159년이다. 그러나 『삼국사기』에 대무신왕이 말하기를 '비록 왕을 죽였지만 그 나라를 멸망하지 못했다.'는 기록을 보면 동부여가 대소의 죽음에 의해 곧바로 멸망한 것은 아니다. '대소의 아우가 갈사수에 나라를 세웠다', '부여왕의 사촌동생이 만여 명을 이끌고 투항했다'는 등의 기록에 의해 추론해 볼 때 동부여는 지리멸렬하게 흩어지기 시작하여 결국은 고구려의 속국이 된 것으로 볼 수 있다. 이러한 사실은, 갈사국이 바로 옥저이자 동부여인데, 태조대왕 4년에는 동옥저를 정벌하고 16년에 갈사왕이 항복해왔다는 것을 보면 지리멸렬하게 흩어져 있었다는 것을 알 수 있고, 광개토경평안호태왕 능비에 '영락20년 동부여가 속국이었는데 중간에 배반하여 왕이 친히 군대를 이끌고 가서 토벌하였다'는 것을 보면 태조대왕 16년에 속국이 되었는데 중간에 이탈했었다는 것을 알 수 있다. 따라서 동부여, 특히 신채호가 말한 바와 같이 북동부여는 태조대왕 16년에 모두 투항한 것으로 보아도 무난할 것이다.[187] 그러나 북동부여가 투

---

187) 신채호는 『조선상고사』에서 이 점에 대해 '대소가 죽자 동부여는 두만강 이북의 북동부여와 두만강 이남의 남동부여로 나누어졌고, 이것이 바로 북옥저와 남옥저다. 북옥저는 얼마 후에 고구려에 투항하여 나라가 없어졌고, 남옥저는 문자왕 3년에 비로소 고구려에 병

항한 것을 『삼국사기』가 기록한 대로 태조대왕16년인 서기 68년으로 보아서는 안 된다. 갈사국을 세운 대소의 아우는 추모왕 시대의 사람임으로, 『삼국사기』의 기록 보다 180년을 앞당긴 기원전 112년으로 보아야 하는 것이다. 이렇게 정리를 하면 북동부여를 속국으로 삼은 기원전 112년은 한사군 설치 4년 전이고, 고구려는 이미 북동부여까지 복속한 것이다.

또한 『삼국사기』에 의하면 추모왕은 행인국을, 대무신왕은 개마국과 구다국을 정벌하였다. 행인국은 오늘날의 함경북도 일부에 걸쳐 있었고, 개마국은 오늘날의 개마고원 일대에 자리하고 있었으며 구다국은 그 이웃 국가였음으로 함경도(지금의 양강도) 지방으로 영토를 확장한 것이다. 그리고 북옥저는 곧 북동부여이니 그 강역은 연변지구와 연해주에 해당하는 것으로 고구려가 동으로는 연해주에 달하는 영역을 확보하고 있었던 것이다. 그리고 서쪽은 양맥국을 정벌하게 하였다고 했으니[188], 양맥은 오늘의 태자하인 대량수 상류지역에 살고 있던 사람들이다. 그것은 고구려가 서쪽으로는 이미 요녕성 깊숙이 요하 가까이에 진출해 있었다는 것을 의미한다. 그리고 유리왕 11년 부분노의 계략으로 선비를 복속하였다는 것은 기원전 189년에는 부분노의 계략으로 요하의 한 지류인 시라무렌강(西拉木倫河: 서랍목륜하) 유역에 살고 있던 선비족을 속국으로 삼았으니 서북방면의 정세를 안정시킨 것이다.

따라서 한 무제가 위만조선을 침략하던 시기의 고구려 영역은 남으로

합되었다.'고 하였다. 따라서 신채호에 의하면 여기에서 투항한 갈사국은 북동부여로 볼 수 있다.

188) 『삼국사기』에서는 양맥국에 이어 고구려현을 공격한 것으로 기록되어 있으나, 이것은 두 왕을 혼합한 까닭에 그 공적역시 혼합된 것으로 구분되어져야 할 것이다.

는 함경도에 이르며 동으로는 연해주에, 서쪽으로는 요하 가까이에 이르는 태자하 상류, 서북쪽에서는 요하지역까지 도달했던 것이다. 그리고 북으로는 북부여와 접하고 있었다. 북부여의 서쪽 경계는 서요하 일대이고, 북쪽 경계는 흑룡강까지이니, 한사군의 설치는 위만의 반란으로 불조선의 이름을 바꾸고 생겨난 위만조선에 해당하는 지역을 벗어나지 못한 것으로, 난하와 요하 유역의 일부를 차지했을 뿐이다. 그리고 고구려와 부여는 같은 맥족의 나라임으로,189) 만주의 어느 곳에도 중국문화는 자리할 수 없었고 우리선조들의 고유한 문화가 존재했던 것이다.

5. 고구려 건국연대 재정립의 의의(意義)

지금까지 살펴본 바와 같이 고구려는 기원전 217년에 건국되었다. 따라서 대한민국의 역사는 하루빨리 고구려 건국연대를 기원전 37년에서 기원전 217년으로 재정립(再定立)하여야 한다. 혹간은 이미 지나간 역사에서 건국연대 200여년 차이가 난다고 그것이 무슨 큰 문제가 되느냐고 반문할 수도 있다. 그러나 고구려의 건국연대에 대해서 살펴보고 그것을 바로잡고자 하는 이유가 단순히 건국연대를 올바로 설정하기 위한

---

189) 이것은 광개토경평안호태왕 능비에 고구려는 추모왕이 북부여에서 나와 건국했다고 했으며, 『후한서』「고구려전」에 "고구려는 일명 맥이라고도 한다"는 기록을 보면 잘 알 수 있다. 북한 사회과학원 역사연구소 편, 조선고대사, 한마당, 1989, 129-130쪽.

것이 아니다. 제1절의 고구려 건국연대 재정립의 필요성에서 그 목적을
밝힌 바와 같이 한사군이, 잠재적 영토분쟁지역인 만주의 영토문화에 얼
마나 많은 영향을 끼쳤느냐 하는 것을 판가름하기 위해서였다. 왜냐하면
영토분쟁지역의 영토권은 "역사라는 종축(縱軸)과 문화라는 횡축(橫軸)
의 개념을 포괄하여 고유성을 가진, 일정한 영토에 보편적으로 분포되어
있는 영토문화의 실체를 분석함으로써 그 영토의 문화주권자를 규명하
는 영토문화론"을 바탕으로 "힘의 개념에 의한 지리적인 국경이 아니라
영토문화를 기반으로 한 문화주권자가 영토권자임을 정의하는 문화영
토론"에 의해서 규명되어져야하기 때문이다. 그것은 일정한 영토를 개
척하고 문화를 꽃피우며 살아온 민족이 그 영토의 문화주권자이고, 문화
주권자를 영토권자로 규명함으로써 문화충돌에 의한 분쟁을 없애고 평
화를 정착시키고자 하는 것이 목적인데, 만주의 문화주권자가 우리선조
들이 아니라면 우리민족이 만주의 영토권을 주장할 수 있는 당위성을 잃
을 수 있기 때문이다. 그러나 고구려는 한나라가 건국된 기원전 206년
보다 10여년, 한사군을 설치한 기원전 108년 보다는 무려 110여년이나
먼저 건국된 나라다. 한나라가 위만조선을 침략하여 한사군을 설치했다
는 기원전 108년에는 북부여와 함께 확고하게 만주를 생활터전으로 삼
으며 지배하고 있었다. 고조선의 역사가 단절되지 않고 고구려와 부여가
맥을 이어온 것이다. 즉, 우리 한민족은 만주에서 역사의 단절 없이 문화
생활을 이어온 민족이다. 한사군은 난하와 요하 유역의 일부분을 차지하
고 있던 세력으로, 만주 전체에서 그 비중을 논하자면, 아주 극히 일부분
에 주둔했었을 뿐이다. 따라서 한사군의 설치로 인해서 만주의 영토문화
나 문화주권에 아무런 영향을 끼치지 못했음으로, 영토문화론과 문화영
토론을 기반으로, 잠재적 영토분쟁지역인 만주에 대한 영토권을 우리민

족이 주장할 수 있는 근거가 되는 것이다. 제1절에서 언급한 바와 같이, 제2차 세계대전 종전당시 만주국 영토의 귀속국가에 대한 타당한 검토도 없이 연합국들이 힘의 논리로 전리품 챙기듯이 나누어 가진 동북아 영토 챙기기에 의해 일방적으로 중국에 귀속된 만주에 대한 영토권이 우리민족의 소유임을 주장할 수 있는 근거가 된다는 것이다. 그것이 고구려 건국연대를 재정립한 의의다.

제5장
고구려, 동·북부여와 한사군

　한사군은 한나라의 침입에 의해 고조선이 멸망하면서 한나라가 고조선의 영역을 지배하기 위해서 설치한 네 개의 군영을 말한다. 식민사관에 입각한 역사가들은 한사군에 대해서 낙랑군이 평양을 중심으로 설치되고 나머지 세 군영은 그 근처에 설치된, 이른바 한반도 안에 설치되었던 것으로 교육해 왔다. 그러나 식민사관을 벗어나 올바른 역사를 연구하는 학자들이 늘어나면서, 한사군이 한반도 안에 설치된 것이 아니라 난하와 요하유역에 설치되었던 것이라는 학설들이 등장했고 지금은 많은 학자들이 그에 대해 동조하며 더 많은 연구를 하고 있다. 필자 역시 한사군은 한반도 안에 설치된 것이 아니라 난하와 요하 유역에 설치된 것이라는 논리가 옳다고 판단한다. 왜냐하면 제4장에서 고구려 건국연대를 재정립하면서 알아본 바와 같이 한나라가 만주를 침략하던 당시의 고구려의 영역과 본장에서 다루게 될 부여의 영역을 보면, 고구려와 부여가 요하유역까지 진출해서 한나라는 만주 깊이 들어오지 못하고 위만이 기준왕을 몰아내고 지배하던 불조선에 국한된 요하유역까지 밖에 진출할 수 없었기 때문이다. 흔히 한사군을 거론할 때 고조선과 함께 거론하지만, 필자는 고구려와 동·북부여에 대해 고찰하면서 함께 거론하는 것이 옳다고 생각하는 이유가 바로 그것이다. 따라서 이번 장에서는 제4장에서 재정립된 고구려 건국연대를 기반으로 부여의 건국연대와 한사군침입 당시의 영역을 알아보고, 일제와 식민사학자들에 의해 한사군의 영역이 왜곡된 것에 대해서 알아본 후 한사군을 물리친 고구려의 한사군 이후의 영역에 대해서도 함께 검토해 보기로 한다.

1. 부여 건국연대에 대한 일반론 검토

일반적으로 부여가 건국된 시기는 대체로 기원전 2세기경이라고 한다. 그러나 북한 학자들은 이미 고조선의 소국들에서 소개한 바와 같이 아래와 같은 이유를 들어서 적어도 기원전 5세기이전, 나아가서는 기원전 7세기이전일 것으로 추정한다.

『후한서』「부여전」에는 전한왕조 때 부여왕들이 죽으면 옥으로 만든 갑을 썼다는 기사가 있고 그에 뒤이어 부여왕이 49년에 후한왕조에 사신을 보냈다는 기사가 전해지고 있다. 이러한 기록들을 근거로 부여가 전한왕조에 해당하는 시기(기원전206~기원8년)에 이미 존재했다는 것을 알 수 있다. 또한 『사기』「화식열전 오씨라조」에는 진나라 시황제 때 오씨 현의 '라'라는 사람이 주변나라들과 장사를 하여 큰 이득을 본 이야기를 하면서 조선과 함께 부여라는 이름을 썼다. 이것은 부여가 진시황제 때(기원전 246~210년)에 고조선과 함께 존재한 나라임을 말해준다. 이보다 앞선 기원전 5~3세기에 만들어진 중국의 가장 이른 지리책 『산해경』에 전한 '불여의 나라'의 '불여'는 '부여'와 음이 통한다. 고대국가는 족명과 나라이름에 족명이 반영되기도 한다는 점에서, 이미 앞에서 살펴본 바와 같이 '부루'라는 족명이 '부여'라는 이름을 낳게 했다는 것은 의심할 바 없는 것이다. 이런 사정을 감안할 때 『산해경』에서 전하는 불여는 부여였으며 부여가 국가였다는 것은 당시 맥족 사회에서 조세제도가 실시되고 있었다는 사실에서도 알 수 있다. 『맹자』「고자(하)」에 의하면 기원전 4세기에 이미 맥족들 내부에서는 조세제도가 실시되고 있었다.

원래 조세제도라는 것은 공적권력을 유지하기 위해서 필요한 제도이니만큼 국가가 성립된 이후에만 비로소 출현하는 것이다. 그러므로 조세제도를 실시하고 있던 맥족사회는 국가를 이루고 있었다는 것은 명백하다. 그리고 기원전 4세기에 중국유학자들이 맥족의 조세제도를 이른바 '맥도(貊道)'로서 알고 있었던 것으로 보아 맥족 사회에서 국가는 이보다 앞선 시기에 이미 성립된 것을 알 수 있으므로 부여는 늦어도 기원전 5세기경에는 성립되었다고 말할 수 있다.190)

그런가 하면 북한의 김병룡을 비롯한 학자들은 부여의 성립 연대가 적어도 기원전 7세기 이전이라고 주장한다. 그들은 기원전 5세기 이전이라는 주장에 덧붙여서 기원전 2세기의 책인 『상서』의 기록과 부여가 위치하였던 곳으로 알려진 길림지구와 송화강 하류 일대의 청동기 유물에 대한 실체를 들어서 주장하는 것이다.

『상서』에 의하면 주나라 무왕이 상(은)나라를 멸망시키자 부여를 비롯한 고대 조선 세력들이 중국과 같이 통하게 되었다는 기록이 있다. 여기에 실린 내용으로 보면 부여라는 나라 또는 정치세력이 서주 초(기원전 11세기경)에 이미 존재했다고 볼 수 있다. 한편 부여가 자리했던 자리에는 초기 비파형 단검은 물론 후기 비파형 단검까지 발견되었으며, 유적과 함께 발굴된 숯에 대한 C-14년대 측정치는 기원전 7세기 이전으로 확증되었다. 이러한 문헌 및 고고학적 자료들을 종합해 보면 부여는 대체로 기원전 7세기 이전에 형성되었다고 볼 수 있다.191)

---

190) 북한 사회과학원 역사연구소 편, 『조선전사 고대편』, 백산자료원, 1991, 118-119쪽.
191) 북한 김병룡, 「부여국의 성립에 대하여」, 『조선고대 및 중세 초기사 연구 -력사과학 논문집-』, 백산자료원, 1999, 14-15쪽.

북한 학자들은 이러한 근거를 기반으로 부여는 적어도 기원전 7세기 이전에 건국되었다고 주장하고 있다. 그러나 북한 학자들의 주장에 의문이 생긴다. 북한 학자들이 주장하는 것은 다른 경우로 해석할 수도 있는 문제들이라는 것이다.

　　첫째, 『후한서』「부여전」을 예로 들어서 부여가 전한왕조에 해당하는 시기(기원전206~기원8년)에 이미 존재했다는 것을 알 수 있다고 한 것이나 『사기』「화식열전 오씨라조」를 근거로 제시하면서 부여가 진시황제 때(기원전 246~210년)에 고조선과 함께 존재한 나라라고 한 것은 맞는 말이다. 그러나 『산해경』을 기원전 5~3세기에 만들어진 중국의 가장 이른 지리책이라고 하면서 『산해경』에서 전하는 불여는 부여였으며, 『맹자』「고자(하)」에 의하면 기원전 4세기에 이미 맥족들 내부에서는 조세제도가 실시되고 있었고, 맥족의 조세제도를 '맥도(貊道)'로 알고 있었던 것으로 보아 부여는 늦어도 기원전 5세기경에는 성립되었다고 한 부분은 스스로 오류를 범하고 있는 것이다. 『산해경』은 춘추시대부터 한대 초기의 전해오는 이야기와 글을 모아 진(晋: 265~420)나라의 곽박이 주를 달아 오늘날에 전해지는 것으로 여기에 등장하는 부여라는 이름이 중국의 어느 시대, 언제 누구에 의해서 덧붙여진 것인지를 구분하는 것은 무리다. 또한 맥족의 조세제도에 대한 이야기는 당시 고조선을 비롯한 모든 나라에서, 즉 중국이 맥족이라고 비하하여 불렀던 부루족의 나라에서, 국가를 운영하기 위해서 필요했던 제도이므로 비단 부여뿐만이 아니라 모든 나라에서 행했을 것이니, 맥족 나라의 조세제도를 가지고 부여라고 단정지을 수 없다.

　　둘째, 북한의 김병룡을 비롯한 학자들이 『상서』에 의하면 주나라 무왕이 상(은)나라를 멸망시키자 부여를 비롯한 고대 조선 세력들이 중국과 같이 통하게 되었다는 기록이 있으므로 부여라는 나라가 서주 초(기원전 11세기 경)에 이미 존재했다고 볼 수 있다고 하면서 부여가 자리했던 자리에는 초기 비파형 단검은 물론 후기 비파형 단검까지 발견되었으며, 유적과 함께 발굴된 숯에 대한 C-14년대 측정치는 기원전 7세기 이전으로 확증되었다는 것을 근거로 부여가 기원전 7세기 이전에 형성되었다고 볼 수 있다는 주장에 대한 견해는 그 자체가 부여라는 소국을 이야기 한 것이라면 타당한 말이지만, 그것이 동명왕의 부여를 지칭하는 것은 아니라는 견해다. 북한 학자들 스스로 구려국의 존재를 설명하기 위해서『상서』권11 주관 제22주서에 대한 주석에서 주 무왕이 상나라를 멸망시킨 후 구려가 서주(기원전 1066경~기원전 771년)왕실과 길이 통하게 되었다고 예를 들었던 것을 상기한다면 쉽게 알 수 있다. 상서에서는 해동의 여러 오랑캐인 구려, 부여, 한맥의 무리들은 무왕이 상을 깨트리고 나서 모두 길이 통하였다고[192) 기록함으로써 구려와 부여를 동시에 등장시켰다. 따라서 여기에서 등장하는 부여는 동명왕의 부여라기보다는 구려국이 소국으로 존재했던 것처럼 소국으로 존재했던 부여라는 것을 추론할 수 있기 때문이다. 이것은 앞서『논형』「길험편」에서 동명제가 부여에 도읍하고 부여왕이 되었으므로 북이에 부여가 생긴 것이라고 했다는 기록에 대해서, 필자는 동명이 새로운 부여를 건국했다고 하기 보다는 이미 신조선 내에 존재하고 있던 부여라는 소국을 자신의 나라로 만들었다는 것이 아닌가 하는 의구심을 갖게 하는 것과 동일한

---

192) 구려와 부여가 함께 등장하는 것을 북한 학자들도 인용한 것으로 이것은『상서비전』권말 상서비광부록,『상서주소』권 17 주서에 공통적으로 나온다.; 윤용구 외,『예맥 사료집성 및 역주』, 백산자료원, 2012, 130쪽, 195쪽.

관점이다. 즉, 여기에서 말하는 구려국이나 부여는 모두 하나의 소국으로 존재하던 나라들이었으며 특히 부여는 조선이 부루족의 나라 즉, 부여라는 점에서 더더욱 부각될 수 있던 것이라고 추정된다. 이것은 북한 학자들이 부여의 건국연대를 앞으로 잡기 위해서 "'불여의 나라'의 '불여'는 '부여'와 음이 통한다. 고대국가는 족명과 나라이름에 족명이 반영되기도 한다는 점에서 이미 앞에서 살펴본 바와 같이 '부루'라는 족명이 '부여'라는 이름을 낳게 했다는 것은 의심할 바 없는 것"이라고 한 바와 같이 신조선 내에 족명으로 이름을 삼았던 부여라는 소국이 있었고, 이것을 동명왕이 차지한 뒤에 해모수가 등장함으로써 대국으로 성장시켰다는 이론이 가능하기 때문이다. 따라서 해모수에 의해 강국으로 발전한 북부여의 모체인 동명왕의 부여에 대한 건국연대를 기원전 5세기 이전이나 기원전 7세기경으로 보는 것은 무리라는 것이다. 하지만 부여라는 나라가 서주 초(기원전 11세기 경)에 이미 존재했다고 볼 수 있다고 한 설에 대해서는 당연히 공감하는 것이다. 직전에 밝힌 바와 같이 부여라는 소국이 신조선 내에 존재했던 것은 사실이라고 할 수 있다. 또한 부여가 자리했던 지역에는 초기 비파형 단검은 물론 후기 비파형 단검까지 발견되었으며, 유적과 함께 발굴된 숯에 대한 C-14년대 측정치는 기원전 7세기 이전으로 확증되었다는 것 역시 사실일 것이다. 왜냐하면 당시 신조선을 구성하고 있던 소국들은 모두 동일한 문화를 누리고 있던 까닭에, 특히 외침을 물리치기 위해서는 반드시 필요한 무기를 공유하였다는 것에는 의심할 바가 없기 때문이다.

필자 역시 부여의 건국이 기원전 2세기경이라는 데에는 의문을 제기해 왔다. 왜냐하면 부여가 건국된 것은 고조선의 붕괴가 시작되고 있음을 의미하는 것인데, 기원전 2세기경이라면 고조선이 완전히 붕괴되던 시기이므로 부여는 그 이전에 건국했을 것이라는 데에는 이의가 없던 까닭이다. 고대국가의 성립은 이미 말한 바와 같이 힘이 있는 세력이 생기면 처음에는 작게 출발해서 전쟁이 되었든 아니면 타협이 되었든 점점 주변의 지지세력을 확보함으로써 일종의 연합국을 형성하는 것이었지 처음부터 중앙집권적인 국가를 형성하는 것은 아니었기 때문에 부여가 왕성해진 시기 훨씬 이전부터 부여라는 소국이 있었다는 주장에 무게가 실리는 것이다. 따라서 그동안 연구에서 소외되었던 부여의 건국이 언제였던 가에 대해서는 심도 있는 분석이 필요하다고 생각하여 좀 더 깊이 다루어 보기로 한다.

필자는 나라를 세우면서 처음에 모태가 되는 나라도 없었는데 '북(北)' 자를 앞에 넣어서 나라이름을 정하지는 않았을 것이라는 견해다. 전에 있던 나라의 뒤를 잇는다는 의미로 '후(後)'자를 넣는 경우처럼 그 모체가 있을 경우에 나라이름 앞에 그 전통을 잇는다는 의미의 단어를 추가하는 것은 보았어도, 처음부터 자신들을 북부여라고 부르지는 않았을 것이라는 추정이다. 이에 대해서는 신채호 역시 『조선상고사』에서, 북부여와 동부여, 고구려는 신조선의 판도 내에서 세워진 나라들이다. 그러나 신조선이 멸망하여 부여왕조가 되고, 부여가 다시 분열하여 위의 3국이 되었는지 아니면 부여는 곧 신조선의 별명이고 따로 부여란 왕조가 없이 신조선으로부터 위의 3국이 되었는지 이에 대해서는 고찰할 근거가 없다고[193] 하며 강한 의문을 제기하고 있다.

이에 대해서 김병룡을 비롯한 북한의 학자들은 해모수의 부여는 부여

193) 신채호, 전게서, 157쪽.

라고 했고, 역사기록에서 '북부여'라는 이름은 고구려와 부여, 백제의 건국설화들에서와 『삼국사기』 「고구려국본기」에 실려 있는 고구려 초기 부여와의 관계 기록에서 보이는데, 이러한 기록들에서 보이는 북부여는 고구려 사람들이 '북쪽의 나라인 부여국'이라는 의미에서 쓰인 것으로 실제의 북부여는 다른 의미라고 주장한다. 부여의 중·후반기 역사와 함께 그들이 주장하는 동부여와 북부여에 대한 주장은 대략 다음과 같은 것이다.

부여가 대소왕이 전사한 기원전 219년 고구려와의 전쟁에서[194] 악전고투 끝에 고구려군을 물리치기는 했으나 이 전쟁에서 받은 타격은 부여사회 전반에 심각한 영향을 미쳤다. 부여가 패전하고 대소가 죽게 되자 이해 3월에 왕의 막내 동생이 자기를 추종하는 자 100여명을 이끌고 갈사수에 가서 '갈사국'이라는 나라를 세웠으며, 그로부터 얼마 후에는 왕의 4촌 동생이 만여 명의 주민을 거느리고 고구려에 귀순하였다. 『위서』 「고구려전」에서는 이 전쟁으로 인하여 고구려가 부여를 병합하였다고 할 정도였다. 이것은 부여의 지배계층이 4분5열되어 이 전쟁을 계기로 급격히 쇠퇴하였으며, 고구려에 신속되었다는 것을 의미하지만, 점차 국력을 회복하여 기원전 2세기 초기 경에는 고구려의 지배를 벗어난 것으로 보인다. 왜냐하면 부여가 기원전 2세기 중엽에는 비교적 큰 종족의 하나였던 읍루를 정복하였기 때문이다.

부여가 읍루를 예속시킨 정확한 연대를 알 수는 없지만 『후한서』에는 '한이 흥한 이후부터'라고 하였고 『삼국지』에는 '한 이래로부터'라고 한

---

194) 고구려와의 기원전 219년 전쟁이라고 한 까닭은 제4장에서 밝힌 바와 같이 북한은 고구려 건국연대를 기원전 277년으로 정의하고 있기 때문이다.

사실로 미루어 보아 기원전 206년 유방이 세운 전한을 의미하는 것이므로 기원전 2세기 중엽으로 보는 것이다. 아울러 힘을 키운 부여는 기원 13년 고구려를 침략하기도 했으나 실패하고, 이때부터 고구려를 견제할 목적으로 후한에 접근하는가 하면, 111년에는 고구려와 연합하여 낙랑군과 현도군에게 타격을 가하기도 하는 등 외교적 노력으로 자국을 보호하기 위해서 줄타기 외교를 벌였다. 하지만 120년에는 부여왕이 자기 아들 위구태를 후한에 사절로 보내고, 121년 고구려가 현도군을 공격했을 때 현도군을 지원하기도 한다. 또한 3세기 초에 들면서 후한이 멸망하고 서쪽으로 위나라가 들어서자 위나라에 사신을 보내고, 265년에 위나라가 멸망하고 진나라가 들어서자 진나라와 화친적인 관계를 맺는 등 친 중국정책을 펼쳤다. 그러나 3세기 말엽에 부여의 서쪽에서는 모용선비족이 위험한 침략세력으로 대두되었다.

『진서』「부여전」에 의하면 모용선비 모용외는 285년 대규모의 병력으로 부여를 침략하여 엄청난 재물과 인력을 수탈하여 갔으며, 부여왕실 일부는 옥저지방으로 피신하였으나 부여왕 의려는 피신하지 못하고 자살하였다. 그러므로 부여에서는 이듬해 왕자 의라를 왕으로 내세우고 국가 재건을 꾀하였다. 하지만 부여 왕실의 일부 세력은 그냥 북옥저에 남아 하나의 딴 나라를 유지하게 되었는데 이것이 '동부여'다. 또한 285년의 전쟁 후에도 모용선비가 자주 침략하여 재물과 사람을 약탈해 감으로써 생산은 감퇴하고 백성들은 살길을 찾아 유랑하고 지배층 안에서는 알력과 분쟁이 날로 심해져서 3세기말~4세기 초에 북쪽 일부지역을 떼어 분립하게 되었는데 이것이 '북부여'다. 모용선비가 강한 세력으로 자라나 337년 국호를 '연(전연)'이라 하고 346년 17,000명의 병력을 동원하여 대대적으로 부여를 침공하여 부여왕 현을 포함한 5만 명의 인질을 잡아 끌고 갔다. 이렇게 큰 두 차례의 전쟁을 겪으면서 부여가 보잘 것 없는 존재로 되자 고구려가 부여지역으로 진출하여 북부여라고 일컫던 북부 지방을 포함한 부여를 통합하고 동부여만 남았다. 이것은 435년에 고구 려를 방문한 북위의 사신 리오가 '고구려의 영역이 북으로 옛 부여에 이 르러 백성들의 호구가 위나라 이전보다 3배나 더 되었다'고 한 사실로 보아 알 수 있다. 아울러 광개토경평안호태왕 시절에 동부여의 64개의 성과 1,400개의 촌을 영락20년(410년)에 점령했다는 광개토태왕 비문 의 기사를 보더라도 이때에 부여는 이미 고구려에 신속된 존재로 거의 국가라는 이름을 연명만 하고 있던 것으로 보인다. 그런데 부여가 약해 지면서 부여가 예속하고 있던 '읍루'가 부여의 예속을 벗어나 자신들의 족명을 '물길'이라 바꾸고 동부여를 공격하여 병탄하려고 하자 494년 2 월 동부여의 왕은 고구려에 나라를 바치고 투항함으로써 부여의 존재는 사라지게 된다.[195]

　부여의 중·후반 역사와 함께 설명된 북부여에 대한 주장은 어느 정도 타당성이 있는 주장이다. 그러나 그것은 이미 필자가 앞서 언급한 바와 같이 부여라는 모체가 없이 북부여라고 했다는 것에 대한 이견이 발단된 단순한 추론에 지나지 않는 것임을 차차 밝히기로 한다. 아울러 동부여 의 건국 년도에 대해 심각한 모순이 있는 것이 사실이므로 그 사실도 밝 혀보고자 한다.

195) 북한 김병룡, 「후부여(부여봉건국가)의 형성과 그 력사적 변천」, 『조선고대 및 중세초기 사 연구—력사과학 논문집-』, 백산자료원, 1999, 281-298쪽.

먼저 '갈사국'과 '동부여'의 관계다.

신채호는 『조선상고사』에서 '갈사국'은 '가시라' 즉 삼림국(森林國)이라는 뜻으로 이것을 중국 사가들이 '옥저'라고 지칭한 것이라고 정의하고 있다. 그런데 북한 학자들은 기원전 219년 부여와 고구려와의 전쟁에서 부여가 고구려 군을 물리치기는 했으나 부여가 패전하고 대소가 죽게 되자 이해 3월에 왕의 막내 동생이 자기를 추종하는 자 100여명을 이끌고 갈사수에 가서 '갈사국'이라는 나라를 세웠다고 했으며, 285년 모용선비 모용외의 침략으로 인해서 엄청난 재물과 인력을 수탈당하고 부여왕실 일부가 옥저지방으로 피신하였다가 부여 왕실의 일부 세력이 그냥 북옥저에 남아 하나의 딴 나라를 유지하게 되었는데 이것이 '동부여'라고 하였다.

우선 건국 연대는 무시하고 사실 확인을 먼저 해보기로 한다.

'옥저'가 바로 '갈사국'을 지칭하는 말인데 기원전 219년에 '갈사국'을 세우고 285년에는 왕실 일부가 '북옥저'로 피신하였다가 거기에 남아 '동부여'를 세웠다고 한 것 자체가 모순이다. 이것은 이미 기원전 219년에 '갈사국'이라는 나라 즉, '옥저'를 세웠거나 아니면 '동부여'가 건국되었고, 285년에 왕실 일부가 그곳으로 피신하였다가 돌아오지 않은 것임에도 '옥저'와 '갈사국'이 같은 나라라는 것을 미처 깨닫지 못하여 굳이 구분해서 만들어 낸 학설이다. 따라서 기원전 219년에 '갈사국'을 세웠다고 한 것은 곧 '동부여'를 세운 것이라는 뜻이다. 그리고 북한 학자들의 주장에 285년 옥저지방으로 피했다가 북옥저에 남았다고 했는데 이것은 신채호가 주장한 바와 같이 동부여가 두만강 이북의 '북동부여' 즉, '북옥저'와 두만강 이남의 '남동부여' 즉, '남옥저'로 분리 된 이후의 '북옥저'를 지칭하는 것이니, 이것이 곧 '북동부여'이다. 이러한 현상이 나타난 것은 남동·북동 부여가 모두 '동부여'로 기록되었던 사실에만 의존하여 일어난 현상이다.

신채호는 대한민국의 역사를 논하면서 이러한 현상이 일어날 것에 대비해서 부여와 갈사국, 옥저의 관계를 잘 정리해 두었다.

신채호는 동부여가 분할하여 북동·남동 양 부여가 된 것을 모르고, 한 개의 동부여로 기록하였으며, 옥저가 갈사임을 모르고 옥저 이외에 갈사를 찾았으며, 북동·남동의 양 부여가 곧 남북의 양 갈사이고 남북의 양 갈사가 곧 남북의 양 옥저임을 모르고 부여·갈사·옥저 세 개를 서로 다른 지방으로 나눈 것임을 전제로 강릉(江陵)을 '가시라' 곧 가슬나(加瑟那)라고 한 것은 신라 경덕왕이 북방의 토지를 잃은 뒤에 옮겨서 설치한 고적(古蹟)인 줄 모르고, 드디어 가슬라-곧 동부여의 고도(古都)라고 한 것에196) 대해 개탄했던 것이다.

북한 학자들이 주장하는 연도가 맞는다고 가정하고, 그 이론을 굳이 꿰어 맞추자면, '동부여'는 기원전 219년 고구려와의 전쟁에 패한 후 세운 갈사국이 훗날 동부여가 된 것이며, 훗날 북쪽 일부를 떼어 분립하게 된 것이 '북부여'라는 것이다. 얼핏 보기에 이것은 신채호가 『조선상고사』에서 북부여·동부여·고구려가 분립한 시기로 기원전 190년경의 전후 수십 년 동안이라는197) 견해와도 일치하는 것으로 보인다. 하지만 북한 학자들의 이론은 기본적으로 신채호에 의해서 정리된, 갈사국과 동부여를 올바르게 이해하지 못한 것으로 갈사국 자체가 옥저이며, 그것이 동부여라는 사실을 인지하지 못한데서 기인한 이론일 뿐이다.

---

196) 신채호, 전게서, p.162
197) 신채호, 전게서, p.154

북부여에 대해서 3세기말~4세기 초에 북쪽 일부지역을 떼어 분립하게 되었는데 이것이 '북부여'라고 한 북한 학자들의 의견은, 이미 말한 바와 같이 처음에 나라를 세우면서 '부여'라는 모체도 없이 공연히 '북'자를 붙일 이유가 없으려니와 5세기 이후 기록들에서도 간혹 볼 수 있는 북부여에 관한 기록에서 유추한 것이다.

이 시기의 북부여 관계 기사로서는 모두루묘지에 고구려의 귀족 대사자 모두루(4세기 말~5세기 초)가 북부여 지방의 관리를 지냈다는 글이 있고, 고구려가 부여와 북부여를 통합할 때 북부여의 일부 주민들이 눈강 북쪽 지역에 '두막루국'을 세웠는데 이에 대해서 『위서』「두막루전」에 두막루국이 옛날 북부여였다는 기록이 있으며, 『삼국사기』권37「잡지」「미상 및 기타」에서 고구려와 신라·당나라 야합 침략군과의 668년 전쟁에서 압록강(鴨淥江) 이북에서 항복하지 않은 11개의 성 중에 북부여성주(北扶餘城州)가 포함되어 있는 것이다. 이러한 기록에서 말하는 북부여가 부여에서 분립된 북부여다.198)

북한 학자들의 주장 중 부여에서 독립한 것이 북부여라는 것이 설득력 있는 주장처럼 보인다. 그러나 북부여의 명칭에 대한 것은 그렇게 심각한 문제가 아니다. 또한 부여라는 국명도 없이 북부여라고 했다는 것이 타당하지 않으므로 부여라는 모체에서 갈라져 나온 것이 북부여라고 굳이 꿰어 맞출 일도 아니다. 신조선을 구성하는 소국 중에 부여라는 나라가 존재했다고 본다면 동명왕이 점령하고 해부루로 이어져 통치하던 부여를 해모수가 점령하고 북부여라고 이름을 개칭했을 수 있다. 이렇게

---

198) 북한, 김병룡, 「후부여(부여봉건국가)의 형성과 그 력사적 변천」, 『조선고대 및 중세초기사 연구-력사과학 논문집-』, 백산자료원, 1999, 281-298쪽.

이야기 하면 단지 추정처럼 보일 수 있으므로 이 부분에 대해서는 동·북부여의 건국연대 추정과 함께 논의하기로 한다.

두 나라의 건국이야 말로 따로 나누어서 생각할 수 없는 긴밀한 관계이기 때문이다.

2. 부여 건국연대의 재정립(再定立)

고구려의 건국연대를 기원전 217년으로 추정하면 부여의 건국연대를 추정하는데 많은 도움이 될 뿐만 아니라 여러 가지 고대의 역사적인 사실들을 정리하는데 많은 도움이 된다.

이 건국연대는 초기의 부여라는 소국이 아니라, 동명제의 부여를 해모수가 손에 넣어 북부여라고 한 해모수의 부여, 즉 북부여에 대한 건국연대는 건국설화를 중심으로 고찰해 보면 구해낼 수 있다. 왜냐하면 북부여의 건국설화는 고구려와 연관되어 있고 고구려의 건국연대를 비정(比定)하였으니 그로 인해서 추론해 볼 수 있기 때문이다. 비록 건국설화라고 하지만 그것들에서 신화적인 요소를 제외하고 현실적으로 벌어질 수 있는 일들을 기반으로 두 나라의 건국에 대해 비교해 봄으로써 부여의 건국연대를 비정해 볼 수 있는 것이다. 그러나 직접적인 기록이 없으므로 귀납적 추론을 위한 가설에 의해 추론해 보기로 한다.

귀납적 추론이란 어떤 사실에 대한 의문이 들 때 확실한 증거나 자료가 없으면 주변의 다른 상황을 종합적으로 판단해 봄으로써 결론을 추론해내는 방법이다. 귀납적 추론이라고 한다면 어렵게 들릴지 모르지만, 알기 쉬운 예를 들자면 고분에서 도자기를 발굴했는데 온전한 모양이 아니라 조각들이었다. 그러나 그 조각들을 모두 맞춰도 군데군데 빈 곳이 나오는, 일부 조각은 찾을 수 없는 도자기였다. 그런 경우 최대한 조각을 맞추고 나머지 부분은 다른 재료로 채워서 그 모양을 복원해낸다. 조각 하나로는 힘든 일이지만 어느 정도 형태를 갖출 정도라면 얼마든지 가능한 일이다. 마찬가지로 역사적인 사건이나, 아니면 현실의 어떤 사실도 그 중간이 비거나 맞지 않을 때 주변의 다른 사건들을 종합해서 판단해 볼 수 있다는 것이다.

동부여의 해부루가 북부여가 건국되는 자리에서 집권하다가 말년에는 동부여로 쫓겨 가는 신세가 되었지만 동명왕을 이어서 오래 집권한 왕으로 볼 수 있다. 늦도록 아들이 없었기에 지성을 드리러 다니다가 금와를 만났다는 기록을 보면 나이가 꽤 들어서 금와를 얻었다는 것을 표현한 것이라고 생각한다. 그리고 그가 금와를 얻은 곳은 동부여로 오기 이전인 것으로 추측된다. 왜냐하면 동부여로 와서는 채 1년도 되지 않아서 세상을 떠난 것으로 보이기 때문이다. 금와가 왕위에 오른 후에 유화부인을 만나고 유화부인이 추모왕을 낳았는데, 그 때 유화부인은 이미 아이를 가지고 있는 터였다. 유화부인이 임신을 한 것은 제3장의 고구려 건국설화에서 살펴보았듯이, 북부여가 건국되기 직전에 임신을 하고 동부여로 온 것이다. 임신한지 얼마나 시간이 흘렀는지는 모르지만 북부여에서 임신한 후 동부여로 와서 해산하기 직전에 금와를 만났다고 해도, 유화부인이 아이를 낳을 때까지는 열 달이라는 시간만 필요한 것이다.

그런데 그때는 이미 금와가 왕위에 있었다. 동부여의 해부루가 동부여로 이전한 후에 해모수가 북부여를 세웠으니, 그 이전에 유화부인이 임신한 것을 감안한다면 해부루는 길어야 10개월을 살았기에 금와가 왕위에 올라 있었던 것이다. 동부여 천도 후에 자신이 쫓겨난 것에 대한 설움과 화를 삭이지 못해서 세상을 떠났거나, 이미 나이가 많은 상태에서 금와를 얻었으니 나이가 많아서 세상을 떠났거나, 동부여로 온 이후에는 1년이 안되어서 세상을 떠났다는 가설이 성립하는 것이다.

이렇게 가설을 세우면, 해부루가 나이가 많은 상태에서 금와를 얻었으니, 금와는 어린 나이에 왕이 되었을 것이고 왕이 된 한참 후에 대소를 낳았을 것이다. 대소가 금와의 아들로 추모왕과 함께 놀았는데 그 재능이 따르지 못했다는 것을 보면 대소가 추모왕 보다는 나이가 적었다는 것을 짐작해 볼 수 있다. 물론 추모왕의 재능이 원래 뛰어난 까닭도 있겠지만, 그보다는 어린이들 사이에서는 나이의 적고 많음이 상당한 영향을 끼치므로 그렇게 볼 수 있다는 것이다. 이런 관점에서 본다면 전술한 바와 같이 『삼국사기』「고구려본기」대무신왕조에서 추모왕이 즉위한 후 59년이 되던 해에 대소가 죽었다고 되어있는데 『삼국유사』에서는 그 해를 임오년이라 했고, 고구려의 건국을 기원전 217년(갑신년)으로 비정한 터이므로 여기서 말하는 임오년은 기원전 159년을 가리키는 것이다. 또한 해모수가 북부여를 건국한 해를 『삼국유사』에서 임술년이라 했으니 여기에서 말하는 임술년은 기원전 239년이다.

그렇다면 추모왕이 몇 살에 즉위를 했느냐가 중요할 수도 있다. 왜냐하면 대소가 기원전 159년에 죽었으니 그때까지 살아 있을 나이가 되는지도 궁금한 것이다.

『삼국사기』에서는 추모왕이 22세에 즉위했다고 했는데 『삼국유사』

에서는 12세라고 했다. 비록『삼국사기』가 고구려의 건국연대를 늦췄다지만 이 기록은 맞는 것으로 보인다. 왜냐하면『삼국사기』에 추모왕이 죽은 나이가 40세였다고 비교적 소상하게 기록하고 있고. 추모왕이 18년간 집권했으니 22세에 즉위한 것이 맞는 것으로 본다. 왜냐하면『삼국사기』나『삼국유사』모두 추모왕이 부여에서 도망쳐 고구려를 건국한 것을 하늘의 섭리인 양 쉽게 적고 있지만 실제로는 엄청난 난관에 부딪혔을 것이다. 송양왕과의 문제 등에서 그 어려움은 드러나고 있다. 뿐만 아니라 소서노가 우태와의 사이에서 낳은 비류와 온조를 데리고 추모왕과 재혼을 했는데 그 이유는 추모왕이 졸본성을 얻기 위해서였고, 졸본부여의 왕이 죽자 왕위에 올랐다고 했다. 이런 사실을 종합해 본다면 추모왕이 부여를 도망쳐 나온 것으로부터 상당한 시간이 흐른 후에 고구려를 건국하였을 것임으로 22세라는 설이 맞는다는 것이다.

또한『삼국사기』에 추모왕이 죽던 해에 아들 유리와 그 어머니가 부여에서 도망해 와서 유리를 태자로 삼았다고 했다. 22세에 즉위하였으니 부여를 도망친 후 즉위하기까지의 시간을 몇 년 감안한다면, 그 때 유리의 나이는 17세에다가 추모왕이 부여에서 도망친 후 즉위하기까지의 햇수를 더한 나이이므로 추모왕의 즉위와 비교해 볼 때 적당한 나이라고 본다.

이런 계산을 덧붙인다면 추모왕이 기원전 217년에 22세였으니 기원전 159년 까지 살아 있었다면 80세이다. 그런데 앞에서 대소가 추모왕에 비해 더 어릴 것이라는 이유를 설명하였으니 대소는 그보다 어린 까닭에 충분히 생존해 있을 수 있었다는 것이다. 다만 그 당시의 평균수명에 비해 나이가 너무 많은 관계로『삼국사기』대무신왕조에서 묘사한 바와 같이 괴유가 단칼에 대소의 목을 벨 수 있었던 것으로 추정할 수 있다.

이상의 실험적 가설에 의해 북부여의 건국이 기원전 239년으로 비정되었으니 동명왕이 부여를 얻은 해는 언제일지 추정해 볼 수 있다. 다만 그 근거가 없는 관계로 비슷한 시기를 살았던 고구려의 왕들의 재위연수를 참고로 해서 구하는 것이 조금은 부족하겠지만, 그것이 최선의 방법이기에 그 방법을 택하기로 한다.

우선 동명왕은 같은 시조인 추모왕과 같이 18년을 재위한 것으로 보고 해부루가 나이를 먹도록 왕위에 있으면서 늦게 금와를 얻었지만 동부여에서는 1년도 안 되어 죽은 것으로 보았으니, 북부여의 자리에서 오랫동안 부여 왕으로 재위한 것이라고 볼 수 있으므로 고구려 2대왕인 유리왕의 재위연수인 37년에 비겨볼 수 있을 것이다. 그렇다면 두 왕의 재위연수를 55년으로 볼 수 있고 기원전 239년보다 55년을 빠르게 보아야 함으로 기원전 294년이라고 볼 수 있으므로 동명왕이 부여를 지배하기 시작한 시기는 기원전 300년 전·후로 볼 수 있을 것이다. 다만 앞서 이야기 한 바와 같이 고조선의 소국으로서의 부여는 북한 학자들의 주장과 같이 이미 기원전 7세기 이전으로 기원전 11세기에도 충분히 존재할 수 있었다고 생각한다. 이미 전술한 진국 편에서 보듯이 고대국가는 전혀 이름이 다른 소국들로 구성되어 있다는 것을 확실하게 알 수 있기 때문이다.

여기에서 하나 짚고 넘어갈 것은 이미 앞서 지적한 바와 같이 신채호는 『조선상고사』에서, 북부여와 양 동부여 즉, 북동부여와 남동부여 3국이 신조선이 멸망하여 부여왕조가 되고, 부여가 다시 분열하여 세 개의 부여로 되었는지, 아니면 부여는 신조선의 별명이고 따로 부여라는 왕조가 없이 신조선으로부터 위의 삼국이 되었는지, 이에 대해서는 고찰할 근거가 없다. 그러나 신조선이 흉노 모돈(冒頓)에게 패한 때가 기원전

200년경이고 동·북 부여의 분열 또한 기원전 200년경이니 후설에 가깝지 않을까 한다고[199] 했다.

이런 신채호의 의문은 앞에서 필자가 부여라는 모체도 없이 북부여가 나타난다는 것을 의심해볼 수 있다고 했던 것과 비슷한 발상으로 신조선의 별명이 부여이니 북부여가 나타날 수 있다는 조심스런 견해의 피력이다. 하지만 그것은 신채호가 부여라는 소국이 있었다는 것을 미처 생각하지 못했을 뿐만 아니라, 동명왕의 부여가 아들 해부루로 이어졌다가 새로운 세력인 해모수에 의해서 북부여로 되었고, 동명왕의 아들인 해부루는 갈사나로 옮기면서 동부여를 건국했다는 것에 착안하지 못하고 북부여와 동부여의 분립에 대해서만 생각한 것에서 생긴 의문이라고 본다.

지금까지 필자가 여러 가지 자료를 제시하고 분석한 바와 같이, 부여라는 소국이 존재했고 그 부여를 동명왕이 지배했으나 해모수와 해부루에 의해 북부여와 동부여로 나뉘고, 훗날 북동부여와 남동부여가 존재했다는 것이다. 다만 신채호가 고구려와 동부여와 북부여가 분립한 시기를 기원전 190년 전후로 수십 년이라고 추정했던 것은 고구려의 건국이 기원전217년이고, 북부여의 건국이 기원전239년이므로 동부여의 건국 또한 기원전239년이라는 필자의 주장과 상당부분 일치한다는 것은 밝혀두는 바이다.

---

199) 신채호, 전게서, p.157

3. 부여와 고구려 건국연대 재설정의 의의

　지금까지 살펴본 바와 같이 소국으로서의 부여의 건국연대는 단정지을 수 없으나, 동명제가 부여를 통치하기 시작한 것은 기원전 300년경이고, 북부여와 동부여의 분립은 기원전 239년이며, 고구려는 기원전 217년에 건국되었다고 비정(批正)하는 것이 옳다. 따라서 우리 역사는 하루빨리 부여와 고구려의 건국연대를 재정립하여야 한다.

　고구려 건국연대를 재정립하고도 했던 말이지만 혹간은 이미 지나간 역사에서 건국연대 200여년 차이가 난다고 그것이 무슨 큰 문제가 되느냐고 반문할 수도 있다. 그러나 부여와 고구려의 건국연대에 대해서 살펴보고 그것을 바로잡고자 하는 이유가 단순히 건국연대를 올바로 잡기 위한 것이 아니다. 이미 밝힌 바와 같이 한사군이 만주의 문화에 얼마나 많은 영향을 끼쳤냐는 것을 판가름하기 위해서였다. 만일 식민사학자들이 주장하는 바와 같이 한사군이 만주 깊숙이는 물론 한반도 내에 설치되었던 것이라면 만주의 문화에 영향을 끼쳤을 것임으로, 우리 한민족문화의 고유성을 함유하고 토착화된 만주의 영토문화는 달라졌을 것이다. 영토문화가 달라졌다는 것은 만주의 문화주권자가 달라질 수 있고, 그로 인해서 만주의 영토권자가 달라질 수 있기 때문이다. 그러나 북부여는 물론 고구려 역시 한나라가 건국된 기원전 206년보다 먼저 건국된 나라이며, 한나라가 조선을 침략하여 한사군을 설치했다는 기원전 108년에는, 제4장에서 한나라 침입 당시의 고구려의 영역을 기술한 바와 같이, 그 영역은 확고하게 만주를 지배하고 있었다. 다음 절에서 상세하게 살펴보겠지만 한사군이라는 것은 난하와 요하 유역의 일부분을 차지하고 있던 세력으로, 만주 전체에서 그 비중을 논하자면, 아주 극히 일부분에 주둔했었을 뿐이다. 한사군의 설치로 인해서 만주의 문화나 영토권에 어떤 영향도 끼치지 못했던 것이다. 그것이 바로 고구려는 물론 부여의 건국연대를 재정립한 의의다.

4. 부여의 영역과 통치제도의 특징

1) 부여의 영역

기원전 300년경에 건국해서 494년에 멸망한 동명왕의 부여역사가 오래되었고, 그 영역이 광대하였으므로 영역의 변천에 대한 기록이 남아 있어야 하지만 광활한 영역에 비해서는 그 자료가 많지 않다. 그나마 『삼국지』「부여전」이나 『후한서』, 『한서』, 『진서』 등에 올라와 있는 주변국에 대한 단편적인 자료들을 참고로 해서 추정해 볼 수 있는 것이다.

부여는 서쪽으로 기원전 3세기 말~1세기에는 오환과 그 이후 시기 (1~5세기)에는 선비세력과 각각 이웃하고 있었다. 기원전 3세기 말에 연(燕)나라의 북쪽에는 오환과 부여가 있었다. 『한서』「지리지」에서는 진시황제가 연나라를 통합한 사실을 전하고 뒤이어 연이 북쪽으로는 오환, 부여와 경계를 접하였다고 하였다. 그러므로 오환과 부여는 연나라의 북쪽에 서로 이웃하고 있었으며 부여의 서쪽에 오환이 있었다는 것을 알 수 있다. 기원전 3세기 말~2세기 초에 오환이 흉노에게 정복당한 이후로도 오환은 본래 살던 지역에 그대로 있었음으로[200] 오환과 부여의 지리적 관계는 기원전 1세기까지도 그 전시기와 다름이 없다.

　기원 1세기에 부여의 서쪽 지역에는 선비세력이 자라나기 시작하였다.『후한서』「열전 오환, 선비」에 의하면 1세기 말~2세기 초 후환이 흉노를 격파한 후 급속히 성장한 선비족들은 이전 흉노의 지역을 차지하고 큰 세력이 되었다고 한다. 그러나 선비족의 나라들이 요서지역에 있었으므로 부여가 서쪽으로 선비와 이웃한 경계는 이전과 크게 다르지 않았다. 또한『후한서』「열전 오환, 선비」에 2세기 중엽 선비의 우두머리였던 단석괴는 '흉노고지(흉노의 옛 땅)'를 차지하고, 자기의 관할지역을 동부·중부·서부의 3개부로 구분하였는데, 동부지역은 우북평으로부터 요동에 이르렀고 부여, 예맥과 인접하였다고 되어 있다. 또한『삼국지』「위서」「오환, 선비전」에 의하면 3세기 전반기 선비족 우두머리인 가비능 때에도 선비족들은 이전 단석괴가 차지하였던 '흉노고지'를 다시 차지하였는데, 그 동쪽 변은 요수계선에 이르렀다고 하였다. 그런데 2~3세기의 요수는 오늘의 요하이며, 당시 그 하류에는 한4군이 있었다. 그러므로 선비의 동쪽이 요하에 이르렀다는 것은 요하 상류의 서요하 일대로 추정할 수 있다. 따라서 부여의 서쪽 경계는 서요하 일대였다고 볼 수 있다.[201]

---

200)『후한서』오환 선비전에 오환이 흉노에게 정복당하고 예속되어 해마다 소·말·양 등의 가축을 바쳤다고 한 것으로 보아 오환주민들은 흉노에 정복당한 후 예속되어 그 자리에 살면서 재물을 바친 것으로 보인다.

201) 북한 사회과학원 역사연구소 편,『조선전사 고대편』, 백산자료원, 1991, 119-121쪽.

『삼국지』나 『후한서』의 부여전들에서는 부여가 동쪽으로 읍루와 인접하였다고 하였으나 그것은 부여의 영역이 동쪽으로 읍루와의 경계선에 이르렀다는 것을 의미하지는 않는다. 『삼국지』나 『후한서』의 저자들은 어떤 나라가 다른 지역을 통합하였을 경우에도 통합된 지역을 통치국의 영역에 포괄시켜 서술하지 않고 그 지역들을 따로따로 밝혔으며, 다만 역사적인 사건을 적을 때에만 지배와 피지배관계를 밝혔다. 일례로 고구려가 56년에 동옥저를 통합하였으나 『삼국지』나 『후한서』의 저자들은 고구려와 동옥저를 따로따로 적었다. 다만 동옥저가 고구려에 예속되어 그들에게 정치적 지배와 가혹한 수탈을 당했다는 것을 『삼국지』「위서」 권30 「동옥저전」에 기록했을 뿐이다. 부여와 읍루의 경우도 마찬가지다. 『삼국지』「위서」 권30 「동옥저전」에 읍루의 역사를 전하면서 읍루는 한나라 때부터 부여에 예속되었다는 것과 부여가 읍루에 과중한 공납을 들씌웠기 때문에 읍루 사람들이 220~226년에 이를 반대하여 투쟁하였다는 것을 적었을 뿐이다. 이것은 부여가 읍루지역을 정복한 후에 자기의 통치 질서를 세우고 읍루족을 수탈하였다는 것을 의미한다. 따라서 부여의 동쪽 경계는 읍루의 동쪽 경계까지 보아야 한다. 『후한서』에서는 읍루의 위치에 대하여 '읍루는 옛 숙신의 나라인데 부여동북 천여리에 있다. 동은 큰 바다에 면하고 남으로는 북옥저와 접하며 그 북쪽은 알 수 없다'고[202] 적혀있다. 그런데 북옥저는 함경북도 북부에서 연해주까지 걸쳐 있었으므로 부여의 동쪽 경계는 연해주 동쪽해안에 다다랐다는 것을 의미한다.[203] 이것은 앞서 설명한 바와 같이 신채호가 옥저

---

202) 여기에서 부여의 북쪽을 알 수 없다고 한 것은 당시로서는 연해주 지방의 북쪽 북단에는 어느 정도까지만 사람들이 거주한 것으로 볼 수 있다. 사람들이 살지 않으니 알 수 없다고 한 것이지만 이것은 뒤에 약수의 위치를 밝힘으로써 명쾌해진다.

를 '북갈사'와 '남갈사' 즉 '북옥저'와 '남옥저'로 구분하고 그것들이 바로 '북동부여'와 '남동부여'라고 한 것과 일맥상통하는 것으로 부여의 동쪽 경계가 연해주의 동쪽 해변에 이르렀다는 것은 의심할 바가 없을 것이다.

부여의 북쪽에는 약수(弱水)라는 강이 있었다. 그런데 『진서』「숙신씨조」에는 '숙신씨는 일명 읍루라고 하는데, 그 지역은 동쪽으로 먼 바다에 면하고 북쪽 끝은 약수에 이르렀다'고 하였다. 이로써 약수라는 강은 부여뿐만 아니라 읍루의 북쪽까지 경유하면서 흐르는 큰 강이었다는 것을 알 수 있다. 송화강 유역에 있던 부여와 그 동변이 연해주 해변에 이르렀던 읍루의 북쪽을 경유하면서 흐르는 큰 강으로는 흑룡강 이외에 다른 강을 찾기는 어려우므로 약수는 흑룡강으로 보아야 할 것이다.204) 다만 앞서 말한 바와 같이 읍루의 북쪽 경계 즉 연해주에서의 북쪽 경계를 알 수 없다고 하였는데 그것은 북쪽으로 한 없이 가는 것이 아니라 당시에는 지금의 연해주 땅 중부 이북에는 사람이 별로 살지 않았기에 그 끝을 알 수 없다고 한 것이라고 추측된다. 이런 경우에는 읍루의 경계를 나타낸 이후에 사람이 살지 않던 지역을 누가 먼저 선점해서 문화를 싹틔우고 그 문화를 계승 발전시키며 그곳을 생활터전으로 삼았는지가 영토권을 규명하는 데에는 중요한 문제로 대두 될 것이다. 물론 앞으로 그 문제에 대해서 계속 언급될 것이지만, 일단 지금까지 살펴본 바에 의하면 부여의 북쪽 경계 중 연해주 부분 역시 흑룡강 즉 아무르강으로 보는 것이

---

203) 상계서, 121-123쪽.
204) 김병룡, 「후부여(부여봉건국가)의 형성과 그 력사적 변천」, 『조선고대 및 중세 초기사 연구 -력사과학 논문집-』, 백산자료원, 1999, 303쪽.

옳다는 견해다.

또한 부여의 남변은 시대의 변천에 따라서 변할 수 있지만, 동·서·북의 경계를 도출하면서 이미 서술한 바와 같이, 대체로 함경도 북쪽, 즉 두만강 유역에서 백두산 일대를 따라 서요하에 이르는 지역으로 잡아 볼 수 있다. 하지만 그보다는 북쪽으로 요하의 지류인 청하유역에서 길림 남쪽을 거쳐 우수리강의 지류인 목릉하로 보기도 한다.[205]

이와 같이 부루(불)의 나라 부여는 동으로는 연해주 지방, 서로는 요하 상류, 북으로는 흑룡강 이남에 이르는 광활한 영토를 소유하고 있었다. 고조선이 만주를 통일하였을 때에 비하여 서쪽 경계가 난하에서 요하로 다소 줄어든 감이 있지만 영토의 북변이 흑룡강 즉, 아무르강이라는 것을 밝힐 수 있게 해 줌으로써, 그동안 일부 학자들이 다소 불분명하다고 했던 고조선의 북방경계이자 훗날 만주라고 불릴 영토의 고대 북방경계를 밝혀 준 것이나 다름이 없다는 것은 아주 중요한 것이다.

2) 부여 통치제도의 특징

부여의 통치치제는 중앙의 왕과 함께 마가(馬加)·우가(牛加)·저가(猪加)·구가(狗加)의 4대가(大加)가 전국을 5개의 행정구역으로 나누어 다스렸는데, 나라의 중심부에 왕의 직할지에 해당하는 곳과 지방을 넷으로 나누어 중앙의 제일 높은 급의 관리인 4대가가 나누어 다스렸다.[206] 이

---

205) 상계서, 304쪽.
206) 북한 사회과학원력사연구소, 『고조선사·부여사·구려사·진국사–조선전사 개정판』, 과학백과사전종합출판사, 1991, 141-142쪽.

것은 고조선의 통치체제를 그대로 모방한 것이다. 또한 관직의 이름 역시 고조선의 그것처럼 가축의 이름을 따서 지은 것으로 보아 이것은 고조선의 제도를 그대로 모방한 것으로 부여는 고조선의 뒤를 이어 건국된 나라임에는 틀림이 없는 나라이다.

5. 한사군 영역의 왜곡

1) 한사군 영역의 왜곡 목적과 결과

지금까지 알아본 고구려와 부여의 역사와 강역에 의하면 한사군은 난하와 요하 유역에 자리 하고 있었다는 것이 맞는 것이다. 그러나 일제는 한사군이 한반도 안에 설치되어 있었던 것으로 역사와 영토를 왜곡했다. 일제가 역사와 영토를 왜곡한 목적은 크게 두 가지로 구분할 수 있다.

첫째는 단군을 신화 속의 인물로 만들고자 함이다. 고조선이 한반도 내에 있던 소국이므로 단군이라는 인물이 전해져 내려오는 것처럼 대단한 인물이 아니라 그저 흔히 있던 고대의 족장 중 하나로 만들고자 함인 것이다. 그렇게 함으로써 단군의 존재가 실제로 있었던 것이 아니고, 설령 있었다고 하더라도 그저 평범한 하나의 족장이지 신격화된 대단한 인물이 아니라고 왜곡함으로써 고조선의 역사를 말살하거나 혹은 최대한 삭감하고자 한 것이다. 다음은 고조선의 영역을 반도 안에 국한시킴으로써 일개 소국으로 만들어 고조선이라는 나라가 별 볼일 없었다는 것을 강조할 뿐만 아니라 고조선의 수도를 한반도 안으로 집어넣어 고조선의 수도 평양이 지금의 평양이라고 왜곡하기 위한 수단이었던 것이다. 고조선이 그 역사도 짧고 영역 역시 보잘 것 없는 소국이라는 것을 강조하고자 함으로써 역사나 영역을 논할 가치를 잃게 하려는 것이었다. 그 이유는 고조선과 동·북부여, 고조선과 고구려의 역사를 단절시키고 그 영역마저 다르게 비정함으로써, 상호간에 아무런 상관이 없는 나라들인 것처럼 역사를 왜곡하여 그 맥을 자르자는 의도였다.

위의 두 가지 행위를 저지른 이유 역시 크게 두 가지로 볼 수 있다. 첫째는 일제가 대한제국을 병탄하기 쉽게 만들고자 하는 작업의 시작이었다. 대한제국이 고조선의 맥을 이어 유구한 역사와 광활한 영토를 소유한 대제국의 후손이었다는 정통성을 훼손하여 병탄작업을 손쉽게 하자는 목적이었던 것이다. 다음으로는 일제가 최대의 목표로 삼고 있는 만주를 자신들의 손아귀에 넣기 위한 작업의 전초전인 것이다. 만일 고조선의 영토는 물론 부여와 고구려가 만주를 지배하고 생활터전으로 삼았던 것임을 인정하게 된다면 일제는 한반도와 함께 만주마저 병탄해야 하는데 그게 쉬운 일이 아니라는 것을 일제는 알고 있었던 것이다. 따라서 만주와 한반도를 분리하여 먼저 한반도를 병탄하고 후에 만주 역시 대한제국의 역사라는 이론을 제기해서 만주를 제2차로 병탄하자는 전략이었던 것이다. 이에 대한 증거는 제3부에서 '대고려국'의 구상과 만주국의 건국에 대해 살펴보면 쉽게 이해할 수 있을 것이다.

일제가 이렇게 천인공노할 역사 왜곡 작업을 하게 된 것은 『삼국사기』에 고구려의 건국연대가 기원전 37년으로 기록되어 있다는 점을 활용한 것일 수도 있다. 고조선이 기원전 108년에 한나라의 침입에 의해서 멸망하고, 고구려의 건국연대가 기원전 37년이라면 동·북부여는 그보다 조금 이른 시기인 기원전 59년에 건국된 것으로 비정(比定)할 수 있으므로, 만주에서는 동명왕의 부여가 우리 한민족의 역사를 겨우 이어왔을 뿐이라고 해석할 수도 있다. 그 점을 활용해서 동·북부여나 고구려와 고조선의 연계성을 부정할 수 있는 근거로 만들려고 했을 수도 있다. 더더욱 고조선의 영역까지 한반도 안으로 축소한다면 만주를 근거지로 했던 동·북부여와 고구려의 역사는 고조선과 완전히 단절시킬 수 있다고 판단했던 것이다. 그런 일제의 시도는 결국 한사군을 반도 안으로 끌어들였다. 그리고 그 결과물로 나타난 현상 중 하나가 제2차 세계대전의 종전과 함께 중국으로 귀속된 만주국 영토다. 만주국은 만주 전역을 지배하던 나라로 제2차 세계대전 종전 당시 연합군의 일방적인 판단에 의해 일본의 어용국가라는 명목으로 해체되고, 그 영토를 중국에 귀속시킨 나라다. 만주국을 해체시킨 것도 연합국의 힘의 논리에 의한 부당한 행위이지만, 정당한 사유조차 규명하지 않고 그 영토를 중국에 귀속시킨 것은 더더욱 부당한 일이다. 그 당시 승전국인 연합국은 자신들의 이익 챙기기에만 급급했었다. 러시아는 일본이 강점하던 사할린과 쿠릴 열도를 차지했으며 미국은 오키나와에 해병대 기지를 건설함으로써 실질적인 지배를 시작했고, 영국은 아시아 시장을 잃지 않기 위해 홍콩을 차지하려는 욕심으로, 만주를 원하는 중국에게 내준 것이다.207) 이러한 연합국의 행위 자체가 자신들의 욕심을 채우기 위한 불법이었다. 그리고 그런 모든 범죄의 귀속물이, 중국이 고구려를 자신들의 일개 변방국가로 치부하는 동북공정의 기반으로 작용하고 있는 것이다. 그러나 고조선의 영역

---

207) 신용우 외, 「만주국 영토의 중국귀속 부당성에 관한 연구」, 『지적과 국토정보』, 제47권 제1호, 한국국토정보공사, 2017, 86-92쪽.

이 만주를 기반으로 했다는 것은 이미 정설화 되었다. 그리고 일제가 고조선의 영역을 왜곡함으로써 한사군의 위치 역시 왜곡했다는 것이 속속 드러나고 있다. 그중에 커다란 하나가 바로 점제현 신사비의 이동이다.

2) 점제현 신사비에 의한 한사군 위치의 왜곡

점제현은 한사군 중 하나인 낙랑의 지방 행정구역인 현의 하나로서 그 현에 세워졌던 신사비야 말로 한사군이 위치했던 곳이고, 그곳은 고조선의 영역이자 고구려의 영역이라고 볼 수 있다.

점제현 신사비는 북한 국보16호다. 이 비석은 1913년 일제 사학자로 우리나라 식민사관의 뿌리를 만들어낸 이마니시 류(今西龍; 금서룡)에 의해서 평안남도 온천군(조국광복 이전; 평안남도 용강군 해운면 운평동)에서 발견되었다고 주장되어졌다.[208] 비석의 크기는 높이 1.35m, 너비 1.09m, 두께 0,12m로 커다란 화강암 비석이다. 비석의 전문[209] 내용은 비석 앞면에 79자의 예서체로 쓰였는데 '신사가 낡아서 잘 수리해서 신에게 바치니 점제현 백성들을 잘 돌보아 달라'는 내용이다.

이러한 비석이 평안남도 온천에서 발견되었다는 것은 낙랑군의 위치

---

208) 북한 사회과학원, 『평양일대 락랑무덤에 대한 연구』, 도서출판 중심, 2001, 228쪽.
209) '원화 2년(기원85년) 4월 무오일에 점제장 □□와 위, 건, 승 속국이 모여서 〈백성들을 위하여〉 점제 신사를 수리할 데 대하여 토의하였다. □평산군 〈산신인 호랑이〉의 덕은 〈높은 산인〉 대산과 숭산에 비길 수 있으며 위엄은 〈우뢰와 같다〉 점제고을을 도와 비를 잘 조절하고 땅을 기름지게 하며 백성들을 장수하게 하고 오곡이 잘 되게 하며 도적이 일어나지 않게 하고 〈간사한 것이〉 자취를 감추며 사람들이 드나드는 것을 길하고 이롭게 하고 모두 신광을 받게 하여달라'
상게서, 229쪽.

가 평양이라는 식민사학자들의 의견을 뒷받침하는 근거로 삼았었다. 그러나 북한 학자들이 낙랑군의 위치가 평양이 아니라는 역사적 사실에 대한 검증을 위해서 이 비석의 화강암에 대해서 흑운모시료 핵분열흔적법을 사용하여 생성연대를 측정한 결과 점제현 신사비를 만든 화강암의 생성연대가 평양을 비롯한 그 근방의 화강암보다 무려 2천 8백만 년~2천 2백만 년 전에 생성된 것이라는[210] 결론을 얻었을 뿐만 아니라 신사비가 발견된 곳은 2,000여 년 전에는 바닷물이 들어오는 곳이었다는 것이다. 이에 북한 학자들은 점제현 신사비와 화강암 생성연대가 비슷한 갈석산에 대해 탐색을 시작해서 점제현 신사비가 있었던 곳으로 추정되는 곳을 발견했다고 한다. 현대과학이 발달하여 화강암의 생성연대는 물론 지질을 분석해서 그곳이 얼마 전에 무슨 지질이었는지를 분석해낼 수 있을 것을 모르고 고조선의 역사를 반도 안으로 끌어들여 축소해야 한다는 이마니시 류의 작은 머리가 만들어낸 역사 왜곡 작품임이 드러난 것이다. 이것은 한사군이 평양을 중심으로 낙랑군이 있었다는 것이 왜곡된 역사라는 것을 밝힌 것이다. 점제현 신사비가 갈석산에 있었다는 것은 갈석산 언저리에 한사군의 중심이 되는 낙랑군이 있었다는 증거도 되며, 한사군이 만주의 극히 일부에 주둔했었다는 사실도 밝혀진 것이다. 북한 학자들은 이러한 사실을 증명하기 위해서 평양일대의 낙랑무덤에 관하여 연구를 했으며, 무덤의 변천과정과 형태에서 평양 근처의 무덤과 한(漢)나라의 무덤 형식이 서로 다르다는 것을 증명하였다.

그들이 중요시 한 무덤의 변천사는 한나라의 무덤이 목관무덤에서 공심전 무덤을 거쳐 벽돌무덤으로 넘어갔으나 평양의 무덤은 한나라 출현

---

210) 상게서, 229-230쪽.

훨씬 이전인 기원전 3세기 이전에 등장하여 기원전 1세기 말까지 지속되었으며 공심전 무덤을 거쳐 벽돌무덤으로 변천한 것이 아니라 귀틀무덤을 거쳐 벽돌무덤으로 변천했다는 것이다. 또한 무덤의 형식면에서는 목관무덤의 경우 평양일대의 무덤에는 무덤길이 없고 합장을 하는 한 칸 무덤이며 지붕을 씌운 무덤이 없는데 반하여 한나라의 목관무덤은 무덤길이 있고 합장이 없으며 두·세 칸의 무덤이고 기둥을 세우고 지붕을 씌웠던 살림집 모양의 무덤이라는 것이다. 또한 벽돌무덤 역시 목관무덤에서의 차이와 함께 벽돌의 축조방식이, 평양 근처의 무덤은 벽돌을 눕히고 세우는 것을 반복하여 1~1.5m의 높이까지는 수직으로 쌓고 그 위에서는 점차 안으로 기울어지게 쌓았으나 한나라의 벽돌무덤은 처음부터 눕혀서 수직으로 쌓았다는 것이다.211) 그리고 이어서 평양근처의 낙랑무덤에서 출토된 유물 역시 한 대의 그것과는 형식 등 모든 면에서 차이가 난다는 사실을 발표하였다.212)

---

211) 상게서, 197-208쪽.
212) 상게서, 208-228쪽.

[그림 12] 난하 · 요하 · 대릉하 · 갈석산의 위치

북한 학자들의 이러한 연구는, 한(漢)나라의 낙랑군(樂浪郡)과는 서로
다른 것으로서, 지금의 평양을 중심으로 세워진 나라 이름이 낙랑국(樂
浪國)이며213) 낙랑국은 지금의 평안·황해 양도를 위시하여 강원도·함
경도의 각 일부분을 소유한 것이라는214) 신채호의 논지와, 한사군 중 북
경 가까운 곳에 있던 낙랑군과 한반도 내 평양지역 최리(崔理)의 낙랑국
은 별개로 동시에 존재한 것이라는215) 이병도·최태영의 논지를 뒷받침
하는 것으로서 한사군이 난하 근처에 머물러 만주의 일부를 차지했을 뿐
이지 만주를 지배하거나 한반도 안에 설치된 것이 아니라는 것을 증명하

---

213) 신채호, 전게서, 156쪽.
214) 상게서, 142쪽.
215) 이병도·최태영, 『한국 상고사 입문』, 고려원, 1989, 100쪽.

게 된 것이다.

점제현 신사비에 대한 실증 역시 난하에서 멀지 않은 동쪽의 갈석산을 중심으로 일어난 일이니 고조선의 서쪽 경계는 난하 상류에서 시작하여 갈석으로 이어지는 정도라고 추정해 볼 수 있다. 이미 앞서 말한 바와 같이 고대국가의 국경은 선의 개념이라고는 할 수 없지만 강과는 밀접한 관계가 있던 것은 사실이다. 그러나 적을 방어할 목적으로 고지인 산을 소유하는 것 역시 간과할 수 없는 일이었다. 따라서 상류에서는 난하를 중심으로 양측이 국경을 마주하고 있었지만 하류에 와서는 갈석산이 국경이 되었던 것으로 판단된다. 왜냐하면 진시황의 만리장성이 바로 갈석산까지 쌓은 성이기 때문이다.

'온성에서 갈석에 이르는 만리장성의 폐허에다 장성을 다시 복구하였다'고 한 『진서』「당빈열전」의 기록을 통하여 진나라 장성이 '요동'에서 끝났다고 하였는데 그것은 장성의 동쪽 끝이 갈석산이었다는 것과, 진나라 때 난하를 중심으로 그 동쪽인 갈석산이 있는 곳을 요동이라고 불렀다는 것은 제3부 제2장 고조선의 영역에서 전술한 바와 같다. 따라서 고조선의 서쪽 경계는 난하를 기준으로 상류에서 시작하여 발해에 이르는 하류에 와서는 갈석산으로 그 경계를 삼았다고 보는 것이 옳을 것이다. 또한 고구려와 부여의 건국연대를 재정립함으로써 도출된 한사군의 위치는, 한사군이 설치되던 시기에는 고구려와 부여의 영역이 요하 유역까지 차지했던 시기이므로 불조선을 멸망시키고 설치한 [그림 13]의 영역으로 보는 것이 타당하다. 한사군은 만주의 영토문화에 아무런 영향도 끼치지 못했다는 것이다.

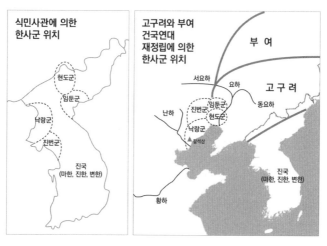

[그림 13] 한사군의 위치 추정도

6. 한사군 이후의 고구려 영역과 선배제도의 특징

1) 한사군 이후의 고구려의 영역

한 무제가 불조선을 멸망시킨 이후에도 고구려는 영토 확장을 계속하였다. 우선은 앞에서 『삼국사기』에 기록된 부분 중에서 180년을 삭감해서 보아야 하는 사건들을 제외한 것 중 중요한 것을 살펴보기로 한다. 유리왕 33년에 한나라로부터 고구려현을 빼앗았다는 기록이다. 이것은 고구려현이 요하유역에 자리하고 있었음으로 고구려가 서쪽으로는 요하까지 진출한 것을 의미함과 동시에 고구려현 자체가 한사군의 하나인 현도군에 속해 있었음으로 고구려가 한사군을 몰아내기 시작했다는 증거이기도 한 것이다. 현도군을 몰아내기 시작하던 당시에는 이미 임둔군과 진번군은 폐하고 난 뒤였으니, 313년 고구려가 낙랑군을 몰아냄으로써 한사군은 완전히 전멸한 것이고, 고구려의 영역은 난하까지 차지하게 된 것이다.

그렇다고 고구려가 일사천리로 영역을 넓혀나가기만 한 것은 아니다. 197년 고국천왕이 죽고 발기의 난을 맞아 요동을 잃어버린 이후로 북부여를 멸망시킨 모용씨의 침입을 받는 등 쇠약해져가는 징후를 보이기도 했으나, 미천왕이 즉위한 300년부터는 다시 중흥의 길을 걷기 시작한다. 미천왕은 302년에 현도군을 쳐서 8,000여명의 포로를 압송하였으며, 311년에는 요동군 서안평현을 습격하여 수복하였고, 313년에는 낙랑군을 공격하여 점령하였고, 314년에는 대방군을 멸하였으며, 315년에는 현도군을 다시 쳐서 멸하였다.216) 그러나 고국원왕 시절인 342년에 모용선비의 전연은 다시 고구려를 대대적으로 침략해 들어온다. 이 침략에서 고국원왕은 대패함으로써 선왕인 미천왕능이 파헤쳐지고 미천왕과 왕후의 시신을 모용황이 가져가는 수모를 겪을 뿐만 아니라 환도성까지 옮겨야 하는 대참극을 맞이하였다. 지금까지의 고구려 영토에 대한 사실을 신채호는 요약하여 표현하고 있다. 태조 때에 수성이 요동을 점령하고 제1차 환도성을 지금의 개평부근에 처음으로 쌓았던 때가 가장 강성했던 시기이고, 발기가 배반하여 요동을 들어 공손씨에게 항복함으로써 산상왕이 제2차 환도성을 지금의 환인현 부근에 옮겨 쌓았다가 그것까지 위 장수 관구검에게 파괴된 때가 그 쇠락한 시기이며, 미천왕

---

216) 양상인 편, 『조선고대 및 중세 초기사 연구』, 백산자료원, 1999, 77쪽.

이 선비를 몰아내고 낙랑·현토·요동 등의 군을 차례대로 회복하여 중흥의 실적을 옮기다가 중도에 죽고, 고국원왕이 뒤를 이어 제3차 환도성을 지금의 집안현 부근에 옮겨 쌓았다가 또 모용황에게 파괴당하니, 이것이 가장 쇠락한 시기이다.217)

이후 고구려는 30년 동안 모용씨가 멸망하기 전에는 서쪽으로 진출하지를 못했던 것은 사실이다. 하지만 광개토경평안호태황이 즉위하면서 고구려는 동서남북으로 그 영토를 대거 확장해 나간다. 서북방면으로는 오늘의 요하 상류에 살고 있는 비려부를 정벌하여 서북방면의 영역을 확장하고, 동북방면으로는 동류송화강 유역의 숙신을 정벌하고,218) 285년 선비족의 침입으로 의려왕이 자살하고 국운이 기울어가다가 346년 선비족의 재침입으로 인해 멸망한 북부여의 땅을 410년에 수복하여 모도루를 북부여의 통치자로 임명하였다.219) 또한 광개토태왕은, 지금의 개평부근에 있던, 제2의 도성인 안시성으로 천도하여 선비 모용씨와의 10년 전쟁을 통해 선비의 병사들을 대파함으로써 마침내 용동으로부터 지금의 영평부인 요서까지 차지하였다. 뿐만 아니라 왜와 결탁한 백제를 침공하여 왜와 백제를 대파하고 신라를 구원하는 등 남으로도 그 영역을 확장하였다.220) 남으로 영토를 확장한 것 중 특이한 일은 백제를 공격하여 16개의 마을을 공취하고 난공불락의 요새로 여겨지던, 지금의 강화도, 관미성을 함락시켰다. 이때 백제는 국가 존립의 위기를 면해 보고자 왜의 출병을 요청하였다. 왜왕은 거국적인 출병으로 남한에 상륙하여 백

---

217) 신채호, 전게서, 288-289쪽.
218) 양상인 편, 전게서, 79쪽
219) 상게서 79쪽, 유정갑, 『북방영토론』, 법경출판사, 1991, 63쪽.
220) 신채호, 전게서, 308-310쪽.

제를 돕는 한편 신라성을 포위하였다. 이에 광개토태왕이 정병 5만을 보내어 왜군을 공격하니 왜군은 쫓겨 대마도로 달아났다. 고구려군은 다시 공격을 가하니 왜군이 본토로 달아났다. 이리하여 고구려는 남으로 영토를 확장했을 뿐만 아니라 대마도까지 영유했던 것이다.221) 이후로도 고구려는 영토확장을 위해 노력하여 내몽골 지역을 점령하고 거란과 말갈을 토벌하는가 하면, 수차에 걸친 수나라와 당나라의 침공도 이겨냈다. 그 이후로도 여러 전쟁을 겪으면서 다소의 영역차이가 있었지만 고구려가 장악했던 영역은, 북으로는 흑룡강과 내몽고, 동으로는 연해주를 포괄한 영역에222) 이르는 것으로 볼 수 있다. 다만 서쪽으로는 오늘날의 북경 서쪽에 위치한 북위를 공격하여 위 태조 탁발규를 요산으로 쫓아내고 그곳에 고구려인 36만명과 악사·기예인 10만명을 이주시킨 일도223) 있었지만 일반적으로는 난하를 경계로 했다는 것이 보편적인 이론이다. 그리고 남으로는 한강을 경계로 했다는 것이 일반적인 고구려의 영역에 해당한다고 볼 수 있다.

이것은 다물정신에 의한 고조선 옛 땅을 완전히 수복한 것은 물론 북으로는 그 영역을 더 확장하여 아무르강 이남에 해당하는 연해주 전체를 포괄한 것이다. 고구려야 말로 지리적인 강역으로 보나 그 역사의 유구성으로 보나, 그 시대 만주의 종주국이며 만주를 통치하고 그 안에 영토문화를 꽃피우던 문화민족인 우리 한민족이 일군 문화국가였다.

221) 유정갑, 전게서, 61-62쪽.
222) 상게서, 65쪽.
223) 상게서, 62쪽.

2) 고구려 선배제도의 특징

고구려 시대 선배제도의 '선배'는 이두문자로 '선인(仙人)'이라고 썼다. 선배는 태조 때에 매년 3월과 10월에 군중들이 모여 칼춤, 활쏘기, 깨금질, 택견, 얼음물 속에서 물싸움, 가무연주, 대규모 사냥시합 등의 여러 가지 내기에서 승리하는 자를 '선배'라고 불렀다. '선배'가 되면 국가에서 녹을 주어 가정의 대소사에 신경을 쓰지 않아도 되었다. 그리고 그들은 공동체 생활을 하면서 자신의 몸을 사회와 국가에 바쳐 어떤 어려움과 고생도 사양하지 않았다. 그들은 학문과 기예를 배우거나 산수를 탐험하고, 도로나 성곽을 축조하고, 군중을 위해서 강습을 하였다. 선배 단체는 신분의 구분도, 귀천도 없었다. '선배'중에서 성품이나 행동, 학문과 기술이 뛰어난 자를 뽑아 스승으로 섬겼으며 '신크마리-두대형' 혹은 '태대형'이라고 불렸으며 그 다음은 '대형' 가장 아래는 '소형'이라 불렀다. 전쟁이 일어나면 '신크마리'가 '선배'들을 전부 불러 모아 전쟁터로 달려 나갔으며 싸움에서 이기지 못하면 죽을 것을 각오하고 싸웠다. 고구려가 망한 후에 유교에서 '선배' 명칭을 가져다가 '선비'라 하였다. '수박'이 곧 선배 경기의 일부분이니 그것이 중국에 들어가서는 '권법'이 되었으며, 일본에 건너가서는 '유도'가 되었다. 그러나 조선에서는 이씨 왕조 때 무풍을 천시한 까닭에 그 자취가 거의 전멸되었다.[224]

고구려의 강성함은 '선배'제도를 기반으로 이루어진 것이라고 해도 과언이 아니다. 나라는 인재를 알아보고 인재를 육성하기 위해서 그들에게 아낌없는 투자를 했으며, 그들은 나라와 사회와 백성들을 위해서 자신이

---

224) 신채호, 전게서, 229-232쪽.

가지고 있는 기량을 아낌없이 쏟아부었다. 그리고 전쟁이 나면 죽기를 각오하고 싸워 이겼다. 결국 고구려가 강성대국으로 성장할 수 있던 원동력이 된 것은 인재를 육성하기 위해서 나라가 투자를 하고, 그 인재들을 적재적소에서 사용하였으며, 그들의 애국심과 백성을 사랑하는 마음이 고구려의 기반을 튼튼하게 다졌던 것이다. 현대의 우리가 배워야 할 귀중한 정신이다. 유능한 인재를 키우고 육성해서 나라의 발전을 위해 헌신하게 할 수 있는 것이야말로 그 어느 자원보다 중요한 인적자원이기 때문이다.

7. 고구려의 동·북부여 병합과 만주와 한반도의 상관 관계

1) 고구려의 동·북부여 병합

동부여는 고구려에 의해 병합되었는데 북동부여, 즉 북옥저는 기원전 112년에 그리고 남동부여, 즉 남옥저는 문자왕 3년인 494년에 고구려에 복속되었다. 전술한 바와 같이, 모용선비가 강한 세력으로 자라나 337년 국호를 '연(전연)'이라 하고 346년 17,000명의 병력을 동원하여 대대적으로 북부여를 침공하여 북부여왕 현을 포함한 5만 명의 인질을 잡아 갔다. 이렇게 큰 전쟁을 겪으면서 북부여가 보잘 것 없는 존재로 되자 고구려가 북부여지역으로 진출하여 북부여를 통합하고 동부여만 남앉다. 그런데 부여가 약해지면서 부여가 예속하고 있던 '읍루'마저 부여의 예속을 벗어나 자신들의 족명을 '물길'이라 바꾸고 동부여를 공격하여 병탄하려고 하자 494년 2월 동부여의 왕은 고구려에 나라를 바치고 투항함으로써 부여의 존재는 사라지게 된다.[225] 이렇듯이 부여는 고구려에 병합되었으므로 결국 만주에서는 부여와 같은 민족인 고구려가 고조선을 계승한 것이다.

2) 만주와 한반도의 상관관계

지금까지 살펴본 바와 같이 고조선과 동·북부여, 고구려는 한반도의 진국과 서로 같은 민족으로 연결의 고리가 끊어짐 없이 그 자리에서 건국하고 번창하며 역사와 문화를 공유한 나라들이다. 신조선이 쇠잔하던 시기에 동명왕이 신조선의 소국 탁리국으로부터 와서 부여를 통치하며 생활터전으로 삼은 후, 부여가 강성해지면서 여러 소국을 거느리고 삼조선이 연맹을 이뤘던 고조선의 신조선을 비롯한 번조선, 말조선과 병립했던 것이다. 그리고 그 소국 중 하나인 졸본부여에서 고구려가 건국되었고, 그보다 조금 더 이른 시기에 동·북부여가 분할된 것이다. 그리고 동·북부여가 고구려보다 먼저 멸망하였지만 이민족(異民族), 특히 중국의 한족(漢族)에게 멸망한 것이 아니라 같은 한민족(韓民族)인 고구려와 병합한 것이다. 또한 진국 역시 고조선의 삼조선 중 하나인 말조선이 마한으로 국호를 바꾸고 그 맹주로 자리 잡은 나라다.

---

225) 북한 김병룡, 「후부여(부여봉건국가)의 형성과 그 력사적 변천」, 『조선고대 및 중세초기
　　 사 연구-력사과학 논문집-』, 백산자료원, 1999, 295-298쪽.

우리 한민족은 만주에서는 고조선을 시작으로 동·북부여와 고구려로, 그리고 한반도에서는 진국으로 이어지는 문화생활을 영위함으로써 만주와 한반도에서 동일한 문화를 개척하여, 역사와 문화의 단절 없이 이어온 민족이다. 결국 고조선, 부여, 고구려는 진국과 함께 고조선의 적통을 이어 역사와 문화를 계승하고 발전시킨 나라들이다. 따라서 만주의 문화주권자는 한반도의 문화주권자인 우리 한민족이라는 것이 규명된 것이므로, 만주의 영토권 역시 중국어족인 한족(漢族)을 떠나서 우리 한민족(韓民族)에게 귀속되어야 한다.

만주의 영토권

제4부
___

근세의 만주와
중국 귀속의
부당성

제1장
'대고려국'

'대고려국'은 만주를 근거지로 건국하기 위해서 건국위원회를 구성하고 국기와 국새까지 준비하는 등 일체의 준비를 마쳤으나 실제로 건국되지 못했을 뿐만 아니라, 그런 사실조차 잘 알려지지도 않았던 나라다.

필자는 제3부 제5장에서 일제가 고조선의 역사와 영토를 한반도 안으로 축소한 이유 중 하나가 한반도와 만주를 분리해서 각각을 병탄함으로써, 병탄 작업을 쉽게 하고자 하는 것이라고 했다. 일제는 만주가 우리 한민족의 역사이며 영토라는 것을 알고 있었기에 그리 할 수 있었던 것이다. 다만 만주의 마지막 지배자가 청나라로, 명나라 시대까지 만주의 비옥한 부분인, 대략 간도 정도까지의 영역을 차지하고 있던 조선에 대해 청나라는 막강한 무력의 힘을 바탕으로 백두산정계비를 세우는 등, 압록강과 두만강을 새로운 국경으로 정하기 위해서 안간힘을 썼다는 것 역시 일제는 알고 있었다. 따라서 일제는 만주를 한반도와 분리해서 병탄하는 방법을 택했으며, 1차적인 방법으로 '대고려국'을 건국하기로 구상했던 것이다.

한반도를 병탄한 일제는, 1917년 당시 청나라는 이미 실질적으로는 멸망한 상태라는226) 점을 이용해서, 만주 역시 대한제국 백성들의 고토이니 그 영토를 수복해서 '대고려국'을 세움으로써 대한제국 백성들의 자존심을 회복해 준다는 허울 좋은 기치를 걸었다. 그러나 일제의 본심은 '대고려국'의 건국을 통해서 대한제국 백성들이 대거 간도를 비롯한 만주로 이동하게 독려함으로써 자연스럽게 만주를 병탄하겠다는 것이었다. 그렇게 되면 대한제국 백성들이 일본열도로 이주하는 것도 막고 일본인들이 한반도로 이주해 와서 편안하게 살 수 있는 터전을 만들어 주는 방편도 될 것을 기대했던 것이다. 반면에 대한제국의 뜻있는 지사들은 일제의 그런 속내를 알면서도, 속아주는 척 해서라도 '대고려국'을 건국함으로써 고종황제나 의친왕을 모시고 독립 국가를 세우는 것은 물론 '대고려국'을 한반도 대일항쟁의 거점으로 삼겠다는 의도에서 적극 참여했었다.

결국 '대고려국'의 건국은 이루어지지 못했고, 일본은 이 계획을 응용해서 1932년 만주국을 건국하는데 활용했다. 따라서 대한제국의 입장에서는 어떠한 득을 본 것도 없는 것 같지만, 이 사건을 통해서 일본은 물론 중국인들 역시 만주가 대한제국의 영토임을 인정한다는 사실을 알게된 사건이라는 것은 나름대로 중요한 성과라고 할 것이다.

---

226) 1912년 2월 12일 청나라 선통제가 퇴위하였고, 3월 10일 원세개가 중화민국 대통령으로 취임함으로써 실질적인 청나라 역사는 막을 내렸으나, 공식적으로는 1924년에 황실이 해체되어 청 제국은 종말을 맞게 된다. 그러나 1932년 만주국의 건국으로 인해서 청나라 마지막 황제 푸이는 8년 만에 다시 만주에 모습을 드러내게 된다.

1. '대고려국'의 건국계획과 실체조명(實體照明)의 목적

1) '대고려국'의 건국계획

　1909년 일본과 중국이 간도협약을 맺음으로써 만주의 남부에 해당하는 간도의 통치권은 중국에 귀속되었다. 그러나 간도협약은 통치권과 관계없이 간도에서 대한제국의 백성들에게 생활상의 권리를[227] 보장하고 있다. 이런 상황에서, 이미 제3부 1장 3절의 간도의 중요성과 영역에서 기술했던 바와 같이, 1910년 한일병탄이 일어나자 일본은 간도의 대한제국 백성들에게 일본인과 동일하게 치외법권을 적용해야 한다는 논리를 폈다. 또한 일본은 1915년 1월 18일 중국에 21개조의 특혜조건을 요구하였고 중국은 5월 9일 그 조건을 들어주었다. 그 중 "남만주(南滿州)·동부 내몽고(東部內蒙古)에 있어서의 일본국의 우선권"이라는 조항에 따라 일본인은 영사재판권이라는 치외법권을 얻어냈다. 그리고 간도에 살고 있는 대한제국의 백성들에게도 영사재판권을 적용하며 토지소유권에 대해서는 간도협약을 유지한다는 결론을 내리게 된 것이다.[228] 따라서 그 당시 간도의 구조는, 국민은 대한제국, 영토소유는 중국, 주권은 일본도 중국도 아닌 묘한 입장이었으며, 그런 체제는 간도가 속해있는 만주 역시 마찬가지였다. 그런 상황에서 일본이 만주에 독립국을 건설하

---

227) 여기서 지칭하는 생활상의 권리는 거주권, 토지소유권, 자유왕래권, 미곡반출권을 의미한다.

228) 이성환, 「간도의 정치적 특수성과 일본의 간도분리론」, 일본문화연구, 제32집, 동아시아 일본학회, 2009, 375-382쪽.

자는 것은 간도와 만주의 일체화를 통해서 만주 전체에 대한 지배력을 강화하고자 한 것으로 볼 수 있다. 그러나 일본의 그런 속내와는 다르게 대한제국의 독립투사들은 일본을 이용해서라도 고토수복을 통한 독립국 건설과 그 독립국을 대한제국의 항일투쟁 기지로 삼고 싶은 의지가 있었다. 그것이 바로 '대고려국'229)의 건국계획이다.

2) '대고려국'의 실체

'대고려국'의 구상이 일반 민중에게 알려진 것은 그 당시 일본 제일의 신문이 될 것을 목표로 오사카에서 창간된 대정일일신문(大正日日新聞; 다이쇼니치니치신분; たいしょうにちにちしんぶん)이 1921년 3월 27일부터 4월 6일까지 11회에 걸쳐서 석간 제1면에 ['대고려국' 건설]이라는 시리즈 기사를 연재하면서부터다. 이 기사는 스에나가 미사오(末永 節; すえなが みさお)가 구상한 '대고려국' 건국계획을 취재해서 게재한 형식을 취하고 있다. 물론 이 기사가 나온 시점이 '대고려국' 건국을 처음 계획한 시기는 아니다. '대고려국' 건국은 1917년부터 계획되고 실행에 옮기기 위해서 많은 사람들이 노력했다는 기록이 남아 있다. 다만 스에나가 미사오가 이 기사를 통해 일반에게 알린 시점이 1921년 이라는 것으로, 엄밀히 말하자면 이미 일본은 '대고려국' 건국계획을 접고 난 후라고 하는 것이 옳을 것이다.

---

229) 이 책에서 '대고려국'과 만주국, 동북인민정부의 상관관계를 기술하며 '대고려국' 표기에만 작은따옴표를 사용한 이유는, '대고려국'은 실존하지 못하고 계획에 머물렀으므로 구분하기 위해서다.

신문에 의하면 대한제국의 백성230) 중 일부가 대한제국의 독립을 부르짖으며 음모를 꾸미고 독립을 핑계로 약탈행위를 하고 있는 이때, 옛 '대고려국'을 부흥하여 대한제국 백성들의 자존심을 만족시키고, 다른 한편으로는 러시아와 중국에 대한 완충국으로 삼으려는 것이 '대고려국'의 건국배경이라고 했다. 또한 그 건국의 주체는 대한제국의 유림이며, 그 영역은 옛 고구려(高句麗)의 판도를 동남으로 줄이고 서북으로 늘린 것이라고 했다. 즉 동남으로 줄인다는 것은 한반도는 제외시키고 서북으로 늘린다는 것은 난하 넘어 중국 쪽과 연해주와 러시아 캄차카반도 쪽으로 더 많은 영토를 확보하겠다는 의지를 표명한 것으로 판단된다. 그리고 그것을 증명이라도 하듯이, 비록 왜곡되고 틀린 것이 있지만, 첫 회 기사를 고구려 건국 설화로 썼다. 이것은 실제로 고구려 고토수복을 통한 독립국가를 건설함으로써, 대한제국의 자존심 회복을 통해서 일제의 대한제국 병탄에 대한 반발을 잠재우고 대한제국의 식민지 통치를 원활하게 하기 위한 방편일 수도 있다. 또한 만주에 생활터전을 잡음으로써 러시아와 중국의 완충국으로서의 역할을 하자는 것은 러시아와 중국에 대한 교역을 증강함으로써 실제적인 무역권을 장악하여 중계무역국으로서의 역할을 하자는 의도를 다분히 포함하고 있는 것이었다. 하지만 대한제국이 일제에게 병탄되어 있던 당시의 상황을 감안한다면, 대한제

---

230) 신문기사에는 원래 "조선인"으로 되어있는 것을 "대한제국의 백성"이라고 고쳐 쓴 것이다. 필자는 본서에 논문이나 자료를 인용하면서 "조선" 혹은 "조선인"으로 표현된 것 중, "조선" 혹은 "조선인"으로 표현하는 것이 합당한 경우를 제외하고는 "대한제국" 혹은 "대한제국의 백성"으로 바꿔서 인용하였다. 한일병탄 당시 우리 한민족의 국가는 조선이 아니라 엄연히 황제국인 대한제국이었다. 그러나 일제와 식민사학자들이 황제국인 대한제국을 역사에서 지움으로써 우리 한민족의 역사를 축소하기 위한 하나의 방편으로 계속 조선이라고 표현했다는 것이 필자의 의견이므로 "대한제국" 혹은 "대한제국의 백성"의 의미를 잘 이해해 주기 바란다.

국의 유림을 앞세워 고구려 영토수복을 내세우면서 실제로는 대한제국을 앞세워 대륙진출의 목적달성을 하겠다는 일본의 의지를 나타낸 것으로 볼 수도 있는 것이다.

3) '대고려국' 실체조명(實體照明)의 목적

'대고려국'은 만주를 근거로 대한제국의 고토를 수복하여 독립 국가를 건국하기 위해 국기와 국새까지 준비했으나, 건국하지는 못했다. 그럼에도 불구하고 만주의 영토권을 규명하기 위해서는 역사상으로 아주 중요한 위치를 차지하므로 반드시 조명해 볼 필요가 있다.

[그림 14] '대고려국' 국기

[그림 15] '대고려국' 국새

첫째; '대고려국'의 건국을 준비하던 해가 1917년경부터이며, 이것은 임시정부 수립의 사전단계라고 볼 수 있는 '대동단결선언' 보다 약간 앞선 것으로 보인다.231) '대동단결선언'은 1917년 중국 상하이에서 신규식, 신채호, 안창호, 조소앙, 등 14인의 독립혁명가들에 의해 선언된 우리나라 최초의 독립선언서이다. 순종의 주권포기는 주권이 백성들에게 상속된 것이요, 구한국의 마지막 날은 신한국 최초의 날로서 외국에게 주권을 넘기는 것은 근본적인 무효라고 함으로써, 순종의 주권포기가 한일병탄이 되어서는 안 되고 오히려 백성이 주권을 갖는 공화정이 되어야 한다고 강력하게 독립을 선언했다. 그런데 '대고려국'이 표명한 정치형태가 바로 공화정으로, 헌법을 제정하고 의원(議院)을 설치하여 정부를

---

231) 이현희, 「임정수석 양기탁의 항일투쟁과 대동민국임시정부 연구」, 『경주사학』, 제27집, 경주사학회, 2008, 112-114쪽.

조직한다고 헌법초안에 명시하고 있다.232) 이것은 훗날 1919년 9월에 수립된 대한민국 임시정부의 공화주의와 삼권분립에도 큰 영향을 준 것으로 보인다.

둘째; '대고려국'을 만주에 건국하고자 했다는 것은 아주 중요한 문제다. 이 문제에 대해서는 "'대고려국'의 영역"에서 다시 논할 것이지만, '대고려국'을 만주에 건국하기로 했다는 것은 '대고려국' 건국에 참여한 대한제국 백성은 물론 일본과 중국에게도 분명히 만주가 우리 한민족의 영토로 인식되고 있었기에 그런 계획이 가능했던 것이다. 독립 국가를 건설하고자 하는데 남의 나라 영토에 건설한다는 것은 차마 생각도 못할 일이다. 강대국이 약소국의 영토를 이용하는 것이라고 해도 있을 수 없는 일인데, 자국의 주권도 잃은 약소국 주제에 남의 나라 영토에 독립국을 건설한다는 것은 불가능한 일이다. 그러나 만주의 남부지역에 해당하는 간도는, 1909년 간도협약에 의해서 일제가 청나라에 영토권을 넘기기는 했지만, 1909년 당시 98,000명으로 추정되는 간도 주민의 80%정도가 대한제국 백성으로, 간도는 줄곧 전체인구 가운데 조선인이 차지하는 비율이 항상 80% 정도 유지되었다. 간도 거주 대한제국 백성은 한일병탄 이후 급격히 증가하여 1907년 73,000명, 1908년 91,000명, 1909년 98,000명, 1910년 109,500명, 1911년 127,500명, 1912년 163,000명으로 추정된다.233) 실제로 만주의 주민은 간도 지역에 밀집해 있던 당시의 상황을 감안한다면, 만주의 주민은 대한제국의 백성들이

---

232) 대고려국 헌법초안, 다이쇼니치니치신문(大正日日新聞), 1921년 3월 29일자.; 게재된 일자는 대한제국 임시정부 수립일보다 늦지만, 실제로는 1917~18년 초에 헌법 초안을 작성한 것으로 보인다.

233) 이성환, 「간도문제와 '대고려국' 구상」, 『백산학보』, 제74호, 백산학회, 2006, 345쪽.

주를 이루고 있었고, 그 덕분에 '대고려국'을 만주에 건국한다는 계획이 가능했던 것이다.

셋째; 당시 '대고려국' 건국 계획에 가담했던 조선의 지사들은 '대고려국'을 건설하여 그곳을 기지로 삼아 무장 군인을 양성하고 그들이 한반도 내로 진입하여 항일투쟁을 이끌어 가도록 할 계획이었다.[234] 처음에 만주에서 군대를 양성하여 한반도로 진입하는 계획을 세운 것은 '신한혁명당'으로, 1915년에 세운 계획이었다. 그리고 '대고려국' 건국 계획에 주도적으로 참여했으며 훗날 상하이 임시정부의 주석을 지내기도 했던 양기탁을 비롯한 세력이 만주와 시베리아의 독립 세력을 규합하는 것을 목적으로 했고, 실제로 만주에서 신흥무관학교를 설립하여 무관을 양성하고 실전 배치하는 등의 행동을 보여줌으로써 이 계획을 계승하였으므로, '대고려국'의 건국 계획이 한반도의 광복을 추구하는 것은 물론 만주와 한반도가 같은 나라라는 일체감을 보여준 증거이기도 하다.

만주는 실질적으로 대한제국의 백성들이 그 선조로부터 대대로 이어져 내려오면서 생활 터전으로 삼고 그 문화를 전래해 오고 있던 곳이다. 따라서 만주 영토문화의 문화주권자는 대한제국의 백성들이므로 만주의 영토권은 문화주권자인 대한제국이 소유하고 있었던 것이다. 만일 '대고려국'이 건국되었다면 명실상부하게 국가의 3요소인 주권, 국민, 영토가 모두 갖춰질 수 있었다. 하지만 안타깝게도 만주를 중심으로 건국하고자 했던 '대고려국' 건국 구상은 실현되지 못하였고, 일본은 1932년 청나라 마지막 황제 아이신교로 푸이(愛新覺羅溥儀; 애신각라부의)를

---

234) 이해준, 「함석태와 강우규, 그리고 대동단」, 『대한치과의사학회지』, 제34권 제1호 통권 36호, 대한치과의사학회, 2015, 50-51쪽.

내세워 '대고려국'을 건국하고자 했던 곳과 거의 비슷한 영역에 '만주국'을 건설하게 된 것이다. 그리고 제2차 세계대전의 종전과 함께 연합4개국의 그릇된 욕심에 의해 만주가 부당하게 중국으로 귀속되는 동북아시아 전체의 비극을 탄생시킨 것이다.

2 '대고려국' 건국계획의 내용

1) '대고려국'의 구성 민족

'대고려국'은 만주에 있는 200만의 대한제국의 백성들을 중심으로 하여 1,000만 명의 국가를 상정하고자 했다.[235] 그리고 그 구성 민족은 '대고려국' 헌법초안에 "5. 무릇 일본인 지나인 러시아인으로서 이미 고려국내에 거주하고 있으며, 고려국의 시민일 권리자격을 원하는 자는 차별 없이 이를 부여한다."고[236] 함으로써 대한제국의 백성을 중심으로 일본인은 물론 중국, 러시아인 등 만주를 중심으로 한 주변 국가들의 모든 사람들에게 차별을 두지 않고 다민족 국가로 건설하고자 했던 것을 알 수 있다.

---

235) 이성환, 「간도의 정치적 특수성과 일본의 간도분리론」, 『일본문화연구』, 제32집, 동아시아일본학회, 2009, 393쪽.
236) 대정일일신문, 1921년 3월 29일자.

2) '대고려국'의 건국 주체

'대고려국'의 건국 주체는 대한제국의 유림들이며, 구성 민족은 다민
족이라고 했다. 다만 '대고려국'의 건국계획을 이끈 대표적인 인물로는
대한제국의 양기탁을 비롯한 인물들과 일본의 스에나가 미사오 그리고
중국의 주사형(朱土衡)을 들 수 있다. 그런데 전술한 바와 같이 '대고려
국'의 기반이 대한제국의 백성들이 될 것이므로, 그 중 가장 중요한 주
체로서의 역할은 양기탁과 정안립을 비롯한 대한제국의 독립투사들이
었다.

중국의 주사형은 중국 남방파 군벌로서 북방파 군벌을 견제하기 위
하여 만주의 독립을 선전하고 다녔다. 그의 이론에 의하면 만주가 독립
하면 만주의 한민족도 독립된다는 것이다. 양기탁은 주사형의 계획이
만주에 거주하는 우리민족을 기반으로 한 독립국 건립으로 이어질 수
있을 것으로 판단하고 이에 적극 호응했다. 그리하여 정안립의 동삼성
한족생계회와 연계하여 맹보순, 장진우 등과 함께 '대고려국' 건국을 계
획했다.237) 전술한 바와 같이 간도로 대표되는 만주의 가장 많은 주민
이 대한제국의 백성들이었기 때문에 주사형은 양기탁과 정안립을 비롯
한 대한제국의 백성들과 연합해서 '대고려국' 건국을 꾀했던 것으로 판
단된다.

또한 일본인 스에나가 미사오 역시 '대고려국' 건국에 적극적으로 참
여했다고 볼 수 있다. 그는 1918년 12월 18일 경성 돈의동 장춘관에서
정안립, 맹보순, 이상규 등 80여명이 모여 고대사연구를 구실로 '대고려

---

237) 김성민, 『계몽운동에서 무장투쟁까지의 선도자 양기탁』, 역사공간, 2012, 99쪽.

국' 건국을 위한 자금을 모으는 목적으로 발족한 '조선고사연구회' 발기식에 주사형과 함께 참석하였다.[238] 그리고 그 이전인 1918년 3월 7일 정안립이 장우근과 일왕을 독대한 것으로 전해지는데, 일왕을 독대한 것은 정확하지는 않지만 적어도 실권자인 테라우치 마사다케(寺内正毅)는 확실하게 만났다는 기록이 전해진다. 이때 야당당수인 도야마 미쓰루(頭山滿)가 배석했다고 한다. 여기에서 중요한 것은 정안립이 일본 정계의 실권자와 민간주도 극우단체의 최고 실세인 도야마 미쓰루를 만날 수 있었다는 것이다. 정안립이 다짜고짜 그런 자리에 설 수는 없었을 것이고, 그런 자리를 마련한 것이 일본인 스에나가 미사오일 것으로 추측된다. 어쨌든 '대고려국' 건국을 위해서 열심히 헌신한 중국인과 일본인으로 전면에 나선 인물은 상기한 두 사람 정도이다.

반면에 대한제국에서는 양기탁을 필두로 정안립과 수많은 독립투사들이 대거 '대고려국' 건국에 열중하고 있는 것으로, 1921년 3월 31일자 대정일일신문은 대대적으로 보도하고 있다. 신문에는 서울을 비롯한 각 도와 해외 동포의 대표격인 사람들을 일일이 열거 했다. 이시형과 정안립, 의병대장 이범윤, 홍범도를 비롯해서 이동녕, 조욱은 물론 상하이의 신규식, 신채호, 하와이의 이승만, 블라디보스토크의 김규식과 안창호, 또한 안중근 의사의 동생인 안중칠 등 국내외에 머무르고 있는 무려 백여 명에 가까운 애국지사들을 열거하고 있다. 이렇게 많은 지사들을 열거한 것은 설령 그분들이 적극 참여를 하지 않았다고 하더라도 대한제국 백성들의 호응을 얻기 위한 행위로 볼 수 있으며, 그 자체가 '대고려국' 건국의 주체는 바로 대한제국의 백성들이었다는 것이다.

---

238) 이해준, 전게논문, 53-54쪽.

3) '대고려국'의 국체(國體)

'대고려국'의 국체는 '대고려국'의 건국에 있어서 국민의 가장 큰 주류가 될 대한제국의 백성들에게 초점을 맞췄다. '대고려국'의 건국 계획을 세상에 알린 대정일일신문 1921년 3월 29일 석간 제1면에 실린 기사에 보면 7개조의 '대고려국' 헌법초안이 실려 있는데 거기에 잘 나타나 있다. 또한 헌법초안 이전에 건국선언이 실려 있다. 그 내용을 일부 인용하면 "(전략) 우리민족은 옛날 동방아시아에 있어서 쉴 틈 없이 일하며 경영하여 대국이 되어있었다. 그 땅은 만주와 동몽골과 길림, 흑룡 사이에서 시베리아에까지 이르고 있었다. 그 인민은 숙신, 말국, 예, 맥, 읍루, 부여, 오환, 선비, 고구려 등으로 우리 민족의 선조이다. 황천(皇天)은 실로 우리민족에게 행복을 내려주시었다. 이에 의로운 마음에 따라 옛 땅을 극복하고 새 나라를 건국하여 '대고려국'이라 이름 지어, 재외 3백만의 동포를 규합하고 고토로 복귀하여 선업을 회복하여 넓히고자 한다. (하략)"이다. 고구려의 영토를 수복하고 그 자리에 '대고려국'을 건국하겠다는 확연한 의지를 나타낸 것이다. 대한제국의 백성이 주체가 되어 건국선언을 한 것이다. 그리고 이어지는 헌법초안에도 대한제국의 백성이 '대고려국' 건국의 기반이라는 것은 잘 나타나 있다. 헌법초안에는 "3, 무릇 국자(國字)는 언문(諺文)과 한문(漢文)을 병용한다. 4. 무릇 국교(國敎)는 공자의 도를 따른다."고 함으로써 한글과 한자를 병용하며 유림을 기반으로 나라를 건국하겠다는 의지를 보인 것이다. 한글을 나라의 글자로 삼겠다는 것은 당연히 대한제국과 연속되는 나라를 건국하겠다는 의지의 표현인 것이다. 그리고 그 다음 날자 신문에 '대한제국의 유림의 숫자는 약 600만 명이며 유림이란 위로는 정치의 득실에서 아래로는 각종

의례에 이르기까지 모든 것을 지배하는 자들이다. 양반은 민중을 주구(誅求)하고 겁략(劫掠)하지만 유림은 민중을 선도하고 훈도(薰陶)하여 민중은 이들을 사부로 여긴다. 당국은 유생에 의해서 백성의 사정을 알고 민중은 유생에 의해 질고(疾苦)를 호소한다.'고 유림을 극찬함으로써 대한제국은 물론 그 이전의 조선으로부터 유림에 의한 정치가 이어져 내려왔다는 것에 초점을 맞춰 유림 중심의 나라를 건국하겠다는 강한 의지를 표명한 것이다. 아울러 헌법초안에는 국체에 대해서 "1. 일체의 국토는 모두 국가의 공유로 한다. 2. 장래 국가는 헌법을 제정하고 의원(議院)을 설치하여 정부를 조직하며, 백규(百揆) 서정(庶政)을 총람한다."고 되어 있다. 그것을 보면 '대고려국'의 국체는 공화정을 추구한 것이 확실하다. 다만 건국에 앞장섰던 대한제국의 백성인 양기탁과 정안립 등이 고종과 의친왕 혹은 영친왕의 중국 망명을 끊임없이 추구했던 것으로 보면, 적어도 양기탁(梁起鐸)과 정안립(鄭安立)은 입헌군주제를 추구하였던 것으로 보인다. 그러나 끝내 망명이 실패로 돌아가면서 완전한 공화제로 틀을 바꾼 것인지, 아니면 양기탁과 정안립은 끝까지 입헌군주제를 추구했었지만, 대정일일신문에 기사를 쓴 스에나가 미사오가 입헌군주제가 아닌 공화제로 만든 것인지는 확실하게 알 수 없다. 다만 정안립이 일본의 자금을 끌어 들여서라도 '대고려국'의 터전을 닦은 후, 고종황제(高宗皇帝)나 의친왕(義親王) 혹은 영친왕(英親王)을 모시고 망명정부를 세우려는 계획을 가지고 있었다는 것은 확실하다. 그래서 혹자는 정안립을 입헌군주론자라고 하였다.239)

---

239) 이해준, 전게논문, 58쪽.

4) 대고려국의 영역

대정일일신문에서 1921년 3월 27일 '대고려국'에 관한 첫 기사를 실을 때 많은 부분 왜곡되거나 정확하지 못한 표현을 썼지만 충분히 납득이 가는 고구려 건국 설화로 시작을 했고, 9월 28일자 제 2회에는 고구려 영토수복이 '대고려국'의 판도라고 공식적으로 보도하고 있다. 그런데 대정일일신문이 보도한 '대고려국'의 영역과 다른 주장도 있다는 것을 염두에 두고 살펴볼 필요가 있다.

먼저 대정일일신문에 스에나가 미사오가 보도한 '대고려국'의 영역이다. 대정일일신문 1921년 3월 27일자에 실린 '대고려국'에 관한 첫 번째 기사에 '대고려국'의 판도는 옛 고구려(高句麗)의 판도를 동남으로 줄이고 서북으로 늘린 것으로 동으로는 장백산으로 한반도와 경계 짓고, 서북쪽으로는 스타노보이, 야프로노보이 및 흥안령(興安嶺)으로 시베리아 및 몽골과 경계이며, 남으로는 만리장성을 지나 중국과 구별되도록 되어 있다. 그 예상판도는 산해관(山海關) 이북, 장자커우(長家口) 이동의 직례성(直隷省)과 내몽골과 성경성(盛京省)과 길림성(吉林省)과 러시아령과 중국령을 포함한 흑룡강성(黑龍江省)과 연해주와 캄차카 전부라고 되어 있다. 확실하게 고구려 고토수복을 기초로 판도를 만든 것이다.

그리고 그 다음날인 3월 28일자에는 그 영역은 3단계로 나누어 확장될 것이라고 했다. 제1기는 길림성 전부와 봉천성(奉天省)의240) 일부로, 제2기는 봉천성의 나머지 부분과 산해관 이북 장가우 이동의 장성 이북인 직례성 북부와 내몽골이며, 제3기는 러시아-중국 양국에게 갈려진

---

240) 현 요녕성

흑룡강성 전부와 캄차카반도를 포함한 연해주 전부이다. '대고려국'의 수도는 발상지인 간도(間島)로 정해져 있다. 간도에서 북으로 내려가 혼춘(琿春)의 동쪽 포시에트만 머리의 노브고로드 땅은 금(金)나라의 동경(東京)이었으므로, 이 땅은 장차 '대고려국'의 중요한 일본해로의 출구가 될 것이라고 명기하고 있다.

일단 '대고려국'을 건국하고 영토를 늘려 나가겠다는 것인데, 여기서의 의문점은 이웃국가들의 눈치도 보지 않고 침략이나 혹은 돈을 주고 사야 하는 영토를 그 주체국이 될 '대고려국'을 건국도 하기 전에 늘려 나가겠다고 공언했다는 것이다. 그만큼 만주에 대한 애착을 보인 것이라고 할 수도 있지만 이미 청일전쟁과 러일전쟁에서 승리한 경험이 있는 일본으로서는 그 두 나라를 두려워 할 이유가 없으므로, 일단 간도를 중심으로 '대고려국'을 건국한 후에 영토를 늘려나가겠다고 공언한 것으로 보인다. 그것도 단지 중국이 아니라 러시아에 대한 야욕을 더 크게 드러내고 있다. 특히 당시에는 연해주도 러시아령으로 되어 있었는데도 불구하고 연해주를 넘어 [그림 16]에서 보는 것처럼 러시아 북쪽 끝이라고 할 수 있는 캄차카반도까지 거론한 것을 보면 대륙지배에 대한 야심을 거침없이 드러낸 것이다. 그러나 러시아에 대한 야욕 중 하나로, 금나라의 동경이었던 포시에트만 머리의 노브고로드 땅이 일본해로의 출구가 될 것이라고 한 점을 보면, 일본과 만주 및 캄차카반도까지 연결하는 것을 염두에 두고 한 말일 수도 있지만, 설령 캄차카반도까지는 진출하지 못할지라도 한반도를 거치지 않고 대륙에서 일본으로 직항할 수 있는 항구를 확보하겠다는 의미로 볼 수 있다. 포시에트만 노브고로드가 연해주에 속해있기 때문이다. 즉, 연해주가 만주에 포함되는 영토라는 것을 이미 알고 있는 일본으로서는 연해주를 반드시 확보하여 만주 전체를 병탄하겠다는 의지로 해석할 수 있다는 것이다. 만일 1917년 볼셰비키 혁명으로 인해서 러시아가 새로운 체제를 갖추지 못하고 니콜라이 2세가 집권하던 그대로였다면, 일본은 만주국 건국 당시 만주의 일부분이 분명한 연해주를 만주국 영토에 포함시켰을 수도 있었을 것이다.

[그림 16] 대정일일신문에 실린 '대고려국' 영역도

이에 반해 이해준은 비슷한 것 같으면서도 또 다른 면에서의 대고려국의 영역을 기술하고 있으므로 유의해서 볼 필요가 있다. '대고려국'이란 고대 연해주와 만주 일대 세력을 떨치고 있었던 조선민족의 조상인 부여족의 판도를 답습한 것이다. [그림 17]처럼 북으로는 연해주를 포함하고

흑룡강 하구에서 출발하여 흑룡강을 따라 만주리(滿洲里)까지를 잇는 중
국~러시아 국경선을 경계로 하고, 서로는 흥안령산맥을 따라 몽골 사막
을 경계로 삼으며, 남쪽으로는 만리장성을 따라 중국과 접경하고 산해관
에 들어가며, 한반도를 영역에 포함하는 거대한 판도이다. 여기서 한반
도를 머리로, 연해주를 왼쪽 날개로, 몽골초원을 오른쪽 날개로, 만주를
몸통으로 하면, 나라의 형태가 두 날개를 펼친 봉황의 모습이 되므로 이
를 봉황의 나라라고 했다. 수도로 예정되고 있던 간도의 용정촌(龍井村)
은 봉황의 심장으로 여겨졌다.241)

[그림 17] 이해준의 논문에 실린 봉황의 나라 '대고려국'의 영역도

---

241) 이해준, 전게논문, 64-65쪽.; 봉황의 모습이라고 하려면 흥안령 쪽은 꼬리로, 만리장성
    을 따라 고비사막 쪽의 중국 국경과 접한 쪽을 오른쪽 날개로 보는 편이 더 합당할 수도 있다.

두 가지 안 모두 수도는 간도라고 했다. 특히 봉황의 나라를 말하는 쪽에서는 용정이라고 콕 찍어서 말한 것으로 보아 구체적인 계획까지 세운 것으로 파악된다. '대고려국'의 수도를 간도에 건설하고자 하는 이유는 간단하다. '대고려국' 자체가 대한제국의 백성들 중심으로 건설되기 위해서는 대한제국 백성들의 힘이 모인 곳이 수도가 되는 것이 옳은 일이다. 당시 만주에서는 비옥하여 농사 짓기 좋은 간도에 거주하는 민족 중에서 대한제국 백성의 비율이 80% 정도로 가장 많이 거주하는 민족이었으니 당연한 일이었다.

또한 간도는 한일병탄 전에 이범윤을 간도관리사로 파견해서 그곳에서 세금도 거두고 백성들의 안전도 지켜주게 했다는 사실을 상기하면 비록 1909년의 간도협약에 의해서 일본이 중국에게 간도의 통치권을 넘겨주었다고는 하지만 대다수 대한제국의 백성들은 물론 간도에 거주하는 중국인들까지 간도는 대한제국의 영토로 인식하고 있었으니 당연히 간도에 수도를 정해야 했다. 이런 관점에서 얼핏 보기에는 크게 다를 것이 없어 보일 수도 있지만, 한반도의 포함 여부가 상당히 중요하다. 이 두 가지 설에 대한 지도로 대정일일신문에 실린 [그림 16][242]과 이해준의 논문에 실린 [그림 17][243]을 비교해 보면 확연한 차이를 느끼게 된다.

똑같은 영토에 대한 지도를 제작해도, 제작자가 위도와 경도의 비율을 딱 맞추지 않으면 지도를 작성할 때 두는 관점과 각도 등의 원인에 의해, 제작자에 따라서 그 모양이 다소 차이가 날 수 있다. 하지만 [그림 16]과 [그림 17] 두 지도는 그런 차원의 문제가 아니다.

---

242) 대정일일신문, 1921. 04. 01.
243) 이해준, 전게논문, 64쪽.

가장 큰 차이는 한반도의 포함 여부다.

대정일일신문의 기사처럼 한반도를 포함하지 않는다는 것은 말 그대로 만주에 독립국을 세우겠다는 것이다. 그것은 대정신문에서 주장한 것처럼 대한제국의 고토를 수복해서 만주에 독립국을 세움으로써 대한제국 백성들의 자존심을 회복하겠다는 것이다. 그런데 '대고려국'을 건국한다면, 대한제국 백성들의 입장에서는 단순히 대한제국 백성들의 자존심을 회복하는 것에서 그치는 것이 아니라 한반도를 일본의 병탄에서 독립시키는 기지로서의 역할을 할 수 있는 국가가 건국되는 것이다. 그러나 독립기지로서의 구상은 대한제국 백성들의 생각이었을 뿐일 것이다. 대정일일신문에 이 기사가 실린 시점은, '대고려국' 건국 계획에 적극 참여하던 양기탁이나 정안립 등의 대한제국 독립투사들의 건국 열정이 최극점에 달했던 시기보다는 뒤의 시점이다. 즉, 이미 '대고려국' 건국 계획의 실현 가능성이 사라진 시점이라는 것이 중요하다. 스에나가 미사오는 그런 점을 고려하여 신문에 기사화 한 것인지도 모른다. 만주에 독립국을 건국하려면 만주의 맹주임을 자부하고 있는 장쭤린(張作霖)의 비위를 거스르겠지만, 그보다는 먼저 만주에 독립국을 세워 일본의 대륙진출 꿈을 이룩하는 것이 중요했을 것이다. 대한제국의 양기탁이나 정안립을 앞세워 '대고려국'을 건국하려고 했지만 그게 여의치 않자 새로운 방안을 구상해야 한다고 일본 전체에게 알리고 독려하는 방법으로 사용했던 것이다. 그 당시 일본인들에게는 만주를 차지함으로써 포시에트만 노브고로드를 일본해로의 출구로 삼는 것이 가장 중요한 일이었을 수도 있었다는 것이다. 그런 관점에서 본다면 한반도가 포함되지 않은 영역표시가 옳은 것일 수 있다.

반면에 한반도를 포함하는 것은 만주에 독립국을 건설한다기보다는 만주와 한반도를 일체화 시키고자 하는 의도가 더 크다고 할 수 있다. 이 것은 대한제국 백성들이 중요한 터전으로 삼고 있는 간도를 매개체로 삼 아 한반도와 만주를 잇는 연결점으로 만들겠다는 의미다. 또한 그것은 만주에 '대고려국'을 세워 무장기지화 한 다음 그곳을 기반으로 한 무장 투쟁으로 한반도까지 광복을 이끌어 내겠다는 독립투사들의 의지와도 맞는 것이다. 대한제국 백성들에게 '대고려국' 건국을 고취시키고 만주 로의 이주를 독려하기 위한 방법 중 하나였을 수도 있다. 따라서 처음에 는 한반도를 포함하기로 했는데 '대고려국' 건국계획의 현실성이 떨어지 자 훗날 만주에 독립국을 건설하기 위한 포석으로 한반도를 제외시켰는 지도 모른다고 가정해 볼 수는 있다. 그러나 일본의 기본적인 목적이 한 반도의 대한제국과 별개의 독립 국가를 만주에 건국하는 것이었다. 자신 들이 만주를 차지하기 위한 수단의 하나로 한반도와 분리 통치할 나라를 건국하되, 영토문화와 역사를 통해서 볼 때 대한제국이 만주의 영토권을 주장할 근거가 충분하니, 대한제국의 백성들을 독려하여 만주의 독립국 가 건국에 동참하게 하자는 것이었을 뿐이라고 생각한다. 그러므로 한반 도를 포함하는 것은 '대고려국' 건국에 참여한 대한제국 백성들이 원했 던 것일 뿐, 한반도를 포함하지 않은 독립국이 원안일 수 있다. 봉황의 나 라를 건국한다는 것은 잃어버린 고토를 모조리 수복하는 것은 물론 그 나라를 바탕으로 한반도의 광복을 쟁취하는 '대고려국'을 건국한다는 한 민족의 숙원을 담은 표현이었을 뿐일 수도 있다는 것이다.

그러나 위 두 가지 영역 중 어느 것이 원안이든 간에 중요한 것은 '대고 려국'에 관한 대정일일신문 기사 첫 회에서 강조했듯이, '대고려국'이 확 실하게 고조선의 맥을 이은 고구려의 영토를 수복하여 조선민족의 자부 심을 되찾자는 차원에서 건국이 계획되었다는 것이다. 이것은 대한제국을 병탄하기 위해서 우리 한민족의 역사를 깊이 연구한 일본 역시, 만주가 우리 한민족의 영토라는 것을 인정했기 때문에 계획할 수 있었던 사건이므로 중요한 사실이라는 것이다.

3. '대고려국' 건국계획의 경과

1918년 양기탁은 주사형과 함께 길림(吉林), 철령(鐵嶺), 장춘(長春) 등을 경유하여 동지들 규합에 노력하였다. 그러나 양기탁은 주사형과 상하이에서 다시 만나기로 하고 톈진(天津)에서 상하이(上海)로 출발하던 중 밀고에 의해서 일경에 체포되고 말았다. 그 이후 양기탁이 국내로 압송되어 중국체류금지 3년 처분을 받아 부자연스러운 몸이 되는 바람에 주사형과의 계획은 흐지부지 되고 말았다.[244] 그러나 그 해 12월 18일 중국에 갈 수 없는 양기탁이 중심이 되어, 경성의 장춘관에서 열린 '조선고사연구회'에 주사형과 스에나가 미사오가 참석한 것을 보면 당시 '대고려국' 건국의 주체들은 꽤 열성적이었던 같다. 이 모임은 겉으로는 대한제국의 고대사를 연구한다고 하면서 실제로는 '대고려국' 건국을 위한 모금을 목적으로 했던 것이다.

또한 전술한 바와 같이 1918년 3월 7일 정안립이 장우근과 일왕을 독

---

244) 김성민, 『계몽운동에서 무장투쟁까지의 선도자 양기탁』, 역사공간, 2012, 99쪽.

대한 것으로 전해지며, 적어도 실권자인 테라우치 마사다케(寺内正毅)는 확실하게 만났다는 기록이 전해진다. 이 때 야당당수인 도야마 미쓰루(頭山滿)가 배석했는데 도야마 미쓰루는 만주에 '대고려국'을 건국하는 것에 호의적이었다. 일본 내각에서도 하세가와 요시미치(長谷川好道) 대한제국총독의 승인만 받으면 '대고려국' 건국을 고려하겠다고 했다. 그리고 정안립은 서울에서 하세가와 총독을 만나 '대고려국' 건설을 타진하였으나, 승인을 받지 못하자 하세가와 총독에게 잉크병을 던지며 통치의 잘못을 꾸짖었다고도 한다.245) 하세가와 요시미치가 대한제국의 맥을 이어나가는 또 다른 독립 국가를 만주에 건국한다는 것을 허락했을 리가 만무한 것은 당연한 일이다. 그는 대한제국의 총독으로 재임하면서 만주와 한반도가 이어져서 함께 항일투쟁을 전개한다면 걷잡을 수 없다는 것을 알고 있었기 때문이다. 반면에 도야마 미쓰루는 겐요샤(玄洋社)의 창립자 중 한 사람으로 일본 극우주의자의 수뇌다. 을미왜변을 주동한 단체이기도 한 겐요샤는 훗날 동북아시아에서 흑룡회를 통해 일본군국주의와 국수주의적 난동을 무차별하게 보인 단체로서, 군국 일본을 위해서라며 못할 짓 없이 인간이하의 행동도 서슴없이 행했던 단체다. 일제의 대륙진출 야망을 군이 아닌 민간단체에서 주도적으로 벌여오던 단체이니 일제가 만주를 차지하기 위한 포석으로 만주에 독립국을 세우는 것에 반대할 이유가 없었던 것이다. 특히 그들은 이미 중국의 쑨원(孫文; 손문)이 일으킨 신해혁명을 지원하는 것을 시작으로 중화민국 건국에 깊숙이 관여함으로써, 한족의 중국과 만주의 분열을 획책하고 있었다.246) 만일 대한제국의 백성들이 중심이 된 독립국이 만주에 건국된다

---

245) 이해준, 전게논문, 56~57쪽

면, 이미 대한제국을 병탄한 일제로서는 만주진출이 그만큼 쉬워질 것으로 판단했을 것이다.

반면에 '대고려국' 건국에 많은 대한제국의 애국지사들이 참여한 이유는 고조선 이래 고구려의 영토로 대한제국의 영토이어야 하는 만주에 '대고려국'을 건설하여, 잃어버린 국권을 회복하는 초석으로 삼아 만주를 무장기지화 함으로써 반도를 무력으로 공격해서 조국 광복을 찾겠다는 의지였다. 또한 양기탁과 정안립 등이 고종황제나 영친왕, 의친왕의 망명을 전제조건으로 하였다. 그분들 중 한 분을 모시고 입헌군주제를 계획했다.[247] 대한제국의 맥을 이어가겠다는 뜻을 밝힌 것이다. 이러한 의지는 1915년 3월 결성된 신한혁명당 때부터 이어져온 맥락이다.

신한혁명당 역시 고종황제와 의친왕의 망명을 꾀한 것은 물론 무력으로 국내 진공을 계획해 왔다. 4개 조항에 달하는 행동수칙으로 1. 군병출병시 통화(通化), 회인(懷仁), 지안(集安)현 3군의 군병은 합동해 초산군 전구를 건너 습격해 신의주에 유진할 것. 2. 왕청(汪淸)현 군병은 계현 등의 지역에 출몰해 일병을 유인하여 후구를 습격할 것. 3. 무송(撫松)현 군병은 연락해 연길(延吉)부·시베리아 구원병을 합해 두만강을 거슬러 회령과 나남면에 유진해서 돌격할 것. 4. 여순(旅順), 대련(大連)의 원조병과 봉천(奉天) 군대를 합쳐서 영구(營口)의 기차를 급속히 차단할 것[248] 등 아주 구체적으로 만들었던 것이다.

그들의 의지는 1919년 11월 만주의 안동(安東)에서 국내로 진공하라

---

246) 신용우 외, 「만주국 영토의 중국귀속 부당성에 관한 연구」, 『지적과 국토정보』, 제47권 제1호, 2017, 85-86쪽.

247) 이해준, 전게논문, 58쪽.

248) 상계논문, 50-51쪽

는 의친왕의 명령을 받은 최진동(崔振東)의 행적을 보면 쉽게 이해할 수 있다. 명령을 받은 최진동은 봉오동으로 돌아가 자신의 자위단과 박영(朴泳)의 장정 60여명을 토대로 1919년 12월 31일 군무도독부를 건립하고 무기를 구입하였으며, 소작농 가운데 장정을 모집하여 군사훈련을 시켰다. 봉오동은 최진동의 땅이었으며 군무도독부의 근거지였다. 건립 초기 군무도독부의 총 병력은 200여명이었다. 김활석과 이태성 등은 최진동이 군무도독부를 건립한다는 소식을 듣고 자신들의 자위대를 도독부군으로 편입시키는데 합의하였다. 군무도독부는 사립 봉오동 학교에 군사 훈련반을 설치하고 러시아 군인과 중국군 장교를 초빙하여 군사훈련을 돕게 하였다. 일제의 자료에 의하면 1920년 당시 군무도독부의 병력은 약 600명이고, 군총이 400정, 권총 약 50정, 수류탄 120개, 기관총 2문을 보유하고 있었다. 1919년 겨울 최진동의 군무도독부는 독립군 홍범도의 대한독립군과 양하청의 독립군 부대와 연합하여 두만강 건너 회령, 종성, 온성 등지의 일본군 수비대를 공격하였다. 1920년 회령 전투에서 군무도독부 등 독립군 연합부대는 일본군 군영을 기습 점령하고 일본군을 300여명 사살하였다. 1920년 3월에는 종성 일본헌병대를 습격하여 많은 무기와 탄약을 노획하였으며, 이어서 온성읍을 함락시켰고, 온성의 미산 헌병 주재소를 공격하여 일본군을 섬멸하였다. 1920년 4월 18일에는 향당동 일본경찰서를 습격하였다.[249]

한편 양기탁과 정안립은 끊임없이 고종황제 혹은 의친왕이나 영친왕의 중국망명을 추진했다. 그분들 중 한 분이라도 황제로 모시는 것이 국통을 이어나가는 것이라고 생각했기 때문이다. 특히 그중에서도 독립정

---

249) 상계논문, 87-88쪽.

신이 투철했던 의친왕을 가장 선호했던 것으로 보인다. 그러나 망명이 쉽게 이루어지는 것이 아니었기에 세 분 중 어느 분이든 성공만 한다면 다행이라고 생각하며 추진했다. 우선 고종황제의 망명은 이회영(李會榮)이 입국하여 고종황제의 망명을 허락받았으나, 고종황제가 1919년 1월 21일 일제에 의해 갑자기 독살되는 바람에 실패하고 말았다. 1919년 11월에 전협(全協)은 의친왕을 망명시키기 위하여 특급요원들로 하여금 한국인의 독립운동을 지원하던 조지 엘 쇼우(George L. Show)가 운영하는 만주의 안동에 있는 이륭양행으로 의친왕을 모셔오게 했으나, 망명하기 위해서 상복차림으로 꾸미고 압록강 철교를 건너 안동역에 내린 의친왕이 일경에 체포되는 바람에 실패하였다.[250] 의친왕의 망명이 실패하자 정안립은 영친왕의 망명을 계획하였다. 영친왕이 유럽으로 신혼여행을 가다가 상하이에 기착하는 순간 망명을 결행한다는 계획이었으나 일제가 사전에 알고 영친왕의 상하이 정박을 불허하여 실패하였다.[251]

이러한 여러 가지 정황을 종합해 보면 대한제국의 독립투사인 양기탁과 정안립 등의 생각과 스에나가 미사오로 대표되는 일본이 추구한 목적과 방법은 서로 다르면서, 단지 대륙 만주에 '대고려국'을 건국한다는 커다란 명제만 일치했던 동상이몽이었을 것으로 추측된다. 즉, 일본은 대한제국의 지사들과 유림들의 애국심과 독립에 대한 열정을 이용해서 만주를 일제의 식민지로 만들기 위해 '대고려국'이라는 명제를 내세워 공화국을 건설하려던 것이다. 반면에 대한제국의 지사들과 유림들은 일본

---

250) 상계논문, 65-66쪽.
251) 상계논문, 52쪽.

이 자신들을 속이려고 하면 속아주는 척을 해가면서라도 일단 만주라는 넓은 영역에 독립국가 '대고려국'을 건국한 후에, 무력을 동원해서라도 자주독립국인 입헌군주국을 건국하고, 나아가서는 한반도에서 일제를 몰아내고 광복을 수립하는 근거지로 삼기 위해서 '대고려국'의 건국계획에 적극적으로 동참했던 것이다.

4. '대고려국' 건국계획의 결과

양기탁과 정안립은 끊임없이 고종황제 혹은 의친왕이나 영친왕의 중국망명을 추진했으나 그 결과는 실패로 끝나고 말았다. 영친왕의 망명을 계획한 것을 마지막으로 더는 대한제국의 황족에 대한 망명계획은 없었던 것으로 보인다. 즉, 영친왕의 결혼이 1920년 4월 28일 이었으므로 1920년 이후에는 대한제국의 황실을 황제로 추대함으로써 입헌군주국을 만들겠다는 노력은 할 수 없게 된 것으로 보인다. 그리고 '대고려국' 건국의 최전선에 섰던 양기탁과 정안립도 '대고려국'의 건국을 힘들다고 여겼던 것 같다.

우선 양기탁은 1920년 4월 1일 동아일보 창간 당시 편집감독을 맡아 창간호에 항일의식이 넘쳐나는 '지(知)호아? 부(否)호아?'라는 논설을 게재하고, 동년 8월 24일 미국의원단 47명이 심양으로부터 서울역에 도착하자 독립을 위한 선전에 열중하였다.[252] 그러던 양기탁이 1922년 만주의 동북삼성지역으로 망명하여 독립운동 단체의 대동단결과 절대통일을 부르짖으며 독립운동에 헌신하였다. 양기탁이 언제 상하이로 갔는지는 정확하게 알 수 없지만 1933년 임시정부 국무위원으로 취임하기 전까지 동북삼성지역에서 맹렬하게 독립운동을 한 것은 사실이다. 1923년 2월에 의성단 군무총장, 1924년 11월 정의부 고문, 1926년 고려혁명당을 조직하는가 하면 1926년에『대동민보』를 발간하는 등 열렬하게 활동했던 것이다.253) 그러나 고려혁명당을 조직한다든가, 1927년 고려혁명단세포연합대회를 개최하는 등 고려라는 명칭을 자주 사용한 것을 보면 '대고려국' 건국에 대한 꿈은 버리지 못했던 것으로 보인다.

정안립은 1921년 대풍수전공사(大豐水田公司)를 설립하려고 했으나, 이 계획은 일본측 세력과 제휴하여 중국영토를 침범하기 위한 배신행위로 알려졌으며,254) 특히 재만 중국인들 사이에서 심한 마찰이 생겨 좌절되고 말았다. 그리고 1924년에는 화풍수전공사(華豐水田公司)를 계획했는데 이것은 중국은 토지를 출자하고 한인측에서는 개간비를 판출하여 수전을 경영하고 토비를 방어할 계획이었다. 또한 1927년 만주를 중심으로 세계평민(世界平民), 호조(互助), 합작(合作), 경제균등(經濟均等) 등의 정신을 근본으로 하고 세계 공용어와 공통화폐를 사용하는 것 등의 강령을 가진 세계연방자유연맹을 조직하였다. 그리고 그것을 선전하기 위해 국내로 귀국하였다가 치안유지법 위반으로 일제에 체포되었다. 그

---

252) 이현희, 전게논문, 119쪽.

253) 상계논문, 120-124쪽.

254) 만주가 중국영토라는 인식이 생긴 것은 전술한 바와 같이 간도협약에 의해서 일본이 간도를 중국에게 할애한 까닭이다. 그 당시 간도의 구조는 국민은 대한제국, 영토권은 중국, 주권은 일본도 중국도 아닌 묘한 입장이었으며 대풍수전공사의 사업 무대가 간도였음으로 중국영토라고 인식했던 것으로 사료 된다.

리고   만주사변   후에   상하이에서   동아국제연맹(東亞國際聯盟
1933~1940)을 조직하여 중국과 일본을 무대로 활동하였으나 일제 고
등계 형사들에게 서울로 압송되어 중부서에 연금되었다.[255]

　이상과 같이 '대고려국' 건국을 위한 핵심 두 사람의 1920년 이후의
행적을 본다면 '대고려국' 건국 계획은 사실상 1920년 영친왕 망명 실패
와 함께 현실성을 잃었던 것 같다. 그런데 스에나가가 이미 극점이 지난
'대고려국' 건국에 관한 기사를 쓴 것은 스에나가 역시 '대고려국' 건국에
대한 미련을 버리지 못한 것으로 볼 수도 있다. 그러나 그것보다는 스에
나가 역시 '대고려국' 건국이 실현된다면 한반도의 대한제국 백성들과
간도를 중심으로 만주에서 생활하고 있는 대한제국 백성들이 연합해서
항일투쟁을 할 경우 걷잡을 수 없다는 것을 깨달았던 것이다. 따라서 혹
시 그 시점에 '대고려국'을 건국하게 된다면 언제라도 일어날 수 있는 사
태에 대비하기 위해서, 가장 최전선에 나섰던 대한제국 백성들은 배제하
고 일본이 주체가 되어 전(田)씨를 통치자로 내세워 일본이 지배해야 한
다는 것을 강조하자는 속셈이었을 수도 있다. 1921년 4월 6일자 대정일
일신문의 '대고려국' 건국에 대한 스에나가의 맨 마지막 기사에 그런 의
지가 담겨있다. 그는 『정감록』의 구절을 인용하는 것이라고 하면서 자
기 나름대로의 해석을 덧붙였다. 정감록에 의하면, 전(田)씨 성을 가진
사람이 유림을 이끌고 정치를 행한다고 했으니, 전씨의 성을 가진 사람
으로서 조선의 정치를 행할 수 있는 사람으로서는 그 당시 현직 대만총
독인 덴 겐지로(田健次郞) 밖에 없다고 못을 박은 것이다. '대고려국'의
주체가 유림이라고 하면서도 결국 '대고려국'을 건설하면 일제의 관료가

---

255) 이해준, 전게논문, 60-63쪽.

이끌어 가야 한다는 점을 강조한 것이다. 아울러 확실하게 한 가지 목적을 더 겸했다. '대고려국' 건국은 실패한 그대로 끝나야 하지만 훗날에라도 반드시 일본이 주도하는 나라를 만주에 건국해야 된다는 것을 공포한 것이다. 만주국 건국의 초석을 다지기 위한 방법이었다. 그 당시에 만주국이라는 개념을 설정했다는 것이 아니라, 만주에 일본이 주도하여 위성국가이든 어용국가이든 간에 나라를 하나 건국하는 것만이 일본의 대륙진출이라는 야욕을 달성할 수 있는 지름길이라고 선언한 것이라고 보아야 한다.

1918년 정안립이 '대고려국' 건국을 위해서 그 당시 일본 정계의 실권자인 테라우치 마사다케를 만나는 자리에 도야마 미쓰루가 배석했다고 했다. 그리고 만주국 건국에는 도야마 미쓰루가 창립하고 수장으로 활약하고 있던 겐요샤와 그 아류인 흑룡회가 지대한 공헌을 했다. '대고려국' 건국 계획을 겐요샤의 수장인 도야마 미쓰루가 알고 있었고, 스에나가가 연재한 이 기사가 도야마 미쓰루를 비롯한 일제 우익지도자들에게 커다란 자극제가 되었다. 만주에 독립국을 건국해야만 한다는 것을 다시 한번 깨달은 그들은 '대고려국' 건국 계획의 방법을 응용한다. 청나라가 만주의 마지막 왕조였다는 사실에 착안하여, 건국 동반자를 대한제국의 애국지사들과 유림에서 청나라 마지막 황제 푸이로 바꿔서, 만주국을 건국하기로 했다. 그렇게 함으로써 한반도와 만주의 대한제국 백성들이 하나가 되어 항일투쟁을 벌이는 것도 방지하고, 만주에 독립국가도 건국함으로써 효과를 극대화 하는 것으로 방법을 바꿨다. 이 모든 사실들은 1932년의 만주국 건국에 겐요샤와 일본정부가 공헌한 바를 보면 쉽게 증명되는 것이다.

제2장
만주국(滿洲國)

　일제는 만주와 한반도를 분리해서 작업하는 것이 병탄하기 쉽다는 것을 알았지만, 국제적인 여러 가지 문제들을 종합해 볼 때, 무작정 만주를 자신들의 식민지로 만들 수는 없는 노릇이었다. 그렇다고 협상할 상대를 정하기도 쉽지 않은 노릇이었다. 일제가 한반도에 대한 병탄작업을 본격적으로 시작하고 만주에 대한 야욕을 드러내어 간도협약을 체결하던 1909년에만 해도 그 협상 대상이 청나라였다. 이미 청일전쟁에서의 승리를 경험한 일제로서는 언젠가는 실제 행동으로 옮겨 만주를 강점할 계획을 했을 수도 있다. 그러나 '대고려국' 건국계획을 본격적으로 실행에 옮기려고 했던 1917년에는, 이미 1912년에 중화민국이 건국된 이후였다.

　일본은 협상에 의해서 만주를 강점하기 위해서는 중화민국은 협상 대상으로 적합하지 않다고 생각했다. 중화민국은 신해혁명이 기치로 내걸었던 멸청흥한(滅淸興漢)을 이룩한 국가였다. 한족이 청나라의 만주족에게 병탄되어 지배받다가 독립한 것이다. 따라서 만주를 무력이 아닌 방법으로 지배하기 위해서는 중화민국은 그 협상대상이 아니었다. 그런 일본이 무언가 명분을 만들어 겉으로 보기에나마 평화롭게 만주를 병탄하기 위해서 내세운 안이 바로 '대고려국' 건국이었다. 만주가 대한제국의 고토로 그 중 절반 가까이 된다고도 볼 수 있는 간도에는 당시에도 대한 제국의 백성들이 가장 많이 거주하는 민족으로 '대고려국' 건국의 명분 은 얼마든지 충분했던 것이다. 그러나 '대고려국' 건국은 실패했고, 일본 은 그 실패를 경험삼아 중화민국의 건국으로 인해서 소위 중원이라고 불 리는 중국 본토에서 추방당할 신세인 청나라의 마지막 황제 푸이를 내세 워 만주국을 건국하였다.

만주국 건국의 근본 목적은 일본이 만주를 지배하기 위한 수단이었을 뿐이다. 하지만 만일 만주가 중국어족인 한족의 영토였다면 그것은 불가 능했을 것이다. 그 당시 중국의 국력이 열세였던 것은 분명하지만, 만주 가 중국영토였다면, 조차지로서 일본이 주둔하는 것이라면 혹시 몰라도 새로운 나라를 건국하는 것은 전쟁을 각오하고라도 허락하지 않았을 것 이기 때문이다. 그러나 만주국 건국에는 크게 저항받은 사건이 없다. 만 주는 중국어족인 한족의 영토가 아니기 때문에, 그 당시 만주국의 건국 이 가능했다는 것을 잊어서는 안 된다. 만주의 영토권 문제는 한족의 중 국과는 아무런 상관이 없는 문제로 우리 한민족과 만주족으로 일컫는 청 나라의 후손들과의 문제일 뿐이라는 것을 깊이 새겨야 한다.

1. 만주국 건국배경과 일본의 음모

일본은 만주국을 건국하기 위해서 대대적인 투자를 했다. 1920년대에 만주에 투자된 외국 자본 중에 약 70%에 해당하는 것이 일본 자본이었다. 물론 이 투자 중 상당부분은 만주철도를 건설함으로써 이미 일본 제국주의가 병탄한 대한제국을 기지로 삼아 중국대륙과의 전쟁을 수월하게 하자는 의도였던 것은 사실이다. 하지만 만주에 대한 투자의 가장 큰 의도는 중국과 전쟁을 벌였다가, 설령 패전을 하더라도 만주만큼은 수중에 넣겠다는 의도에서 비롯되었다는 것을 잊어서는 안 된다. 일본의 만주에 대한 욕심은 장쭤린(張作霖)을 적극적으로 지원한 것만 보아도 알 수 있다.

장쭤린은 청일전쟁에 참여하여 청일전쟁에서 청나라가 패망하자 고향인 봉천성(奉天省 : (현)요녕성)으로 돌아가서 자위부대를 조직하고 그 세력이 점점 커지자 동북3성을 독자적으로 지배하였고, 동북3성을 독립정부처럼 운영하는가 하면 베이징까지 진출하여 1926년에는 베이징에서 대원수직에 취임하기도 한다. 그러나 그의 야심은 1927년 통일 중국이라는 기치아래 북으로 진격해오는 장제스의 국부군에 눌려 약해지기 시작했고, 그를 지원하던 일본 정부는 장쭤린에게 베이징을 국민당에 넘겨주고 퇴각하도록 압력을 넣었다. 결국 장쭤린은 자신을 추종하는 무리들에게 퇴각을 명했다.

여기서 중요한 것은 일본이 장쭤린에게 퇴각하라고 압력을 넣었고, 장쭤린은 그 지시에 따랐다는 것이다. 이것은 장쭤린이 일본에 의해 그 힘을 키울 수 있었다는 것을 보여주는 것임과 동시에 일본은 그 목적이 만주에 있었기에 북경을 포기하도록 종용했던 것이다. 북경은 한족의 중국인에게는 유서 깊은 역사적인 고장이다. 처음 수도의 역할을 하게 된 것은 이민족으로 한족을 지배하던 몽골족의 원나라에서 출발하였다고는 하지만 명나라는 물론 청나라 역시 북경을 손아귀에 넣음으로써 명실상부하게 중국을 장악했다고 해도 과언이 아니었던 것이다. 그런 북경을 포기하도록 한 것은 장쭤린에게는 중국 본토가 아니라 만주를 차지하는 것이 중요하다는 것을 일본이 일깨워 주고 있던 것이다.

이러한 사태는 일본의 철저한 계산 아래서 이루어진 것이다. 일본 극우 민간단체 겐요샤의 수뇌로서 '대고려국' 건국 계획에도 관여한 바 있는 도야마 미쓰루는 신해혁명의 지도자 쑨원을 비롯해 황싱, 쑹자오런, 후한민, 왕징웨이 등 혁명 지도자들 대부분이 일본 망명객 내지는 유학의 경험자들이라는 것을 인연으로 내세워 쑨원과 장제스(蔣介石)를 적극적으로 지원했다. 그는 신해혁명이 성공함으로써 청나라와 한족 중심의 중국이 분리돼야 각각의 힘이 약해질 뿐만 아니라, 혼란이 야기되는 틈을 이용해서 일본이 중국을 침략하기 쉽다는 것을 알고 있었기 때문이다. 신해혁명에 직접적으로 참여한 것은 중국동맹회를 비롯한 중국인 이외에 외국인들도 적지 않게 존재했었는데, 특히 우메야 쇼키치(梅屋庄吉), 미야자키 도텐 등의 일본인들이 현저하게 많았다는 기록들이 이 사실을 뒷받침하는 것이다.

신해혁명은 공화정으로 나라의 국체를 바꾼 혁명이다. 하지만 실제로 그 내용적인 면에서는 국체가 전제군주국 청나라에서 공화정의 중화민국으로 바뀐 것보다 훨씬 더 중요한 것이 있다. 한족이 청나라로부터 독립을 추구한 혁명이라는 것이다.

신해혁명은 1912년 중화민국 임시정부를 수립함으로써 현재 중국대륙에서 정권을 잡고 있는 중화인민공화국의 기반을 형성한 혁명이다. 쑨원(孫文)은 1905년 '중국혁명동맹회'를 결성하고 청나라로부터 독립하기 위해서 무장투쟁을 전개해 왔는데 그것이 결실을 맺은 것이다. 1911년 청나라가 민영이었던 철도를 국유화하여 그것을 담보로 외국에서 차관을 빌려옴으로써 재정난을 타개하려는 것에 반대하여 시작된 운동이 점점 확대되어 쓰촨성의 무장봉기로 발전한 것을 계기로, 10월 10일 우창봉기로 인하여 신해혁명의 불길이 당겨졌다. 우창 봉기의 성공은 1개월여 만에 전국적으로 퍼져 각지에서 무장봉기가 일어나 14개성이 독립을 선언하고 청나라의 통치는 빠르게 붕괴되었다. 결국 1912년 1월 난징에서 쑨원을 임시 대총통으로 하는 중화민국 임시정부가 수립되었으나, 청나라가 위안스카이에게 혁명군에 관한 일을 처리하도록 전권을 위임하였고, 중국의 분열을 우려한 쑨원이 위안스카이에게 총통직을 제안하여, 선통제의 퇴위로 청을 멸망시키는 대신 위안스카이가 총통이 되었다.

　　중국은 우창에서 최초로 봉기한 10월 10일을, 중화인민공화국에서는 '신해혁명 기념일'로, 중화민국에서는 "쌍십절"로 기념한다. 두 개의 중국 모두 신해혁명을 중국 건국의 기반을 형성한 혁명으로 기념하고 있는 것이다. 그런데 이 혁명의 기치가 멸만흥한(滅滿興漢) 혹은 멸청흥한(滅淸興漢)이다. 만주족의 청나라를 멸망시키고 한족의 나라를 세우겠다는 것이다. 이것은 신해혁명이 청나라로부터 독립하여 한족의 나라를 세우기 위한 독립운동이었다는 것을 여실히 증명해 주는 것이다. 중국어족인 한족이 만주족의 청나라를 자신들의 나라로 인정하지 않는다는 것을 단적으로 드러내 주는 사건이다. 청나라는 한족인 자신들을 지배한 나라이지 자신들의 나라가 아니었다는 것을 확실하게 보여준 것이다. 청나라의 만주족과 한족과는 근본적으로 문화가 서로 다른 까닭에 하나가 될 수 없으므로 지배와 피지배의 관계로 판단하고 독립을 추구한 것이다. 결국 신해혁명은 한족 중심의 중국이 청나라로부터의 독립을 추구한 혁명이고, 이 혁명이 성공해서 중화민국을 탄생시켰으나 그것은 일본 우익인 도야마 미쓰루가 이끌고 있는 겐요샤의 전폭적인 지원 아래서 성공한 혁명이었던 것이다. 그런 반면에 전술한 바와 같이 일본 정부는 장쭤린을 지원하였으니, 이것은 일본의 극우민간단체와 정부가 서로 다른 방법으로 양쪽 진영을 모두 지원함으로써 한족의 중국과 만주를 철저하게 분리해 놓자는 계산을 오래전부터 해오고 있었던 것이다.[256]

이러한 일본의 노력이 실패하는 것처럼 보인 사건도 있다. 괴뢰 군벌을 두는 것보다는 직접 만주 지배권을 확보해야 한다고 주장하던 관동군 참모들이 1928년 6월 4일, 장쭤린이 베이징에서 천진으로 돌아오기 위하여 타고 오던 기차를 폭파하여 그를 암살하였다. 일본은 이 사건이 정부의 계획은 아니었다고 한다. 하지만 장쭤린을 암살한 관동군 참모들이 군법회의에 회부되지 않은 것을 볼 때, 그 진실성을 의심하지 않을 수 없다. 당시의 엄격한 일본군율을 볼 때, 만일 일부 관동군 참모들에 의해 본국의 의도와 전혀 다른 사건이 일어났다면 그들이 살아남기 힘들었을 것이다. 따라서 장쭤린의 임무는 동북3성을 장악하고 화북지방으로 영역을 넓히는 계획을 시험하는 것까지가 전부였던 것이고, 주어진 임무를 마치고 퇴각하는 그를 일본이 관동군 참모들을 내세워 계획적으로 제거

---

256) 신용우 외, 「만주국 영토의 중국귀속 부당성에 관한 연구」, 『지적과 국토정보』, 제47권 제1호, 한국국토정보공사, 2017, 85-86쪽.

했다고 보는 것이 옳을 것이다. 왜냐하면 장쭤린보다는 더 정통성이 있는 사람을 내세워 만주를 통치하는 것이 일본의 입장에서는 명분이 서기 때문이다. 이런 이론을 뒷받침하는 것이 바로 청나라 마지막 황제 푸이를 내세운 만주국의 건국이다.

일본이 만주국을 건국해야 하는 또 하나의 이유는 대한제국과 만주국의 통치를 손쉽게 할 수 있는 방법이기도 했다. 만주국을 별도로 건국하지 않을 경우 이미 만주에 터전을 일구고 있는 대한제국의 백성들과 만주에 살고 있는 만주족은 물론 한반도에 살고 있는 대한제국의 백성들까지 연합하여 일본에 저항한다면 감당하기 힘든 일이 벌어질 수도 있었다. 그러나 만주국을 건국함으로써 역사적으로 증명된 청나라와 조선의 갈등을 표출시켜 이미 만주에서 생활하며 '대고려국'의 건국으로 만주의 주권을 갖고자 했던 대한제국의 백성들과 청나라 후손들의 민심을 양분하여 분열을 초래한다면 식민지 지배가 훨씬 용이하다고 판단했던 것이다. 게다가 비록 청나라가 패망하여 마지막 황제 푸이가 천진에서 망명생활을 하고 있었지만, 청나라의 발상지인 만주에 청나라 황제를 국왕으로 추대하여 국가를 세운다면 국제사회로부터도 인정을 받을 수 있다고 계산했던 것이다.

일본으로서는 만주와 한반도의 대한제국과 한족의 중국과 만주족을 각각 분리하는 것만이 대륙진출의 꿈을 가장 쉽게 이룰 수 있는 길이라고 판단했고, 그것은 '대고려국' 건국을 포기하고 만주국 건국계획으로 이어지게 만들었던 것이다.

2. 만주국의 건국과 해체

1) 만주국의 건국

　장쭤린의 암살로 인해서 그의 아들 장쉐량(張學良)이 그 지위를 계승
하고 아버지의 죽음에 대한 반감으로 국민당 정부에 합류하자 일본의 만
주 정복 전략은 잠시 주춤하게 된다. 그러나 일본은 절대 만주를 포기할
수 없었다. 일본은 1931년 9월 18일 만주철도 선로를 스스로 폭파하고
그 사건이 장쉐량 지휘하의 중국군에 의한 소행이라고 몰아붙이며 관동
군이 만주 침략을 개시했다. 1931년 10월 요녕성(遼寧省) 서부에 있는
도시 금주(錦州 : 진저우)를 폭격하는 것을 시작으로 1932년 1월 장쉐량
의 거점인 금주를 점령하고 2월에는 하얼빈을 점령하여 만주의 대부분
지역을 장악하였다. 그리고 이미 1931년 11월부터 준비했던 대로 천진
(天津 : 텐진)에 망명 중이던 청나라 마지막 황제 애신각라부의(愛新覺羅
溥儀 : 아이신교로푸이)를 탈출시켜 만주국의 황제로 삼았다. 1932년 3
월 1일 만주국 행정위원회가 건국을 선포하고, 3월 9일 애신각라부의가
국왕에 취임하고, 대동이라는 연호를 쓰는 새로운 국가인 만주국으로 출
범하게 된 것이다.

　일본은 청나라를 건국한 여진족이 그들 스스로 만주족이라 칭하며 청
나라를 세운 것에서 착안하여, 청나라가 중화민국에 의해 멸망하자 그들
의 발상지인 만주에 그들 민족의 이름을 국호로 한 만주국을 건국하게
했다. 이것은 '대고려국'이라는 발상에서 착안한 것이다. 만주에 독립국
을 세우는 것이 절대적으로 필요했는데, 만주의 영토권자인 한민족을 내

세워 건국하는 '대고려국'이 여러 가지 사정상 실현 불가능하게 되자, 청나라의 발상지라는 점에 착안해서 패망한 청나라 마지막 황제를 앞세워 만주국을 건국한 것이다. 이러한 일본의 의도는 만주국의 건국표어인 오족협화의 왕도낙토(五族協和の王道樂土)에도 잘 나타나 있다. 그 의미는 만주족과 한족, 몽골족, 한민족 및 일본의 대다수를 차지하고 있는 민족으로 일본을 구성하는 민족의 대표격인 야마토 족의 오족이 화합하여 부족함 없이 살기 좋은 땅을 구현하자는 뜻이다. 그런데 이것은 이미 '대고려국' 건국계획 당시 '대고려국'의 구성 민족은 우리 한민족을 기반으로 하되 그 당시 고려국 안에 있는 백성이라면 누구든지 환영한다는 다민족 국가를 원칙으로 했음을 상기해 볼 필요가 있다. 결국 만주국은 '대고려국'의 건국계획의 틀을 만주국으로 옮겨서 만주족을 수장으로 변형하여 시행한 것이다.

2) 만주국의 해체

1945년 8월 6일, 미국이 일본 히로시마에 원자폭탄을 투하함으로써 제2차 세계대전의 전세는 연합군의 승리로 기울었다. 그러자 소련군은 뒤늦게 8월 8일이 되어서야 대일본 선전포고를 하고 8월 9일 0시를 기해 일본이 만주족과 함께 건국한 만주국을 침공하는 만주전략공세작전을 개시하였다. 일본 관동군과 소련군의 전투가 시작된 것이다. 그리고 1945년 8월 15일 일본의 항복 당시, 소련군은 이미 만주의 주요 도시들을 점령하고 있었다. 만주국은 8월 17일 총리대신 장징휘의 주재로 열린 국무원 회의에서 만주국의 해체를 결정한다.[257] 그리고 8월 19일 관동군 사령관 야마타 오토조 대장이 무조건 항복하기 하루 전날인 8월 18

일 만주국의 황제 푸이가 퇴위함으로써 실질적으로는 멸망하였다. 푸이는 8월 19일 선양에서 비행기로 일본에 망명하려다가 소련군에 사로잡혔다. 원래는 관동군이 항복하고 그 다음 날인 8월 20일 퇴위조서를 공포할 예정이었지만 그렇게 할 수 없었던 것이다. 결국 만주국은 푸이가 퇴위한 1945년 8월 19일 해체되고 만다. 이후 소련은 8월 30일까지 만주지역과 한반도 북부에 있던 일본 관동군에 대해 전면 무장해제하고 11월에 만주를 중화민국에 반환하였다. 그리고 1949년 중국의 통일 이후부터는 만주국의 영토를 중화인민공화국이 통치하고 있다.

3. 만주국 영역의 특징

만주국의 영역은 [그림 18]이다. 만주의 영역에서 연해주를 제외한 영역으로 독자들의 이해를 돕기 위해서, 간도와 현재 중국이 개편하여 사용하고 있는 행정구역을 함께 표기한 것이다. 또한 이 영역은 대정일일신문에 스에나가 미사오가 제시한 [그림 16]의 '대고려국'의 영역에서 연해주와 캄차카반도 등을 제외하면 대동소이하다.

---

257) 이 결정은 자의에 의한 것이 아니라 연합군에 의한 외압이라는 설이 지배적이다.

[그림 18] 만주국 영역(간도 및 현 중국 행정구역 병기)

　결국 '대고려국' 건국을 계획할 때부터 꿈꾸던 일본의 의도대로 고조선 이래 대한제국의 고토였던 만주는 일본의 괴뢰국가인 만주국으로 탄생한 것이다.

　만주국은 철저한 역사적 고증을 바탕으로 고조선 이래 대한제국의 선조들이 대대로 지켜온 영토를 중심으로 건국되었다. 이것은 [그림 2] 고조선과 진국의 영역도와 만주국의 영역도를 비교해 보면 쉽게 알 수 있다. 다만 다른 점이 있다면, 고조선은 연해주의 약 절반을 점유하였고 이후 부여와 고구려가 연해주 전체를 점유하였는데 반해 만주국에는 연해주가 일절 포함되지 않았다. 그 이유는 1860년 북경조약에 의해서, 그 당시 연해주의 영토권자인 조선의 의사와는 상관도 없이 청나라가 일방

적으로 러시아에게 연해주를 넘겨줌으로써, 만주국 건국 당시에 연해주
는 이미 러시아가 영토권을 행사하고 있었기 때문이다.

4. 731부대와 만주국

1) 731부대를 만주국에 설립한 이유

일제가 만주국을 건국하기 위해서 공을 들인 목적은 만주를 지배하기
위해서다. 그것도 단순히 식민지배를 하는 것이 아니라 영원히 만주를
일본 영토로 만들어, 궁극적으로는 일본인들이 한반도와 만주로 이주하
여 삶을 영유하는 것까지 염두에 두었다. 지진을 비롯한 자연재해를 피
해서 생활할 수 있는 선망하는 땅으로, 한반도와 대륙으로의 진출은 일
본이 역사 이래로 추구해 온 염원이었다. 그렇기에 한반도와 만주를 기
반으로 삼아 더 넓은 대륙으로의 진출을 해 보겠다는 것이었다. 설령 그
것이 난하를 서쪽으로 넘어서 중국이 자랑하는 중원을 지배하는 것이든,
연해주를 거슬러 올라가 소련의 캄차카반도까지 지배하는 것이든 간에
대륙진출이 근본 목적이었다. 그러나 그 목적을 달성하기 위해서는 우선
만주를 지배하는 것이 중요했다. 일제는 이미 중일전쟁과 러일전쟁을 통
해서 그 가능성을 검토해 놓은 뒤였다.

일제는 만주를 합당하게 지배하기 위해서는 만주를 산업기지화 하여,
주민들이 다른 곳보다 생활하기에 좋은 곳으로 만들어야 한다고 생각했

다. 그래야 한민족과 만주족은 물론 한족, 몽골족을 비롯한 여러 민족이 모일 것이고, 그 사람들은 자원이 되어 노동력이 값싸지면, 그들을 이용한 생산물을 일본열도로 보내 생활의 질을 향상시키거나, 대륙진출을 위한 전쟁의 군수물자로 활용할 수 있다고 계산한 것이다. 뿐만아니라 만주에 모인 인적자원 자체를, 유사시에는 총알받이나 기타 군사적인 용도로도 활용할 것을 염두에 둔 일종의 군사적인 차원의 작전이기도 했다. 따라서 그 목적을 달성하기 위해서 만주의 산업화에 박차를 가했다.

일제가 대륙을 침략하기 위해서 만주를 산업화 하는 것만큼이나 중요하게 추진한 것이 만주를 군사기지화 하는 것이었다. 그리고 그 군사기지를 적극적으로 활용하는 것 역시 중요한 일이었다. 특히 자국 내에서 진행하기에는 무리가 따르는 일들, 위험성을 동반하는 일이라든가 돈으로 구하는 자원이 아니라 인적자원처럼 인위적으로 차출해야 하는 까닭으로 조달이 어려운 자원이라면 더더욱 그랬다. 그런 이유에서 인간을 생체실험하고 생화학무기를 생산하는 목표로 1936년에 설립되어, 일제가 패망하는 1945년까지 활동했던 731부대를 만주에 건립한다는 것은 가장 적합한 장소라고 생각한 것이다.

일제가 만주국을 건국할 때 오족협화(五族協和) 즉, 일본인·한족(漢族)·만주족·한민족(韓民族)·몽골족이 협력하여 서양세력을 몰아내고 아시아의 평화를 이룩하자고 기치를 내걸었던 이유가 만주국에는 다양한 민족이 살고 있다는 점이다. 일제는 이점을 악용하여 일본인을 제외한 나머지 네 개 민족의 백성들을 생체실험 도구로 사용할 속셈이었다. 또한 생화학무기를 생산하기 위한 실험 도중에 혹시 불상사가 생길지라도 만주국에 공장을 건설한다면 일본으로서는 큰 문제가 생기지 않는다는 계산을 했다. 그 당시의 교통 환경들을 감안하면, 만주에서 생긴 문제가 일본까지 전염되기는 힘들다는 판단이었으니 당연히 만주국을 731부대 건설을 위한 최적지로 여겼던 것이다.

2) 731부대의 위치의 특징 및 간도의 구성 민족

(1) 731부대 위치의 특징

731부대의 설립 위치는 만주에서도 간도에 위치한 하얼빈이었다. 하얼빈은 일본이 만주에서도 남만주로 구분한 곳이다. 중국이 자신들 마음대로 설정한 현재의 행정구역으로는 흑룡강성으로 길림성과의 경계에 위치한다. 한반도에서 만주로 진입하는 위치라고 할 정도로 한반도와 가까운 위치이고, 이미 언급한 바와 같이 그 당시 간도 주민의 80%는 대한제국의 백성인 우리 한민족이 살고 있었다.

일본이 남만주로 구분한 간도에 속한 대부분 지역은, 북만주로 구분한 지역에 비하여 농경 활동이 원활한 자연환경을 보유함으로써, 인구밀도가 상대적으로 높은 곳이다. 즉, 일본 입장에서 볼 때, 강제로 납치 또는 구인하여 생체실험도구로 투입할 인적자원이 풍부하다는 것이다. 반면에 우리 한민족의 비율이 80%에 해당하는 지역이니, 731부대의 만행으로 인한 희생자 중에서는 우리 한민족의 비율이 당연히 높을 수밖에 없는 것이다.

(2) 간도의 구성 민족

간도의 인구변화에 대해서『오삼(五三)』에는 일본영사관에서 발표한 간도(화룡, 연길, 왕청3현) 인구 현황표를 인용하여 [표 4]258)와 같이 제시하였다.

[표 4] 간도 인구 현황표

연도	1912	1916	1918	1920
한민족(한인)	143,000	183,000	197,000	232,000
중국인	36,000	49,000	66,000	68,000
일본인	200			1,000

　[표 4]에서 보는 중국인은 한민족의 1/3이하의 수준으로 한민족이 차지하는 비중은 약 80%에 육박하였다. 그 후의 통계를 보아도 『혁명외교주간』에 의하면 '1926년 간도 인구는 중국인 88,420명, 한민족 356,000명으로 중국인은 한인의 약 1/4'로 보도 되었으며, 『중동반월간』의 1931년 보도에 의하면 '한인 약 381,561명, 중국인 약 51,666명, 일본인 약 2,831명으로 한민족이 차지하는 비중은 전체 인구의 76%를 차지한다'고 하였는데 한민족과 중국인이나 일본인을 제외한 다른 민족도 섞여 있었는지는 불분명하지만, 단순히 보도에 나타난 민족별 인원의 수치에 의하면 80%를 훌쩍 넘어선다. 그뿐만이 아니라 『오삼』에 의하면 '동북한인은 간도뿐만 아니라 멀리 길림 동북 호림 밀산 각 현 및 봉천성 압록강지류 혼강 유역에 5~60만 명이 증가' 한 것으로 보도되었다.259) 이렇게 간도의 한민족 인구가 급증하게 된 이유 중 하나는 1910

---

258) 박선영, 「중화민국 시기의 '간도' 인식」, 『중국사연구』 제69집, 중국사학회, 2010, 444쪽.
259) 상계논문, 444-445쪽.
　여기서 인용한 인구 통계는 간도 전체가 아니라 일부에 해당하지만, 당시 간도의 인구 통계를 드러낸 자료 중 하나로 간도의 인구분포를 알 수 있는 자료임으로 인용했음을 밝힌다.

년 한일병탄으로 인한 일본의 탄압으로 살기 힘들어진 한민족이 한반도에서 간도로 이주해온 이유가 가장 크다고 할 수 있을 것이다. 간도 역시 자신들의 영토라는 인식에서, 한반도에서 고생하는 것보다는 열심히 일해서 개척만 하면 살아갈 수 있을 것이라는 생각으로 간도행을 택한 것이다. 그러나 실제 한민족의 비율은 더 높았다고 볼 수 있다. 1909년 간도협약에 의해서 간도가 중국의 지배를 받게 된 후 중국이 외국인에게 토지 매매를 금지시키자 대한인은 거짓 귀화하여 토지를 취득하였다. 이것은 상당수 한민족이 토지를 소유하기 위하여, 비록 거짓이나마 국적을 중국으로 바꿨다는 것을 의미하는 것이다. 뿐만아니라 1926년 일본 경찰에 의해서 대한의 백성 최창호가 살해당하자 간도의 대한인들은 일본을 믿지 못하겠다고 하며 중국 국적으로의 귀화를 선언하기도 했다. 따라서 간도의 한민족의 비율은 실제 통계보다 더 높았다고 보는 것이 옳다는 것이다.

3) 731부대의 구성

731부대의 정식 명칭은 '관동군 검역급수부 본부(関東軍檢疫給水部本部)'이며, 일왕 히로히토의 칙령으로 설립한 유일한 부대다.

731부대의 구성은 육군 중장인 이시이 시로가 책임자였고 그 외 육군 소장이 1~2명 있었다. 그다음에는 고등관이라는, 지금으로 말하자면 영관급이나 위관급 장교와 그에 해당하는 대우를 해주는 기사라고 불리는 의사들이다. 그다음에는 하사관과 의사보조를 일컫는 판임관이 있었고, 상등병이나 병장과 간호사를 지칭하는 고원, 일등병과 이등병 및 최말단 고용인을 부르는 용인으로 나뉘었다. 그러나 정작 중요한 것은 겉으로 드러나는 구성이 아니라, 히로히토의 막내 동생인 미카사노미야 다카히토가 731부대의 고등관으로 복무하였다는 사실이다. 일왕을 신이라고 떠받드는 일본인들이니 왕의 동생은 신의 동생으로 그 역시 신격화 하는 것은 당연한 일이다. 그런 상황에서 일왕이 친히 자신의 막내 동생을 고등관으로 임명했다는 것은, 그야말로 왕제가 깊숙이 들어앉아 일왕과 직접 교신하면서 전권을 가지고 일을 처리하던 곳이라고 할 수 있다. 일왕 히로히또는, 자신의 칙령에 의해 설립한 731부대가 살아있는 사람을 도구로 삼아 생체실험을 하고 생화학무기를 연구하고 생산하는 위험한 군사시설이지만, 반면에 재정적인 면이나 인적인 면에서 그만큼 보안이 중요했던 관계로 막내 동생을 고등관으로 보내서 직접 관리하게 했던 것이다. 히로히또가 731부대를 얼마나 중요하게 생각했는지 알 수 있는 대목으로, 당시 일본이 생체실험에서 얻어낸 결과물로 제조할 생화학무기, 특히 세균을 무기화 하는 것을 얼마나 중요하게 여겼는지 알 수 있는 단면이기도 하다. 히로히또의 이러한 의중은 731부대를 구성하고 있는 세균 연구진의 면면을 보아도 잘 알 수 있다.

[표 5]에서260) 보는 바와 같이 연구진 자체가 일류로 구성되었다. 히로히토 일왕의 칙령으로 설립된 731부대가 세균전을 치밀하게 준비하기 위해서 갖춘 조직으로, 살아있는 사람을 실험 대상으로 삼는다는 계획을 세우고, 필요한 인적자원을 조달하기 위해서 간도에 설립했다는 것이 경악할 일이다.

---

260) 서이종, 「만주의 '벌거벗은 생명'과 731부대 특설감옥의 생체실험 희생자」, 『만주연구』 제18집, 만주학회, 2014, 68-69쪽.

[표 5] 731부대 제1부 연구팀의 14개 연구팀과 책임자의 학력 및 경력

연구팀	책임자	책임자 출신학교	박사학위	연구경력
장티푸스균	다베 이화	교토제국대학의학부	의학	교수재직
콜레라	미나도 마사오	교토제국대학의학부	의학	조수
적리균	에지마 신페이	도쿄제국대학교	생물학	교수재직
	아키사다 다이스케	도쿄제국대학교	생물학	교수재직
페스트	후루하다 다케오마	훗카이도제국대학의학부	의학	연구생
	다카하시 마사히코	만주의대	의학	
병리	이시가와 타츠오마루	교토제국대학의학부	병리학	강사
	오카모도 고조	교토제국대학의학부	병리학	강사
동상, 생리	요시무라 히사도	교토제국대학의학부	생리학	조수
병독	가사하라 시로	게이오대학의학부	병리학	교수재직
페스트 전염매개물	다나카 히데오	교토제국대학의학부	위생학	
세균 감염성	가와가미 스스무	교토제국대학의학부	병리학	
리케챠 병원체	노구치 게이이치	교토제국대학의학부		
혈청, 해부	우쓰미 가우로			
결핵, 성병	후다키 히데오	가나자와대학의학부	의학	
탄저균	오타 가요시	오카야마 의학전문학교	의학	
약리	소미 마사오			

*연구경력에서 조수는 교토제국대학의학부 조수이며 교수재직은 만주의대 교수임.

4) 731부대의 만행

731부대에서 행해졌던 생체실험은 인간으로서는 차마 입에 담기 힘든 실험들이었다. 다양한 질병에 감염시킨 후 외과수술로 해부하였고,

질병이 인체에 미치는 영향을 알아보기 위해 장기를 제거하였다. 감염이나 해부를 당한 대상은 성인 남녀뿐 아니라 아동이나 영아도 포함하였다. 출혈 연구를 한다는 명목으로 수용자의 팔다리를 강제로 절단하였고, 절단된 팔이나 다리를 수용자의 반대편에 다시 봉합하는 실험 또한 진행되었다. 그런가 하면 남녀의 성기를 바꿔 달아 성전환이 되는지에 대한 실험도 했다. 수용자의 팔이나 다리를 언 상태에서 절단하여 일부는 다시 녹여, 치료받지 않은 괴저 및 부패 영향 연구에 사용되었다. 일부 수용자의 위는 외과적으로 절제되었고 식도와 장이 연결되기도 했다. 이외에 뇌, 폐, 간 등의 절제 수술 또한 행해졌다. 저온에서 몸의 세포가 죽어가는 과정을 관찰한다고 멀쩡한 임산부를 강제동원해 몸의 일부만 얼리는 실험을 했다. 사람을 통째로 원심분리기에 넣고 돌리고 인간의 70%가 물이라는 결론을 내리는 생체 건조실험을 하는가 하면 영하 50도에서 몇 분이 지나면 죽는지에 대한 실험도 했다. 그리고 전쟁 중에 자신의 군인들이 필연적으로 겪게 될 성병 실험을 위해서 여성들을 대상으로 강간을 자행한 것은 물론 임질과 매독 실험을, 그것도 자신들이 강간하는 바람에 임신한 여인에게도 무차별하게 자행했다. 태아에게 미치는 영향을 관찰한다는 명목이었다. 태아에게까지 감행된 만행은 거기에서 그치는 것이 아니었다. 의사가 강간해서 임신한 여인의 뱃속 태아를 강제로 꺼내 성장을 관찰한다고 생으로 죽이기도 했다. 생리식염수 대용품을 연구한다고 바닷물을 생리식염수 대신 주입하기도 했다.

관동군 731부대에서 조장과 분대장을 맡은 간부후보생 야마시타 노부루의 증언에 의하면 '매일 10~20여명에게 세균이 섞인 물을 입에 부어 넣는가 하면 피하조직에 주사하고 어떤 상황이 벌어지는가를 관찰하였다. 많이 사용한 균은 페스트균과 콜레라균, 장티프스균, 디프테리아

균으로 이러한 실험을 받는 사람들 중 어떤 사람은 3일 후에 죽었고 어떤 사람은 7일 후에 죽었다'고[261) 했다. 무차별한 생체실험은 물론 생화학무기에 대한 실험도 했는데, 독가스를 터트려 몸의 변화를 관찰하였다. 그야말로 사람이 할 수 없는 잔혹한 실험을 오로지 대륙정벌을 위한 욕심 채우기를 위해서 실행했다. 그런데 정말 끔찍한 일은 이런 참혹한 실험을 하면서도 실험대상자를 마취하면 실험 결과에 영향을 줄 수 있다는 이유로 마취도 하지 않았다는 사실이다. 그리고 그 실험을 감내하며 죽어간 사람들을 '마루타(まるた; 丸太)'라고 불렀으니 이는 '통나무'라는 뜻으로 인간을 사람이 아닌 통나무로 취급하여 실험 도구로 사용한 것이다. 살아있는 사람에 대한 잔인무도한 실험도 부족해서 죽은 사람의 시신으로 기름을 짜서 일부는 윤활유로 사용하기도 했다는 믿지 못할 일까지 벌어졌다는 것은 공공연하게 알려진 사실이다. 만일 미국 혼자서 731부대를 해체하기 위해서 점령했다면 이러한 사실들이 모두 감춰지고 말았을지도 모른다. 그러나 당시 소련과 중국이 함께 731부대 해체 작전에 들어갔고, 그 바람에 극비문서 일부가 두 나라에 의해서 훗날 공개되는 바람에 이런 사실들이 공공연한 사실로 드러나게 된 것이다.

한편 최근 일본의 일부 양식 있는 지식인들과 인사들에 의해서 상당한 근거를 가지고 제기되는 주장이 두 가지 있다.

첫째는 731부대가 그 당시 헤로인 생산을 위해 만주에서 양귀비를 키우던 일본 '미쓰이' 재벌과 연계되어있었다는 주장이다. '미쓰이'는 군수 사업을 통해서 성장한 업체다. 그리고 모르핀은 군대에서 필수 약품으로

261) 서이종, 「만주의 '벌거벗은 생명'과 731부대 특설감옥의 생체실험 희생자」, 『만주연구』 제18집, 만주학회, 2014, 70쪽.

반드시 필요할 뿐만 아니라, 그 당시 일제는 중국에 헤로인을 팔아서 톡톡히 재미를 보고 있던 중이었기 때문에 '미쓰이'가 만주에서 양귀비를 경작하여 그 수익을 내는 조건으로 731부대의 운영비를 조달했을 가능성은 얼마든지 있다. 히로히토가 직접 설립을 허가한 것과 자신의 막내 동생을 상당한 위험을 내포하고 있는 시설에 고등관으로 심어 놓은 것 역시 자금을 직접 관리하도록 했다는 추측을 할 수 있으므로, 일왕과 '미쓰이'의 유착을 통해 기획된 일이라는 것도 일리가 있는 주장이다. 지금도 일본 재벌과 일본 왕실의 경제 유착은 공공연히 이루어지고 있고, 일본 우익은 일왕의 비호 아래 재벌들의 도움을 받아 움직이는 것은 공개되지 않은 비밀일 뿐 공공연한 사실이다.

둘째는 앞서 잠깐 언급했던 생리식염수 대용 생체실험으로 바닷물을 주입했다는 것이다. 그 당시 일본은 자신들이 전쟁을 일으킨다면 그 상대가 중국이 될 수도 있고 러시아가 될 수도 있다는 생각에 다각적인 생체실험을 통해서 대비책을 마련하려고 했다. 그래서 동상에 대한 실험부터 생체 건조실험, 팔다리 절단 시험 등 이루 말할 수 없는 잔인한 시험을 하면서도 만일의 경우 부상자에게 생리식염수 대신 바닷물을 주입할 수 있는가를 시험한 것이다. 우리 같은 일반인이 생각해도 불가할 실험이건만 일제는 자신들이 해 보지 않고는 견딜 수 없었다. 그들이 생체실험으로 희생되어 가는 사람들을 마루타라고 부를 정도로 사람으로 보지도 않았으니 양심의 가책도 없이 마구잡이로 생각나는 실험은 다 시행해 본 것이다. 그런데 하얼빈에서는 신선한 바닷물로 실험하기가 용이하지 않았다. 그렇다고 지금처럼 냉장이나 냉동운반 차량이 발달한 것도 아니니 그 장소를 옮기는 것이 좋은데 보안이 문제였다. 그렇지 않아도 자칫 잘못하다가는 자신들이 생체실험을 하는 것이 세상에 알려질까 봐 하얼빈에서는 기차가 하얼빈 역에 들어서는 순간부터 하얼빈을 벗어날 때까지 커튼을 치게 하는 등의 방법을 쓸 뿐만 아니라 731부대 근처에는 마루 타를 이송하거나 부대 종사자들이 이용하는 차량을 제외하고는, 사람이 라고는 얼씬도 못 하게 보안을 유지하는 터였다. 그래서 생각해 낸 것이 일본 내에 투옥되어있는 대한제국의 백성들을 생체실험 도구로 삼는 실 험이었다. 즉, 731부대가 목표로 하는 생체실험을 완수하기 위해서 일 본 내에 있는 감옥에 수감 된 대한의 백성들까지 희생시킨 것으로 731 부대의 연장선상에서 벌어진 만행이다.

일본 감옥에 투옥되는 백성들은 대개는 무고한 백성들이었지만, 그들 은 독립운동을 하는 불순분자라는 낙인을 찍어서 투옥 시켰기 때문에 함 부로 대하기 일쑤였으니 실험도구로 적격이라고 판단했다. 그리고 결과 가 사망으로 나타나면 옥사를 했다고 둘러대면 그만이라는 것이다. 바로 이 실험에 의해서 희생된 분으로 시인 윤동주와 그의 고종사촌 송몽규가 손꼽히고 있다. 이런 사실에 대한 것은 이미 송몽규가 1945년 후쿠오카 감옥에서 옥사하기 전에 친척들에게 남긴 증언 또한 그 토대를 이룬다.

1943년 7월 10일 송몽규가 교토 제3고등학교 고희욱과 함께 치안유 지법 위반 혐의로 경찰에 체포되어 시모가모경찰서에 구금되고, 7월 14 일 귀향을 준비하던 윤동주 역시 같은 혐의로 체포되어 시모가모경찰서 에 구금되었다. 그리고 이듬해 1월 19일 고희욱은 기소유예의 처분을 받고 풀려났지만, 2월 22일 윤동주와 송몽규는 정식 기소되었다. 윤동 주는 3월 13일에, 송몽규는 4월 13일에 교토지방재판소에서 징역 2년 을 선고받았다. 두 사람은 교토에서 멀리 떨어진 규슈의 북서쪽에 있는 후쿠오카 형무소로 이송되어 고달픈 수형 생활을 시작했다. 그로부터 1 년여가 흐른 1945년 2월 16일 윤동주가 옥중에서 의문의 죽음을 당했고, 3월 6일 용정중앙감리교회에서 장례를 치렀다. 그런데 그다음 날인 3월 7일에 송몽규마저 만27세의 창창한 나이로 조국 광복을 목전에 둔 채 옥중에서 숨을 거두었다. 그의 사인은 알려지지 않았지만, 윤동주의 시신을 수습하러 갔던 윤동주의 아버지 윤영석과 윤동주의 당숙 윤영춘을 함께 면회했던 자리에서 자신이 투옥 이후 매일 밤 의문의 주사를 맞았다는 증언을 남김으로써 일제로부터 생체실험을 당했다는 추측이 신빙성을 얻고 있는 것이다. 이것은 충분히 생리식염수 대용 바닷물 생체실험이라는 것을 짐작하게 하는 것이다. 후쿠오카에서는 얼마든지 신선한 바닷물의 공급이 가능한 곳이며, 바닷물이 세균처럼 문제를 일으키지는 않으니까 일제는 자신들이 의도했던 대로 실험했을 것이다. 또한 당시 윤동주나 송몽규는 27세의 창창한 나이로 부상당한 군인들을 위한 생리식염수 대용 실험에는 딱 적합하다고 일제는 판단했을 것이다.

사실 송몽규는 독립운동을 적극적으로 했다고 한다. 물론 윤동주 역시 조국 광복을 염원하며 동참했던 것은 사실이다. 그러나 윤동주가 그의 시 안에서 추구한 자유가 반드시 독립에 대한 자유에 국한되었던 것이었는지, 아니면 인간이라는 자유로운 존재가 막혀있는 세상을 향하여 스스로 부르짖은 절대 자유인지는 그의 시를 분석해 보면 잘 알 수 있다. 막혀있는 세상의 존재를 무엇으로 보고, 또 어떻게 극복할 것인가가 명제인 것이다. 그러나 일제는 그런 것은 따질 겨를도 없이 절대 자유를 목말라 하는 윤동주에게도 같은 죄를 뒤집어씌운 채, 순수하고 애국적인 청년들을 생체실험 도구로 일본 한가운데에서 희생시킨 것이다.

5) 731부대 이후와 우리 한민족의 피해

(1) 제2차 대전의 종전과 731부대

제2차 대전의 종전과 함께 731부대는 해체되었다. 당연히 731부대의 실상이 낱낱이 밝혀졌어야 옳은 일이다. 731부대에서 잔혹한 행위를 지휘했던 모든 간부들이 처벌받는 것은 물론 부대설립 칙령을 내리고 자신의 동생을 파견하여 친정함으로써 잔혹한 행위를 진두지휘한 일왕 히로히토가 전범으로 처형당하는 것은, 헤아릴 수 없이 많은 인류를 사지로 몰아낸 전범에 대한 당연한 조치였다. 그럼에도 불구하고 중국이나 소련군에게 체포된 25명은 처벌을 받았지만, 미군에 의해 체포된 25명은 모두 사면을 받았다.

독일 전범을 재판하기 위한 뉘렌베르그 국제군사재판소가 국제협정에 의하여 설립되었던 것과는 달리, 일본의 전범을 재판하기 위한 극동국제군사재판소는 미국이 기소권을 장악하는 등 지배적 역할을 맡았기 때문에 일본 왕의 면책, 731부대 제외 같은 자의적 운영이 가능했다. 이것은 1945년 8월 28일 유엔전범위원회가 일본의 전범에 관한 권고안을 채택하고 전범재판을 실시할 "중앙전범기구"를 설치할 것을 제안하였으나, 미국은 연합군사령관의 권한으로 넘겨 미국 자신의 권한을 강화함으로써 가능했다.[262] 아울러 미국은 9월 초에 국무성, 전쟁성, 해군성 조정위원회가 전범 정책을 마련하여 맥아더에게 전달하였다. 이 정책 속에는 중일전쟁과 나아가 태평양전쟁의 계기가 된 1931년 9월 18일 만주

---

262) 유하영, 「제2차 세계대전 이후 극동지역 전시범죄 재판 개관」, 『동북아 연구』 34권 1호, 조선대학교 동북아연구소, 2019, 71-73쪽.

사변 이후의 전범 용의자들의 구금과 일왕에 대한 불구금 원칙이 담겨 있었다.263) 이것은 미국이 일본 전범을 공정하게 처벌하는 것이 아니라 선별해서 처벌하는 것은 물론 일왕은 처음부터 면죄부를 주고 전범재판을 시작한 것이다. 미국의 그러한 태도에 대해 극동군사재판소 도쿄 전범재판소에서 호주 출신의 웹 재판소장을 비롯한 재판관 3인은 개별 판결문을 통해 검사단의 히로히토 불기소를 강력히 비판하였다. 히로히토의 불기소는 결과적으로 생체실험 및 생화학전, 강제노동 및 군대 성노예 등 일본의 대표적인 반인륜범죄의 처리 또한 방기되었다. 일본군이 중국에서 자행한 생화학전은 미국 검찰국의 토마스 H, 머로우 대위가 적극적으로 조사에 임했으나, 731부대의 만행에 대한 면책의 대가로 세균전 관련 정보를 제공한 731부대장 이시이 시로에 대한 취조 요청을 상부에서 거부하면서 진전을 보지 못했고, 독가스 사용은 결정적인 증거 문서도 확보되어 도쿄 전범재판의 기소내용에도 포함되었음에도 불구하고, 전후 화학전 활용을 구상하던 미군 수뇌부의 압력으로 재판에서 다루어지지 않았다.264) 결국 731부대의 관계자들로 미국에 항복한 자들은 그들이 가지고 있던 자료를 제공하는 대가로 사면을 받은 것이다. 단순히 사면을 받았을 뿐만 아니라 전후에 아주 영화로운 지위까지 누리며 살았다. 경악할 일이지만, 일본 의학계는 731부대 관계자들이 731부대에서 작성한 인체실험을 통한 논문으로 박사 학위를 수여한 사실도 여러건 있었다.

반면에 소련에 의해 체포되어 하바롭스크 재판에 회부 된 12명의 전

---

263) 박원순, 『아직도 심판은 끝나지 않았다』, 한겨레신문사, 1996, 23쪽.
264) 유하영, 전게논문, 79쪽.

범 중 세균무기 제조와 사용으로 기소된 야마다 오토조 관동군 사령관과 생체실험을 행한 가지츠카 류지 군의 중장, 다카하시 다카아쓰 수의 중장, 가와시마 기요시 중장, 사토 슌지가 각각 25년 강제노동형을 받았고, 나머지 인물들도 2년에서 20년까지의 강제노역형을 받았다. 또한 중국군에 의해서 체포된 13명은 선양, 푸순 및 타이완 법정에서 전범재판에 회부되어 시베리아 유형 6년, 만주 유형 10년 등의 강제노역에 처해졌다. 추운 강제노동수용소로 보내져 강제노역이라는 혹독한 형벌로, 죽음보다 더 심한 고통을 체험하게 한 것이다. 그리고 그나마 731부대의 잔혹한 범죄가 만천하에 드러나게 된 것은 중국과 소련의 재판과정에서 전범들을 심문하는 과정 중에 나온 증언과 중국과 소련이 입수한 극비문서의 공개로 인한 것이었다.

히로히토 일왕을 비롯한 731부대의 잔혹한 무리들이 미국으로부터 완전 사면을 받아 전범으로 거론조차 되지 않은, 그야말로 천인공노할 이유는 단 한 가지였다. 일본이 731부대의 생체실험을 통해서 얻은 자료들을 모두 미국에게 넘겨주는 대신 사면을 받기로 한 타협의 산물이었다. 미국으로서는 어디 가서 실험할 수도 없는 귀한 자료라는 욕심에 히로히토를 비롯한 그 흉악범들을 사면하는 조건으로 그 자료들을 인수했다. 그리고 그 모든 것은 미국의 최고 지도자가 내린 결정이라고 한다. 미국이라는 나라의 도덕성을 엿볼 수 있을 뿐만 아니라, 국제관계가 얼마나 자국의 실속만 차리는 냉혹한 곳인지를 알 수 있는 대목이기도 하다. 그 무엇보다 그때 히로히토는 반드시 전범 처리가 되었어야 인류의 앞날에 다시는 그런 일이 일어나지 않았을 텐데, 이제는 전쟁에서의 승리를 위해서라면 어떤 잔혹한 짓을 해도 승전국에게 제공할 무엇인가가 있다면 살아남을 수 있다는 선례를 남기고 만 것이다.

물론 제2차 세계대전을 승리로 이끌기 위해서 미국이 히로시마와 나가사키에 원자탄을 떨어뜨려 군인이나 민간인을 가릴 것 없이 그 자리에서 십수만명이 사망하고 훗날 후유증에 의해서 사망한 사람까지 합하면 몇십만이라는 희생자를 낸 것은 사실이다. 미국은 자신들의 그런 잘못을 인정하고 세균전을 저질렀던 일본의 731부대 구성원들을 처형할 수 없었을 것이라는 구차한 변명이 나오기도 했었다. 그러나 그것은 정의를 이야기하는 미국으로서는 초라하기조차 한 궁색한 변명일 뿐이다. 그런 변명을 미국이 직접 했다는 것이 아니라 우회해서 '그랬을 것'이라는 식으로 나온 변명이기는 하지만, 그건 직접 변명하는 것보다 더 끔찍할 뿐이다.

731부대의 진상에 대해서 세상이 모든 것을 파헤쳐 가는데도 일본 정부는 사과는커녕 731부대의 모든 진실에 대해서 부정하고 있다. 이런 일본의 태도를 바꿔줄 방법은, 미국이 일본으로부터 인수해간 극비문서들을 일부라도 공개하는 것이다. 생체실험 결과는 밝히지 못할지언정, 그 과정에서 이루어진 희생을 증명할 수 있는 아주 작은 부분만 밝혀줘도 될 일이다. 그러나 그 부분에서는, 미국이 전범들을 사면한 것에 대해서 인류 앞에 사죄해야 하는 아주 커다란 부담을 안아야 하기때문에 그렇게 하지 못하는 것이다.

(2) 731부대에 의해서 희생된 한민족

731부대 사건에서 우리 한민족에게 가장 중요한 것은 바로 731부대로 인해서 희생당한 사람들이다. 흔히 731부대에서 마루타로 희생된 사람들을 추산할 때 1만여 명이라고 한다. 그리고 지금까지 신원이 밝혀진 인원이 1,500여명이라고 한다. 그리고 그중 가장 큰 피해는 중국인이라고 한다. 그러나 그건 잘못된 설정이다. 제2차 세계대전 이후 중국이 만주를 부당하게 무력으로 지배하는 바람에 하얼빈이 중국이지 그 당시 하얼빈은 엄연한 대한제국의 영토로, 이미 수차 기술한 바와 같이 거주민의 80%에 해당하는 사람들이 대한제국의 백성들로, 실제 마루타로 희생된 백성의 숫자는 대한제국의 백성이 80% 정도이며 그 외 중국인과 러시아인들이 섞였다고 설정하는 것이 옳을 것이다. [표 4]의 인구현황표 등을 통해서 고찰해 보았듯이 간도 거주민 중에는 대한제국의 백성들인 한민족이 약 80%로 가장 많이 거주하고 있었다. 그 당시 마루타라고 불리는 희생자들은 독립운동을 하거나 기타 범죄라는 구실을 붙여 체포한 일부를 제외하고는 무작위로 납치한 사람들이었다.

일본군이 '특수이송'이라고 부른 마루타로 선별되는 대상에 대하여, 1939년에서 1941년까지 국경지역 자무쓰헌병대장을 역임한 다치바나 다케오 헌병대좌의 증언에 의하면 '특수이송 대상은 4가지 범주로, 외국 간첩이라는 죄명을 가졌거나 외국 감찰기관과 내통한 혐의가 있는자들, 빨간 수염이라고 불리는 유격대원들, 반일요소와 구제 불능한 형사 범죄자들'[265]이라는 것이다. 사상범들을 지칭하는 것으로 결국 독립투사들을 지칭하는 것이다. 다음은 일반인들이었다. '1939년 10월 하얼빈 헌병대에서 "여명작전"이라는 이름으로 10여명을 체포하여 이시이부대로 보냈으며, 둥안 헌병대는 주민 4명을 이송시켰다. 1943년 12월 푸진 헌병대장 쇼지 조지 소위는 헌병 10명과 헌병보조원 20명과 함께 "청류공작"이라 하여 일반주민 100명을 체포하여 11명을 이시이부대로 보냈

---

265) 서이종, 「만주의 '벌거벗은 생명'과 731부대 특설감옥의 생체실험 희생자」, 『만주연구』 제18집, 만주학회, 2014, 80쪽.

다. 1944년 지닝 헌병대장은 항일공작원이라는 명목으로 90명을 체포하여 그중 10명을 이시이부대로 보냈다.'는 단편적인 기록들은 물론 관동군 헌병대의 1939년 8월 8일 작전명령 224호에 잘 나타나 있듯이, 특수이송의 인수 인계시에 긴밀한 협조를 하도록 하는 등 관동군 헌병대는 특수이송 초기부터 생체실험을 담당한 731부대와 상시적인 연락체계를 갖추고 있었다. 따라서 특수이송은 731부대의 실험대상자 수요에 맞춰 만주지역 생활인들을 체포하고 강제이송하여 생체실험에 이용한 조치라고 보는 것이 더 타당해 보인다.266) 이렇게 만주지역에서 생활하는 일반인들을 체포를 가장하여 납치하였다면, 당연히 만주에 가장 많이 거주하고 있던 대한제국 백성인 한민족이 가장 많이 납치되어 희생되었다는 것은 얼마든지 가능한 일로 단지 추측이 아니다. 실제로 간도협약 이후 간도의 토지 취득을 위해서 중국에 귀화하거나, 1926년 일본 헌병에 의해서 대한의 백성 최창호가 희생당하고 나서 중국귀화를 선언한 사건 등에 의해서 비록 국적은 중국일지라도 한민족이었던 백성들도 상당수에 달한다는 것을 감안한다면 더 많은 한민족이 희생되었다는 것은 의심할 여지가 없는 것이다.

일본이 중국에 투하한 생화학무기에 의한 세균전이 우연히 소규모로 이루어진 것이 아니라 체계적이고 조직적으로 이루어졌으므로267) 콜레라나 흑사병, 장티푸스 같은 전염병은 물론 심지어는 독가스 살포로 인해서 희생된 숫자는 중국인이 가장 많다. 최하 40만 명에서 최고 80만에

---

266) 상계논문, 93-95쪽.
267) 서이종, 「일본 제국군 세균전 과정에서 731부대의 농안신징 지역 대규모 현장세균실험의 역사적 의의」, 『사회와 역사』 제103집, 한국사회학회, 2014, 235쪽.

이르는 사람들이 희생된 것으로 전해진다. 그러나 그것은 731부대에서 희생된 우리 대한제국의 백성들을 통해서 일제가 만들어 낸 생체실험의 결과물들에 의한 희생으로, 원초적인 희생을 당한 것은 우리 한민족이며, 그 보상 역시 우리 한민족이 먼저 받아야 한다.

구태의연한 주장이라고 할 수도 있지만 그건 절대 아니다. 일본은 물론 미국도 이 문제에 대해서 아직 한 번도 공개적으로 사과한 적이 없다. 사과를 안 한 것도 문제지만, 일제의 전범들을 사면함으로써, 인류 앞에서 아무리 패륜을 저질러도 승전국에게 바칠 먹이감만 있으면 처벌을 면할 수 있다는 선례를 남긴 것은 더 큰 문제다. 따라서 일본과 미국은 731부대의 만행과 그 결과를 인수하기 위해서 전범들을 사면한 죄과에 대해서 사과하고 당연히 그에 따른 보상을 해야 한다.

필자가 이야기하는 보상은 금전적인 것만을 의미하는 것이 아니다. 목숨을, 그것도 잔인하게 목숨을 앗아갔으니 당연히 금전적인 보상도 받아야겠지만, 더 중요한 것은 그 이상의 보상이다. 미국이 자국의 이익을 위해서 묵인했던 그 진상을 낱낱이 밝혀 일본 왕실은 물론 그 당시의 범죄자들이 훗날 누린 영예를 거꾸러트리고 그들의 후손에게라도 참회를 받아야 한다는 것이다. 만일 미국조차 이에 동조하지 않는다면 미국이 입으로 말하는 세계 평화는 그들이 즐겨 쓰는 '립서비스'에 지나지 않는 단어일 뿐이다. 미국이 진정으로 세계 평화를 원한다면, 731부대와 같이 잔혹한 사태가 다시는 인류에게 일어나지 않도록, 미국도 일본과 함께 사과하는 것은 물론 보상 역시 공동으로 해야 한다. 그들 스스로, 그렇게 해야 하는 커다란 책임을 스스로 지게 만들었던 사실을 잊어서는 안 된다.

제3장

동북(東北; 둥베이)인민정부(人民政府)

　　제2차 세계대전의 종전과 함께 만주국은 해체되고, 만주는 중국으로 부당하게 귀속된 후 중국내전에서 공산당이 승리하자 동북(東北; 둥베이)인민정부가 들어서게 된다. 동북인민정부는 만주인민정부라고 해도 틀린 말이 아니다. 왜냐하면 만주국 영토를 부당하게 귀속 받은 중국이 1949년 8월 만주의 명칭을 동북인민정부로 바꾸고 행정기구를 개편했기 때문이다.

　　지금은 중국에 의해서 동북인민정부도 아니고 동북지역으로 불리지만 동북지역은 과거에는 만주(滿洲)로 불렸던 지역이다. 오늘날 중국의 동북(東北)지방, 즉 요령성(遼寧省)·길림성(吉林省)·흑룡강성(黑龍江省)의 3개 성과 내몽고자치구(內蒙古自治區)의 동북부 동스멍(東四盟; 후룬베이얼 시, 싱안 맹, 통랴오 시, 츠펑 시) 지역을 포괄해서 가리키는 말로서[268] 중화인민공화국 수립 이후에 '동북지구(東北地區)'로 부르기 시작하였다. 다만 일본이나 한국 등지에서는 여전히 그 지역에 대한 명

---

268) 백우열, 「중국내 만주-동북 지역의 위상과 역할」, 『담론201』, 제21권 제1호, 한국사회 역사학회, 2018, 124쪽.

칭으로써 '만주'라는 용어를 사용하고 있으며, 부분적으로 '중국의 동북 지구'라는 용어를 사용하기도 한다. 현재 영어권에서는 그 지역 명칭이 '만추리아(Manchuria)'라는 용어로 정착되어 있다.[269] 이 지역 최대의 도시는 심양(瀋陽)이며, 그 외에 합이빈(哈爾濱; 하얼빈), 장춘(長春), 대련(大連), 길림(吉林) 등의 도시가 있다. 고조선, 고구려와 발해의 유적이 많이 남아 있고, 200만 명 이상의 재중동포들이 거주하고 있어서 우리 한민족과 매우 밀접한 관련을 맺고 있는 지역이기도 하다.

---

269) 한국민족문화대백과사전, '만주' 검색(https://search.daum.net/search?),
   2020.04.04.

1. 동북(東北; 둥베이)인민정부의 성립과 해체

　가오강(高崗)은 1949년 10월 1일 중화인민공화국(中華人民共和國) 수립 선포를 하기 34일 전인 8월 28일에 심양(瀋陽)에서 열린 동북인민정부위원회 1차 회의에서 동북인민정부 주석으로 추대되었다. 동북인민정부위원회는 각계각층의 대표 303인으로 구성된 동북인민대표회의에서 선출된 41명의 위원으로 구성된 공식적인 대표기관으로 동북인민정부가 정식으로 출범한 것이다. 이렇게 수립된 동북인민정부 관할지역인 동북지역은 일본제국주의가 만주를 자신들의 수중에 넣기 위해서 투자한 것은 물론 만주국 건설 이후의 지배시기에 공업의 기반이 잘 조성되어 중국 최대의 중화학 공업 지대가 되어 있었다.

　1940년대의 만주는 중국 산업에 있어서는 절대적인 지위에 있었다. 마오쩌뚱이 '공화국의 장자(共和國長子)'라고 일컬을 정도로 풍부한 지하자원 및 농업생산량, 다양한 경공업, 중공업 산업시설, 교통기반시설 등을 갖추고 있는 정치경제적 최전선지역이었다. 석탄 생산량은 대략 전국의 49%, 철 78%, 철강재 93%, 전력 생산량 78%, 철도 선로양은 중국 전체의 42%를 보유한 것으로 보면 압도적인 산업지대의 위상을 갖고 있던 것이다. 그뿐만 아니라 대두 생산량이 전국의 50% 이상이었는데, 1930년대 만주가 전 세계 대두 생산량의 66.3%를 점유했던 것을 감안한다면, 전 세계 대두생산량의 절대적인 생산량을 확보하고 있었던 것으로 추정할 수 있으니, 공업은 물론 농업에서도 그 막강한 힘을 과시하고 있던 지역임에는 틀림없다.270) 또한 일본은 만주를 아시아대륙으로의 진출을 위한 군사기지로 탈바꿈시키기 위해서 군사적 요충지로 만든 것 역시 사실이다. 만주야 말로 동북아에서 가장 발달한 산업기지이자 농업생산지임과 동시에 군사적 전략지로 가장 중요한 위치를 점유하고 있던 것이다.

이렇게 중요한 만주에 대해, 제2차 세계대전의 종전이 임박했던 1945년 2월에 열린 얄타회담에서, 소련총리 요시노프 스탈린은 소련이 태평양전쟁에 참여하는 대가로 일찍이 러시아가 만주지방에서 갖고 있던 모든 특권을 돌려달라고 요구했고, 연합국지도자들은 이 제의를 기꺼이 받아들였다. 그 바람에 소련군은 5월에 유럽에서 아시아로 이동하여, 8월 8일 일본에 선전포고를 한 후 8월 9일 만주에 진격해서 8월 15일 종전과 함께 만주국을 무장해제 시키고 만주국 황제 푸이를 체포하는 등 실질적으로 만주국을 해체하는 역할을 했다.

그런데 소련이 한 일은 이것만이 아니었다. 그들은 한반도에서도 8월 8일에 총공격을 개시하여 8월 11일 선봉을 시작으로, 8월 12일에는 나진을 점령하고 8월 13일에는 청진으로 진출했다. 이곳은 일본의 항복 후에도 전쟁이 계속되어 8월 16일이 돼서야 점령했다. 소련은 일본의 항복 선언을 무시하고 계속 진격해서 한반도의 함흥을 거쳐 중부의 개성까지 진출하여 점령했다. 소련과 미국이 한반도 38선 분할 점령에 합의한 9월 2일보다 앞선 상황으로 소련은 이미 한반도의 38선 이북도 자신들이 점령할 대상에 추가시키고 있었기에 일본의 항복과는 무관하게 일본군을 핑계 삼아 진격하고 있던 것이다. 이것은 소련이 공산주의 국가를 확장하기 위한 수단이었을 뿐만 아니라, 자신들이 제2차 세계대전을 통해서 점령한 영토들을 반환하지 않고 오히려 그 영토들에 대한 권리를

---

270) 백우열, 전게논문, 133-134쪽.

주장하기 위한 수단의 한 가지로 사용할 목적을 가지고 있던 것이다. 그러한 소련의 야심은 만주에서도 적나라하게 드러난다.

만주가 일본에 의해서 점령된 뒤에 일본을 상대로 독립운동을 하던 중국공산당 지하 게릴라들은, 중국 북부에서 온 공산군과 결합해 소련군의 비호와 무기 지원에 힘입어 소련군이 만주에서 철수한 이후 국민당 정부에 대항하여 싸우는 데 앞장선다. 국민당이 창춘[長春]을 점령한 것은 1946년 6월이었다. 그런데 그때 창춘의 농촌지역은 이미 공산당 수중에 들어가 있었다. 거의 50만 명에 이르는 국민당 정예부대가 창춘·심양·금주·영구[營口]에서 공산군에게 포위되었다. 1948년 말 국민당은 만주에서 군사적으로 완전히 항복했다. 이 사건은 1949년 국민당이 중국본토 전체를 공산당에 내주는 직접적인 계기가 된 것이다. 게다가 장춘의 농촌지역을 점령한 공산당은 모든 토지를 농민에게 분배하는 토지개혁을 실시했고 지주세력을 완전히 제거 했으니 당연히 만주의 농민들은 공산당 편을 들었으며 국민당은 만주에서 패망한 것이다. 이렇게 들어선 공산당 정권하에서 가오강이 동북인민정부의 주석이 되면서 많은 백성들이 그에게 칭송을 보냈고 그는 마치 황제라도 된 듯이 우쭐대다가 결국에는 마오쩌둥의 눈에 나서 베이징으로 소환되었다.

베이징 정부는 1953년 동북인민정부를 폐지하고, 일부는 내몽고자치구에 편입시키고 나머지는 동북3성으로 정식 분할한 것이다. 동북인민정부의 해체는 겉으로 보기에는 가오강이라는 인민정부의 주석이 만주에서 독자적인 권력을 행사하며 우쭐댔기 때문에 제거된 것으로 보인다. 중국내 어떤 지역의 지도자보다 막강한 산업을 기반으로, 경제적인 지원 아래 형성된 세력을 믿고 중앙정부에 대해 동북인민정부의 행정적 독립을 강력하게 주장했기 때문이라고도 한다. 그러나 그것은 겉으로 보이는 현상일 뿐이다.

마오쩌뚱은 한국의 6·25 동란이 끝나자 만주개혁을 추진하였다. 만주개혁은 지주와 봉건세력의 해체를 표방하였는데 사실상 혁명적인 사회구조의 변화를 의미하는 것이었다. 만주개혁은 사회발전의 수준과 상관없이 사회주의적 개조를 추진하는 작업으로 이어졌다. 동시에 중국의 집권자들은 5개년 경제개발계획을 세워 경제의 현대화 작업에 박차를 가했고, 동시에 소수민족지역에 대한 사회역사조사사업을 대대적으로 진행했다. 자치를 누리던 많은 소수민족지역에 중국식 관료체제가 도입되었다.271) 중국 중앙정부는 강력한 통치제제를 구축해 나가기 시작한 것이다. 소위 말하는 소수민족 우대정책이나 한족과 55개의 소수민족이 하나 된 중국이라는 것은 겉으로 드러낸 정책일 뿐, 한족중심(漢族中心)의 중화주의(中華主義)를 실현하기 위해서 변강(邊疆) 중의 하나인 만주 역시 예외일 수 없던 것이다. 더더욱 만주는 농업과 공업을 망라한 생산 및 교통의 토대를 갖춘 지역이었다. 또한 소련과 국경을 마주하고 있을 뿐만 아니라, 비록 전쟁의 참화 속에서 기사회생한 지 얼마 지나지 않아서 그 당시에는 힘을 못 쓰고 있을지 모르지만 북한 역시 국경을 마주하고 있는 곳이었다. 군사적 요충지로서도 상당히 중요한 위치를 차지한 지역이었다. 게다가 만주국이 부당하게 해체되었다는 것과 만주국 영토가 중국으로 귀속된 과정 역시 부당하게 이루어졌다는 것을 마오쩌뚱을 비롯한 중국 공산당 지도부는 상세히 알고 있던 사항이다. 중국으로서는 당연히 만주에 대한 대대적인 개혁을 앞장세워 만주의 체제를 붕괴하고

---

271) 박장배, 「'신중국' 성립 이래 중국인의 신장·둥베이 지역인식의 변화」, 『만주연구』, 제14집, 만주학회, 2012, 115쪽

새롭게 단장하고 싶었던 것이다. 그때 가오강이 스스로 황제라도 된 것처럼 행동을 했고 중국은 그 기회를 잡아 동북인민정부를 해산함으로써 만주를 붕괴시켜서 일부는 내몽고 자치구에 편입시키고, 나머지는 동북3성으로 고정시켜 동북3성이라는 지명으로 고착화 시키고자 한 것이다.

2. 동북인민정부 영역의 특징

동북인민정부의 영역은 만주국의 영역과 동일하다. 동북인민정부의 영역을 [그림 19]와 [그림 20]의 지도에서 보면 그 위치와 함께 현재의 행정구역과 쉽게 비교해 볼 수 있는데, 그것은 이미 기술한 바와 같이 동북3성과 내몽골의 일부 지방이 포함되는 것으로, 만주국과 동일한 영역인 만주를 중국이 다른 이름으로 표현했을 뿐이다.

따라서 동북인민정부는 만주국을 그대로 이어 만든 것임을 알 수 있다. 만주국 영토를 불법으로 귀속시킨 중국 역시 만주가 한족의 영토가 아니라는 것을 누구보다 잘 알고 있었기 때문에 만주국의 영토를 쉽게 다른 행정구역처럼 나누지 못하고 동북인민정부로 묶어 둔 것이다. 그런데 시간이 지나면서 지켜 본 가오강의 행동이 무엇보다 동북인민정부가 갖는 특수성 때문이라는 것을 알 수 있었던 것이다. 즉 만주라는 특별한 지명과 그 영역에서 생활하던 사람들만의 특징이 있고, 그것은 중국어족인 한족 중심의 중국과는 엄청난 차이를 보인다는 것을 깨달은 것이다.

[그림 19] 동북인민정부의 위치

[그림 20] 동북인민정부에 대한 중국의 행정구역

그러한 사실을 깨닫자 만주라는 지명을 없애고 동북인민정부라고 하면서 만주를 하나로 묶어 두었던 것이 잘못된 정책이라고 판단하여, 1953년에 동북인민정부를 폐지하고 일부는 내몽고자치구로 편입시키고 나머지는 흑룡강성·길림성·요녕성의 동북3성으로 편제함으로써, 동북3성 혹은 동북지방이라는 이름으로 고착시키려고 노력하는 중이다. 이러한 중국의 행태는 '만주'라는 존재 자체를 없애버리겠다는 의도다. 이에 대해서 중국정부는 일제가 강점하여 만주국을 건설했던 곳이므로 식민지 잔재를 청산하고자 하는 것이 그 목적이라고 하지만 그것은 핑계일 뿐이다. 만주국이 부당하게 해체되고 그 영토가 부당하게 중국에 귀속된 것의 흔적을 애써 지우고자 하는 것일 뿐이다.

제4장

만주의 중국 귀속 부당성

'대고려국'과 만주국 및 동북인민정부 세 나라의 상관관계 중 가장 중요한 것은 세 나라 모두 그 영역의 중심을 만주로 계획하였거나 혹은 만주에 세워진 나라들이라는 것이다. 물론 '대고려국'은 건국을 계획하였을 뿐 건국되지는 못했다.

만주국은 '대고려국' 건국을 계획했다가 실패한 경험을 바탕으로, 일본이 그 당시 러시아령으로 되어있던 연해주를 제외한 만주를 기반으로 청나라의 마지막 황제 푸이를 내세워 괴뢰정부를 구성함으로써 건국되어 일본의 식민지가 되었다. 만주는 만주국 영토와 연해주를 합한 영역이지만, 그 당시 연해주는 1860년 제2차 아편전쟁에서 영국과 프랑스에게 패한 청나라가 러시아의 중재로 북경조약을 체결하면서 러시아가 중재를 서줬다는 이유로 연해주를 강탈해간 상태였기 때문에, 만주국은 연해주를 제외한 영역에 건국되었다. 그리고 제2차 세계대전의 종전과 함께 연합4개국의 밀약에 의해 만주국 영토가 부당하게도 중국에 귀속됨으로써 동북인민정부가 구성되고, 그중 일부는 내몽고로 편입되었지만 대부분 지역은 현재까지 동북3성이라는 이름으로 이어지고 있다. 만

주가 동북3성으로 불리며 중국영토로 왜곡되고 있는 이 모든 것의 시작
은 만주국 영토가 부당하게 중국에 귀속되면서 벌어진 현상으로 그 잘못
된 점을 살펴볼 필요가 있다.

1. 만주국 영토의 중국귀속 부당성

일본이 처음 만주에 건국하고자 했던 '대고려국'의 영역을 설정함에 있어서, 고구려의 영역이 우리 한민족의 영역이라는 것을 인정했다. 그리고 대정일일신문의 '대고려국' 건국에 관한 첫 기사에 고구려 건국 설화를 게재함과 동시에, 만주에 대한제국 백성이 중심이 되는 나라를 세워서 대한제국 백성들의 자존심을 회복하는 것이 '대고려국' 건국의 가장 큰 목적 중 하나라고 공언했다. 일본의 이러한 공언이 그 당시 자신들이 병탄하고 있던 대한제국을 이용해서 만주를 차지하기 위한 수단이었다고 할지라도 일본으로서는 주장할 근거가 충분히 있었기 때문에 그렇게 주장한 것이라고 볼 수 있다.

일본이 을사늑약에 의해 대한제국이 국권을 상실하기 직전으로 몰아넣고 제일 먼저 실행한 일은 대한제국의 역사를 연구하여 자신들이 지배하기 쉽도록 왜곡하는 일이었다. 초대통감 이토 히로부미는 1906년 이마니시 류(今西龍: 금서룡)를 불러들여 본격적인 역사왜곡을 위한 연구를 시작했다. 그 결과 대한제국의 영토가 고조선 이래 만주와 한반도에서 대마도까지 이어지는 영토라는 것을 알게 되었고, 대한제국을 온전하게 지배한다는 것은 한반도는 물론 만주까지 지배해야 한다는 것을 알게 되었다. 물론 일본은 청나라는 만주족, 즉 여진족이 세운 나라로 여진족은 뿌리가 대한제국과 같은 민족으로 청나라는 중국이 아니라 중국을 지배하는 나라이며, 만주족은 중국어족인 한족을 지배하는 민족이라는 것역시 알고 있었다. 그런 까닭에 일본은 중원이라 부르는 중국 본토를 침략하기 위해서라도 절대로 만주를 포기 할 수 없었고, '대고려국' 건국이라는 계획을 세웠으나 건국에 실패하자 그 대신 만주국을 건국했던 것이다. 1910년에 조선을 병탄한 일본 입장에서는 만주를 통하는 것이 대륙진출이라는 야망을 달성하기 수월하다는 것을 역사를 통해서 이미 알고 있었다. 만주를 근거지로 삼은 고구려가 중국 역사상의 제국들에게 얼마나 위협적인 존재로 군림했으며 중국의 제국들은 고구려의 침략에 맞서 선제공격을 하기 위해서 얼마나 노력했는지는 그들이 벌여온 전쟁을 통해서 증명해 주었기 때문이다. 하지만 만주까지 대한제국의 영토라고 주장하면서 한꺼번에 점령하기에는 나름대로 애로사항이 있었다. 왜냐하면 그들은 만주철도 부설권이라는 이권을 차지하기 위해서 이미 1909년에 간도협약을 통해 만주의 남부에 해당하는 간도를 스스로 청나라에게 내준 전력이 있기 때문이다. 이것은 간도가 청나라 영토라는 것으로 인정한 꼴이 된 것이다. 그러나 한족에게 패망한 청나라를 이용해서 만주국을 세우기 위해서는, 오히려 만주가 청나라 영토라는 것을 공인해 준 사실을 잘 활용하면 득이 될 수 있었다.

일본은 청나라의 발상지가 만주라는 것을 알기에, 청나라가 한족들에게 밀려나면 자신들의 발상지인 만주로 돌아올 것임을 알고 있었다. 결국, 일본은 만주를 차지하기 위한 방법 중 하나로 청나라 마지막 황제 푸이를 내세워 만주국 건립을 끈질기게 추진했고, 그 결과 만주국을 건국하였다. 그리고 그 영역은 [그림 18]로 [그림 2] 고조선과 진국의 영역과 비교해 보면 알 수 있듯이, 고조선 이래 고구려를 비롯한 대한제국의 선조들이 지배했던 영역과 비슷했다. 일본이 '대고려국'의 건국을 계획하며 내세웠던 고구려 국토 수복에, 연해주를 제외하면, 근접했다고 볼 수 있는 것이다. 그런데도 불구하고 연합 4개국은 만주국의 영토를 중국에 귀속시켰으니 승전국이라는 미명을 앞세워 동북아시아에 대한 영토유린의 폭거를 자행했던 것이다.

일본이 제2차 세계대전의 패전국이고 만주국은 패전국인 일본의 식민지인 위성국가라고 해서 만주국을 해체한 것은 엄연히 불법이다. 만주국이 일본의 식민지로 일본의 괴뢰정부라는 것은 부인할 수 없는 사실이다. 그렇지만 엄연히 군주가 존재하는 국가를 해체하는 것은 있을 수 없는 일이었다. 이유야 어쨌든 만주국은 엘살바도르와 도미니카 공화국, 이탈리아, 스페인, 독일, 헝가리, 슬로바키아, 프랑스, 루마니아, 불가리아, 핀란드, 덴마크, 크로아티아, 태국, 필리핀은 물론 소련은 1935년 3월 23일 일찌감치 승인했고, 중국도 1940년 왕징웨이 정권 때 승인함으로써 총17개국이 만주국을 승인했으며, 로마 교황청이 있는 바티칸 시국 역시 만주국을 승인한 것으로 알려져 있다. 그렇다면 엄연히 국제적으로 18개국의 승인을 받은 나라다. 만일 바티칸 시국은 상징적일 뿐 의미가 없다고 하더라도 17개국의 승인을 받은 주권국가인 것이다. 그럼에도 불구하고 소련과 중국은 만주국이 일본의 괴뢰국가라고 하면서 자신들이 승인했던 만주국을 해체하는데 앞장섰다. 그리고 앞장섰던 이유가 오로지 만주국의 영토에 대한 문제 때문이었다.

만주국이 일제의 식민지이며 일제에 의한 괴뢰정부라는 이유로 해체하지 않을 수 없는 것이었다면, 그 당시 많은 나라들이 일본과 서구 열강의 식민지로 그들의 입맛에 맞는 괴뢰정부나 정치기구들이 통치하는 형식을 취해서 열강들이 직접 통치했으니 그들도 괴뢰정부였으므로 그 나라들을 모두 해체했어야 균형이 맞는 것이다. 그러나 제2차 세계대전의 종전과 함께 연합국은 자신들이 지배하던 어떤 나라도 해체하지 않았다. 연합국에 의해서 해체된 나라는 오로지 만주국뿐이었다. 게다가 만주국을 해체한 후에, 그 영토를 자신들이 승전국이라는 이유 하나만으로 자신들 마음대로 처리해서는 더더욱 안 되는 일이었다. 만주국이 정말 해체되어야만 하는 나라였기에 어쩔 수 없이 해체했다면, 그 영토의 귀속 문제야말로 신중하게 처리했어야 인류의 평화가 오래도록 유지될 수 있는 것이다.

그러나 연합국에게 만주의 영토문제는 중요한 것이 아니었다. 그들은 자국의 이익을 위해서 편한 방법으로 처리하면 그만이었다. 이것은 중국에게도 마찬가지였다. 만주가 중국어족인 한족 중심의 중국 영토가 아니었기에, 만주에 대해서 크게 중요하게 생각하지 않았다는 것은 1945년 2월에 제2차 세계대전 종전을 위해서 열린 얄타회담에서 장제스(蔣介石; 장개석)가 취한 행동을 보아도 어느 정도 알 수 있다.

제2차 세계대전의 종전이 임박했던 1945년 2월에 열린 얄타회담에서, 소련 총리 요시노프 스탈린은 소련이 태평양전쟁에 참여하는 대가로 일찍이 러시아가 만주지방에서 갖고 있던 모든 특권을 돌려달라고 요구했고, 연합국 지도자들은 이 제의를 기꺼이 받아들였다. 그 바람에 소련군은 5월에 유럽에서 아시아로 이동하여, 8월 8일 일본에 선전포고를 한 후 8월 9일 만주에 진격해서 8월 15일 종전과 함께 만주국을 무장해제 시키고 만주국 황제 푸이를 체포하는 등 실질적으로 만주국을 해체하는 역할을 했다. 만일 그 당시에 중국이 만주를 자신들의 중요한 영토라고 생각했다면, 연합국 중 하나인 중국의 장제스가 스탈린의 이 제안을 냉큼 받아들일 리가 없었을 것이다. 그러나 중국은 그 당시 일본이 만주국을 세워서 식민지로 지배하고 있는 만주를 자신들의 영토라고 생각하지 않고 그저 일본이 지배하고 있는 식민지 중 하나라고 생각했기에 기꺼이 허락했던 것이다. 그 당시의 만주는 다른 연합국과 마찬가지로 중국에게도 승전국으로서의 이익을 창출하기 위한 하나의 도구에 지나지 않았다. 따라서 만주국 영토가 중국에 귀속된 것은 중국과 미국, 영국, 소련이 연합국으로서 제각각 차지할 수 있는 이익을 극대화시키기 위한 밀약에 의한 것으로 미국은 오키나와를, 소련은 사할린과 쿠릴열도를, 영국은 홍콩을 차지하기 위한 담판에서 중국이 만주를 택했을 뿐이다. 그러나 만주국 영토는 전리품 중 하나를 넘겨주듯이 중국에게 무작정 귀속시킬 것이 아니었다.

제2부 문화영토론과 영토문화론에서 논한 바와 같이 영토는 문화주권자가 영토권자가 되어야 평화를 유지할 수 있는 것이다. 당연히 만주의 영토문화를 분석하여 영토문화에 대한 문화주권자를 규명함으로써 그들이 영토권자라는 것을 밝히고, 문화주권자인 나라나 민족에게 그 영토를 귀속시켜야 했던 것이다.

2. 문화영토론과 영토문화론에 의한 만주의 영토권

1) 역사에 의한 고찰

만주국이 제2차 세계대전과 함께 해체되었으니, 그 영토에 대한 문제는 일본의 만주 강점 직전에 만주를 지배하던 청나라와, 최초로 만주를 개척하여 고조선 이래 청나라가 건국되기 전까지 그곳을 생활터전으로 삼았던, 그 당시에는 대한민국 임시정부로 대표되는 우리 한민족 간의 문제였다. 그러나 당시 청나라는 멸망하고 난 후였으니, 만주족과 우리 한민족의 역사부터 검토하여 두 민족의 동질성 혹은 이질성에 대해서 확인할 필요가 있었다. 그럼에도 불구하고 연합4개국은 그 모든 절차를 무시하고 만주국 영토를 만주의 영토권과는 아무런 상관도 없이, 역사상으로 볼 때 그저 만주가 두려울 뿐인 한족의 중국에게 불법 귀속시키는 씻을 수 없는 과오를 범한 것이다.

만주국의 건국은 대한제국을 병탄하고 대한제국의 영토임이 분명한 만주마저 차지하기 위해서 대한제국의 백성들을 앞세워 고조선 이래 고구려의 고토를 수복하여 '대고려국'을 건국하려던 일본의 계획이 무산되자 패망한 청나라 왕실을 끌어들여 만주정복에 대한 야욕을 이룩한 것이다. 그 당시 청나라 푸이황제에게는 비록 괴뢰정부나마 자신이 다스릴 왕국이 필요하기도 했지만, 만주는 우리 한민족의 영토인 동시에 청나라의 발상지이기도 했기 때문에 더더욱 적극적으로 호응할 수밖에 없었을 것이다. 그러나 청나라를 세운 여진족은 신라가 멸망할 때 갈라져 나간 민족으로 우리 한민족이 그 뿌리라는 것은 모두가 아는 사실이다.

제3부 제1장에서 전술한 바와 같이 『금사 세기』에 의하면 '금의 시조 함보는 고려에서 나왔고, 태조가 요나라 군사를 격파하고 나서 발해인을 초유하면서 말하기를 "여진과 발해는 본래 한 집안이다."라고 하였다.'[272] 또한 금의 시조인 누르하치가 신라를 사랑하고 신라를 생각한다는 의미의 애신각라(愛新覺羅)라는 성씨를 채택하여 스스로 자신의 이름을 애신각라노이합적(愛新覺羅努爾哈赤 : 아이신교로 누르하치)이라고 명명한 것을 보아도 금사에서 이야기한 고려는 신라가 패망한 이후 고려가

---

272) 남주성 역주, 『만주원류고 상』, 글모아출판, 2010, 11쪽.

들어섰음으로 고려라고 표현한 것으로 볼 수 있다. 그러한 근거로 들 수 있는 것은 만주의 성씨는 두 부분으로 되어 있는데 한 부분은 성(姓)이며, 또 한 부분은 혈연종친 관계를 나타내는 씨족명(氏族名)이라는 것이다. 즉, 애신(愛新)은 족명(族名)으로 만주어로 금(金)이란 뜻이다. 그리고 각라(覺羅)는 성씨(姓氏)로서 누르하치의 조상이 처음 거주한 각라(흑룡강성 伊蘭일대)를 성씨로 삼은 것이다.273) 결국 만주인의 족명인 금(金)은 우리 한민족의 선조인 신라왕조의 성씨인 김(金)인 것으로 자신들 스스로 신라인의 후손임을 각인시키고 있는 것이다. 조금이라도 생각할 줄 아는 사람이라면 누가 보아도 애신각라라는 성씨를 가진 황제들이 지배했던, 청나라의 피지배국인 중국어족인 한족의 중화민국보다는 같은 신라의 후손인 우리 한민족이 만주국 영토를 귀속 받는 것이 당연한 결과라고 할 것이다. 연합4개국이 자신들의 욕심만을 내세우지 않고, 한 치라도 역사의 진실을 규명하고자 노력했다면 이러한 사실들을 인지하여 만주국 영토는 당연히 우리 한민족에게 귀속되었어야 하는 것이었다.

2) 영토문화에 의한 고찰

만주의 대표적인 영토문화는 전술한 바와 같이 고인돌과 비파형 동검으로 대표되는 매장문화다. 그리고 이 유물의 분포도는 [그림 1]이고 고조선과 진국의 영역을 표시한 지도는 [그림 2]로서 한반도와 만주를 모두 포함한 영역이며, 그 영역에서 한반도와 연해주를 제외하면 만주국의 영역과 동일하다는 것을 알 수 있다. 그리고 그 유물의 서쪽 경계는 이미

---

273) 상게서, 48쪽.

기술한 바와 같이 난하라고 보는 것이다. 중국어족인 한족(漢族)이 난하 동쪽을 생활 기반으로 삼아오지 못했기 때문에 문화적으로 영향을 끼치지 못한 결과인 것이다. 다만 금나라와 청나라의 만주족이 지배할 때는 만주족 역시 만주를 생활터전으로 삼았던 것은 사실이다. 하지만 중국 한족은 만주를 생활 기반으로 삼을 기회가 없었던 것이다.

중국어족인 한족이 본격적으로 난하 동쪽에서 생활하게 된 것은 청나라 말기인 20세기 초인 최근세라고 할 수 있다. 청나라 초기인 1661년 까지도 요동의 한족은 5,000명에 불과했으나 1908년에는 1,400만 명으로 증가했다.[274] 이것은 약 250년 사이에 엄청난 증가를 보였다고 생각할 수 있다. 그러나 이렇게 증가한 것을 점진적으로 한족이 증가한 것으로 볼 수는 없다. 왜냐하면 청나라는 요동에 한족을 들이지 않기 위해서 산해관 일대를 봉쇄하고 한족들의 요동이동을 금지하는 봉금정책을 시행하다가, 광서1년인 1875년에 성경 동변도간황지개간조례를 공표하여 봉천성의 봉금을 해제하고 관내 한족의 이주를 장려하기 시작하였으며 두만강 부근의 봉금령이 해제된 것은 광서7년인 1881년이니[275] 한족이 난하 동쪽에서 본격적인 생활을 시작한 것은 19세기 말에서 20세기 초로 보는 것이 옳은 것이다.

한족의 요동에서의 생활이 그리 오래되지 못했다는 것은 한족은 난하 동쪽인 만주 땅에는 문화적으로 어떤 영향도 크게 미치지 못했다는 의미다. 특히 영토문화에 대해서는 전혀 무관하다고 해도 과언이 아니다. 반

---

274) 박장배, 전게논문, 125쪽.
275) 최희재, 「광서초 청조의 만주개발과 중한관계의 재조정」, 『동양학』, 제35집, 단국대학교 동양학연구원, 2004, 246쪽.

면에 전술한 바와 같이 만주를 근거지로 했던 고조선과 한반도를 근거지로 했던 진국은 같은 민족으로, 만주에서는 부여와 고구려가 고조선의 후예로 그 맥을 이었고, 한반도에서는 진국이 고조선의 문화와 역사를 계승하여 같은 문화를 누리며 생활했다. 따라서 난하 동쪽 만주의 매장문화는 난하 서쪽에 위치한 중국어족인 한족 중심의 중국과는 그 공통점을 찾아 볼 수 없고 당연히 한반도와 동일할 수밖에 없는 것이다.

만주의 영토문화에서 나타나는 매장문화의 특성이 한반도의 그것과 동일하다면, 한반도를 생활기반으로 삼아 수천년 이어온 우리 한민족이 영토문화론에 의해 만주의 문화주권자라는 의미다. 또한 만주의 문화주권자가 우리 한민족이라면 문화영토론에 의해 만주의 영토권자는 당연히 우리 한민족 되이어야 하는 것이다. 다만 만주국 직전에 만주를 지배하던 나라가 청나라이며 만주국 역시 청나라의 후손인 만주족이므로, 만일 제2차 세계대전 종전 당시 만주국을 강제해산시키지 않았다면 만주의 영토권에 대한 문제는 우리 한민족과 만주족 간에 해결할 문제였다. 설령 만주국은 해체했더라도 만주국의 영토를 중국에 귀속시키지만 않았다면, 우리 한민족을 대표하던 임시정부와 같이 만주족을 대표하는 기구를 만들게 해서라도 우리 한민족과 만주족이 만주의 영토권에 대해서 합의를 도출해 냈을 것이다.

수차례에 걸쳐 전술한 바와 같이, 만주족 스스로 그들은 우리 한민족에게 뿌리를 둔 여진족이라는 것을 인정하고 있었다. 따라서 서로의 합의에 의해 하나의 통일된 나라로 존재하던 아니면 연방국으로 존재하던 우리 한민족과 만주족의 문제였던 것이다. 또한 통일에 합의할 수 없다면, 청나라가 힘으로 밀어붙여 간도까지 잃어버리고 백두산과 압록강(鴨綠江)과 두만강을 국경선으로 하는 그런 국경이 아니라, 역사와 문화를 기반으로 고조선과 고구려, 대진국 발해는 물론 원나라와의 국경선을 이어받아 조선과 명의 국경이었던 요동팔참(遼東八站)이나[276] 청나라가 시행한 봉금정책 등을 감안하여 만주의 실제 영토권에 대해서 합의를 도출해 내어 국경을 설정하고 공생하는 것이 옳았던 것이다.

　　제2차 세계대전을 승리로 이끌었던 연합4개국은 그런 작업들이 평화롭게 이어질 수 있도록 감시자 역할을 해주었어야 하는 것이다. 비록 전쟁을 승리로 이끈 것은 그들일지 모르지만, 그들 이상으로 일본을 물리치기 위해서 목숨을 걸고 항일투쟁에 헌신한 민족이 바로 우리 한민족이라는 것도 염두에 두었어야 할 일이다. 그럼에도 불구하고 연합4개국은 자신들의 이익 챙기기에 급급한 나머지 전쟁 전에 무력에 의해 병탄된 영토들은 문화에 의해 영토권자를 규명해서 본래의 영토권자에게 귀속시켜야 한다는 원칙을 무시하고 말았다. 그리고 만주의 문화와는 아무런 상관도 없는 중국어족인 한족 중심의 중국에게 만주를 귀속시킴으로써 동북아의 영토를 난도질하고 만 것이다. 그 난도질의 역사는 한반도에서 6·25 동족상잔의 비극을 가져옴으로써 전 세계에서 참전했던 숱한 젊은이들은 물론 우리 한민족의 어린이와 여자와 노인을 포함한 죄 없는 백성들이 무려 450만 명이나 희생되었고, 약 45%에 달하는 산업시설과 35%에 해당하는 주택이 완전히 파괴되는 등의 씻을 수 없는 비극을 인류에게 안겨 준 것이다.

---

276) 남의현, 「명대 한·중 국경선은 어디였는가」, 『압록과 고려의 북계』, 주류성, 2017, 290쪽.

만주의 영토권

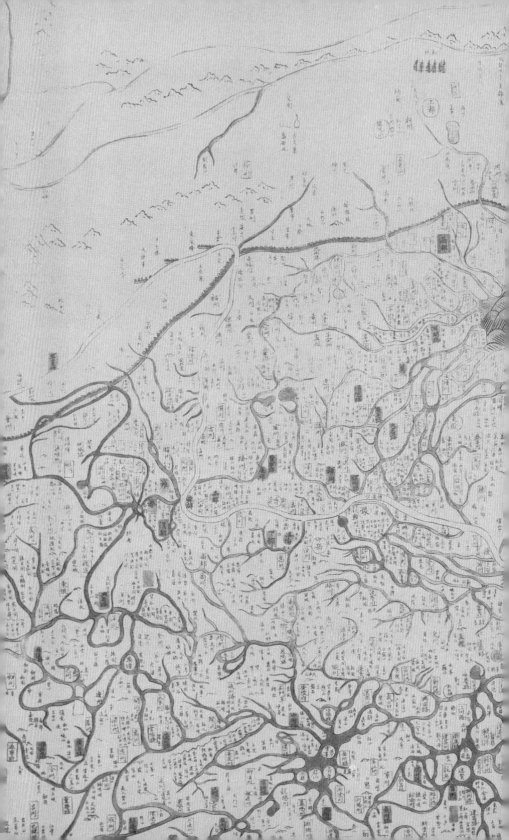

제5부

끝맺으며

제1장
만주의 영토권에 대한 중국의 왜곡과 대응방안

이상에서 살펴본 바와 같이 만주는 우리 한민족이 그 영토권을 소유해야 하는 영토다. 그럼에도 불구하고 제2차 세계대전의 종전 당시 연합4개국은 만주국을 해체하고 그 영토를 만주와는 아무런 상관도 없는 중국어족인 한족 중심의 중국에게 귀속시켰다. 그러나 정작 그 영토를 귀속받은 중국 역시 만주가 자신들의 영토가 아니라는 것을 잘 알고 있었다. 물론 중국의 입장에서 만주의 영토권을 갖는다는 것은 자신들에게는 평화가 약속되는 것과 마찬가지라는 것도 잘 알고 있었다. 역사적으로 살펴보면 한족이 만주를 지배하기 위해서 수도 없이 만주를 침략했었다. 그러나 수나라는 만주의 고구려를 정벌하다가 멸망했고, 당나라는 수차례 패전을 거듭하며 당태종은 만주에서 양만춘장군에게 맞은 화살 때문에 애꾸가 되고 결국 목숨마저 잃어야 하는 공포의 땅으로 기억되는 곳이었다. 그러니 만주를 손아귀에 넣게 되는 것은 한족에게는 평화를 얻는 것과 마찬가지였을 것이다. 그 바람에 홍콩을 영국에게 내주고 소련이 사할린과 쿠릴열도를 차지하는 것에 대해서는 물론 청나라가 우리 한민족의 영토인 연해주를 넘겨준 것에 대해서도 일절 거론하지 않았을 뿐만 아니라, 미국이 오키나와에 해병대기지를 설치하는 것에 대해서도 침묵을 지켰던 것이다. 물론 그 덕분에 중국은 만주 이외에도 위구르나 티베트, 내몽고 등을 독립시켜주지 않고 그대로 병탄을 지속할 수 있었으며, 연합국 상호 간에 그런 불합리함을 눈감아 주는 대가로 미국과 소련은 한반도의 남과 북을 차지했던 것 역시 사실이다. 그러나 제2차 세계대전이 종전되고 시간이 지날수록 강대국들에게 억눌려 지내던 민족들이 제 목소리를 내기 시작했다. 특히 중국의 경우에는 위구르나 티베트 등이 독립의 열망을 표출하기 시작했고 만주 역시 자치구라고는 하지만 언제 독립의 열망을 드러낼지 모르는 상태가 된 것이다. 중국은 일찍부터 만주라는 용어를 쓰지 않고 중국의 동북부에 위치한다는 의미로 '동북'이라는 단어를 차용해서 만주를 동북인민정부라고 부르다가 동북3성으로 부르고 있지만 이 영토가 자신들의 영토가 아니라는 것을 누구보다 잘 알기에 만주를 자신들의 영토로 만들기 위한 대대적인 왜곡작업에 들어갔다. 그것이 바로 중국의 영토공정이다.

본 장에서는 중국이 만주가 자신들의 영토가 아닌 것을 알기에, 자신들의 영토로 만들기 위해서 만주의 문화와 역사를 난도질하며 벌이는 중국의 만주에 대한 영토공정의 실상을 알아보고 그 대응방안을 강구해 보기로 한다.

1. 중국의 만주에 대한 영토공정(領土工程)의 내용

1) 영토공정의 일반적 고찰

중국이 만주의 문화와 역사를 왜곡하기 위해서 실시하고 있는 영토공정 중에서 우리에게 가장 잘 알려진 것은 두말할 것도 없이 동북공정이다. 그러나 중국은 만주의 영토권을 왜곡하기 위한 영토공정으로 단지 동북공정 하나만을 진행하는 것이 아니다. 중국은 만주에 존재하는 문화와 역사를 중국의 것으로 만들기 위해서 할 수 있는 것이라면 무엇이든지 왜곡하고 있다.

중국이 영토공정을 실시하는 원인은 동서남북에 완벽한 한족(漢族) 방어막을 구축한다는 것이다. 서북공정으로 위구르를 병탄하고 북부공정을 통해서 내몽골을 자치구로 만든 후, 서남공정을 일으켜 티베트를 무력으로 합병한 중국으로서는 부당하게나마 자국의 영토로 편입된 만주를 지킴으로써 동북쪽까지 자신들의 영역을 확고하게 구축한다면, 한족들이 지구의 중심이라는 허황된 망상에 사로잡혀 자칭 중원(中原)이라고 부르는 곳의 동서남북에 살고 있는 이민족을 지배함으로써 완벽한 방어막도 구축하고 영토도 넓힌다는 생각이다.

본디 중국은 한족만이 중국 고유의 민족이고 나머지 소수민족들은 이민족(異民族)이라고 했다. 특히 한족이 거주하고 있는 양쯔강과 황하를 중심으로 중국의 문명발상지인 중화(中華)라 하였고, 동서남북으로는 동이(東夷)·서융(西戎)·남만(南蠻)·북적(北狄)이라는 오랑캐들이 들끓는다고 했다. 한족의 문화만이 최고의 문화라는 착각에 빠져 나머지 민족의 문화를 얕잡아 보면서 일컫던 말이다. 그것이 소위 말하는 중화사상이고 그 중화사상에 젖은 한족들이 살던 곳을 중원(中原)이라고 부른 것이다. 따라서 원나라로 중국을 지배했던 몽고족(蒙古族)이나 금나라가 청나라로 이름을 바꾸고 중국을 지배한 만주족은 중국민족이 아니고, 그 역사도 중국 역사가 아니라고 생각했다. 특히 이민족 배척사상이 강했던 마오쩌뚱(毛澤東; 모택동)은 그 사상이 확고했다.

그래서 1949년 10월 1일 중국이 국공합작의 인연을 끊고 공산화로 통일하여 중화인민공화국(中華人民共和國)을 건국했을 때 새로이 건국절을 10월 1일로 제정한 것이다. 다만 원나라와 청나라의 역사를 중국 역사라고 하지 않으면 중국 역사가 단절되는 까닭에 중국은 원나라와 청나라의 역사도 중국역사에 포함시켰을 뿐이다. 그러나 역사를 후세에 인위적으로 포함시킨다고 남의 나라 역사가 자국 역사가 되는 것은 아니다. 역사에 반드시 수반되는 문화에 있어서는 더더욱 그렇다. 중국이 원나라와 청나라 역사를 자국 역사에 포함시켰지만 이질적인 문화는 어떻게 할 방법이 없었다.

원나라는 이민족의 정복 국가로 한족의 중국을 지배했으나 한족화 되지는 않았다. 지배층뿐 아니라 제도 및 문화에서도 기존 몽골 제국의 유목 국가적인 특성을 유지했다. 중국에게 이 시기는 몽고인에게 직할 지배를 당한 치욕의 시대라고 할 수 있다. 이 시기 한족의 인구가 급감하였으며, 극심한 민족 차별 정책으로 한족은 하층 민족으로 구분되어서 생활했다. 원나라는 자신들이 지배한 나라에 자신들 고유의 지배방식을 택했다. 그에 따라 한족은 자신들 고유의 성명을 사용하지 못하고 몽골식 성명으로 이름을 바꿔야 했다. 청나라 역시 자신들의 고유한 혈통을 지키기 위해서, 중국을 통일한 후에도 자신들의 언어와 전통을 자녀들에게 교육시키면서 한족과의 결혼까지 금지시키는 등 엄격한 차별화를 지켜 왔다. 나중에 청조가 쇠퇴하면서 한족과 혈통을 섞고 동화되었지만, 고유한 민족 전통을 지키기 위해서 한족과는 이질감을 보였다. 그런 과정을 겪은 중국으로서는 원나라나 청나라를 자신들의 역사로 보기 힘들었다. 원나라와 청나라는 엄연히 다른 나라 역사고 단지 중국이 그들의 지배를 받았을 뿐이다. 더욱이 중화사상에 물들어 있는 한족이 보기에는, 자신들을 치욕의 역사로 몰아넣은 원나라를 몰아내고 주권을 찾아 준 명나라를 멸망시킨 청나라는 더더욱 경계대상이었다. 그런 와중에 만주국의 해체와 함께 청나라의 발상지인 만주가 부당하게나마 그들의 영토로 귀속된 것이다. 이미 내몽골을 지배함으로써 몽고족의 원나라에 대한 원한을 갚는다고 생각하던 중국으로서는 고구려와 청나라에 당했던 역사의 원한을 갚기 위해서라도 반드시 지배해야 할 땅이었다. 게다가 중국으로서는 지금의 통일 중국이 언제 각기 특성을 가진 민족이나 집단끼리 독립을 추구해서 분할할지도 모르는 상황이다.

중국은 통일과 분열의 역사를 반복해 왔다. 통일 중국이 300년을 넘긴 적이 없는 중국으로서는 청나라 이후 지금까지 지속된 통일중국의 분열에 대비하지 않을 수 없었다. 그런 관점에서 본다면 자신들과는 엄연한 이민족으로, 이제까지 침략자로 규정하던 청나라의 후손들을 경계하지 않을 수 없었던 것이다. 언제 그들이 자신들의 발상지이자 고구려와 대진국 발해가 지배하던 땅을 기반으로 독립을 추구할지 모르는 일이다. 더더욱 청나라를 세운 만주족은 우리 한민족과 근원을 같이하는 민족이다. 중국으로서는 만주족과 조선족이 연합하여 독립을 추구할지도 모르는 상황과 우리 한민족이 통일이 되고 국력이 강해져서 만주의 영토권 반환을 요구할지도 모르는 상황을 고려하지 않을 수 없었다. 결국 중국은 청나라의 발상지이자 고조선 이래 우리 한민족이 지배했던 동북쪽을 지키기 위하여 문화와 역사를 왜곡하는 방법을 연구하게 되었고, 그 결과물이 동북공정을 필두로 하는 영토공정이다.[277]

2) 영토공정의 내용

(1) 동북공정(東北工程)

동북공정은 중국이 동북방의 영토공정을 실시하기 위해서 처음으로 시도한 공정이다. 동북공정은 동북변강역사여현상계열연구공정(東北邊疆歷史與現狀系列研究工程)을 줄인 말로, '동북 변경지역의 역사와 현상에 관한 체계적인 연구 과제'를 뜻한다. 이 연구를 통해 중국은 고구려의 역사를 중국역사로 편입하고 있다. 즉, 중국은 한족(漢族)을 중심으로 55개의 소수민족으로 성립된 국가이며, 현재 중국의 국경 안에서 이루어진 모든 역사는 중국의 역사이므로 고구려와 대진국 발해의 역사 역시 중국의 역사라는 주장이다.

역사가 축적되어 이루어진 현재이므로 축적된 역사에 의해 이루어진 영토권을 주장하는 것이 아니라, 현재 지배하고 있으니 그 역사도 현 지배자에게 귀속되어야 한다는 억지 주장이다. 시간을 거꾸로 돌려서 영토에 역사를 맞추자는 말도 안 되는 논리를 내세우는 것이다. 동북공정에서는 고조선과 고구려 및 대진국 발해에 관한 우리 한민족의 모든 고대사를 연구하고 있지만 가장 핵심적인 부분은 고구려다. 즉 고구려를 고

---

277) 문화와 역사가 영토와 직결된다는 것은 중국인민의 가장 존경받는 인물로 전 중국 총리인 주은래(周恩來:1898-1976)가 1963년 6월 28일에 했던 연설에도 잘 나타나 있다.

대 중국 지방의 소수 민족이 이룩했던 정권이라고 주장하고 있는 것이다. 이것은 고구려의 영토가 북으로는 내몽골을 지나고 연해주 전체를 포함하고 남으로는 한반도 북부에 이르도록 가장 광활했던 이유도 있을 뿐만 아니라, 고구려를 중국의 지방민족으로 정의함으로써 고구려 전후의 역사인 고조선과 대진국 발해의 역사와 함께 고구려가 지배했던 영토를 중국영토로 정의하려는 것이다. 즉, 고구려가 지배하며 생활터전으로 삼았던 만주를 중국영토로 만들겠다는 것이다.

(2) 단대공정

단대공정의 정식명칭은 하상주단대공정(夏商周斷代工程)이다. 하상주단대공정은 중화인민공화국의 고대사(하나라, 상나라278), 주나라) 연구 작업이다. 이는 제9차 5개년계획의 공정 중 하나로, 구체적인 연대가 판명되지 않은 중국 고대의 3대(하, 상, 주)에 대한 구체적인 연대를 확정하였다. 이것은 중국이 만주를 자신들의 영토로 만들기 위해서 동북공정을 실시했지만, 고조선 이래 우리가 지배해온 만주를 자신들의 영토로 만들기 위해서는 자신들의 역사가 턱없이 짧다는 것을 인지해서 실시한 공정이다.279) 고구려를 중국 역사로 만드는 동북공정에 주안점을 두고 공정을 진행하던 중 고조선이 기원전 2333년에 세워지고 중국은 기원전 841년에 주(周)나라를 세운 것이 공식화 된 역사일 뿐이라는 것이 드러나자 중국으로서는 더 이상 만주에 대한 영토문제를 주장할 수 없는

---

278) 주(周)를 비롯한 다른 나라에서는 '은(殷)'이라는 이름으로 불렀으므로 은으로 더 잘 알려져 있다.
279) 고조선이 B.C 2333년에 건국된 것이 공식적으로 인정을 받는 반면 중국은 공식적으로 인정받는 건국원년이 B.C 841년 주나라의 건국으로 문헌자료로 확정되어 있었다.

입장이 된 것이다. 결국 단대공정은 중국 역사를 시간적으로 팽창하기 위해서 실시된 공정이다.

(3) 탐원공정과 요하문명론

탐원공정(探源工程)은 중화인민공화국이 2002년부터 2005년까지 실시한 통일적 다민족 국가론에 입각한 공정 연구의 일환으로, 정식 명칭은 중화문명탐원공정(中華文明探源工程)이다. 중화민족과 주변국가 및 중국소수민족의 시원을 연구하자는 것이다. 탐원공정은 동북공정과 단대공정으로도 만주를 자신들의 영토로 왜곡하기에는 모든 근거가 절대적으로 부족하다는 것을 인지한 중국이 그들 스스로 전설의 시대로 일컫던 삼황오제 시대를 역사시대로 만들자는 공정이다.[280]

우리 한민족의 역사는 줄여 잡아서 고조선 시대부터 본다고 해도 5,000년이다.[281] 반면에 중국은 주나라부터 시작해도 3,000년이다. 중국 역사가 우리역사에 못 미칠 뿐만 아니라, 만주에서 중요한 위치를 차지하는 요하유역에서 발견되는 유물들이 고조선 이전의 유물까지 발굴되기 때문에, 만주를 중국 영토라고 주장하는데 방해가 되자 역사를 더 길게 왜곡하기 위해서 만들어낸 공정으로 탐원공정 역시 중국의 역사를

---

280) 삼황오제시대는 중국인들 스스로 전설의 시대라고 일컬어 오던 시대로 사전에서조차 그 연대가 매겨져 있지 않은 시대다. 중국은 지금 전설의 시대를 역사시대로 만들기 위해 연대를 매기고 있는 것이다.

281) 우리 한민족의 역사는 일각에서 주장하는 환국부터는 일 만년이고, 신시배달국시대부터는 7,000년이다. 그런데 요하 유역에서 7,000년 전 유물이 발견되고 이것이 고조선 유물과 공통점이 있는 것으로 보아, 신시배달국시대부터 역사시대로 편입되지는 못할지라도 적어도 우리 선조들이 건국했던 선사시대의 나라 중 하나로 인식하는 것을 고려해 볼 필요도 있다는 생각이다.

시간적으로 팽창하기 위한 공정이다. 그러나 탐원공정을 위해서 필요한 유물 등이 전무한 상태로 결국 생각해낸 것이 요하유역에서 발굴된 유물을 자신들의 선조들에 의한 유물로 조작하는 것이었다. 따라서 여기에서 같이 살펴봐야 할 것이 소위 요하문명론이라는 것이다.

요하문명론이라는 것은 지금까지 세계 4대문명 중 하나라고 자랑하던 중국의 황하문명이 요하문명에 비해 시기적으로 훨씬 늦은 문명임을 알게 되자 자신들의 문명은 황하에서 출발 된 것이 아니라 요하에서 출발된 것이라고 억지를 부리는 주장이다. 우리민족의 선조인 고조선과 그 이전의 역사인 신시배달국 등의 문화인 요하문명을 자신들의 문화로 왜곡함으로써 우리 영토인 만주를 자신들의 영토로 만들려는 조작으로 탐원공정을 뒷받침하기 위해서 왜곡된 조작일 뿐이다.

(4) 근대문화공정(近代文化工程)

근대문화공정은 상기 세 가지 공정과는 적용하는 시기에 있어서 큰 차이를 보인다. 중국이 이제까지는 영토공정을 고대사에 치중했던 것으로 본다면 근대문화공정은 고대를 포함한 근대 문명까지다. 고대부터 전래된 것을 포함해서 현재 중국에 존재하며 우리 한민족에 의해서 행해지고 있는 한민족의 문화를 중국 것으로 만들겠다는 것이다. 현재 존재하는 문화를 중국 것으로 만드는 공정을 통해서 해당 문화 문화주권자의 과거 문화 역시 중국 것이라는 억지 논리를 펴겠다는 것이다. 이미 동북공정에서 언급했던 바와 같이 역사와 영토문화에 의한 문화주권자를 규명하여 영토권을 규명하는 것이 아니라, 현재 지배하고 있으니 그 역사 역시 중국 것이 되어야 하고 영토문화의 문화주권자는 그 영토문화가 분포한 영역을 지금 지배하는 자가 되어야 한다는 실로 어처구니없는 억지를 펴는 것이다. 그런 논리로 아리랑을 중국 국가 문화유산으로 등재했거나 윷놀이와 검무, 퉁소 등을 국가 문화유산으로 등재하기 전초전인 헤이룽장성(黑龍江省)의 문화유산으로 등재한 것이다. 또 근대 민족시인인 윤동주 시인을 중국조선족 애국 민족시인이라고 칭하면서 시인이 중국 시인인 것처럼 왜곡하고 그 작품을 중국어로 번역하여 알리며, 간도에 있는 시인의 생가에 시비를 건립하면서 중국어로 번역된 시인의 대표작인 서시 등을 적어 넣는 방법 등이 그 실례다.

근대문화공정은 공간적인 문화에서 시간적인 역사까지 양면으로 중국을 팽창시키기 위한 방법 중의 하나다. 여기서 주지할 것은 중국이 만주를 자신들의 영토로 만들기 위해 지금까지는 고대사에 중점을 두었던 것을 근대로 눈을 돌렸다는 것이다. 이것은 만주에 존재하는 영토문화의 유물들이 한반도의 영토문화와 일치함으로써 우리 한민족의 유산이라는 것을 중국 스스로 알기에 벌인 공정이다. 우리 한민족의 문화를 중국 문화화 함으로써 만주에 살고 있는 우리 한민족은 중국의 55개 소수 민족 중 하나로, 조선족이 중국 영토에서 생활하며 중국문화의 한 갈래인 조선족 문화를 누리는 것일 뿐이라고 주장하려는 것이다.

2. 영토공정의 문제점

1) 동북공정의 문제점

중국은 만주를 자신들의 영토로 확정하려는 일념에 동북공정을 추진하고 실행했으나 많은 허점을 드러냈다.

첫 번째 문제는 만주라는 영토에 얽매여 억지로 자신들의 정통역사를 부정했다는 것이다. 동북공정의 커다란 맥 중 하나가 만주가 변방의 이민족 자치국인 고구려가 지배하던 자신들의 영토라는 설이다. 그러나 고구려는 물론 훗날 청나라를 세운 여진족이 살던 땅도 바로 그곳이다. 단순히 고구려가 만주를 지배했던 차원의 이야기가 아니다. 그런 문제점을 알고 있는 중국은 마치 청나라가 중국의 역사인양 그 문제에 대해서는 언급하지 않고 있다. 그러나 이미 수차 언급한 바와 같이 중국은 청나라의 지배를 받은 것으로, 한족은 끊임없이 청나라를 멸망시키고 한족이 세우는 나라를 열망했다. 그것이 태평천국의 난을 이어 신해혁명으로 이어진 것이다. 그리고 그들이 내건 기치가 멸만흥한으로 만주족이 지배하는 청 왕조를 무너뜨리고 한족의 나라를 세우자는 것이었다. 심지어 마오쩌뚱(毛澤東 : 모택동)도 그가 신해혁명에 가담한 이유가 청조를 멸하기 위해서라고 공공연히 밝혔다. 이렇게 이민족을 배척하던 나라가 갑자기 중국은 한족을 주축으로 55개의 소수민족이 이루는 다민족 통일국가라는 논리를 앞세워 청나라가 마치 자기네 역사인양 치부하고 동북공정을 추진하는 자체가 모순으로 자신들의 정통 역사마저 부정하는 결과를 낳게 된 것이다.

두 번째는 동북공정이 역사적인 사항을 사전에 고려하지 못하고 급조된 것임을 보여준다는 것이다. 이미 서술했듯이 중국 역사는 길게 잡아서 3,000년이다. 그런 까닭에 중국은 동북공정을 고구려 역사와 영토에 초점을 맞췄다. 그러나 동북공정을 확정하기 위해서 곳곳에서 유물을 발굴하자, 특히 요하유역에서는 무려 7,000년 전의 유물들까지 발굴되면서 중국을 당황하게 했다. 우리 한민족의 역사와 문화를 자기들 것으로 만들어서 영토를 불법지배하려는 일념으로 문화와 역사를 왜곡하려던 결과다. 결국 중국은 동북공정을 잠시 접고 단대공정, 탐원공정과 요하문명론을 새로이 조작하는 엄청난 오류를 범하고 만 것이다.

2) 단대공정의 문제점

단대공정은 동북공정을 실행하다가 뜻하지 않게 생긴 연대에 대한 변수로 중국역사의 시간적 팽창을 위한 공정이다 보니 당연히 많은 문제점을 안게 되었다. 그중에서 가장 두드러지는 것은 국가적 규모의 연구로서 시작한 하, 상, 주 연표다. 기원전 2070년경 하나라가 건국되었고, 기원전 1600년경 하나라가 상나라로 교체되었으며, 기원전 1046년 상나라를 대신하여 주나라가 건국된 것으로 중국내에서는 확정지었다. 또 상나라 왕 반경으로부터 제신(帝辛)까지의 연대를 확정하고, 주나라 왕의 재위연대를 구체적으로 확정하였다. 그러나 이것은 국제적으로 인정을 받지 못하는 것은 고사하고, 중국이 역사적으로 주변 문화를 지배했다는 것을 확인하려고 존재하지도 않거나 출처도 불확실한 유물을 가지고 조작한 연대라고 맹비난을 받고 있는 것이다.

3) 탐원공정과 요하문명론의 문제점

탐원공정과 요하문명론은 동북공정을 뒷받침하기 위한 일원에서 추진된 것으로 동북공정의 모순을 보완하려고 했지만 오히려 더 많은 문제점만 안게 되었다.

우선 가장 큰 문제가 자신들 스스로 문화의 기원이라고 만들어낸 요하문명론의 기본이 되는 유물들이 모두 고조선 유물이거나 아니면 그 이전의 유물, 혹은 그 직후인 고구려 유물들이라는 것이다. 그리고 그 유물들은 중국이 자랑하는 중원의 그것들과는 근원이 다른 북방 문화와 맥을 같이 한다는 것이다. 즉, 만주 일대의 요하문명은 중원의 황화문명과는 이질적인 문명이며, 이 지역에서 보이는 빗살무늬토기와 피라미드식 적석총, 비파형동검, 치(석성에서 돌출하여 쌓은 곳)를 갖춘 석성(石城) 등은 중원지역에서는 보이지 않고 '요서-요동-한반도-일본'으로 이어지는 전형적인 북방문화계통이다. 이것은 요하문명의 주인공이 황하문명의 주인공과는 다른 사람들로 우리 한민족의 선조라는 것을 보여준다.282)

이런 학술적 근거는 중국의 문화와는 전혀 다른 이질적인 우리 한민족의 전통문화를 중국이 자신들의 문화로 끼워맞추려는 것으로 인식될 수밖에 없다. 중국은 불법으로 지배하고 있는 만주를 강제로 점유하기 위해서 그들이 전통적으로 자랑해온 한족의 모든 것을 버리고 조상까지 바꿔치기 하면서 영토공정에 매진하는 자체 모순을 낳고 있는 것이다.

---

282) 우실하, '중화문명탐원공정' 대응책을, 인터넷한국일보, 2008년 9월 4일

4) 근대문화공정의 문제점

근대문화공정의 문제점은 앞의 세 공정보다 더 심각하다. 앞서 논한 세 공정이 고대사에 국한 된 것이라면 근대공정은 전통적으로 우리 몸에 배인 자연스러운 문화와 역사를 중국 것으로 만들기 위해서 벌이는 공정이다 보니 당연히 많은 오류를 낳을 수밖에 없다.

아리랑을 예로 들어 보아도 '아리랑'이라는 단어 자체가 우랄알타이어 계통인 우리 한민족의 언어로 우리 한민족 사이에서는 널리 불리는 민요다. 그에 반해 중국에서는 조선족이라고 불리는 우리 동포들만이 부르는 민요다. 그런데 중국에 사는 조선족이 부르는 민요이니 중국의 문화유산이라고 주장하며, 2011년 아리랑을 자국 소수민족의 문화를 보호한다는 명목 하에 자국의 무형 문화로 등록함으로써 우리나라는 물론 관심 있는 일부 외국 기관과 단체, 언론 등을 떠들썩하게 한 적이 있다. 중국이 아리랑에 대해 집착하는 이유는 아리랑이 고구려와 많은 연관이 있다는 것을 알기 때문이다. 아리랑이 생성된 시기는 고구려 초다.

'아리랑'이 민요로 불리면서도 그 종류가 다양한 관계로 그 생성시기가 미상이라고 한다. 그러나 몽골의 시조모 '알랑 고아'가 고주몽의 딸이라는 역사적인 사실을 접목하면 아리랑의 기원을 쉽게 찾을 수 있다. 고주몽이 이들 유리 등을 데리고 남하했지만 '알랑 고아'는 원래 그들이 터전으로 삼던 곳에 남아서 몽골 시조모가 된다. 이 때 '알랑 고아'가 남하하는 고주몽과 유리 등의 일행을 그리워하면서 부른 노래라는 설이 유력한 설이다. 또한 혹자는 '알랑 고아'의 측근이 '알랑 고아'의 서글픈 마음을 대변해서 불러 준 노래라고도 한다. 언뜻 듣기에는 전혀 근거 없는 설로 들릴 수도 있겠지만 '알랑 고아'의 '알랑'에 'ㅣ'모음을 첨가 하면서 음

미해보면 도표에서 보듯이 아주 흥미로운 결과가 나온다.

원래 뜻	"ㅣ"모음 첨가
알랑 알랑 알랑이요	아리랑 아리랑 아라리요
알랑을 두고 간다	아리랑 고개를 넘어 간다
나를 버리고 가시는 님은	나를 버리고 가시는 님은
십리도 못가서 발병난다	십리도 못가서 발병난다

한 가지 더 첨가할 것은 유목민 생활을 하던 고구려 초기에는 발은 아주 중요한 신체부위의 일부다. 발병이 난다는 것은 이동하면서 생계를 꾸려야 하는 유목민으로서는 생계에 지장을 초래할 정도로 중요한 것이다. 자신을 떠나가는 것을 생계에 지장을 받는 발병이 난다고 표현한 것이다. 아주 간절하게 떠나지 말라고 애원하는 것이다. 아울러 이 논문과 성격이 다르기에 구체적인 언급은 피하겠지만 아리랑의 맥을 고조선의 '공무도하가'와 고려의 '가시리' 사이에 놓고 보면 우리 민족의 정서와 일치하는 고구려 시대에 이뤄진 민요라고 더 쉽게 이해할 수 있다.[283]

아리랑은 현재 우리 한민족의 나라인 남·북한과 중국에 사는 우리 한민족의 동포들로, 조선족이라고 불리는 사람들이 애창하고 있다. 아리랑을 부른다는 것은 고구려부터 지금까지 맥을 이어오는 문화를 향유하는 민족과 나라의 정통성을 뜻한다. 따라서 중국은 아리랑이 중국에서 불리는 것을 우리 한민족의 민요가 중국에서도 불리는 것으로 인정하지 않는

---

283) 신용우, 오원규, 「중국 영토공정에 관한 대응방안 연구」, 『지적』 제44권 제1호, 대한지적 공사, 2014, 48-49쪽.

다. 그들은 아리랑을 중국 조선족이 부르는 민요 중 하나로 취급하며, 그 민요를 부르는 조선족의 국적이 중국이기 때문에, 그 민요가 중국문화유산이라는 억지를 쓰기 위해서 자국의 문화유산으로 등재한 것이다. 우리 한민족의 민요를 중국에 사는 한민족인 조선족이 같은 민족이기에 같이 부르는 것이라는 사실을 빤히 알면서도, 중국에 사는 조선족이 부르는 민요이니 중국의 문화라는 억지 주장을 펴는 것이다.

또한 단순히 문화와 역사를 넘어서서 인물에게까지 그 영역을 넓힘으로써 누가 보아도 당연히 우리 한민족인 인물들까지 자신들의 인물로 만들고 있다는 것이다. 시인 윤동주는 아버지 윤영석이 간도(間島) 명동촌으로 이주한 후 그곳에서 태어난 대한제국 백성이다. 그는 평양에 있는 숭실중학교를 다녔으며 연희전문을 다녔다. 또한 그가 일본으로 유학을 떠날 때의 신분 역시 대한제국의 백성이었다. 분명한 대한제국인(大韓帝國人)이고, 우리 한민족으로 우리말로 시를 썼다. 그의 대표 시 "별 헤는 밤"에 "소학교(小學校)때 책상(冊床)을 같이 했든 아이들의 이름과, 패(佩), 경(鏡), 옥(玉) 이런 이국(異國) 소녀(少女)들의 이름과"라는 구절이 있다. 그는 패, 경, 옥 같은 중국소녀들을 이국 소녀라고 노래하여 자신은 대한제국인임을 분명히 했다. 그런데도 중국은 그의 생가에 세운 시비에 윤동주 시인을 중국조선족애국시인이라고 버젓이 적고 있다. 또한 그는 같은 시에서 "어머님, 그리고 당신은 멀리 북간도에 계십니다."라고 노래하여 북간도가 대한제국의 영토임을 밝힌다. 이에 대응하여 중국은 북간도에 살던 사람은 대한제국인이 아니라 중국이라는 나라의 소수민족 중 하나인 조선족이라는 억지 정책을 만들어 내고 있는 것이다. 윤동주 시인이 북간도에서 살았다는 것만으로 중국 조선족이라고 한다면, 안중근 의사가 이토 히로부미를 총살처형한 곳이 지금은 중국이 강점하고 있는 하얼빈이라는 이유를 들어서 안중근 의사마저 중국 애국 독립투사라고 호칭할 것인지 궁금할 뿐이다. 아울러 앞으로 더 많은 일제 강점기 대한제국의 인물들 중에서 뛰어난 인물들이 발굴될 것인데, 만일 그들이 중국에 머무르며 중국을 무대로 항일투쟁을 벌였다면 그들마저 중국의 인물이라고 할까봐 두렵기조차 한 것이다. 이런 현실이야말로 전 세계 어느 나라에서도 웃지 않을 수 없는 일이다. 그러나 우리는 웃을 일이 아니다. 그 실체를 바로 알고 대처해 나가지 않으면 중국은 소리 소문도 없이 우리 역사와 문화는 물론 선조들과 그 업적까지 왜곡하고 잠식하려 할 것이기 때문이다. 더 늦기 전에 확실한 실체를 파악하고 대응해야 한다.

3. 영토공정의 문제점에 대한 대응방안

1) 영토공정의 기본 문제점에 대한 올바른 분석

중국 영토공정은 그들이 만들어낸 논리가 기본적으로 왜곡을 전제로 한 논리이기 때문에 여러 가지 문제점을 안고 있다. 우리는 그런 문제점은 잘 파악하면서, 우리 스스로 잘못 판단해서 저지른 우리 스스로의 모순에 대해서는 지적하지 않는다. 우리가 중국의 잘못된 논리에 대응하기 위해서는 먼저 우리가 잘 못 받아들이고 있는 논리의 기본 문제점을 파악할 필요가 있다.

우리는 동북공정이 1983년에 시작되었다고 한다.[284] 그러나 실제 동북공정이 시작된 것은 1963년 주은래가 했던 고대역사를 언급한 연설부터라고 봐야 한다. 2004년 8월 14일 국내 언론들이 주은래 전 총리가 지난 1963년 6월28일 중국을 42일간 방문한 북한 조선과학원 대표단 20명과 만난 자리에서 "고조선-고구려-발해 모두 한국역사"이며 "영토 침탈행위, 조상을 대신해 조선에 사과"해야 한다는 발언을 했다고 그 당시 전(前) 국회의원의 발표를 통해서 보도한 바 있다.285) 이 보도에 따르면 마치 주은래가 동북공정을 부정하고 과거사에 대해 잘못을 시인한 것처럼 보인다. 하지만 주은래 연설을 자세히 들여다보면 절대 그렇지가 않다. 주은래는 오히려 과거는 과거고 현재는 현재라는 요지로 이 연설을 한 것이다.

주은래는 '과거 우리 한민족의 영토였던 것을 지금은 중국이 지배하고 있는 것에 대해 만주족이 중국 땅을 크게 넓힌 공로'라고 하면서 "다만 이런 것은 역사의 흔적이고 지나간 일들이다. 우리가 책임질 일이 아니고 조상들의 몫이다."라고 못박았다. "이렇게 된 이상 우리는 당신들의 땅을 밀어붙여 작게 만들고, 우리들이 살고 있는 땅이 커진 것에 대해 조상을 대신해서 당신들에게 사과해야 한다."고 하면서 지금의 현상을 그대로 받아들이는 것을 전제로 사과했을 뿐이다. 그리고 그것은 뒤에 이어지는 북한과 중국의 동맹관계를 강조하기 위한 사과임을 명백히 드러내고 있다. 아울러 그는 이 연설에서 일제강점기 당시 만주에서, 중국과 연합해서 독립운동을 벌인 우리 독립투사들을 망명한 조선동지라고 추

---

284) 일각에서는 2002년 과제물 공고시기부터 주장하는 사람들도 있지만 그것은 중국의 논리를 대변해 주는 것에 지나지 않는다.

285) 2004년 8월 14일 대다수 국내 언론이 보도하였다.

켜세우면서, 만주에 살고 있는 우리 한민족의 동포들인 조선족과 확연하게 구분 짓는다. 이것은 만주에 살고 있는 우리 한민족과 망명한 독립투사들을 구분하겠다는 것이다. 망명자와 이주해서 살고 있는 국민을 확실하게 구분한다는 의미다. 지금 만주에 살고 있는 우리 동포들은 중국 국민 중 하나인 소수민족에 불과하다는 것을 확고히 하겠다는 의지다. 만주가 대한제국의 영토가 아니라 중국 영토였기에 대한제국의 백성 신분인 우리 한민족의 독립투사들이 중국으로 망명하여 항일투쟁을 했던 것은 인정하지만, 현재 만주에 살고 있는 조선족은 단순히 일제시기나 혹은 그 이전에 이주해서 그곳에 살고 있는 중국 국민으로 소수민족 중 하나일 뿐이라는 억지 논리를 합리화 한 것에 지나지 않는다.

주은래의 이런 논지는 동북공정 영도소조 부조장 겸 전가위원회 주임인 마대정(馬大正)의 논문에서는 한술 더 떠서 완전히 폄하하고 있다. 그는 '조선족은 우리나라 이주 민족 중 중국으로 들어온 시간이 제일 짧은 민족 중의 하나다. (중략) 국내외 많은 학자들의 견해로는 조선족의 이민사를 19세기 중엽 이후로 시작하는 것으로 공인하고 있다.'고286) 기술하고 있다. 이러한 논지는 조선족이 고대부터 만주에 대대로 정착해서 살던 민족이 아니라 일제에 대항하는 항일투쟁의 일환으로 가장 늦게 만주로 이주해온 소수민족 중의 하나라는 주장으로 주은래의 논지를 뒷받침해주는 것이다. 우리가 상대방이 한 말을 우리 입맛에 맞게 해석할 것이 아니라 그 말이 포함하고 있는 문제점을 직시하여 속속들이 연구하고 대응할 수 있는 적극적인 자세로 임할 때 중국의 헛된 논지를 일거에 무너뜨릴 수 있다는 것을 깊이 새겨야 한다.

---

286) 신형식ㆍ최규성 편저, 『고구려는 중국사인가』, 백산자료원, 2004, 41~42쪽.

2) 문화와 역사적 접근에 의한 방법의 연구

중국 영토공정이 만주를 자신들의 영토로 만들기 위해서 문화와 역사를 왜곡하는 방법으로 벌이는 일이니 만큼 우리는 그들이 왜곡했거나 왜곡하고자 하는 문화와 역사를 바로잡는 차원에서 맞대응해야 한다. 수차 언급한 바와 같이 영토문화를 기반으로 규명한 문화주권자가 영토권자가 되어야 한다는 기본개념을 잊어서는 안 되는 것이다. 이런 기본적인 이론을 바탕으로 만주 안에서 이루어진 문화를 살펴본다면 영토공정은 그 문제점을 적나라하게 드러낼 것이고 우리는 그에 대한 대응 방안을 내놓을 수 있을 것이다.

그 중 시급한 한 가지를 제시하자면 우리 역사서에 대한 바른 정립이다. 학생들이 배우는 교과서부터 근·현대사에 치중하여 정치적인 논술로 인한 문제를 야기할 것이 아니라 고대사부터 중세사까지의 비중을 더 높이고, 최대한 우리가 가르칠 수 있는 모든 것을 가르쳐주어야 한다. 그래야 후손들에게 길이 전달되는 것이다. 중국은 있지도 않은 역사를 만들어 내고 남아 있지도 않은 유물도 조작하는 판인데 우리는 정작 전해오는 우리 것도 제대로 발굴하지 못할 뿐만 아니라 이미 발굴되어 있는 것도 교육시키지 못하는 현실이라는 것이 안타까울 뿐이다.

3) 정부의 적극적인 대응 자세

영토는 개인 소유의 땅이 아니라 국가가 존재하기 위해서 필연적으로 갖춰야 할 요소다. 따라서 지금 중국이 영토공정을 펼치는데 대해 우리 정부가 보다 적극적으로 나서야 한다. 우리 국력이 중국보다 약하다고 해서 맞대응을 자제하거나 아니면 경제적인 보복이 두려워서 목소리를 낮추다 보면 결국에는 영토문제에 관한 것들은 지금 그대로를 인정하는 꼴이 되고 만다. 실례를 들면 일본이 을사늑약이 맺어지던 1905년에 독도를 시네마현 관보를 통해 자신들의 영토로 등재하고는 우리가 이의를 제기하지 않았다는, 실로 황당무계한 이유를 들어가면서 자기네 영토라고 우기는 것을 이미 경험한 바 있다. 마찬가지로 지금 중국이 영토공정을 펴는데 적극적으로 대처하지 않는다면 똑같은 꼴을 당하고 말 것임을 명심해야 한다. 중국은 이미 이어도 문제를 들먹이고 있다는 것을 잊어서는 안 된다. 그것은 일본이 대마도에 대한 영토문제를 우리가 제기할 것에 선제 대응하느라고 독도 문제를 왈가불가 하는 것의 연장선상이다. 중국은 우리가 만주의 영토권을 언급하기 전에 이어도 문제를 들고 나오고 있는 것이다. 우리는 허겁지겁 이어도 문제에 대응하지만 그런 얄팍한 중국의 술수에 넘어갈 일이 아니다. 만주 영토권의 진정한 영토권자임을 선포하고 지금이라도 만주를 영토분쟁지역으로 선포하는 최소한의 조처를 취해야 한다.

4) 올바른 우리 한민족의 영토관 정립

우리나라 헌법에 명시된 대한민국의 영토는 한반도와 그 부속도서로 하고 있다. 당연히 헌법 3조는 잘못된 것이다. 그렇다고 일부에서 주장하듯이 잠시 지배했던 중국 대륙은 물론 멀리 시리아까지 우리 영토였다는 것 역시 잘못된 생각이다. 그것은 지금 중국이 영토공정을 주장하는 것과 다름없는 억지 주장이다. 그리고 일부 종교에서 주장하듯이 우리 민족만이 선민이라는 사상 역시 옳지 못하다. 국경이나 나라의 개념이 없던 시절이라면 모르겠지만 지금은 그렇지 않다. 적어도 고조선이 나라의 형태를 갖춘 후 부터는 일정한 영역을 가지고 국가가 존립했다고 봐야 한다. 따라서 가장 타당한 이론은 고조선의 영토를 기준으로 삼국시대와 남북국시대, 고려시대, 조선시대 등 역사에 따라서 변한 영토의 증감을 고려하되, 무엇보다 중요한 것은 영토문화가 우리 한민족의 문화로 인정받는 범주까지를 우리 한민족의 영토로 정립하는 것이 옳다고 생각한다. 아울러 대외적으로 활동을 벌일 때는, 우리 학계와 영토단체들이 먼저 충분한 논의를 통해서, 우리 한민족 영토에 관한 통일된 목소리를 내고 수복을 모색하는 것이 중요하다는 것을 잊지 말아야 한다. 같은 민족이 자신들의 영토문제에 대해서 대외적으로 두 목소리를 낸다면 그야말로 망신일 뿐이라는 것을 명심해야 한다.

제2장
맺는말과 제언

　중국이 만주와 간도라는 용어조차 쓰지 못하게 하는 것은 지명문화의 왜곡을 통한 지적문화의 왜곡을 획책하는 것이다. 만주라는 용어 자체가, 만주가 중국어족인 한족을 중심으로 하는 현재의 중국 영토가 아니라는 것을 드러내기 때문이다. 즉, 지명을 바꿔 땅의 국적까지 바꾸겠다는 것이다. 현재 중국은 만주라는 지명을 사용하지 않는 것은 물론 그 의미마저 희석시키기 위해서 동북3성이라는 용어를 사용하면서 만주에서 동북3성에 해당하지 않는 지역은 내몽고 자치구로 편입시켰다. 중국이 만주라는 지명을 쓰지 않기 위해서 행정구역을 동북3성으로 개편하고, 만주의 일부를 내몽고자치구에 편입한 것은 만주국 영토가 중국에 귀속된 것에 대한 부당성을 알고 있기 때문이다. 이러한 현상은 중국이 제2차 대전의 종전 당시 만주를 강점한 것 자체가, 종전과 함께 약탈자로 군림한 연합4개국 중 하나로 연합국끼리 야합하여 저지른 폭거라는 것을 인정한다는 의미다. 고대부터 제2차 세계대전의 종전과 함께 중국어족인 한족 중심의 중국이 불법으로 강점하기 전까지, 만주는 한족과는 전혀 상관이 없던 지역이라는 것이 중요하다는 것을 알고 있기에 취한 조치다.

　우리 한민족은 지금이라도 만주가 중국에 귀속된 것 자체가 불법이라는 것을 전 세계 인류에게 각인시켜야 한다. 만주의 영토문제는 중국어족인 한족 중심의 현 중국과는 아무런 상관이 없으므로 당연히 우리 한민족의 영토라는 것을 공표해야 한다. 그러나 국제적으로 만주에 건국된 마지막 나라가 청나라라는 것이 문제가 된다면, 그것은 청나라 후손인 만주족과 우리 한민족의 문제라는 것을 강조하고 청나라 후손인 만주족과 해결할 장을 만들도록 해야 한다. 같은 뿌리를 둔 우리 한민족과 만주족, 두 민족 간의 문제라는 것을 인식시킬 필요가 있는 것이다. 이 모든 것을 시행하기 위해서는 무엇보다 먼저, 지금이라도 만주가 영토분쟁지역임을 선포하고, 그에 따라서 수복할 수 있는 근거를 마련해야 한다.

1. 맺는말

고조선의 건국으로 인해서 만주는 조선족이라 불리는 우리 한민족이 그 주인으로 자리잡았다. 그리고 부여와 고구려로 이어지는 고조선의 적통은 고조선으로부터 물려받은 만주의 영토문화를 토착화시킴으로써 만주가 한민족의 영토임을 공고히 했다. 특히 그동안 한반도 안에 자리잡고 있었던 것으로 알려졌던 한사군은 고구려와 부여 건국연대를 바로 잡으니 자연스럽게 요하와 난하 유역에 머물렀다는 것이 밝혀졌다.

고려시대에는 대략 만주의 기름진 옥토인 간도에 해당하는 부분은 우리 한민족의 영토로 인정받았고 실제로 국경이 그렇게 형성되었었다. 오죽하면 발해고를 저술한 유득공이 발해고에서 '봉황성 서쪽에 또 압록강이 있다는 말이냐'고 또 다른 압록강의 존재에 의심까지 품었던 것이다. 그러나 그것은 단순한 의구심이 아니었다. 실제로 우리가 현재 압록강이라고 부르는 압록강(鴨綠江) 뿐만 아니라 봉황성에서 한참 더 북쪽으로 올라가서 존재하는 심양 서쪽의 요하가 고대에는 압록강(鴨淥江)이라는 이름으로 불렸다는 사실이 학자들에 의해서 근래에 속속 밝혀지고 있는 것이 사실이다.

명나라는 원나라로부터 이어받은 국경을 그대로 활용했다. 그러나 청나라가 들어서고 강희제(康熙帝)가 백두산을 자기 조상의 발상지라고 관심을 가짐으로써 문제가 야기되기 시작한 것이다. 백두산을 귀속하려는 청나라는 오랄총관(烏喇摠管) 목극등(穆克登)을 파견했는데, 이때 목극등은 조선의 접반사인 박권(朴權)이 늙고 허약해서 험한 길을 갈 수 없다며 무산에 가 있으라고 하고 자신은 백두산 꼭대기에 올라 정계비를 세운 후에 무산으로 갔다. 조선의 접반사는 산 정상에 오르지도 못하고 청나라 목극등의 일방적 조치로 정계비가 세워진 것이다. 그리고 그때 국경으로 기록된 압록강과 토문강 중에서 토문강이 두만강이다, 아니다 하는 문제로 국경분쟁 아닌 국경분쟁을 하였다. 그러나 백두산정계비는 실질적으로 아무런 의미가 없는, 청나라의 영토에 대한 욕심을 적나라하게 보여주는 그저 비석일 뿐이다. 청나라가 자신들이 가장 힘이 강할 때 일시적으로 밀고 내려온 최전방일 뿐 아무런 의미가 없다. 일시적으로 지배를 했다고 그곳을 지배자의 영토라고 하는 경우는 그 어디에도 없다. 제2차 세계대전 때 독일이 일시적으로 지배하던 유럽영토들을 독일 영토라고 하지 않는 것과 마찬가지 논리다. 우리 한민족은 청나라가 힘이 강해서 힘으로 밀어붙이던 국경에는 연연할 필요가 없다. 따라서 만주에서의 영토권 역시 당당하게 주장할 수 있다. 만주는 근세로 접어들면서 열강들에 의한 대륙 침략의 근거지로 탈바꿈한다. 그러나 그런 열강들의 틈바구니에서 우리 한민족 선조들은 나름대로 고토수복의 희망을 열어가기도 했다.

비록 건국되지는 못했지만 고구려 영토를 수복하는 의미에서 유림들이 중심이 되어 건국될 나라로 계획되었던 '대고려국'은, 처음 구상 당시부터 대한제국에서 선봉에 섰던 양기탁이나 정안립과 일본 측에서 앞장서던 스에나가 미사오 등의 생각은 동상이몽이었다. 대한제국의 독립투사들은 간도를 중심으로 만주에 '대고려국'을 건국함으로써 고종황제나 의친왕 이강 혹은 영친왕 중 한 분이라도 망명시켜 황제로 모셔 입헌군주국을 건국하고자 했으며, 그것은 고조선 이래 고구려와 대한제국의 맥을 이어나가는 국가로 만들겠다는 의지였다. 그리고 '대고려국'을 기반으로 한반도에 무장진입함으로써 광복을 쟁취하겠다는 구상이었다. 반면에 일본은 원래 간도를 비롯한 만주의 영토권을 소유하고 있으며, 그 당시 만주의 일부분인 간도 주민의 80%를 유지하고 있는 대한제국의 백성들을 이용해서 만주를 손쉽게 정복하자는 의미에서 공화정을 표방하며, '대고려국' 건국을 계획했던 것이다. 결국 고종황제와 의친왕, 그리고 영친왕의 망명은 모두 수포로 돌아가고 '대고려국'의 건국도 실패로 끝나고 말았다.

일제는 실패한 '대고려국' 건국계획을 경험삼아 청나라 마지막 황제 푸이를 전면에 내세워 만주국을 건국한다. 만주국을 건국한 일제는 만주에 많은 투자를 해가면서 만주를 자신들의 생활터전으로 만들기 위해서 안간힘을 쓴다. 그 결과 만주는 중공업 단지이자 군사기지화 된다. 그러나 제2차 세계대전의 패망과 함께 만주국은 미국·영국·소련·중국의 연합4개국에 의해서 부당하게 해체된다. 그리고 만주국의 영토는 연합4개국이 벌인 동북아영토 나눠먹기라는 천인공노할 희대의 난도질에 의해서 중국에 귀속된다. 연합4개국은 자신들의 욕심을 채우기 위해서, 미국은 오키나와에 해병대기지를 건설하고, 소련은 사할린과 쿠릴열도를 원래 그 주인인 아이누족에게 반환하지 않으며, 영국은 아시아 시장의 진출로인 홍콩을 차지하는 대신 역사나 문화에 대한 고증도 없이 만주국의 영토를 부당하게 중국으로 귀속시킨 것이다.

만주국 영토인 만주를 부당하게 귀속한 중국은 만주를 동북인민정부로 묶어둔다. 자신들 역시 만주가 한족의 중국 영토는 아니라는 것을 알기에 섣부르게 분리해서 전혀 다른 행정구역으로 개편하지 못하고 묶어두었던 것이다. 그러나 동북인민정부 초대 주석으로 추대된 가오강이 지나칠 정도로 민심을 얻어 황제처럼 군림하는 것을 알게 된 마오쩌둥은 가오강을 베이징으로 소환하고 만주의 특성을 알게 된다. 만주의 백성들은 중국어족인 한족과 다르다는 것을 알게 된 것이다. 우랄어족인 우리 한민족과 중국어족인 한족이니 서로 다른 것은 당연할 수밖에 없는 것이다.

　마오쩌둥은 1953년 동북인민정부를 해산하여 일부는 내몽고자치구에 편입하고, 일부는 흑룡강성·길림성·요녕성의 동북3성으로 나누어 버린다. 결국 만주의 존재 자체를 지워버리겠다는 의도인 것이다. 중국은 만주라는 용어를 의도적으로 사용하지 않고 '동북지구(東北地區)'로 부른다. 그러나 일본이나 한국 등지에서는 지금도 '만주'라는 용어를 사용하고 있으며, 영어권에서는 '만추리아(Manchuria)'라는 용어로 정착되어 있다. 영토가 가지고 있는 진실을, 영토와 그 크기를 비교하면 점하나의 존재만도 못한 사람이 가리려 한다고 가려지는 것이 절대 아니다. 비록 일제가 획책했던 일이지만, '대고려국'과 만주국 및 동북인민정부의 가장 큰 공통점은 만주를 중심으로 건국을 계획했거나 만주에 건국되었다는 것이다. 즉 만주라는 영토가 매개체로 작용한 것이고, 거기에는 반드시 이유가 있을 것이다. 그 이유는 바로 만주가 중국어족인 한족 중심의 중국과는 전혀 관계가 없고, 아주 이른 고대부터 우리 한민족과 함께 문화를 심고 꽃피우며 성장하다가, 먼 훗날 여진족에서 족명을 개명한 만주족을 만나 짧은 기간이나마 생사고락을 같이하던 영토라는 것을 일제는 알고 있었기에 '대고려국'을 만주에 계획하고 만주국을 건국했던 것이다. 그들은 대한제국을 병탄하기 위해서 대한제국의 모든 역사와 영토를 자세히 연구했기에 그 모든 진실을 알고 있던 것이다. 그럼에도 불구하고, 그런 사실에는 관심도 없고 만주에는 전혀 상관도 없는 한족이 만주에 자신들의 둥지를 틀려고 하니 당연히 어색하고 이상했던 것이다. 아무런 상관이 없을 것 같지만 일정한 영토에 살아 숨 쉬고 있는 영토문화는 그 문화를 심거나 누리던 민족에게는 스스럼없이 다가서는 것이고, 이질적인 문화를 누리던 민족에게서는 한없이 멀어져가는 것이다. 영토는 말도 없고 어떤 행동도 하지 않지만, 인간이 스스로 그렇게 느낄 수밖에 없는 것이 영토문화라는 것이다.

지금까지 만주에 대한 역사적 사실이나 영토문화를 분석해 본 바와 같이, 만주의 영토문화는 한반도의 영토문화를 누리며 사는 우리 한민족의 영토문화라는 것에 이의를 제기할 수 없다. 예를 들어 영토문화중에서 가장 확실하게 문화주권을 규명할 수 있는 매장문화를 보면 한반도의 그것과 동일하다. 한반도의 문화를 누리며 살던 한민족이 만주의 문화 역시 누리며 살았던 것이다. 이것은 영토문화론에 의해서 만주의 문화주권이 우리 한민족에게 귀속된다는 것을 보여줌으로써, 만주의 문화주권자인 우리 한민족이 문화영토론에 의해서 만주의 영토권자가 되어야 한다는 것이다. 우리가 역사를 배우고 연구하는 가장 근본적인 목적은 역사가 가르쳐 주는 교훈을 밑거름삼아 보다 나은 내일을 설계하기 위해서다. 그래서 '역사는 과거가 아니라 미래다.'

2. 만주 영토권의 수복을 위한 제언

중국이 만주의 개념을 지우고 동북3성과 내몽고 자치구로 존재하는 그 땅을 소유하고 싶어 하지만, 역사와 영토문화는 그렇게 인위적으로

선을 긋는다고 해도 그 주권자가 바뀌는 것이 아니다. 지금 당장은 침략의 역사로 영토권자 행세를 할 수 있을지 모르지만 언젠가는 영토문화의 문화주권자가 영토권을 수복할 날이 반드시 찾아온다. 우리는 그날을 대비해서라도 만주에 있는 우리 한민족의 문화를 확실하게 보존할 수 있는 대책을 만들어야 한다. 비록 지금은 그 관할권이 중국에 귀속되어 있어서 무엇을 어떻게 한다는 것이 어렵고 힘들겠지만 어떻게든 영토문화가 훼손되지 않도록 함은 물론이요 그 문화가 언제 어디에 어떻게 존재했었는가에 대한 확실한 근거를 남겨야 한다. 그렇지 않으면 중국어족인 한족이 언제 그 문화들을 왜곡하거나 없애버릴지 모르기 때문이다. 그들은 날이 갈수록 만주에 대한 연구에 더 많은 투자를 하고 있다는 것을 잊어서는 안 된다.

만주의 영토권 수복이 얼마나 힘들고 어려운 일인지는 필자도 잘 알고 있다. 때로는 불가능할지도 모른다는 생각도 해본다. 그러나 포기할 문제가 아니라는 것은 더 잘 알고 있다. 다만 한 가지 아쉬운 것은 필자는 만주의 영토권이 우리 한민족의 것이라는 사실을 규명했지만 그 수복방법을 구체적으로 제시하지는 못했다. 그러나 그 방법은 우리 모두가 함께 연구하면 반드시 해결할 수 있는 문제라고 믿는다.

역사는 돈다. 그리고 국력 역시 돈다.

세계적으로 본다면 몽고 등 아시아가 잘 나가다가 유럽으로 그 힘이 옮겨가더니 미국으로 갔다가 지금은 중국을 필두로 하는 아시아로 다시 돌아오고 있다. 동북아 3개국을 보아도 마찬가지다. 고조선과 고구려 시대에 잘나가던 우리 한민족이다. 그러더니 중국으로 갔다가 일본으로 가더니 다시 중국으로 갔다. 우리 한민족에게 되돌아올 날도 멀지 않았다. 남북통일만 된다면 즉각 돌아올 수도 있다. 그때 우리도 만주에 대한 영토권을 주장하며 수복의 기회를 잡을 수 있다. 중국이 센카쿠열도에 대해 입도 뻥끗 못하다가 국력이 강해지니까 일본에게 반환을 요구하고 있는 것을 보면 잘 알 수 있다. 우리도 국력이 강해져서 만주를 수복할 수 있는 그날을 대비해서라도, 일단은 만주를 영토분쟁지역으로 선포하여, 만주가 우리 한민족의 영토라는 것을 만천하에 알릴 필요가 있다. 물론 확실한 근거가 뒷받침 되도록 끊임없이 연구하면서 해야 할 일이다. 또한 정부와 학계는 물론 우리 한민족 모두가 만주가 진정으로 우리 한민족의 영토라는 인식을 갖는 것도 아주 중요한 일이므로 민족계몽에도 게을러서는 안 된다. 그래야만이 영토문화가 우리 한민족의 그것과 동일한 만주를 수복할 수 있는 기회가 오는 것이다.

인류가 영토를 자신들 마음대로 해도 영토는 아무런 말을 하지 않는다. 하지만 인류가 영토권을 올바르게 사용하지 않는다면, 그것은 서로 다른 문화를 억지로 끼워 맞추는 꼴이 되므로 반드시 문화끼리의 충돌이 일어나게 마련이다. 그리고 그 충돌의 결과는 고스란히 인류에게 되돌아온다. 특히 그 결과가 전쟁으로 되돌아오면 인류는 씻을 수 없는 과오를 저질렀다는 것을 알게 되지만, 이미 그 때는 자신들이 유린한 영토를 자신들의 피로 물들이는 엄청난 대가를 지불한 뒤라는 것을 잊어서는 안 된다.

사람이 영토권을 마음대로 행사해도 영토는 묵묵히 있는 것 같지만, 언젠가는 반드시 그 대가를 지불받는다는 것을 잊어서는 안 된다. 정말 소설 같은 이야기라고 할 수도 있지만, 사람이 영토를 알아보는 것 이상으로 영토 역시 자신과 호흡하던 사람을 알아본다는 것을 잊어서는 안 된다.

참고문헌

〈논문〉

김병룡, 「후부여(부여봉건국가)의 형성과 그 력사적 변천」, 『조선고대
　　　및 중세 초기사 연구 -력사과학 논문집-』, 백산자료원, 1999.

김영완, 「高句麗 建國에 대한 一研究」, 명지대학교 석사학위논문, 2002.

김일평, 「21세기의 세계와 한국문화」, 『21세기와 한국문화』, 나남출판,
　　　1996.

남의현, 「명대 한·중 국경선은 어디였는가」, 『압록(鴨淥)과 고려의 북계』,
　　　주류성, 2017.

남의현, 「명의 만주지역 영토인식에 관한 연구」, 『간도학보』, 제2권 제1
　　　호, 2019.

박선영, 「중화민국 시기의 '간도' 인식」, 『중국사연구』 제69집, 중국사
　　　학회, 2010.

박시현, 복기대, 「『고려도경』, 『허항종행정록』, 『금사』에 기록된 고려의
　　　서북계에 대한 시론」, 『압록(鴨淥)과 고려의 북계』, 주류성,
　　　2017.

박장배, 「'신중국' 성립 이래 중국인의 신장·둥베이 지역인식의 변화」,
　　　『만주연구』, 제14집, 만주학회, 2012.

백우열, 「중국내 만주-동북 지역의 위상과 역할」, 『담론201』, 제21권
　　　제1호, 한국사회역사학회, 2018.

서이종, 「만주의 '벌거벗은 생명'과 731부대 특설감옥의 생체실험 희생

자」, 『만주연구』 제18집, 만주학회, 2014.

_____ , 「일본 제국군 세균전 과정에서 731부대의 농안신징 지역 대규모 현장세균실험의 역사적 의의」, 『사회와 역사』 제103집, 한국사회사학회, 2014.

신용우 외, 「滿洲國 領土의 中國歸屬 不當性에 관한 硏究」, 『지적과 국토정보』, 제47권 제1호, 한국국토정보공사, 2017.

신용우, 「文化領土論에 의한 對馬島의 領土權硏究」, 경일대학교박사학위논문, 2015.

신용우·오원규, 「중국 영토공정에 관한 대응방안 연구」, 「지적」, 제44권 제1호, 대한지적공사, 2014.

유하영, 「제2차 세계대전 이후 극동지역 전시범죄 재판 개관」, 『동북아연구』 34권 1호, 조선대학교 동북아연구소, 2019.

윤은숙, 「13-14세기 고려의 요동인식」, 『압록과 고려의 북계』, 주류성출판사, 2017.

윤한택, 「고려 서북 국경에 대하여」, 『압록(鴨淥)과 고려의 북계』, 주류성, 2017.

이병선, 「고대지명 연구와 한일관계사의 재구」, 『어문연구』, 제29호 제2권, 한국어문교육연구회, 2001.

이성환, 「간도문제와 '대고려국' 구상」, 『백산학보』, 제74호, 백산학회, 2006쪽.

이성환, 「간도의 정치적 특성과 일본의 간도 분리론」, 『일본문화연구』, 제32집, 동아시아일본학회, 2009.

이인철, 「고려 윤관이 개척한 동북9성의 위치 연구」, 『압록(鴨淥)과 고려의 북계』, 주류성, 2017.

이일걸, 「백두산정계비 설치의 숨겨진 실상」, 『백산학보』, 백산학회, 2016.

이일걸, 「우리 영토의 축소과정과 왜곡된 국경선 문제」, 『간도학보』, 한국간도학회, 제2권 제1호 통권 제3호, 2019.

이해준, 「함석태와 강우규, 그리고 대동단」, 『대한치과의사학회지』, 대한치과의사학회, 제34권 제1호 통권36호, 2015.

이현희, 「임정수석 양기탁의 항일투쟁과 대동민국임시정부 연구」, 『경주사학』, 제27집, 경주사학회, 2008.

정효운, 「고지도에 보이는 한국과 일본의 대마도 영토인식」, 『일어일문학』, 제57호, 대한일어일문학회, 2013.

조병현, 「지적학의 접근방법에 의한 북방영토문제에 관한 연구」, 박사학위논문, 경일대학교 대학원, 2007.

최규장, 「문화의 정치화, 정치의 문화화 -21세기 문화영토 창조론 서설-」, 『21세기와 한국문화』, 나남출판, 1996.

최희재, 「광서초 청조의 만주개발과 중한관계의 재조정」, 『동양학』, 제35집, 단국대학교 동양학연구원, 2004.

홍일식, 「문화영토론의 회고와 전망」, 『21세기와 한국문화』, 나남출판사, 1996.

홍일식, 「문화영토의 개념과 해외동포의 역할」, 『영토문제연구』, 제2호, 고려대학교 민족문화연구소, 1985.

홍일식, 「새로운 문화영토의 개념과 그 전망」, 『영토문제연구』, 제1호, 고려대학교 민족문화연구소, 1983.

홍일식, 「현대생활과 전통문화」, 『문화영토시대의 민족문화』, 육문사, 1987.

〈북한 논문〉

강인숙(북한),「고대조선의 족명」,『조선고대 및 중세 초기사 연구 -력사과학 논문집-』, 백산자료원, 1999.

김병룡(북한),「부여국의 성립에 대하여」,『조선고대 및 중세 초기사 연구 -력사과학 논문집-』, 백산자료원, 1999.

김병룡(북한),「후부여(부여봉건국가)의 형성과 그 력사적 변천」,『조선고대 및 중세초기사 연구-력사과학 논문집-』, 백산자료원, 1999.

박진욱(북한),「고조선의 성립에 대하여」,『조선 고대 및 중세초기사 연구』, 백산자료원, 1999.

박진욱(북한),「비파형단검문화의 발원지와 창조자에 대하여」,『비파형단검문화에 관한 연구』, 과학백과사전출판사. 1987.

손영종(북한),「고구려 건국년대에 대한 재검토」,『력사과학』, 루계133호, 사회과학출판사, 1990.

손영종(북한),「고구려의 영토 확장과정에 대하여」,『조선고대 및 중세 초기사 연구』, 백산자료원, 1999.

〈단행본〉

김득황,『만주의 역사와 간도문제』, ㈜남강기획출판부, 2016.

김성민,『계몽운동에서 무장투쟁까지의 선도자 양기탁』, 역사공간, 2012.

김성호,『비류백제와 일본의 국가기원』, 지문사, 1982.

남주성 역주,『만주원류고 (상)』, 글모아출판, 2010.

노계현,『고려외교사』, 갑인출판사, 1993.

단재신채호전집편찬위원회,『단재 신채호 전집』, 독립기념관 한국독립
　　　운동사연구소, 2008.

박원순,『아직도 심판은 끝나지 않았다』, 한겨레신문사, 1996.

신용우,『대마도의 영토권』, 글로벌콘텐츠, 2016.

신채호, 박기봉 옮김,『조선상고사』, 비봉출판사, 2016.

신형식 · 최규성 편저,『고구려는 중국사인가』, 백산자료원, 2004.

안천,『만주는 우리 땅이다』, 인간사랑, 1990.

양상인 편,『조선고대 및 중세 초기사 연구』, 백산자료원, 1999.

유정갑,『북방영토론』, 법경출판사, 1991.

육락현,『간도는 왜 우리 땅 인가?』, 백산자료원, 2013.

윤용구 외,『예맥 사료집성 및 역주』, 백산자료원, 2012.

이덕일·김병기,『고조선은 대륙의 지배자였다』, 역사의 아침, 2006.

이범관,『지적학원론』, 삼지출판사, 2010.

이병도·최태영,『한국상고사입문』, 고려원, 1989.

이병선,『대마도는 한국의 속도였다』, 이회문화사. 2005.

이현준,『필지론』, 삼지출판사, 2010.

임승국 역,『한단고기』, 정신세계사, 2009.

하문식,『고조선 지역의 고인돌 연구』, 백산자료원, 1999.

한국간도학회,『간도학보 제3호』, 한국간도학회, 2019.

　　　　 ,『간도학보 제4호』, 한국간도학회, 2019.

　　　　 ,『간도학보 제5호』, 한국간도학회, 2020.

_____ , 『간도학보 제6호』, 한국간도학회, 2020.

〈북한단행본〉

북한 사회과학원 역사연구소 편, 『조선고대사』, 한마당, 1989.
북한 사회과학원, 『평양일대 락랑무덤에 대한 연구』, 도서출판 중심, 2001.
북한 사회과학원력사연구소, 『고조선사 · 부여사 · 구려사 · 진국사-조선전사 개정판』(평양: 과학백과사전종합출판사, 1991.
북한 사회과학원력사연구소, 『조선전사3 중세편(고구려사)』, 과학백과사전종합출판사, 1991.

〈기타자료〉

가톨릭대사전, http://maria.catholic.or.kr/dictionary.
고등학교 역사부도, 교학사.
국사편찬위원회 한국사데이터베이스, http://db.history.go.kr.
다이쇼니치니치신문(大正日日新聞).
한민족문화대백과사전, http://encykorea.aks.ac.kr/.

부록

* 조선과 중국 국경을 표시한, 외국에서 제작된 대표적인 지도로 제작연대는 괄호 안에 표기했다.(이 지도들은 소장자 이돈수님으로부터 게재를 허락받고 2021년 2월 8일 메일로 파일을 받아 게재하는 것임.)

1. 레지선(1735년)

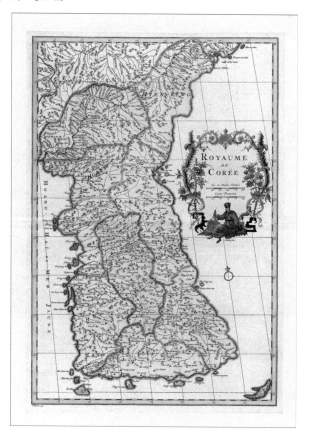

2. 당빌선 중 중국과 조선의 국경(1749년)

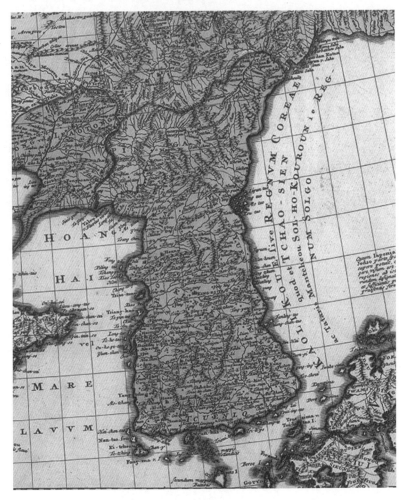

3. 본느선 중 조선과 중국의 국경(1771)

*이병도와 최태영의 고조선과 위만조선의 강역
(이병도·최태영,『한국상고사입문』, 고려원, 1989, 93쪽)

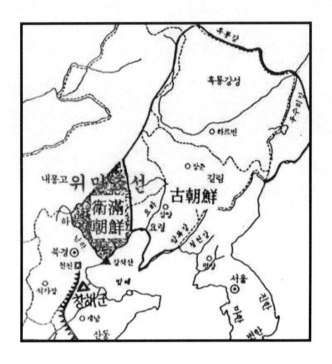

만주의 영토권

만주의 영토권

© 신용우, 2021

1판 1쇄 인쇄_2021년 10월 20일
1판 1쇄 발행_2021년 10월 29일

지은이__신용우
펴낸이__홍정표
펴낸곳__글로벌콘텐츠
　　　등록__제25100-2008-000024호

공급처__(주)글로벌콘텐츠출판그룹
　　　대표_홍정표　이사_김미미　편집_하선연 권군오 최한나 홍명지　기획·마케팅_김수경 이종훈 홍민지
　　　주소__서울특별시 강동구 풍성로 87-6, 201호
　　　전화__02) 488-3280　팩스__02) 488-3281
　　　홈페이지__http://www.gcbook.co.kr
　　　이메일__edit@gcbook.co.kr

값 20,000원
ISBN 979-11-5852-353-4　93910